Luji Tianzhu Shigong Jishu

路基填筑施工技术

张林洪　吴华金　编著

人民交通出版社
China Communications Press

内 容 提 要

本书介绍了土石填料的物理性质、工程分类方法的基础知识以及路基的基本形式和要求，一般土、特殊土和土夹石的力学性质和影响因素；并详细论述了土石填筑料最佳含水率和最大干密度的确定方法，一般路基的填筑施工工艺、方法和质量控制及检验方法，掺灰处治湿软土的理论和施工工艺、方法及质量控制方法，粉煤灰填筑路基的结构形式及施工工艺、方法和质量控制方法，多雨潮湿地区路堤填筑施工工艺、方法和质量控制方法及防护技术；同时介绍了路基碾压设备的选型与作业参数的选择。

本书可供公路工程、铁路工程和水利水电工程、市政工程、民航工程的研究、设计、施工技术人员及管理人员参考使用。

图书在版编目(CIP)数据

路基填筑施工技术/张林洪，吴华金编著. —北京：人民交通出版社，2008.7

ISBN 978-7-114-07168-3

I. 路… II. ①张…②吴… III. 路基-填筑-工程施工-施工技术 IV. U416.1

中国版本图书馆 CIP 数据核字(2008)第 071484 号

书　　名：路基填筑施工技术
著 作 者：张林洪　吴华金
责任编辑：刘永芬
出版发行：人民交通出版社
地　　址：(100011)北京市朝阳区安定门外外馆斜街 3 号
网　　址：http://www.ccpress.com.cn
销售电话：(010)59757969，59757973
总 经 销：北京中交盛世书刊有限公司
经　　销：各地新华书店
印　　刷：北京宝莲鸿图科技有限公司
开　　本：787×1092　1/16
印　　张：17.75
字　　数：454 千
版　　次：2008 年 7 月　第 1 版
印　　次：2008 年 7 月　第 1 次印刷
书　　号：ISBN 978-7-114-07168-3
印　　数：0001～3000 册
定　　价：38.00 元

前　言

在公路工程、铁路工程和水利水电工程、市政工程、民航工程中，都要进行大量的土料和(或)石料填筑。土石料的填筑施工在这些行业的工程中所占比重非常大，而且土石填筑工程的施工方法和质量，直接影响相应工程的质量和成本，因此掌握土石填筑工程的施工技术理论和方法是非常重要的。

没有稳定、坚实的路基，就没有良好的路面。稳定、坚实的路基必须选择合适的填料，根据不同的环境条件和路基填料的性质采用合理的路基结构形式，并严格按照施工技术方法及质量标准进行基底处理和路基填筑。

基底处理、路基填筑施工质量的保证和施工成本的控制，必须从填筑材料的选择或填筑材料的处治，施工机械的选择，填筑施工的基底处理、摊铺层厚、填料的含水率、碾压工艺、碾压遍数等施工参数的控制，到施工质量的检测方法和指标的采用和选择进行全面的控制，才能得到满意的结果。

随着我国社会的发展和进步，公路、铁路、航空和水利水电等工程也在大规模的进行，但是环境要求越来越严格，工程建设所面临的条件和所采用的材料也变得更加复杂多样。如在多雨潮湿地区(或地段)进行土方填筑，采用高含水率(或过湿)土料进行填土工程的施工，利用粉煤灰或炉渣等材料进行路基工程的填筑等，这就对土石工程填筑施工的理论、技术、质量控制标准和方法提出了更多和更高的要求。

随着土石填筑施工设备及技术的更新和进步，也需要对施工设备的选型和作业参数的选择，进行必要的介绍。

综上所述，为了给公路工程、铁路工程、水利水电工程、市政工程和民航工程等行业的技术人员和管理人员提供一个较为全面、系统和详细的技术资料，特编著本书。

本书共分八章。第一章介绍了土石填料的物理性质、工程分类方法的基础知识以及路基的基本形式和要求；第二章介绍了一般土、特殊土和土夹石的力学性质和影响因素；第三章论述了土石填筑料最佳含水率和最大干密度的定义，击实试验的方法和技巧，各类土石的击实特性和击实试验的数据整理分析方法；第四章论述了影响路基压实的因素，一般路基的填筑施工工艺、方法和质量控制标准及检验方法；第五章论述了各类掺灰处治湿软土的理论和施工工艺、方法及质量控制方法，并介绍了一些工程的施工工艺、参数和掺灰配合比的实例；第六章论述了粉煤灰的工程性质，粉煤灰填筑路基的结构形式及施工工艺、方法和质量控制方法；第七章论述了多雨潮湿地区路基填筑施工和道路运行可能遇到的问题，过湿土填筑路堤的施工工艺、方法和质量控制方法，过湿土填筑路堤的沉降计算方法及多雨潮湿地区路堤的防护技术；第八章介绍了路基碾压设备的选型和作业参数的选择。

本书由张林洪、吴华金编著，王萍、周建昆、段翔、彭绍勇、王甦达、刘荣珮、陈加洪、宗家烈、杨俊等参加了本书部分内容的编写和资料整理工作。

本书是在云南省交通厅重点科技项目“多雨潮湿地区路堤填筑施工技术的研究”的基础上编写的，在项目研究过程中得到了云南省交通厅、云南省水麻高速公路建设指挥部、云南交通咨询有限公司、昆明理工大学等单位的支持和帮助，在此表示衷心感谢！

目　录

第一章 基础理论

第一节 土的物理性质

岩石是构成地壳的自然物体，由多种矿物或一种矿物组成的集合体。岩石的颗粒胶结较坚固，但经过成岩过程和长期地质历史中的多次地壳运动，岩体被层理、节理、裂隙、断层等各种结构面所切割，所以，天然岩体既有连续性又具有裂隙性。从天然岩体开采的石料，有的呈完整的块体，有的是被许多裂隙切割的块体。

土是覆盖于地表、没有胶结和弱胶结的堆积物。土是地表岩石在漫长的地质年代经过物理风化、化学风化生成的。这些风化产物或者保留在原地，或者由风、水或冰川搬运形成新的沉积物。土是由矿物颗粒和或大或小的孔隙组合起来的，这些孔隙被水和空气所填充，所以土的显著特征是它的多孔性和散体性。

土是由矿物颗粒（固相）、水（液相）和气体（气相）所组成的三相体系，各种土的颗粒大小和矿物成分差别很大，三相间的数量比例也不相同，而且土颗粒与其周围的水又发生着复杂的物理化学作用。所以，要研究土的性质就必须了解土的三相组成以及土的结构和构造等特征。

土的三相决定物质的性质、相对含量以及土的结构、构造等各种因素，必然在土的轻重、松密、干湿、软硬等一系列物理性质和状态上有不同的反映。土的物理性质又在一定程度上决定了它的力学性质，所以物理性质是土的最基本的工程特性。

一、土的组成

1.土的固体颗粒

土的固体颗粒（土粒）的大小和形状、矿物成分及其组成情况是决定土的物理力学性质的重要因素。粗大土粒往往是岩石经物理风化作用形成的碎屑，或是岩石中未产生化学变化的矿物颗粒，如石英和长石等；而细小土粒主要是化学风化作用形成的次生矿物和生成过程中混入的有机物质。粗大土粒其形状都呈块状或粒状，而细小土粒其形状主要呈片状。土粒的组合情况就是大大小小土粒含量的相对数量关系。

(1)土的颗粒级配　在自然界中存在的土，都是由大小不同的土粒组成的。土粒的粒径由粗到细逐渐变化时，土的性质相应地发生变化，例如土的性质随着粒径变细可由无黏性变化到有黏性。因而，可以将土中各种不同粒径的土粒，按适当的粒径范围，分为若干粒组，各个粒组随着分界尺寸的不同而呈现出一定质的变化。

土中土粒的大小及其组成情况，通常以土中各个粒组的相对含量（各粒组占土粒总质量的百分数）来表示，称为土的颗粒级配。

土的颗粒级配是通过土的颗粒分析试验测定的。对于粒径大于 0.074mm 的粗粒组可用筛分法测定，粒径小于 0.074mm 的细粒组可用比重计法或者移液管法测定。使用的标准筛分粗筛和细筛，粗筛孔径分为：60mm、40mm、20mm、10mm、5mm、2mm；细筛孔径分为：2mm、0.5mm、0.25mm、0.074mm。试验时将风干、分散的代表性土样通过一套孔径不同的标准筛，称出留在各个筛子上的土重，即可求得各个粒组的相对含量。粒径小于 0.074mm 的极细砂、粉粒和黏粒难以筛分，一般可根据土粒在水中匀速下沉时的速度与粒径的理论关系，用比重计法或移液管法测得颗粒级配。

根据颗粒分析试验成果，可以绘制如图 1-1 所示的颗粒级配曲线，其横坐标表示粒径，采用对数坐标表示，纵坐标表示小于(或大于)某粒径的土重含量。由曲线的坡度可以大致判断土的均匀程度。如曲线较陡，则表示粒径大小相差不多，土粒较均匀；反之，曲线平缓，则表示粒径大小相差悬殊，土粒不均匀，即级配良好。

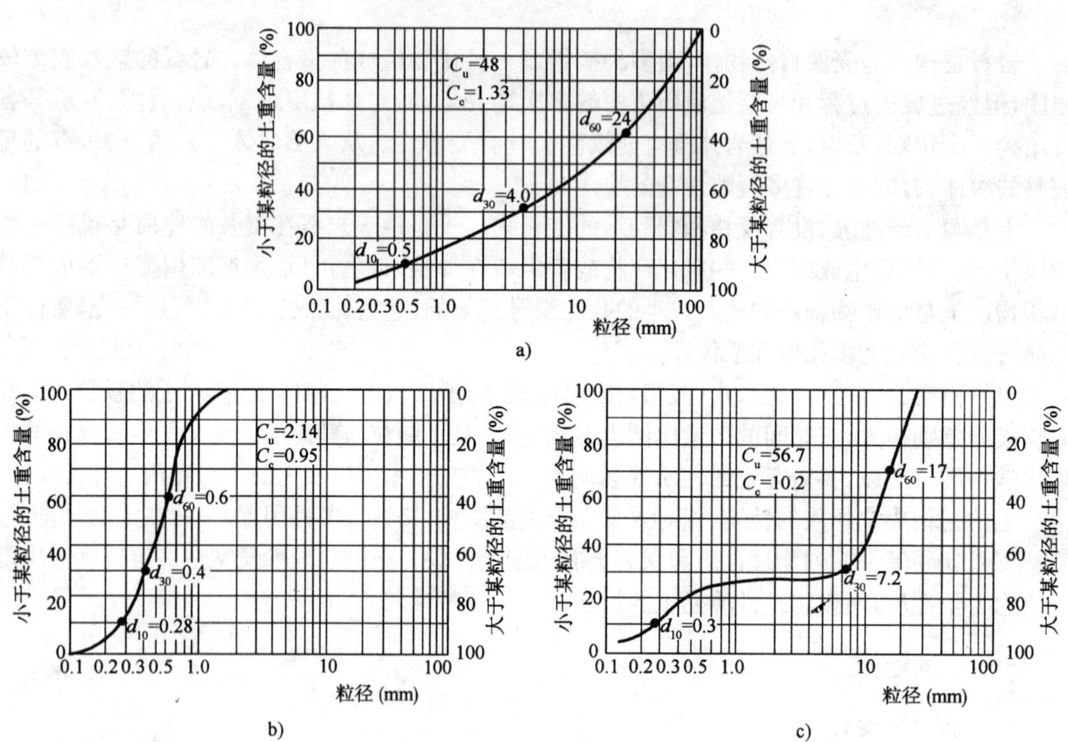

图 1-1　土的颗粒级配曲线

a)良好级配；b)不良级配；c)不良级配

小于某粒径的土重含量为 60%时，相应的粒径称为控制粒径 d_{60}。小于某粒径的土重含量为 10%时，该粒径称为有效粒径 d_{10}。当小于某粒径的土重含量为 30%时，该粒径用 d_{30} 表示。

用不均匀系数 C_u 和曲率系数 C_c 两个指标来分别表示颗粒级配曲线的坡度和形状，其定义为：

$$C_u = \frac{d_{60}}{d_{10}} \tag{1-1}$$

$$C_c = \frac{d_{30}^2}{d_{60} \times d_{10}} \tag{1-2}$$

良好级配是指土的粒径范围较宽广，各个粒组都有一定含量，其颗粒级配曲线多呈下凹形。须同时满足以下两个条件：$C_u \geqslant 5$；$C_c = 1 \sim 3$。如图 1-1a)。

不良级配是指土的颗粒均匀或缺乏中间粒径。不能同时满足：$C_u \geqslant 5$；$C_c = 1 \sim 3$ 两个条件。例如，图 1-1b)及图 1-1c)代表两个不良级配土的颗粒级配曲线。

(2)土粒的矿物成分　土粒是岩石风化的产物。岩石经物理风化后破碎成碎屑，但其矿物成分并不改变，主要还是构成岩石的那些原生矿物，如石英、长石、云母等。岩石经化学风化后，其原生矿物发生了化学变化而形成次生矿物。次生矿物按其与水作用的关系可分为可溶的与不可溶的两种。可溶者又细分为易溶、中溶和难溶的三种。不可溶的次生矿物都是原生矿物经溶滤过后的次生变质产物，是构成黏土颗粒的主要成分，故又名为黏土矿物。

不同矿物成分对土的性质有着不同的影响，其中以细粒组的黏土矿物尤为重要。黏土矿物的颗粒极小，在电子显微镜下观察到的形状一般呈片状，也有的为针状、管状、或棒状。经X射线分析证明其内部具有层状晶体构造，基本上是由两种原子层(称为晶片)构成的。一种是硅氧晶片，另一种是铝氢氧晶片。由于晶片组合情况的不同，便形成了具有不同性质的各种黏土矿物。其中主要的有蒙脱石、伊利石和高岭石等。主要黏土矿物的物理特性见表1-1。

主要黏土矿物的物理特性　　表1-1

黏土矿物	形　状	直径(10^{-6}m)	厚度(10^{-6}m)	比表面积(m^2/g)
蒙脱石	薄片状	0.1～1	0.001～0.01	700～800
伊利石	片状	0.1～2	0.01～0.2	65～100
高岭石	具有一定的形状，呈六边形片状	0.3～4	0.05～5	10～20

蒙脱石晶片之间间距大，具有非常弱的键联结，亲水性强，易引起大量膨胀和收缩。另外，压缩性高、强度低亦是蒙脱石的显著特点。高岭石晶片之间间距小，具有很强的氢键联结，结合十分牢固，因此，水不能自由渗入，亲水性差、可塑性低、压缩性亦低。伊利石矿物的工程性质则恰好居于二者之间。

2. 土中的水和气

(1)土中的水　土中的液体部分通常是水，它与固体颗粒一样在土的组成结构中占有重要地位。不能将土中的水看成是与固体颗粒机械混合的物质，水有机地参加土的结构，对土的性状起到很大影响。土的性质的变化并不完全与土的湿度变化成正比，而是一种复杂的物理—化学变化。土的性质不仅取决于水形态、结构以及介质的物理条件及化学成分。

A. K. 拉里奥诺夫等人利用现代观点对土中的水提出了新的划分方法。划分原则是：①形态；②水分子引力与重力引力的关系；③水与矿物颗粒相联结的形式。见表1-2。

土 中 水 的 分 类　　表1-2

水 的 形 态	水分子引力 P_m 与重力引力 P_r 的关系	水与矿物颗粒的联结形式
气态水		物理—化学联结
液态水	结合水 $P_m>P_r$ 强结合水(似固体水) 弱结合水(过渡型水)	物理—化学联结
	毛细管水 $P_m \geqslant P_r$	物理—力学与物理—化学混合联结
	重力水 $P_m<P_r$	物理—力学联结
固态水	结晶水和化学结合水，冰	

从理论研究角度来说，对各种水均有研究的必要。但对研究土的工程性质而言，气态水应属气体部分，固态水的冰及结晶水应属固体部分。因此一般在土力学中，土中水均指液态水，按表1-2划分为强结合水、弱结合水、毛细管水和重力水四种类型。

①强结合水。强结合水是指紧靠土的固体颗粒表面，厚度仅含2～3个分子层的水，水分子由于静电引力和氢键联结力的作用，牢固地吸附于颗粒表面。因此它具有高黏度和抗剪强度，没有溶解能力，不能传递静水压力，只有吸热变成蒸汽时，才能移动。

②弱结合水。弱结合水紧靠于强结合水的外围，形成一层结合水膜，具有定向排列和渗透吸附特性。它仍然不能传递静水压力，但水膜较厚的弱结合水能向邻近的水膜缓慢转移。当土中含有较多的弱结合水时，土则有一定可塑性，砂土比表面积小，几乎不具有可塑性，而黏性土的比表面积较大，其可塑性范围就大。

弱结合水离土粒表面越远，其受到的静电引力越弱小，并逐渐过渡到自由水。自由水的性质和普通水一样，能传递静水压力，有溶解能力。自由水按其移动所受作用力不同，可分为毛细管水和重力水。

③毛细管水。毛细管水是受到水与空气交界面处表面张力作用的自由水。毛细管水存在于潜水水位以上土层中。毛细管水按其与地下水面是否联系可分为毛细悬挂水（与地下水无直接联系）和毛细上升水（与地下水相连）两种。

当土中孔隙中局部存在毛细水时，毛细水的弯液面和土粒接触处的表面引力反作用于土粒，使土粒之间由于这种毛管压力而挤紧，土因而具有微弱的内聚力，称为毛细管内聚力或假黏聚力。在施工现场常常可以看到稍微湿状的砂堆，能保持垂直陡壁达几十厘米高而不坍落，就是因为具有毛细管内聚力的缘故。

④重力水。重力水是存在于地下水位以下土层中的地下水。它是在重力或压力差作用下能运动的自由水，对土粒产生浮力作用。

(2)土中的气体　土中的气体是存在于土空隙中未被水所占据的部分，有的是与大气相通的自由气体，有的是与大气不通的封闭气体。前者在土受到外荷作用时很容易被挤出，对土的性质无甚影响。后者的存在会减小土的透水性，增大土的弹性，并影响土在外荷作用下的压缩过程。

当土所受的压力变小时，土中原受压缩的气泡就会膨胀，因受压而溶解于水中的气体，也会溢出。这都会使土中孔隙体积增加，甚至破坏土的结构，从而改变土的工程性质。由于土中气相的数量与分布情况不易测定，故气相对土的物理力学性质的影响问题，目前研究得还很不够。

二、土的三相比例关系

为了对土的基本物理性质有所了解，需要对土的三相——土粒（固相）、土中水（液相）和土中气（气相）的组成情况进行数量上的研究。

土的各组成部分的质量和体积之间的比例关系，随着各种条件的变化而改变。例如，地下水位的升高或降低，都将改变土中水的含量；经过压实的土，其孔隙体积将减小。这些变化都可以通过相应指标的具体数字反映出来。

表示土的三相组成比例关系的指标，称为土的三相比例指标，包括土粒比重、含水率、重度、孔隙比、孔隙率、体积率和饱和度等。

1.三相比例指标定义

为了便于说明和计算，用图1-2所示的土的三相组成示意图来表示各部分之间的数量关系。

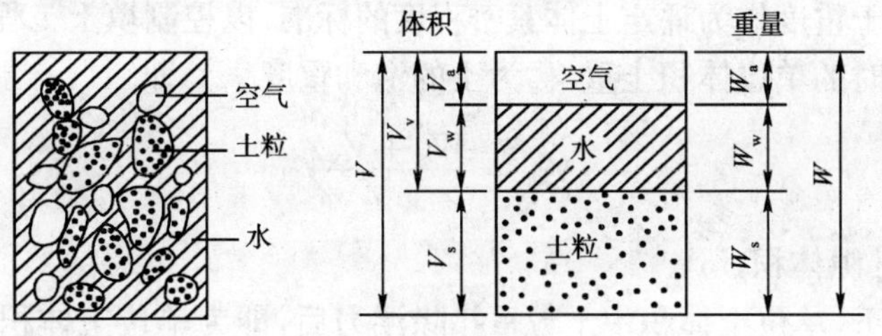

图 1-2　土的三相组成示意图

(1)土粒比重　土粒重与同体积的 4℃时的水重之比，称为土粒比重，即

$$G_s = \frac{W_s}{V_s} \cdot \frac{1}{\gamma_w} \tag{1-3}$$

式中：W_s——土粒重，kN；

V_s——土粒体积，m^3；

γ_w——4℃时单位体积的水重，$\gamma_w = 9.81kN/m^3$。

土颗粒比重决定于土的矿物成分，它的数值一般为 2.6～2.8；有机质土为 2.4～4.5；泥炭土为 1.5～1.8。

土粒比重可在试验室内测定。粒径小于 5mm 的土用比重瓶法测定。粒径大于 5mm 的土，其中含大于 20mm 颗粒小于 10%时，用浮称法测定；含大于 20mm 颗粒大于 10%时，用虹吸筒法测定；粒径小于 5mm 部分用比重瓶法测定，取其加权平均值作为该土的土粒比重。

(2)土的含水率 w　土中水重 W_w 与土粒重 W_s 之比，称为土的含水率；通常以百分数表示。

$$w = \frac{W_w}{W_s} \tag{1-4}$$

式中：W_w——土中水重，kN。

含水率 w 是标志土的湿度的一个重要物理指标。

土的含水率一般用“烘干法”测定。先称小块原状土样的湿土重，湿、干土重之差与干土重的比值，就是土的含水率。

(3)土的重度 γ　单位体积的土重称为土的重度 γ，即

$$\gamma = \frac{W}{V} \tag{1-5}$$

式中：W——土的总重，kN；

V——土的总体积，m^3。

天然状态下土的重度变化范围较大。一般黏性土，$\gamma = 18 \sim 20kN/m^3$；砂土 $\gamma = 16 \sim 20kN/m^3$；腐殖土 $\gamma = 15 \sim 17\ kN/m^3$。

土的重度测定一般黏性土用“环刀法”测定，用一个圆环刀(刀刃向下)放在削平的原状土样面上，徐徐削去环刀外围的土，边削边压，使保持天然态的土样压满环刀容积内，将环刀上下土样削平，称得环刀内土样重，求得它与环刀容积的比值即天然重度。

(4)土的干重度 γ_d、饱和重度 γ_{sat} 和浮重度 γ'　单位体积中固体土颗粒部分的土重，称为土的干重度 γ_d，即

$$\gamma_d = \frac{W_s}{V} \tag{1-6}$$

在工程上常把干重度作为评定土体紧密程度的标准，以控制填土工程的施工质量。

孔隙中充满水时的单位体积土重，称为土的饱和重度 γ_{sat}，即

$$\gamma_{sat} = \frac{W_s + V_v \gamma_w}{V} \tag{1-7}$$

式中：V_v——土中孔隙体积，m^3。

在地下水位以下，单位土体积中土粒重扣除浮力后，即为单位土体积中的有效土粒重，称为土的浮重度 γ'，即

$$\gamma' = \frac{W_s - V_s \gamma_w}{V} = \gamma_{sat} - \gamma_w \tag{1-8}$$

(5)土的孔隙比 e 和孔隙率 n　土的孔隙比 e 是土中孔隙体积与土粒体积之比，以小数表示，即

$$e = \frac{V_v}{V_s} \tag{1-9}$$

土的气孔隙比 e_a 是土中气体积与土粒体积之比，以小数表示，即

$$e_a = \frac{V_a}{V_s} \tag{1-10}$$

式中：V_a——土中空气体积，m^3。

土的水孔隙比 e_w 是土中水体积与土粒体积之比，以小数表示，即

$$e_w = \frac{V_w}{V_s} \tag{1-11}$$

式中：V_w——土中水分体积，m^3。

显然，由式(1-9)～式(1-11)可知：

$$e = e_a + e_w \tag{1-12}$$

土的孔隙率 n 是土中孔隙所占体积与总体积之比，以百分数表示，即

$$n = \frac{V_v}{V} \times 100\% \tag{1-13}$$

(6)土的体积率　土的体积率有土粒子体积率 v_s、水体积率 v_w 和气体积率 v_a。

土粒子体积率 v_s 是土中土粒体积与土的总体积比，一般用百分数表示，即

$$v_s = \frac{V_s}{V} \times 100\% \tag{1-14}$$

水体积率 v_w 是土中水体积与土的总体积比，一般用百分数表示，即

$$v_w = \frac{V_w}{V} \times 100\% \tag{1-15}$$

气体积率 v_a 是土中气体积与土的总体积比，一般用百分数表示，即

$$v_a = \frac{V_a}{V} \times 100\% \tag{1-16}$$

由式(1-13)～式(1-16)可知：

$$v_w + v_a = n \tag{1-17}$$

$$v_w + v_a + v_s = 1 \tag{1-18}$$

(7)土的饱和度　土中被水充满的孔隙体积与孔隙总体积之比，称为土的饱和度，以百分数表示，即

$$S_r = \frac{V_w}{V_v} \times 100\% \tag{1-19}$$

式中符号意义同前。

2. 三相比例指标换算

在土的三相比例指标中，土粒比重 G_s、含水率 w 和重度 γ 三个指标是通过试验测定的。在已知这三个基本指标后，可以推导出各指标的计算式。

通常令图 1-2 中的 V_s 等于 1，则 $V_w = wG_s$，$V_s = e$，$V = 1 + e$，$W_s = G_s\gamma_w$，$W_w = wG_s\gamma_w$，$W = (1+w)G_s\gamma_w$。土的三相比例换算公式汇总列于表 1-3。

土的三相比例换算公式　　表 1-3

指 标 名 称	符　号	单　位	三相比例指标表达式	常用换算公式
比重	G_s		$G_s=\frac{W_s}{V_s}\cdot\frac{1}{\gamma_w}$	$G_s=\frac{\gamma_d}{\gamma_w}(1+e)$，$G_s=\frac{S_r e}{w}$
含水率	w		$w=\frac{W_w}{W_s}$	$w=\frac{S_r e}{G_s}$，$w=\frac{\gamma}{\gamma d}-1$
重度	γ	kN/m³	$\gamma=\frac{W}{V}$	$\gamma=\gamma_d(1+w)$，$\gamma=\frac{G_s\gamma_w(1+w)}{1+e}$
干重度	γ_d	kN/m³	$\gamma_d=\frac{W_s}{V}$	$\gamma_d=\frac{\gamma}{1+w}$，$\gamma_d=\frac{G_s\gamma_w}{1+e}$，$\gamma_d=\frac{\gamma_w}{\frac{1}{G_s}+\frac{w}{S_\gamma}}$，$\gamma_d=\frac{(1-v_a)\gamma_w}{\frac{1}{G_s}+w}$
饱和重度	γ_{sat}	kN/m³	$\gamma_{sat}=\frac{W_s+V_v\gamma_w}{V}$	$\gamma_{sat}=\frac{G_s+e}{1+e}\gamma_w$
浮重度	γ'	kN/m³	$\gamma'=\frac{W_s-V_s\gamma_w}{V}$	$\gamma'=\frac{G_s-1}{1+e}\gamma_w=\gamma_{sat}-\gamma_w$
孔隙比	e		$e=\frac{V_v}{V_s}$	$e=\frac{G_s\gamma_w}{\gamma_d}-1$
气孔隙比	e_a		$e_a=\frac{V_a}{V_s}$	$e_a=e-wG_s$
水孔隙比	e_w		$e_w=\frac{V_w}{V_s}$	$e_w=wG_s$
孔隙率	n		$n=\frac{V_v}{V}$	$n=\frac{e}{1+e}$，$n=1-\frac{\gamma_d}{G_s\gamma_w}$
土粒体积率	v_s		$v_s=\frac{V_s}{V}$	$v_s=\frac{\gamma_d}{G_s\gamma_w}$，$v_s=1-\frac{v_w}{S_\gamma}$
水体积率	v_w		$v_w=\frac{V_w}{V}$	$v_w=\frac{w\gamma_d}{\gamma_w}$
气体积率	v_a		$v_a=\frac{V_a}{V}$	$v_a=1-\frac{\gamma_d}{\gamma_w}\left(w+\frac{1}{G_s}\right)$
饱和度	S_r		$S_r=\frac{V_w}{V_v}$	$S_r=\frac{G_s w\gamma_d}{G_s\gamma_w-\gamma_d}$，$S_r=\frac{G_s w}{e}$，$S_r=\frac{e_w}{e}$

3. 三相比例的图示

一个土的三相比例关系可以用各种三相比例指标的数值表示，也可以用图示法表示土的三相比例关系。图示法的特点是：既可以在图上同时反映几个比例指标数值，又可以绘制比例指标间关系曲线，如压实试验的含水率干重度关系曲线等。下面分别介绍干重度图、体积率图、孔隙比图和$\frac{1}{\gamma_d}$—w图等四种图示法。

(1)含水率干重度图　含水率干重度图是以含水率为横坐标，干重度为纵坐标，并在图上绘有饱和度 S_r 等值线和气体积率等值线，如图 1-3 所示。

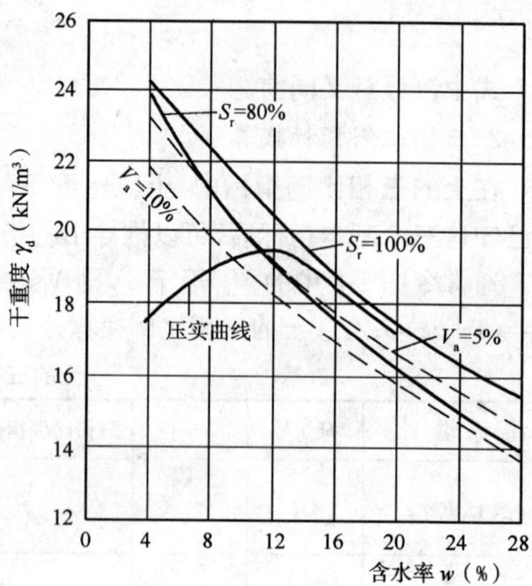

图 1-3　含水率干重度图

饱和度 S_r 等值线是一组曲线，其代表方程为：

$$\gamma_d = \frac{\gamma_w}{\dfrac{1}{G_s} + \dfrac{w}{S_r}} \tag{1-20}$$

取 $S_r=100\%$，代入(1-20)式得：

$$\gamma_d = \frac{\gamma_w}{\dfrac{1}{G_s} + w} \tag{1-21}$$

上式是 $S_r=100\%$等值线的表达式，利用该式可绘制 $S_r=100\%$的等值线。取 $S_r=80\%$代入式(1-20)，同理，可绘制 $S_r=80\%$的等值线。依此类推。

气体积率等值线也是一组曲线，其代表方程为：

$$v_a = 1 - \frac{\gamma_d}{\gamma_w}\left(\frac{1}{G_s} + w\right) \tag{1-22}$$

取 $v_a=0\%$，代入上式得：

$$1 - \frac{\gamma_d}{\gamma_w}\left(\frac{1}{G_s} + w\right) = 0 \tag{1-23}$$

式(1-23)是 $v_a=0\%$的等值线表达式，利用该式可绘制 $v_a=0\%$的等值线。同样，取 $v_a=10\%$、$v_a=20\%$、$v_a=30\%$等分别代入式(1-22)，可分别绘制 $v_a=10\%$、$v_a=20\%$、$v_a=30\%$的等值线。

根据压实试验结果，一般在含水率干重度图上绘制含水率与压实干重度关系曲线，即压实曲线(图 1-3)。

由式(1-20)及式(1-22)，可知，饱和等值线和气体积率等值线均与比重 G_s 有关，因此比重不同的土的压实曲线不宜绘在同一图上。

(2)体积率图　体积率图是以水体积率 v_w 为横坐标，土粒体积率为纵坐标，并在图上绘制饱和度 S_r 等值线及气体积率 v_a 等值线，如图 1-4 所示。

饱和度 S_r 等值线是一组直线，其代表方程为：

$$v_s = 1 - \frac{v_w}{S_r} \tag{1-24}$$

取 $S_r=100\%$、$S_r=90\%$、$S_r=80\%$……代入式(1-24)，分别绘制 $S_r=100\%$、$S_r=90\%$、$S_r=80\%$……等值线。

气体积率等值线也是一组直线，其代表方程为：

$$v_s = 1 - v_a - v_w \tag{1-25}$$

取 $v_a=0\%$、$v_a=10\%$、$v_a=20\%$……代入上式，分别绘制 $v_a=0\%$、$v_a=10\%$、$v_a=20\%$……的等值线。

绘制压实曲线时，先将已知的含水率 w 和干重度下 γ_d 按以下二式分别换算成 v_w 和 v_s。

$$v_w = wG_s v_s \tag{1-26}$$

$$v_s = \frac{\gamma_d}{G_s \gamma_w} \tag{1-27}$$

根据求得的 v_w、v_s 绘制压实曲线(图 1-4)。此压实曲线代表 V_w 与 V_s 关系曲线。

由式(1-24)及式(1-25)可知，饱和度 S_r 等值线及气体积率等值线均与土的性质无关，不同土的压实曲线可以绘在同一图上。

(3)孔隙比图　孔隙比图是以水孔隙比 e_w 为横坐标，孔隙比 e 为纵坐标，并在图上绘有饱和度 S_r 等值线和气孔隙比 e_a 等值线，如图 1-5 所示。

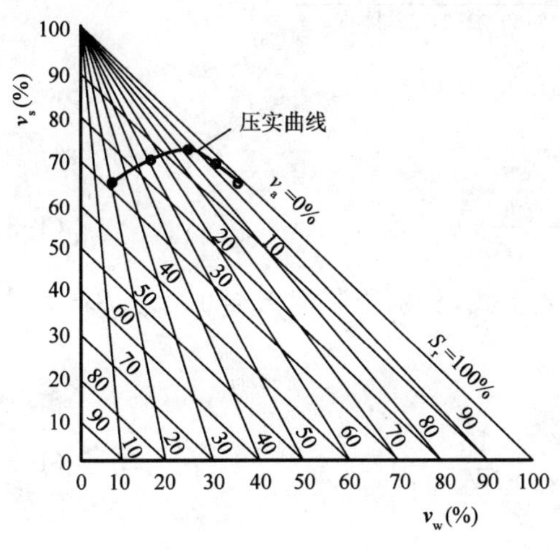

图 1-4　体积率图

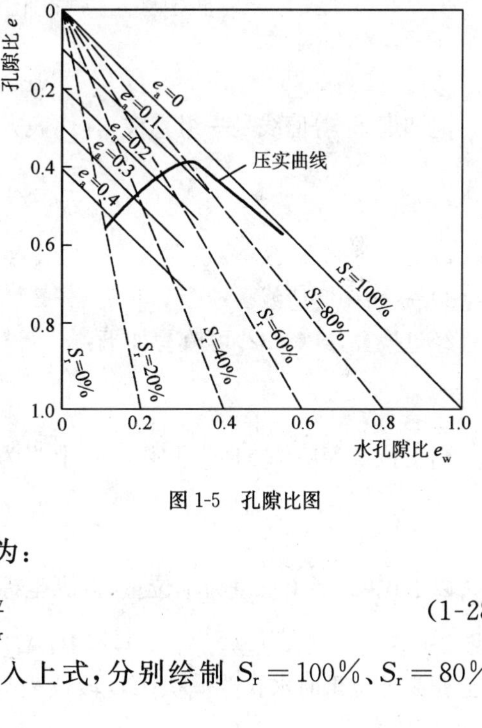

图 1-5　孔隙比图

饱和度 S_r 等值线是一组直线，其代表方程式为：

$$e = \frac{e_w}{S_r} \tag{1-28}$$

取 $S_r=100\%$、$S_r=80\%$、$S_r=60\%$……代入上式，分别绘制 $S_r=100\%$、$S_r=80\%$、$S_r=60\%$……的等值线。

气孔隙比 e_a 等值线也是一组直线，其代表方程为：

$$e = e_w + e_a \tag{1-29}$$

取 $e_a=0$、$e_a=0.1$、$e_a=0.2$、……代入上式，分别绘制 $e_a=0$、$e_a=0.1$、$e_a=0.2$、……的等值线。

在孔隙比图上绘制压实曲线时，先将已知的含水率 w 和干重度 γ_d 按以下二式换算成 e_w 和 e，即

$$e_w = wG_s \quad (1\text{-}30)$$

$$e = \frac{G_s \gamma_w}{\gamma_d} - 1 \quad (1\text{-}31)$$

根据换算的 e_w、e 绘制压实曲线(图 1-5),此压实曲线 e_w 与 e 的关系曲线。

(4)$\frac{1}{\gamma_d}$—w 图　$\frac{1}{\gamma_d}$—w 图以含水率 w 为横坐标,干重度$\frac{1}{\gamma_d}$为纵坐标,并在图上绘制饱和度 S_r 等值线,如图 1-6 所示。

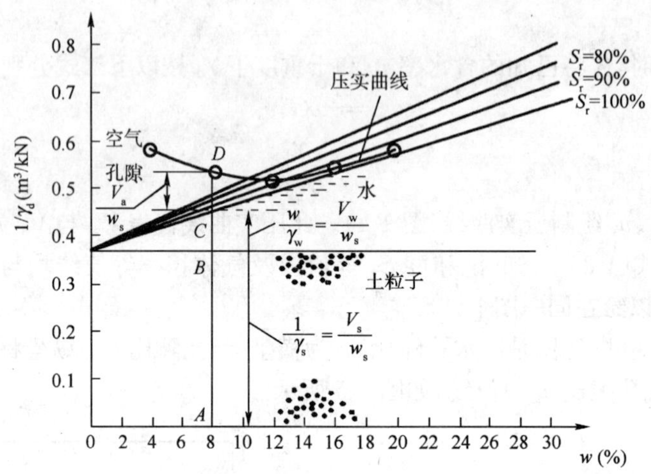

图 1-6　$1/\gamma_d$—w 图

饱和度 S_r 等值线是一组直线,其代表方程为:

$$\frac{1}{\gamma_d} = \frac{1}{G_s \gamma_w} + \frac{1}{S_r \gamma_w} w \quad (1\text{-}32)$$

取 $S_r = 100\%$、$S_r = 90\%$、$S_r = 80\%$、……代入上式,分别绘制的 $S_r = 100\%$、$S_r = 90\%$、$S_r = 80\%$、……等值线。

经过换算,式(1-32)可改写如下:

$$\frac{1}{\gamma_d} = \frac{V_s}{W_s} + \frac{V_w}{W_s} + \frac{V_a}{W_s} \quad (1\text{-}33)$$

当土粒重为单位重时,即 $W_s = 1$,上式为:

$$\frac{1}{\gamma_d} = V_s + V_w + V_a \quad (1\text{-}34)$$

以上说明:当土粒重为单位重时,纵坐标$\frac{1}{\gamma_d}$代表土粒体积、水孔隙体积和气孔隙体积之和。如图 1-6 上的 D 点,纵坐标为 AD,其中:AB 段代表当土粒为单位重时土粒的体积,BC 段代表当土粒为单位重时水孔隙体积;CD 段代表当土粒为单位重时气孔隙体积。

三、无黏性土的相对密实度

相对密度是无黏性土紧密程度的指标,对土工建筑物和地基的稳定性,特别是抗震稳定性方面具有重要意义。砂土的紧密程度不能仅从它的孔隙比的大小来衡量。对于颗粒大小、形状及不均匀系数不同的两种砂土,即使孔隙比完全相同,但其紧密程度可能有很大差别。因此,需根据砂土孔隙比与极限孔隙比(最大孔隙比和最小孔隙比)的相对关系来表示。

无黏性土的最小孔隙比是最紧密状态的孔隙比，用符号 e_{min} 表示，其最大孔隙比是最疏松状态时的孔隙比，用符号 e_{max} 表示。

相对密实度 D_r 是无黏性土最大孔隙比与天然孔隙比之差和最大孔隙比与最小孔隙比之差的比值，即

$$D_r = \frac{e_{max} - e_0}{e_{max} - e_{min}} \tag{1-35}$$

式中：D_r——相对密实度；

e_{max}——最大孔隙比，即处于最疏松状态的孔隙比；

e_{min}——最小孔隙比，即处于最紧密状态的孔隙比；

e_0——天然孔隙比。

将上式中孔隙比换算为干重度，可改写如下式：

$$D_r = \frac{\gamma_{d\,max}(\gamma_d - \gamma_{d\,min})}{\gamma_d(\gamma_{d\,max} - \gamma_{d\,min})} \tag{1-36}$$

式中：$\gamma_{d\,max}$——最大干重度（即处于最紧密状态的干重度），kN/m^3；

$\gamma_{d\,min}$——最小干重度（即处于最疏松状态的干重度），kN/m^3；

γ_d——天然干重度，kN/m^3。

从以上二式可知，若无黏性土的天然孔隙比 e_0（或天然干重度 γ_d）接近于 e_{min}（或最大干重度 $\gamma_{d\,max}$），即相对密实度接近于1时，土呈密实状态；当孔隙比 e_0（或天然干重度 γ_d）接近于 e_{max}（或 $\gamma_{d\,min}$）时，即相对密实度 D_r 接近于0时，则呈疏松状态。根据 D_r 值可把砂土的密实程度划分为下列三种：

$1 \geqslant D_r > 0.67$	密实的
$0.67 \geqslant D_r > 0.33$	中密的
$0.33 \geqslant D_r > 0$	松散的

四、黏性土的界限含水率和塑性指数

1. 界限含水率

黏性土由于其含水率的不同，而分别处于固态、半固态、可塑态及流态。由一种状态转到另一种状态的分界含水率，叫做界限含水率。它对黏性土的分类及工程性质的评价有重要意义。

如图1-7所示，土由可塑状态转到流态的界限含水率叫做液限（也称塑性上限含水率），用符号 w_L 表示；土由半固态转到可塑状态的界限含水率叫做塑限（也称塑性下限含水率），用符号 w_P 表示；土由半固态不断蒸发水分，则体积逐渐缩小，直至体积不再缩小时土的界限含水率叫缩限，用符号 w_s 表示，它们都以百分数表示。

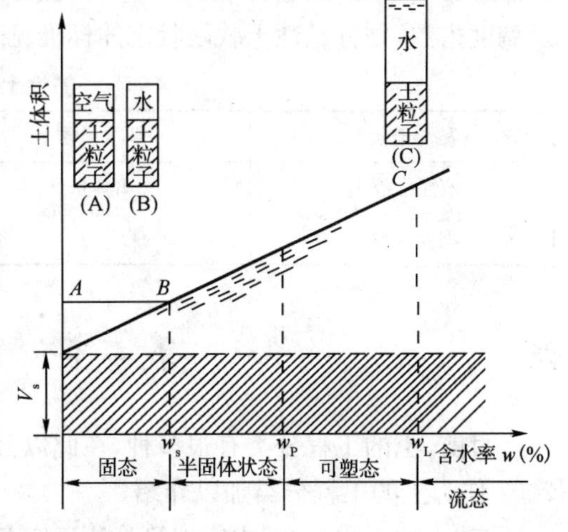

图1-7　黏性土界限含水量示意图

黏性土的塑限一般采用"搓条法"测定；或用液塑限联合测定土的液限和塑限；缩限一般采用"收缩皿法"测定。

2. 塑性指数

塑性指数是指液限和塑限的差值，即土处在

可塑状态的含水率变化范围，用符号 I_P 表示，即

$$I_P = w_L - w_P \tag{1-37}$$

液限和塑限之差(或塑性指数)越大，土处于可塑状态的含水率范围也越大。塑性指数的大小与土中的结合水的可能含量有关，亦即与土的颗粒组成、土粒的矿物成分和浓度等因素有关。从土的颗粒来说，土粒越细、且细粒(黏粒)的含量越高，则其比表面积和可能的结合水含量越高，因而 I_P 也就随之增大。从土中水的离子成分和浓度来说，当水中高价阳离子的浓度增加时，土粒表面吸附的反粒子层的厚度变薄，结合水含量相应减少，I_P 也小；反之随着反粒子层中的低价阳离子的增加，I_P 变大。

五、黏性土的液性指数和稠度指数

1. 黏性土的液性指数

液性指数是指黏性土的天然含水率和塑限的差值与塑性指数之比，用符号 I_L 表示，即

$$I_L = \frac{w - w_P}{w_L - w_P} = \frac{w - w_P}{I_P} \tag{1-38}$$

当土的天然含水率 w 小于 w_P 时，I_L 小于 0，天然土处于半固态或固态；当 w 大于 w_L 时，I_L 大于 1，天然土处于流态；当 w 在 0～1 之间，天然土处于可塑态。因此可以利用液性指数 I_L 来表征黏性土所处的软硬状态。

2. 黏性土的稠度指数

黏性土的稠度指数是指黏性土的液限含水率和天然含水率之差与塑性指数之比，用符号 I_c 表示，即

$$I_c = \frac{w_L - w}{w_L - w_P} = \frac{w_L - w}{I_P} \tag{1-39}$$

由式(1-38)和式(1-39)，可知：

$$I_c + I_L = 1 \tag{1-40}$$

和 I_L 一样，也可以利用稠度指数 I_c 来表征黏性土所处的状态。只是两者数值大小的意义恰好相反，土的天然含水率 w 越大，土质越软，I_L 值越大，而 I_c 值越小。一般利用液性指数及稠度指数，划分黏性土软硬状态的标准见表 1-4。

黏性土软硬状态划分 表 1-4

黏性土状态	坚　硬	可　塑	流　动
液性指数 I_L	$I_L \leqslant 0$	$0 < I_L \leqslant 1$	$I_L > 1$
稠度指数 I_c	$I_c \geqslant 1$	$0 < I_c \leqslant 1$	$I_c < 0$

第二节　土的工程分类

目前，土的工程分类有很多种，在此以公路工程分类方法《公路土工试验规程》JTG E40—2007 作为土的工程分类加以介绍。

在“土的工程分类”中应按筛分法确定各粒组的含量；按液限塑限联合测定法确定液限和塑限；按本节方法判别有机质存在情况。

土的颗粒应根据图 1-8 所列粒组范围划分粒组。将土分为巨粒土、粗粒土、细粒土和特殊土分类总体系见图 1-9。

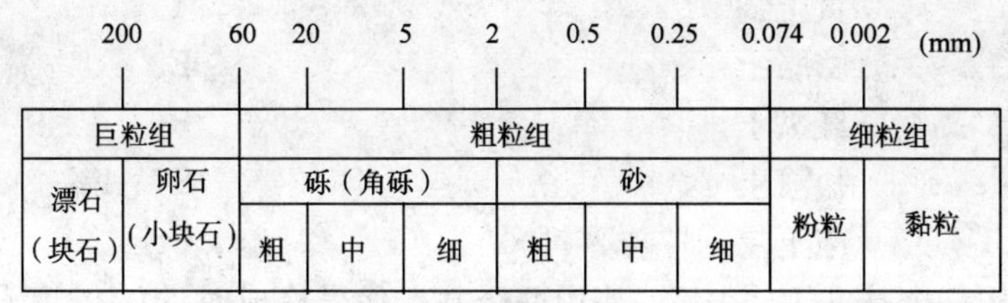

图 1-8 粒组划分

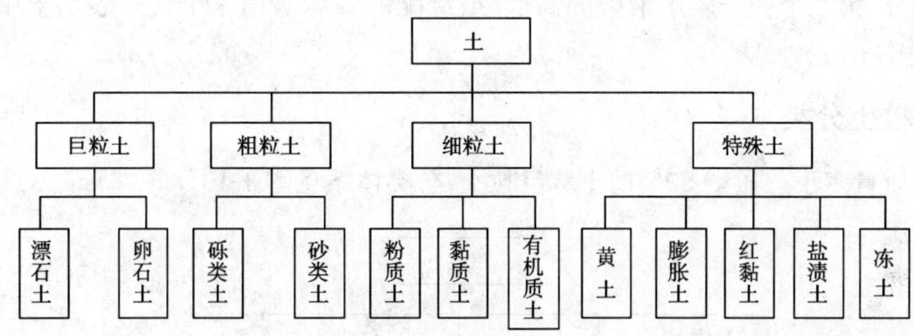

图 1-9 土分类总体系

细粒土应根据塑性图分类。土的塑性图是以液限(w_L)为横坐标、塑性指数(I_P)为纵坐标构成的。

土的成分、级配、液限和特殊土等基本代号按下列规定构成：

(1)土的成分代号

漂石	B
块石	B_a
卵石	Cb
小块石	Cb_a
砾	G
角砾	Ga
砂	S
粉土	M
黏土	C
细粒土(C 和 M 合称)	F
(混合)土(粗、细粒土合称)	Sl
有机质土	O

(2)土的级配代号

级配良好	W
级配不良	P

(3)土液限高低代号

高液限	H

低液限　　L

(4)特殊土代号

黄土　　Y

膨胀土　　E

红黏土　　R

盐渍土　　St

冻土　　Ft

土类名称可用一个基本代号表示。当由两个基本代号构成时,第一个代号表示土的主成分,第二个代号表示副成分(土的液限或土的级配)。当由三个基本代号构成时,第一个代号表示土的主成分,第二个代号表示液限的高低(或级配的好坏),第三个代号表示土中所含次要成分。

一、巨粒土分类

巨粒组质量多于总质量50%的土称巨粒土,分类体系见图1-10。

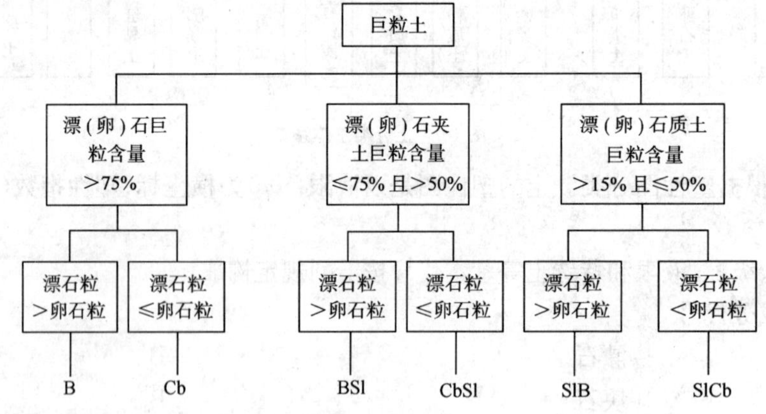

图1-10　巨粒土分类体系

注:①巨粒土分类体系中的漂石换成块石,B换成Ba,即构成相应的块石分类体系;

②巨粒土分类体系中的卵石换成小块石,Cb换成Cba,即构成相应的小块石分类体系

巨粒土按如下方法定名:

(1)巨粒组质量多于总质量75%的土称漂(卵)石。

(2)巨粒组质量为总质量75%~50%的土称漂(卵)石夹土。

(3)巨粒组质量为总质量50%~15%的土称漂(卵)石质土。

(4)巨粒土质量少于15%的土,可扣除巨粒,按粗粒土或细粒土的相应规定分类定名。

漂(卵)石按下列规定定名:

(1)漂石粒组质量多于卵石粒组质量的土称漂石,记为B。

(2)漂石粒组质量少于或等于卵石粒组质量的土称卵石,记为Cb。

漂(卵)石夹土按下列规定定名:

(1)漂石粒组质量多于卵石粒组质量的土称漂石夹土,记为BSl。

(2)漂石粒组质量少于或等于卵石粒组质量的土称卵石夹土,记为CbSl。

漂(卵)石质土应按下列规定定名:

(1)漂石粒组质量多于卵石粒组质量的土称漂石质土，记为 SlB。

(2)漂石粒组质量少于或等于卵石粒组质量的土称卵石质土，记为 SlCb。

(3)如有必要，可按漂(卵)石质土中的砾、砂、细粒土含量定名。

二、粗粒土分类

粗粒组的分类如下：

(1)试样中巨粒组质量少于或等于总质量 15%，且巨粒组土粒与粗粒组土粒质量之和多于总质量 50%的土称粗粒土。

(2)粗粒土中砾粒组质量多于砂粒组质量的土称砾类土，砾类土应根据其中细粒含量和类别以及粗粒组的级配进行分类，分类体系见图 1-11。

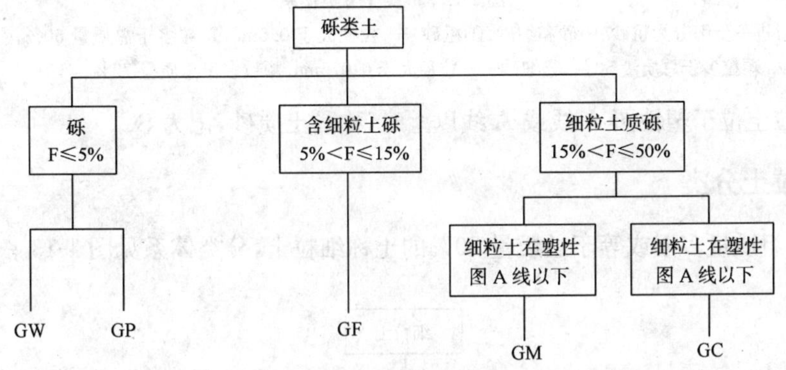

图 1-11 砾类土分类体系

注：砾类土分类体系中的砾石换成角砾，G 换成 Ga，即构成相应的角砾土分类体系。

1)砾类土中细粒组质量少于或等于总质量 5%的土称砾，按下列级配指标定名：

①当 $C_u \geqslant 5$，$C_c = 1 \sim 3$ 时，称级配良好砾，记为 GW。

②不同时满足 $C_u \geqslant 5$，$C_c = 1 \sim 3$ 时，称级配不良砾，记为 GP。

2)砾类土中细粒组质量为总质量 5%～15%(含 15%)的土称含细粒土砾，记为 GF。

3)砾类土中细粒组质量大于总质量的 15%，并小于或等于总质量的 50%时，按细粒土在塑性图中的位置定名：

①当细粒土位于塑性图 A 线以下时，称粉土质砾，记为 GM。

②当细粒土位于塑性图 A 线或 A 线以上时，称黏土质砾，记为 GC。

(3)粗粒土中砾粒组质量少于或等于砂粒组质量的土称砂类土，砂类土应根据其中细粒含量和类别以及粗粒组的级配进行分类，分类体系见图 1-12。

根据粒径分组由大到小，以首先符合者命名。

1)砂类土中细粒组质量少于或等于总质量 5%的土称砂，按下列级配指标定名：

①当 $C_u \geqslant 5$，且 $C_c = 1 \sim 3$ 时，称级配良好砂，记为 SW。

②不同时满足 $C_u \geqslant 5$，$C_c = 1 \sim 3$ 时，称级配不良砂，记为 SP。

2)砂类土中细粒组质量为总质量 5%～15%(含 15%)的土称含细粒土砂，记为 SF。

3)砂类土中细粒组质量大于总质量的 15%，并小于或等于总质量的 50%时，按细粒土在塑性图中的位置定名：

①当细粒土位于塑性图 A 线以下时，称粉土质砂，记为 SM。

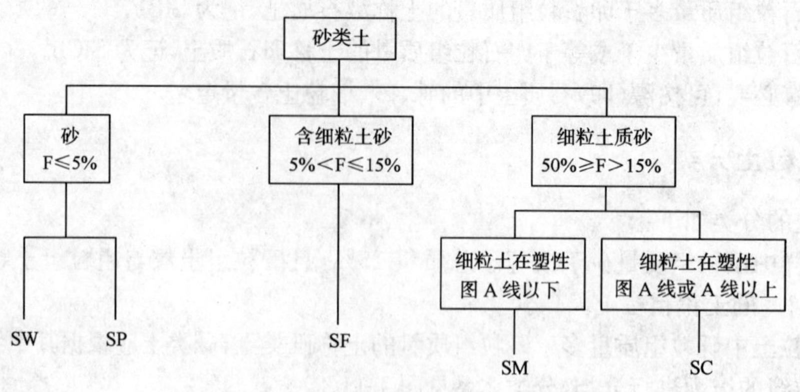

图 1-12 砂类土分类体系

注：需要时，砂可进一步细分为粗砂、中砂和细砂：①粗砂——粒径大于 0.5mm 颗粒多于总质量 50%；②中砂——粒径大于 0.25mm 颗粒多于总质量 50%；③细砂——粒径大于 0.075mm 颗粒多于总质量 75%。

②当细粒土位于塑性图 A 线或 A 线以上时，称黏土质砂，记为 SC。

三、细粒土分类

(1)细粒组质量多于或等于总质量 50%的土称细粒土，分类体系见图 1-13。

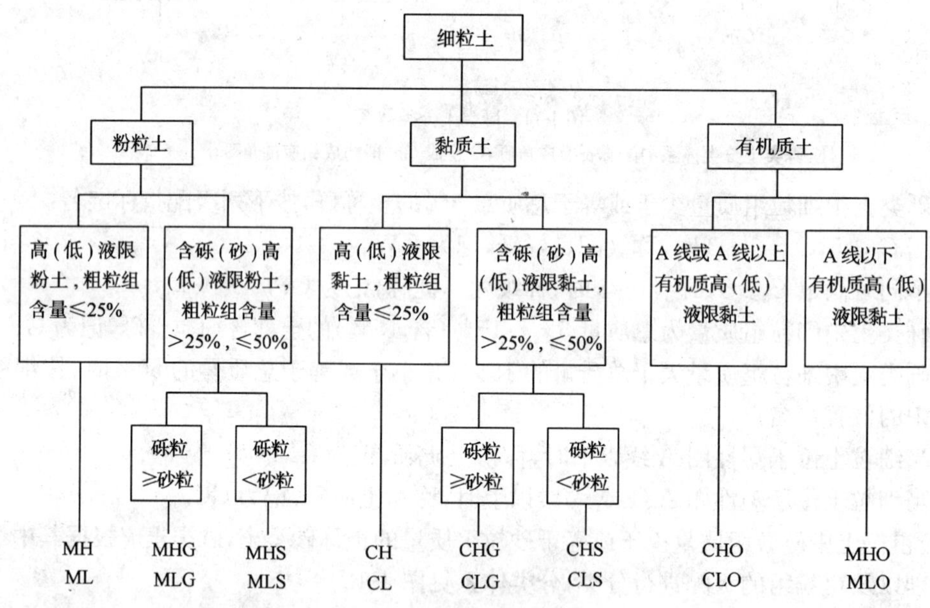

图 1-13 细粒土分类体系

(2)细粒土应按下列规定划分为细粒土、含粗粒的细粒土和有机质土。

①细粒土中粗粒组质量少于或等于总质量 25%的土称粉质土或黏质土。

②细粒土中粗粒组质量为总质量 25%～50%(含 50%)的土称含粗粒的粉质土或含粗粒的黏质土。

③有机质含量多于或等于总质量的 5%，且少于总质量 10%的土称有机质土。有机质含量多于或等于 10%的土称有机土。

(3)细粒土应按塑性图分类。公路工程的塑性图(见图1-14)采用下列液限分区：

低液限　　　$w_L<50$

高液限　　　$w_L>50$

(4)细粒土应按其在塑性图1-14中的位置确定土名称。

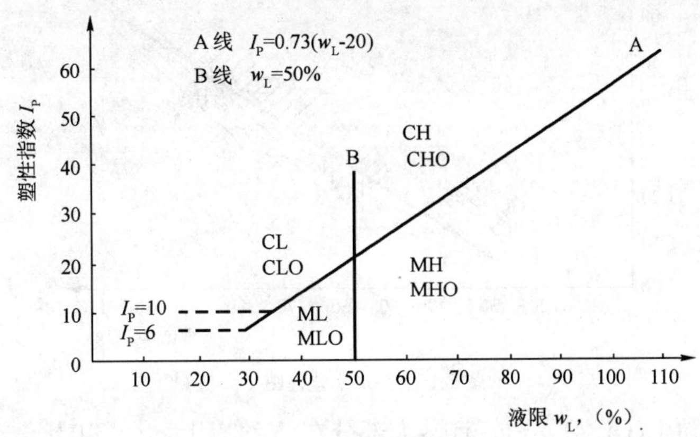

图1-14　塑性图

①当细粒土位于塑性图A线或A线以上时，按下列规定定名：

在B线或B线以右，称高液限黏土，记为CH；

在B线以左，$I_P=7$线以上，称低液限黏土，记为CL。

②当细粒土位于A线以下时，按下列规定定名：

在B线或B线以右，称高液限粉土，记为MH；

在B线以左，$I_P=4$线以下，称低液限粉土，记为ML。

(5)含粗粒的细粒土应先按(4)条的规定确定细粒土部分的名称，再按以下规定最终定名。

①当粗粒组中砾粒组质量多于砂粒组质量时，称含砾细粒土，应在细粒土代号后缀以代号“G”。

②当粗粒组中砂粒组质量多于或等于砾粒组质量时，称含砂细粒土，应在细粒土代号后缀以代号“S”。

(6)土中有机质包括未完全分解的动植物残骸和完全分解的无定形物质。后者多呈黑色、青黑色或暗色；有臭味；有弹性和海绵感。借目测、手摸及嗅感判别。

当不能判定时，可采用下列方法：将试样在105～110℃的烘箱中烘烤。若烘烤24h后试样的液限小于烘烤前的四分之三，该试样为有机质土。当需要测有机质含量时，按有机质含量试验方法进行。

(7)有机质上应根据图1-14按下列规定定名：

①位于塑性图A线或A线以上：

在B线或B线以右，称有机质高液限黏土，记为CHO；

在B线以左，$I_P=7$线以上，称有机质低液限黏土，记为CLO。

②位于塑性图A线以下：

在B线或B线以右，称有机质高液限粉土，记为MHO；

在B线以左，$I_P=4$线以下，称有机质低液限粉土，记为MLO。

③黏土～粉土过渡区(CL～ML)的土可以按相邻土层的类别细分。

四、特殊土分类

(1)黄土、膨胀土和红黏土按图 1-15 定名。

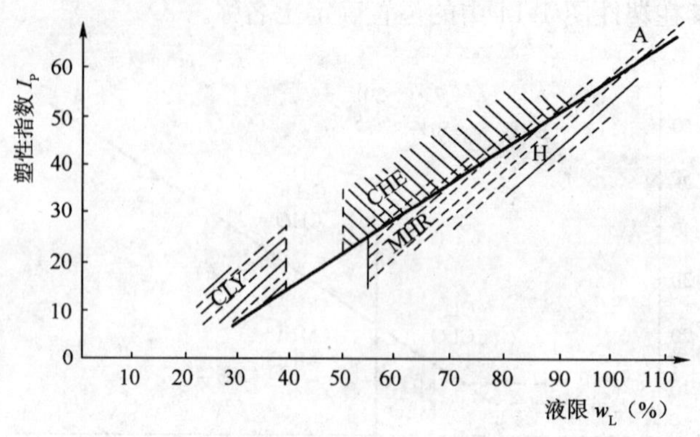

图 1-15　特殊土塑性图

①黄土：低液限黏土(CLY)，分布范围：大部分在 A 线以上，w_L＜40%。

②膨胀土：高液限黏土(CHE)，分布范围：大部分在 A 线以上，w_L＞50%。

③红黏土：高液限粉土(MHR)，分布范围：大部分在 A 线以下，w_L＞55%。

(2)盐渍土按表 1-5 规定划分。

盐渍土工程分类　　表 1-5

土层中平均总盐量(质量%) \ Cl^-/SO_4^{2-} 比值	氯 盐 渍 土	亚氯盐渍土	亚硫酸盐渍土	硫酸盐渍土
名 称	＞2.0	1.0～2.0	0.3～1.0	＜0.3
弱盐渍土	0.3～1.5	0.3～1.0	0.3～0.8	0.3～0.5
中盐渍土	1.5～5.0	1.0～4.0	0.8～2.0	0.5～1.5
强盐渍土	5.0～8.0	4.0～7.0	2.0～5.0	1.5～4.0
过盐渍土	＞8.0	＞7.0	＞5.0	＞4.0

(3)根据冻土冻结状态持续时间的长短，我国冻土可分为多年冻土、隔年冻土和季节冻土三种类型(表 1-6)。

冻土按冻结状态持续时间分类　　表 1-6

类　　型	持续时间 t(年)	地面温度(℃)特征	冻 融 特 征
多年冻土	$t \geqslant 2$	年平均地面温度≤0	季节融化
隔年冻土	$2 > t \geqslant 1$	最低月平均地面温度≤0	季节冻结
季节冻土	$t < 1$	最低月平均地面温度≤0	季节冻结

五、土的简易鉴别、分类和描述

(1)土的简易鉴别方法用目测法代替筛分法确定土粒组成及其特征；用干强度、手捻、韧性和摇振反应等定性方法代替用液限仪测定细粒土的塑性。

(2)确定土粒组含量时，可将研散的风干试样摊成一薄层，凭目测估计土中巨、粗、细粒组所占的比例。再按前述的有关规定确定其为巨粒土、粗粒土或细粒土。

(3)干强度试验：将一小块土捏成土团，风干后用手指捏碎、掰断及捻碎，根据用力大小区分为：

①很难或用力才能捏碎或掰断者为干强度高。

②稍用力即可捏碎或掰断者为干强度中等。

③易于捏碎和捻成粉末者为干强度低。

(4)手捻试验:将稍湿或硬塑的小土块在手中揉捏,然后用拇指和食指将土捻成片状,根据手感和土片光滑度可分为:

①手感滑腻,无砂,捻面光滑者为塑性高。

②稍有滑腻感,有砂粒,捻面稍有光泽者为塑性中等。

③稍有黏性,砂感强,捻面粗糙者为塑性低。

(5)搓条试验:将含水率略大于塑限的湿土块在手中揉捏均匀,再在手掌上搓成土条,根据土条不断裂而能达到的最小直径可区分为:

①能搓成小于 1mm 土条者为塑性高。

②能搓成 1~3mm 土条而不断者为塑性中等。

③能搓成直径大于 3mm 的土条即断裂者为塑性低。

(6)韧性试验:将含水率略大于塑限的土块在手中揉捏均匀,然后在手掌中搓成直径为 3mm 的土条,再揉成土团;根据再次搓条的可能性可区分为:

①能揉成土团,再成条,捏而不碎者为韧性高。

②可再成团,捏而不易碎者为韧性中等。

③勉强或不能揉成团,稍捏或不捏即碎者为韧性低。

(7)摇振反应试验:将软塑至流动的小土块,捏成土球,放在手掌上反复摇晃,并以另一手掌击此手掌,土中自由水渗出,球面呈现光泽;用二手指捏土球,放松后水又被吸入,光泽消失。根据上述渗水和吸水反应快慢可区分为:

①立即渗水和吸水者为反应快。

②渗水和吸水中等者为反应中等。

③渗水吸水慢及不渗不吸者为无反应。

(8)巨粒土和粗粒土可根据(2)的目估结果,按方法一和方法二中有关规定进行分类定名。

(9)细粒土可根据(3)至(7)的试验结果,按表 1-7 进行分类定名。

细粒土简易分类 表 1-7

半固态时的干强度	硬塑—可塑态时的手捻感和光滑度	土在可塑态时		软塑—流塑态时的摇振反应	土类代号
		可搓成最小直径(mm)	韧性		
低—中	灰黑色,粉粒为主,稍黏,捻面粗糙	3	低	快—中	MLO
中	砂粒稍多,有黏性,捻面较粗糙,无光泽	2~3	低—中	快—中	ML
中—高	有砂粒,稍有滑腻感,捻面稍有光泽,灰黑色者为 CLO	1~2	中	无—很慢	CL CLO
中	粉粒较多,有滑腻感,捻面较光滑	1~2	中	无—慢	MH
中—高	灰黑色,无砂,滑腻感强,捻面光滑	<1	中—高	无—慢	MHO
高—很高	无砂感,滑腻感强,捻面有光滑,灰黑色者为 CLO	<1	高	无	CH CHO

(10)在现场来样和试验开启试样时，应按下列内容描述土的状态。

①巨粒土和粗粒土　通俗名称及当地名称；土粒最大粒径；漂石粒、卵石粒、砾粒、砂粒组的含量；土颗粒形状：圆、次圆、棱角或次棱角；土颗粒的矿物成分；土的颜色和有机质；细粒土：黏土或粉土；土的代号和名称。

②细粒土　通俗名称及当地名称；土颗粒的最大粒径；漂石粒、卵石粒、砾粒、砂粒组的含量；潮湿时土的颜色及有机质，土的湿度：干、湿、很湿或饱和；土的状态：流动、软塑、可塑或硬塑；土的塑性：高、中或低；土的代号和名称。

(11)根据土的不同用途分别描述下列名称：

①当用作填料时，不同土类的分布层次及范围。

②当用作地基时，土的分布层次及范围、结构性和密度。

第三节　路基形式和要求

以下以《公路路基施工技术规范》(JTJ 013—93)，《公路路基施工技术规范》(JTG 10—2006)和《公路工程质量检验评定标准》(JTG F80/1—2004)作为基础，介绍公路路基形式和路基填筑要求。

一、路基的横断面形式

路基横断面形式应根据公路等级、技术标准，结合当地地形、地质、水文、填挖等情况选用。

(1)一般路堤的形式见图1-16。护坡道宽度依路堤高度而定，路堤边坡坡度应根据填料种类及路堤高度确定。

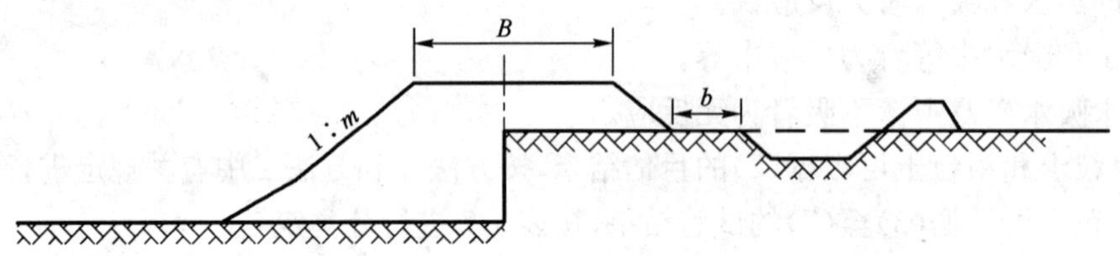

图1-16　一般路堤形式

(2)沿河路堤形式见图1-17，沿河及受水浸淹地段的路基边缘高程应高出路基设计洪水频率的设计水位加壅水高、波浪侵袭高，再加安全高度0.5m。各级公路设计洪水频率见表1-8。路堤边坡的防护类型应根据水流、风浪及冲刷情况确定。

路基设计洪水位频率　　表1-8

公路等级	高速公路	一级公路	二级公路	三级公路	四级公路
路基设计洪水频率	1/100	1/100	1/50	1/25	按具体情况确定

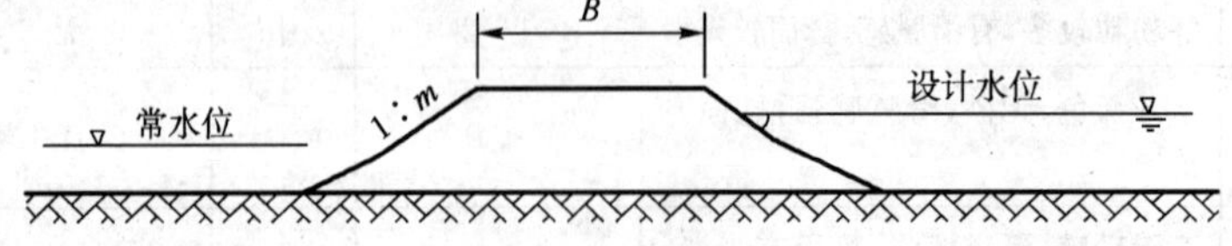

图1-17　沿河路堤形式

(3)半填半挖路基形式见图 1-18。在地面自然横坡度陡于 1:5 的斜坡上(包括纵断面方向)修筑路堤时,路堤基底应挖台阶,台阶宽度不得小于 2m,台阶底应有 2%~4%向内倾斜的坡度。挖台阶前应清除草皮及树根。

分期修建或改建公路加宽时,新、旧路基填方边坡的衔接处应开挖台阶。高速公路、一级公路台阶宽度一般为 2m。土质路填挖衔接处应采取超挖回填措施。

挖方上侧设置截水沟,见图 1-18。

(4)矮墙路基的形式见图 1-19。在土质比较松散,容易产生碎落或小型坍方的挖方坡脚宜修筑矮墙。矮墙可用浆砌或干砌片石,高度不宜超过 2m,顶宽 0.5~0.8m,墙内坡直立,墙外坡为 1∶0.2~1∶0.5。

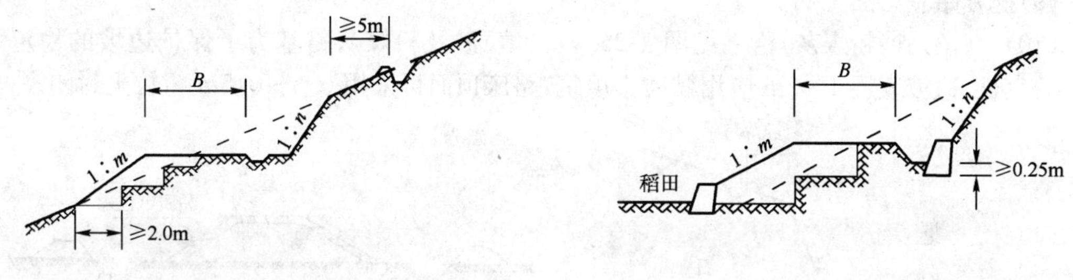

图 1-18　半挖半填路基　　图 1-19　矮墙路基

水稻田地段的路堤,填方坡脚可依据实地情况设置矮墙或护坡,矮墙可用浆砌片石,高度不宜超过 1.5m。

软土地基或冰冻严重地段不宜设置矮墙路基。

(5)护肩路基见图 1-20。

坚硬岩石地段陡山坡上的半填半挖路基,当填方不大,但边坡伸出较远不易填筑时,可修筑护肩。

(6)砌石路基见图 1-21。坚硬岩石(不易风化)地段的半填半挖路基,当填方较大,边坡伸出较远或落空而不易填筑时,可采用砌石路基。

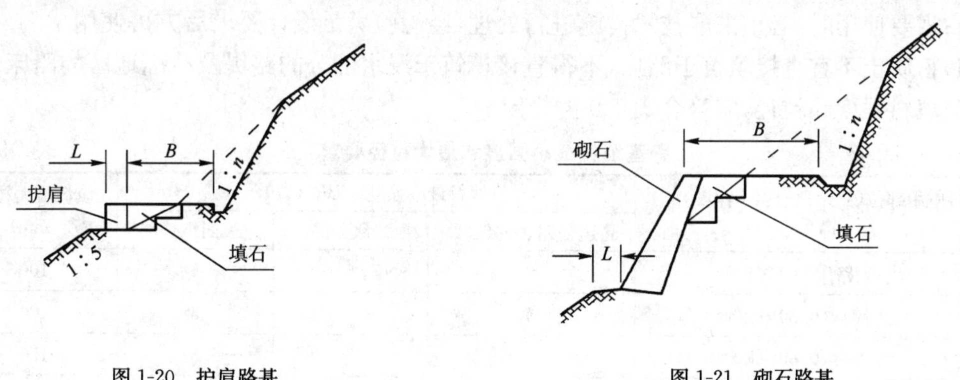

图 1-20　护肩路基　　图 1-21　砌石路基

(7)挡土墙路基见图 1-22。挡土墙路基设计应符合《公路挡土墙设计与施工技术规范》的规定。

(8)护脚路基见图 1-23。当山坡上的填方路基有沿斜坡下滑的倾向,或为加固、收回填方坡脚时,可采用护脚路基。

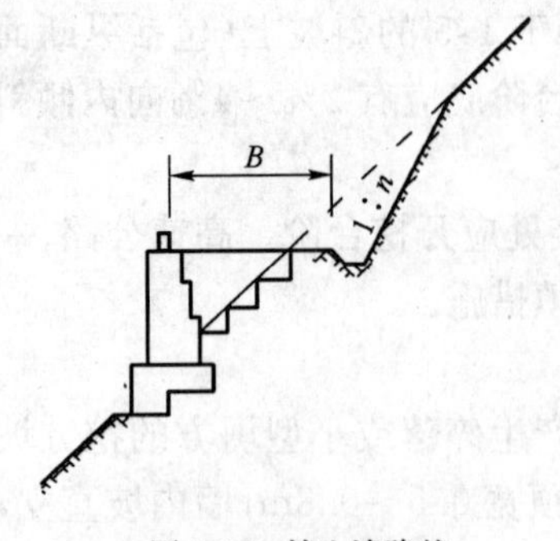

图 1-22 挡土墙路基

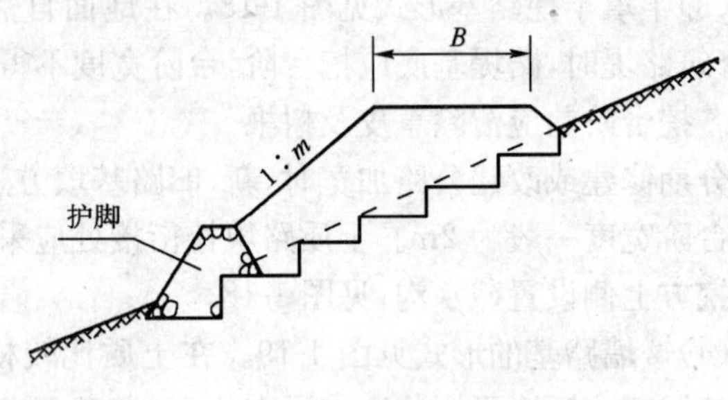

图 1-23 护脚路基

(9)挖方路基见图 1-24。

(10)吹(填)砂(粉煤灰)路基见图 1-25。吹(填)砂及粉煤灰路基为了保护边坡的稳定和植物的生长,边坡表层 1～2m 应用黏质土填筑,路床顶面可采用 0.3～0.5m 粗粒土封闭。

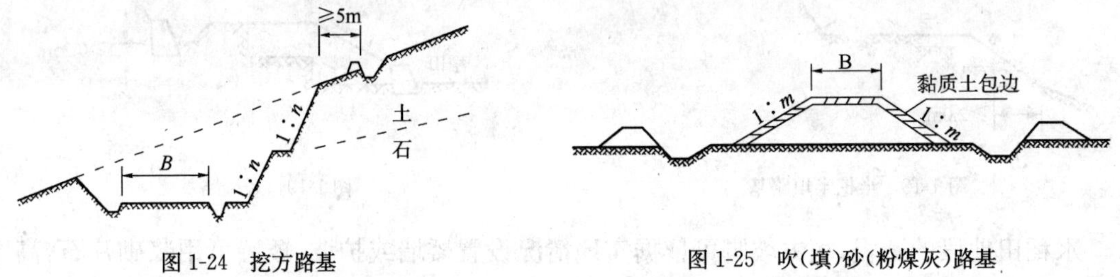

图 1-24 挖方路基

图 1-25 吹(填)砂(粉煤灰)路基

二、填方路基的基本要求

路基填料应符合下列规定:

(1)含草皮、生活垃圾、树根、腐殖质的土严禁作为路基填料。

(2)泥炭、淤泥、冻土、强膨胀土、有机质土及易溶盐超过允许含量的土,不得直接用于填筑路基;确需使用时,必须采取技术措施进行处理,经检验满足设计要求后方可使用。

(3)液限大于 50%、塑性指数大于 26、含水率不适宜直接压实的细粒土,不得直接作为路堤填料;需要使用时,必须采取技术措施进行处理,经检验满足设计要求后方可使用。

(4)粉质土不宜直接填筑于路床,不得直接填筑于浸水部分的路堤及冰冻地区的路床。

(5)填料强度和粒径,应符合表 1-9 的规定。

路基填料最小强度和最大粒径要求 表 1-9

填料应用部位(路床顶面以下深度)(m)		填料最小强度(*CBR*)(%)			填料最大粒径(mm)
		高速公路、一级公路	二级公路	三、四级公路	
路堤	上路床(0～0.30)	8	6	5	100
	下路床(0.30～0.80)	5	4	3	100
	上路堤(0.80～1.50)	4	3	3	150
	下路堤(>1.50)	3	2	2	150
零填及挖方路基	0～0.30	8	6	5	100
	0.30～0.80	5	4	3	100

注:1. 表列强度按《公路土工试验规程》规定的浸水 96h 的 *CBR* 试验方法测定。

2. 三、四级公路铺筑沥青混凝土和水泥混凝土路面时,应采用二级公路的规定。

3. 表中上、下路堤填料最大粒径 150mm 的规定,不适用于填石路堤和土石路堤。

三、填土路堤施工

1. 施工取土

路基填方取土，应根据设计要求，结合路基排水和当地土地规划、环境保护要求进行，不得任意挖取。

施工取土应不占或少占良田，尽量利用荒坡、荒地，取土深度应结合地下水等因素考虑，利于复耕。原地面耕植土应先集中存放，以利再用。

自行选定取土方案时，应符合下列技术要求：

(1)地面横向坡度陡于 1∶10 时，取土坑应设在路堤上侧。

(2)桥头两侧不宜设置取土坑。

(3)取土坑与路基之间的距离，应满足路基边坡稳定的要求。取土坑与路基坡脚之间的护坡道应平整密实，表面设 1%～2%向外倾斜的横坡。

(4)取土坑兼作排水沟时，其底面宜高出附近水域的常水位或与永久排水系统及桥涵出水口的高程相适应，纵坡不宜小于 0.2%，平坦地段不宜小于 0.1%。

(5)线外取土坑等与排水沟、鱼塘、水库等蓄水(排洪)设施连接时，应采取防冲刷、防污染的措施。

(6)对取土造成的裸露面，应采取整治或防护措施。

2. 基底处理规定

①二级及二级以上公路路堤基底的压实度应不小于 90%；三、四级公路应不小于 85%。路基填土高度小于路面和路床总厚度时，基底应按设计要求处理。

②原地面坑、洞、穴等，应在清除沉积物后，用合格填料分层回填分层压实，压实度符合本条第①项的规定。

③泉眼或露头地下水，应按设计要求，采取有效导排措施后方可填筑路堤。

④地基为耕地、松散土、水稻田、湖塘、软土、高液限土等时，应按设计要求进行处理，局部软弹的部分也应采取有效的处理措施。

⑤地下水位较高时，应按设计要求进行处理。

⑥陡坡地段、土石混合地基、填挖界面、高填方地基等都应按设计要求进行处理。

3. 路堤填筑应符合下列规定

①性质不同的填料，应水平分层、分段填筑，分层压实。同一水平层路基的全宽应采用同一种填料，不得混合填筑。每种填料的填筑层压实后的连续厚度不宜小于 500mm。填筑路床顶最后一层时，压实后的厚度应不小于 100mm。

②潮湿或冻融敏感性小的填料应填筑在路基上层。强度较小的填料应填筑在下层。

在有地下水的路段或临水路基范围内，宜填筑透水性好的填料。

③在透水性不好的压实层上填筑透水性较好的填料前，应在其表面设 2%～4%的双向横坡，并采取相应的防水措施。不得在由透水性较好的填料所填筑的路堤边坡上覆盖透水性不好的填料。

④每种填料的松铺厚度应通过试验确定。

⑤每一填筑层压实后的宽度不得小于设计宽度。

⑥路堤填筑时，应从最低处起分层填筑，逐层压实；当原地面纵坡大于 12%或横坡陡于

1∶5时，应按设计要求挖台阶，或设置坡度向内并大于4%、宽度大于2m的台阶。

⑦填方分几个作业段施工时，接头部位如不能交替填筑，则先填路段，应按1∶1坡度分层留台阶；如能交替填筑，则应分层相互交替搭接，搭接长度不小于2m。

4. 选择施工机械

选择施工机械，应考虑工程特点、土石种类及数量、地形、填挖高度、运距、气候条件、工期等因素，经济合理地确定。填方压实应配备专用碾压机具。

5. 压实标准及检测

土质路基压实度应符合表1-10的规定。

土质路基压实标准 表1-10

填挖类型		路床顶面以下深度(m)	压实度(%)		
			高速公路、一级公路	二级公路	三、四级公路
路堤	上路床	0～0.30	≥96	≥95	≥94
	下路床	0.30～0.80	≥96	≥95	≥94
	上路堤	0.80～1.50	≥94	≥94	≥93
	下路堤	>1.50	≥93	≥92	≥90
零填及挖方路基		0～0.30	≥96	≥95	≥94
		0.30～0.80	≥96	≥95	—

注：1. 表列压实度以《公路土工试验规程》重型击实试验法为准。
2. 三、四级公路铺筑水泥混凝土路面或沥青混凝土路面时，其压实度应采用二级公路的规定值。
3. 路堤采用特殊填料或处于特殊气候地区时，压实度标准根据试验路在保证路基强度要求的前提下可适当降低。
4. 特别干旱地区的压实度标准可降低2%～3%。

压实度检测应符合以下规定：

①用灌砂法、灌水(水袋)法检测压实度时，取土样的底面位置为每一压实层底部；用环刀法试验时，环刀中部处于压实层厚的1/2深度；用核子仪试验时，应根据其类型，按说明书要求办理。

②施工过程中，每一压实层均应检验压实度，检测频率为每1 000m^2至少检验2点，不足1 000m^2时检验2点，必要时可根据需要增加检验点。

路堤填筑至设计标高并整修完成后，其施工质量应符合表1-11的规定。

土质路堤施工质量标准 表1-11

项次	检查项目	规定值或允许偏差			检查方法和频率
		高速公路、一级公路	二级公路	三、四级公路	
1	压实度	符合规定	符合规定	符合规定	施工记录
2	弯沉	不大于设计值	不大于设计值	不大于设计值	
3	纵段高程(mm)	+10，−15	+10，−20	+10，−20	每200m测4个断面
4	中线偏位(mm)	50	100	100	每200m测4点，弯道加HY、YH两点
5	宽度	不小于设计值	不小于设计值	不小于设计值	每200m测4处
6	平整度(mm)	15	20	20	3m直尺：每200m测2处×10尺
7	横坡(%)	±0.3	±0.5	±0.5	每200m测4个断面
8	边坡坡度	不陡于设计坡度	不陡于设计坡度	不陡于设计坡度	每200m抽查4处

四、填石路堤

1. 填料应符合以下规定

(1)膨胀岩石、易溶性岩石不宜直接用于路堤填筑,强风化石料、崩解性岩石和盐化岩石不得直接用于路堤填筑。

(2)路堤填料粒径应不大于 500mm,并不宜超过层厚的 2/3,不均匀系数宜为 15~20。路床底面以下 400mm 范围内,填料粒径应小于 150mm。

(3)路床填料粒径应小于 100mm。

2. 基底处理应符合以下规定

(1)除土质路堤基底处理的规定外,承载力应满足设计要求。

(2)在非岩石地基上,填筑填石路堤前,应按设计要求设过渡层。

3. 填筑应符合以下规定

(1)路堤施工前,应先修筑试验路段,确定满足表 1-12 中孔隙率标准的松铺厚度、压实机械型号及组合、压实速度及压实遍数、沉降差等参数。

(2)路床施工前,应先修筑试验路段,确定能达到最大压实干密度的松铺厚度、压实机械型号及组合、压实速度及压实遍数、沉降差等参数。

(3)二级及二级以上公路的填石路堤应分层填筑压实。二级以下砂石路面公路在陡峻山坡地段施工特别困难时,可采用倾填的方式将石料填筑于路堤下部,但在路床底面以下不小于 1.0m 范围内仍应分层填筑压实。

(4)岩性相差较大的填料应分层或分段填筑。严禁将软质石料与硬质石料混合使用。

(5)中硬、硬质石料填筑路堤时,应进行边坡码砌。码砌边坡的石料强度、尺寸及码砌厚度应符合设计要求。边坡码砌与路基填筑宜基本同步进行。

(6)压实机械宜选用自重不小于 18t 的振动压路机。

(7)在填石路堤顶面与细粒土填土层之间应按设计要求设过渡层。

4. 填石路堤施工质量应符合以下规定:

(1)上、下路堤的压实质量标准见表 1-12。

填石路堤上、下路堤压实质量标准 表 1-12

分区	路床顶面以下深度(m)	硬质石料孔隙率(%)	中硬质石料孔隙率(%)	软质石料孔隙率(%)
上路堤	0.8~1.50	≤23	≤22	≤20
下路堤	>1.50	≤25	≤24	≤22

(2)填石路堤施工过程中的每一压实层,可用试验路段确定的工艺流程和工艺参数,控制压实过程;用试验路段确定的沉降差指标检测压实质量。

(3)填石路堤填筑至设计标高并整修完成后,其施工质量应符合表 1-13 的规定。

(4)填石路堤成型后的外观质量标准:路堤表面无明显孔洞;大粒径石料不松动,铁锹挖动困难;边坡码砌紧贴、密实,无明显孔洞、松动,砌块间承接面向内倾斜,坡面平顺。

填石路堤施工质量标准 表1-13

<table>
<tr><th rowspan="2">项次</th><th rowspan="2" colspan="2">检 查 项 目</th><th colspan="2">规定值或允许偏差</th><th rowspan="2">检查方法和频率</th></tr>
<tr><th>高速公路、一级公路</th><th>其他等级公路</th></tr>
<tr><td rowspan="2">1</td><td rowspan="2" colspan="2">压实度</td><td colspan="2">符合试验路确定的施工工艺</td><td>施工记录</td></tr>
<tr><td colspan="2">沉降差≤试验路确定的沉降差</td><td>水准仪:每40m检测1个断面,每个断面检测4~9点</td></tr>
<tr><td>2</td><td colspan="2">纵面高程(mm)</td><td>+10,-20</td><td>+10,-30</td><td>水准仪:每200m检测4个断面</td></tr>
<tr><td>3</td><td colspan="2">弯沉</td><td colspan="2">不大于设计值</td><td>—</td></tr>
<tr><td>4</td><td colspan="2">中线偏位(mm)</td><td>50</td><td>100</td><td>经纬仪:每200m检测4点,弯道加HY、YH两点</td></tr>
<tr><td>5</td><td colspan="2">宽度</td><td colspan="2">不小于设计值</td><td>米尺:每200m测4处</td></tr>
<tr><td>6</td><td colspan="2">平整度(mm)</td><td>20</td><td>30</td><td>3m直尺:每200m测4点×10尺</td></tr>
<tr><td>7</td><td colspan="2">横坡(%)</td><td>±0.3</td><td>±0.5</td><td>水准仪:每200m检测4个断面</td></tr>
<tr><td rowspan="2">8</td><td rowspan="2">边坡</td><td>坡度</td><td colspan="2">不陡于设计值</td><td rowspan="2">每200m抽查4处</td></tr>
<tr><td>平顺度</td><td colspan="2">符合设计要求</td></tr>
</table>

五、土石路堤

1.填料应符合以下规定

(1)膨胀岩石、易溶性岩石等不宜直接用于路堤填筑,崩解性岩石和盐化岩石等不得直接用于路堤填筑。

(2)天然土石混合填料中,中硬、硬质石料的最大粒径不得大于压实层厚的2/3;石料为强风化石料或软质石料时,其CBR值应符合表1-9的规定,石料最大粒径不得大于压实层厚。

基底处理应满足土质路基基底的规定。在陡、斜坡地段,土石路堤靠山一侧应按设计要求做好排水和防渗处理。

2.填筑应符合以下规定

(1)压实机械宜选用自重不小于18t的振动压路机。

(2)施工前,应根据土石混合材料的类别分别进行试验路段施工,确定能达到最大压实干密度的松铺厚度、压实机械型号及组合、压实速度及压实遍数、沉降差等参数。

(3)土石路堤不得倾填,应分层填筑压实。

(4)碾压前应使大粒径石料均匀分散在填料中,石料间孔隙应填充小粒径石料、土和石渣。

(5)压实后透水性差异大的土石混合材料,应分层或分段填筑,不宜纵向分幅填筑;如确需纵向分幅填筑,应将压实后渗水良好的土石混合材料填筑于路堤两侧。

(6)土石混合材料来自不同料场,其岩性或土石比例相差较大时,宜分层或分段填筑。

(7)填料由土石混合材料变化为其他填料时,土石混合材料最后一层的压实厚度应小于300mm,该层填料最大粒径宜小于150mm,压实后,该层表面应无孔洞。

(8)中硬、硬质石料的土石路堤,应进行边坡码砌。码砌边坡的石料强度、尺寸及码砌厚度应符合设计要求。边坡码砌与路堤填筑宜基本同步进行。软质石料土石路堤的边坡按土质路堤边坡处理。

3. 中硬、硬质石料土石路堤质量应符合以下规定

(1)施工过程中的每一压实层，可用试验路段确定的工艺流程和工艺参数，控制压实过程；用试验路段确定的沉降差指标，检测压实质量。

(2)路基成型后质量应符合表 1-13 的规定。

软质石料填筑的土石路堤，应符合土质路堤的规定。

土石路堤的外观质量标准：路基表面无明显孔洞；大粒径填石无松动，铁锹挖动困难；中硬、硬质石料土石路基边坡码砌紧贴、密实，无明显孔洞、松动，砌块间承接面应向内倾斜，坡面平顺。

六、高填方路堤

高填方路堤(一般指边坡高度超过 20m 的路堤)填料宜优先采用强度高、水稳性好的材料，或采用轻质材料。受水淹、浸的部分，应采用水稳性和透水性均好的材料。

1. 基底处理应符合下列规定

(1)基底承载力应满足设计要求。特殊地段或承载力不足的地基应按设计要求进行处理。

(2)覆盖层较浅的岩石地基，宜清除覆盖层。

2. 高填方路堤填筑应符合下列规定

(1)施工中应按设计要求预留路堤高度与宽度，并进行动态监控。

(2)施工过程中宜进行沉降观测，按照设计要求控制填筑速率。

(3)高填方路堤宜优先安排施工。

七、桥、涵及结构物的回填

填料宜采用透水性材料、轻质材料、无机结合料等，非透水性材料不得直接用于回填。

基坑回填必须在隐蔽工程验收合格后方可进行，基坑回填应分层填筑、分层压实，分层厚度宜为 100～200mm。二级及二级以上公路，采用小型夯实机具时，基坑回填的分层压(夯)实厚度不宜大于 150mm，并应压(夯)实到设计要求的压实度。

1. 台背及与路堤间的回填施工应符合以下规定

(1)二级及二级以上公路应按设计做好过渡段，过渡段路堤压实度应不小于 96%，并应按设计做好纵向和横向防排水系统。

(2)二级以下公路的路堤与回填的联结部，应按设计要求预留台阶。

(3)台背回填部分的路床宜与路堤路床同步填筑。

(4)桥台背和锥坡的回填施工宜同步进行，一次填足并保证压实整修后能达到设计宽度要求。

2. 涵洞回填施工应符合以下规定

(1)洞身两侧，应对称分层回填压实，填料粒径宜小于 150mm。

(2)两侧及顶面填土时，应采取措施防止压实过程对涵洞产生不利后果。

八、半挖半填路基、路堤与路堑过渡段

1. 基底处理应符合下列规定

(1)应从填方坡脚向上设置向内侧倾斜的台阶，台阶宽度不小于 2m，在挖方一侧，台阶应

第二章　土的力学性质及影响因素

土的种类众多，土性随地点而异。每一种土的力学性质因其含水率、密度、结构、温度和孔隙水的化学成分的不同而各异，即使是同一种土样，其力学性质还取决于应力状态、应力历史、加荷速率和排水条件等许多因素。以下分别就黏性土、无黏性土及堆石、特殊性土、土夹石等的力学性质及影响因素加以叙述。

第一节　黏性土的力学性质及影响因素

黏性土的强度与土中有效应力有关。分析黏性土强度时往往需要重视排水条件。在荷载作用下，土体会受压缩，并迫使土中水从孔隙中排出。土的渗透性大，加荷速度又慢，水能及时从孔隙中排出，土体中基本上不产生超孔隙水压力，这种情况称为排水条件。排水条件不只是表示周边有允许排水的边界，本质上指在荷载作用下土体中基本上不产生超孔隙水压力。若周边有不允许排水的边界，在荷载作用下，水不能从孔隙中排水，土体中出现超孔隙水压力，并不产生超孔隙水压力消散现象，这种情况称为不排水条件。黏性土的强度随试验条件不同而异，而且影响因素很多，黏性土的强度性状是很复杂的。

黏性土抗剪强度的实际大小取决于土的物理性质，主要是孔隙比，颗粒的摩擦特点，颗粒大小、形状和级配，超固结比和土中水的含量。黏聚力是黏土强度的重要组成部分，它是由黏土颗粒相互联结而形成的。黏土颗粒小，比表面积大，颗粒间具有相互吸引力，具有一定黏滞性的结合水的存在使颗粒形成水胶联结，从而为土体提供附加的剪切阻力。土体在外荷作用下必须克服这种阻力才能滑动。黏聚力主要与土的结构强度有关，与垂直压力关系不大。土的结构强度主要又与土所处的稠度状态有关，即与含水率有关。含水率越大，粒间联结力越小，抗剪强度就越小。由于土中含水率多寡与土粒周围的水化膜厚度有关，即与扩散层厚度有关，扩散层对土颗粒之间的吸力有削弱作用。水膜厚度大，土的塑性大，强度低，压缩性大。

影响扩散层厚度的因素同样影响土的抗剪强度。水对土具有两种有害影响。一方面由于水的存在而引起黏土颗粒间吸引力的降低，另一方面，孔隙水可改变所施加的应力，而影响土的行为，黏土试样在干燥时可接近弱质混凝土的强度，但加入水后即变得泥泞不堪，可见增加含水率会减小其强度。对饱和黏土而言，总含水率的降低意味着土趋向于密实，结合水量的降低也会意味着颗粒靠得更近，土骨架的强度会大一些。水的作用如同一润滑剂，在烘干状态下土的表面离子并非完全水化，实际颗粒表面变成密接，其键结变强，当加入水后，水合离子变成对颗粒表面起较弱接触，水分在土粒表面形成润滑剂，使内摩擦角 ϕ 减小。对黏性土来说，含水率增加，将使薄膜水变厚，甚至增加自由水，则土粒之间的静电引力减弱，导致黏聚力 c 值降低。例如，某基坑地基遇水膨胀后，强度明显降低，黏聚力仅仅为原来的 1/3～1/4，内摩擦角降低 5～7 度，压缩系数增大 2.2 倍，比贯入阻力降低 2/3，可见水的含量对土的强度影响极大。

当土体处于最佳含水率时，土体中大部分水分被土粒表面的静电引力极化而吸附在土粒周围形成结合水膜。当两个土粒靠得很近时，各自的水化膜部分重叠形成公共水化膜。公共水化膜中的结合水分子处于两个相邻土粒的引力之下，因而使两个土粒靠拢联结在一起(如图2-1)。同时，由于某些盐类的结晶，结晶物对土颗粒具有胶结作用。因此，土体中除了存在土颗粒表面摩擦力和相互的咬合力外，还存在胶结作用和水胶联结。

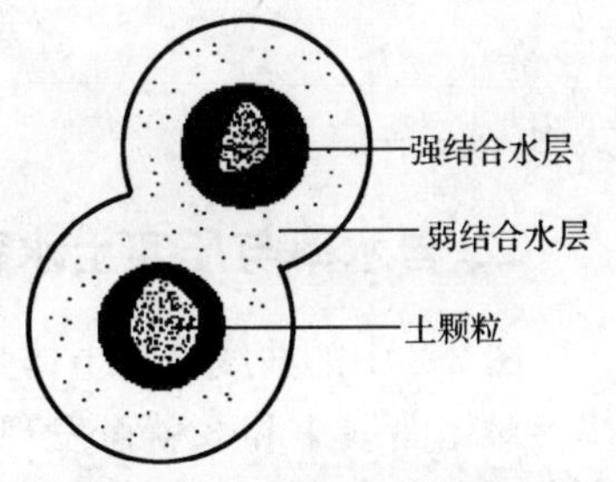

图 2-1　水胶联结示意图

当土体含水率远低于最佳含水率时，土粒周围主要由强结合水包围，呈散粒状态，水胶联结很微弱。同时，强结合水没有溶解盐类的能力，不会因为土体 pH 值的变化而产生盐类的结晶，从而起到对周围土粒的胶结作用。因此，土体中主要只存在土粒表面摩擦力和相互咬合力。

当土体含水率较大时，水分在土粒表面形成润滑剂，致使土粒表面的摩擦力和相互咬合力都减小。同时，由于土体中自由水分布在结合水的外围，它们不受颗粒吸附和毛细力作用控制。它们的存在，使土颗粒之间的间距加大，从而使土颗粒之间的吸引力变得非常微弱。另外，由于自由水具有溶解物质的能力，当土体中自由水含量较多时，土体中即使发生一些结晶作用也不能有效地胶结周围的土粒。

由此可见，对于以细粒土和黏砂、粉砂为填料的路基，当其含水率接近最佳含水率时，路基强度最大。以下就含水率、压实度(密度)及其综合影响对强度、变形、渗透性等的影响加以分析。

一、非饱和土的强度理论

非饱和土具有不同于饱和土的强度特性，由于非饱和土的颗粒空隙中除有水存在外，还有气体存在。水气交界面处的表面张力，使孔隙中的水与气具有不同的压力、使得非饱和土强度的研究变得复杂起来。

非饱和土的强度公式中有两类已被岩土界广泛认可，一类是 Bishop 提出的以有效应力为基础的公式：

$$\tau_f = c' + [(\sigma - u_a) - \chi(u_a - u_w)]\tan\varphi' \tag{2-1}$$

式中：τ_f——非饱和土的抗剪强度；

c'、φ'——饱和土的有效应力参数；

σ——总应力；

u_a——孔隙气压力；

u_w——孔隙水压力；

χ——有效应力参数，其值界于 0 和 1 之间，当饱和度为零时，$\chi=0$；当饱和度为 1 时，$\chi=1$。

另一类是 Fredlund 和 Mogerstern 等提出的双应力状态变量公式：

$$\tau_f = c' + [(\sigma - u_a)\tan\varphi' + (u_a - u_w)]\tan\varphi'' \tag{2-2}$$

式中：φ''——抗剪强度随基质吸力而变化的内摩擦角；

$(u_a - u_w)$——基质吸力。

由于非饱和土吸力的复杂性以及量测技术的限制，使得以上两种强度理论仍停留在试验室里，未能被广大的现场工程师所采用。目前，已有很多人提出了新的计算非饱和土强度的公式。

沈珠江提出了广义吸力代替基质吸力的双线关系式：

$$\tau_f = c' + (\sigma - u_a)\tan\varphi' + \frac{u_j}{1 + du_j}\tan\varphi' \tag{2-3}$$

式中：u_j——广义吸力。

二、含水率与压实土水稳定性的关系

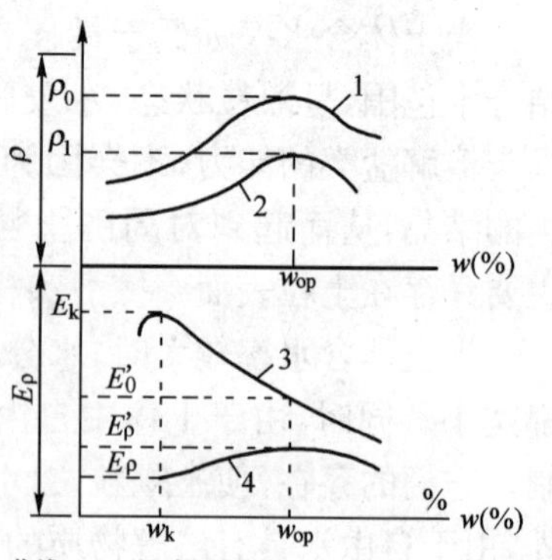

图 2-2　土基的ρ、E与w关系示意图

图 2-2 中的曲线 3 为土体强度 E 随含水率而变化的规律。对比曲线 1 和 3 就可发现，在同等条件下土体获得的最大干密度 ρ_d 和最大强度 E_k 时所对应的含水率 w_{op} 和 w_k 有别。曲线 3 表明，土体湿度未达到最佳含水率之前（$w_k < w_{op}$），强度已达到最高值 E_k，其原因在于含水率较小时（指 w_k），土粒间的黏附力和内摩阻力较大，需要很大的外力才能克服土粒间的阻力而使土粒移动，彼此靠拢。这说明此时（指 w_k）土体的塑性变形比最佳含水率 w_{op} 时的塑性变形小。土体塑性变形的大小表明其抵抗外荷载作用能力的大小，也就是表明土体强度的大小。因此，土的含水率为 w_k 时的强度就比最佳含水率 w_{op} 时的强度高，并达到强度最大值 E_k。但是，正因为此时土还未压实到最大密实度，剩余孔隙较多，当含水率继续增加时水分就会很快进入土中，致使土的黏附力和内摩阻力迅速降低，在外力作用下，土颗粒较容易彼此靠拢，重新组成致密的新结构，土的塑性变形变大，其强度也因此而有所下降。这也说明了获得最大密实度时的土体，其强度尽管很高，但并不是最高的。

曲线 2、4 分别表示在不同的含水率下压实的土样放在湿锯末中，吸湿 7d，使其受水浸湿达到饱和后的干密度 ρ_d 和强度 E 变化曲线。与曲线 1、3 对比看，它们的数值都不同程度地降低了。从曲线本身来看，只有在最佳含水率 w_{op} 时压实的那种土，仍然保持具有最大干密度 ρ_{dmax}。这是因为最佳含水率 w_{op} 时，压实的土体颗粒排列得最紧密，相对位置最稳定，而且由于土颗粒紧密联结在一起，相邻土粒表面的水膜相互交叠，阻碍着毛细水的活动，使水分不易进入。同时，水的体积不超过土在最密实状态时的孔隙体积，吸水量最少。因此，饱水后土的密度、强度都下降最小。可以说，控制在最佳含水率 w_{op} 下压实的土基，其强度和水稳定性最好。

如果以 w_k 为准进行填土压实，尽管相应的 E_k 值最高，但饱水后的强度 E 值却大大降低，显示出水稳定性极差。因此路基施工中选用 ρ_{dmax} 和相应的 w_{op} 作为控制土基压实的指标具有很大的意义。

公路竣工通车后，应保证其在全年各个季节都能有足够的强度和稳定性，以承受车辆荷载的作用及自然因素的影响。路基路面在使用过程中不可避免地会受到雨季潮湿气候及冰冻不利季节的影响。如果路基施工碾压时以最高强度对应的含水率 w_k 为准，尽管相应的强度（回弹模量）E_k 最高，但此时路基土还未压实到最大密实度，还有较多孔隙，受湿度影响时外界水分极易进入土体内部，饱水后的路基土强度 E 就会大为降低，水稳定性很差。由于饱水后的路基土湿度大，在季节性冰冻地区，到了冬天，路基土易发生冻涨破坏，冰冻稳定性不足，到了春融季节还有可能发生翻浆病害。然而，以 w_{op} 为标准，土基压实到最大密度 ρ_{dmax} 后，路基的塑性变形、渗透系数、毛细水作用及其水稳性能等均有明显的改善。因此，这就是现行路面设计方法以回弹模量 E 为土基的强度指标时，为什么在施工现场不是直接用回弹模量 E_k 来控制土基压实程度，而是用干密度 ρ_{dmax} 及相应的含水率 w_{op} 作为控制土基压实指标的机理所在。

在路基施工中，采用的含水率不同，会引起其物理特性上的差异。偏离土体最佳含水率或合理含水率越远，土体的稳定性越差，越不利于路基稳固。因此，施工时保持土体接近最佳含水率或合理含水率状态下碾压或夯实密实达到或接近最大干密度具有重要的现实意义。

三、强度与含水率、压实度(密度)的关系

黏性土的强度与其干密度和含水率有密切关系，通常其强度随含水率的减小或干密度增大而提高，如图 2-3 所示。当含水率稍低于最优含水率(w_{op})时，强度最高。试样浸水饱和后，强度普遍降低，其强度最高值位于最优含水率附近，见图 2-4。

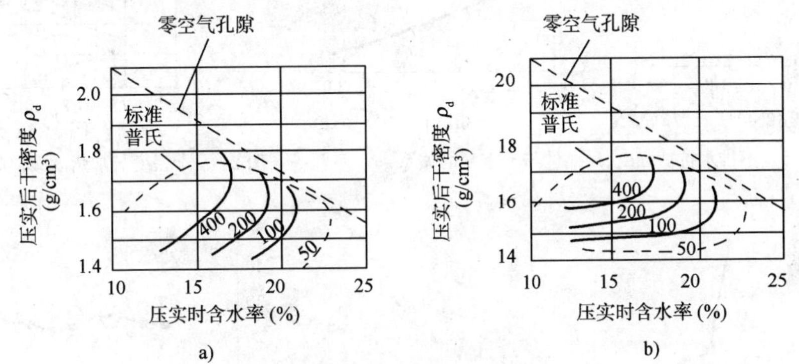

图 2-3　压实黏性土不排水剪切强度与含水率干密度的关系

a)压实后强度(kPa,用实线表示)；b)浸水后强度(kPa,用实线表示)；

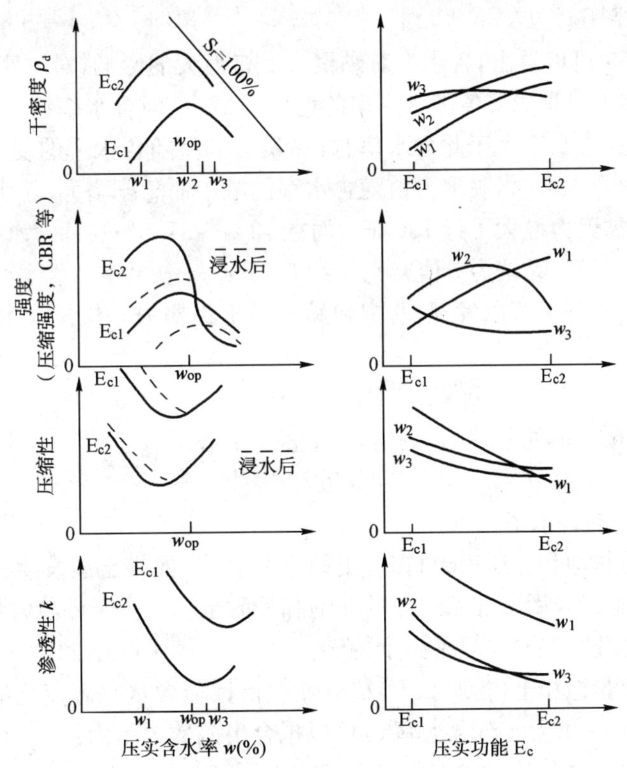

图 2-4　压实后土的性质变化趋势

从图 2-4 可以看出，当含水率一定时，随压实功能增加，土的干密度增加，干密度增长斜率随功能增大逐渐变缓；强度和承载力也随干密度增长而增加，但达到一定限度后，因饱和度过高，孔隙压力过大，强度随干密度增长反而降低，这种现象称之为过度压实(图 2-3～图 2-6)。

赵慧丽等人对北京非饱和粉砂土进行试验得到图 2-7 和图 2-8 的结果。

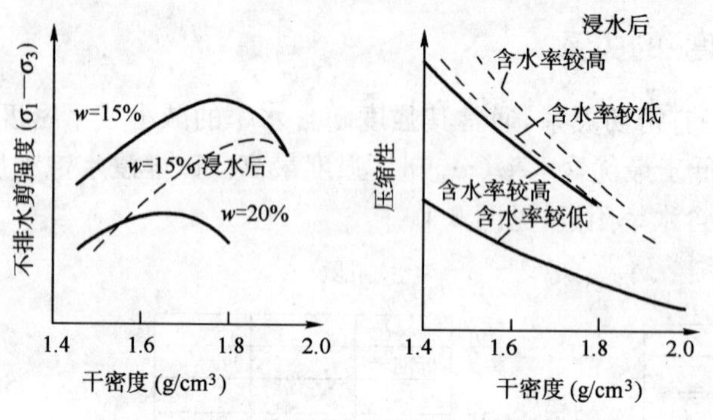

图 2-5　不排水抗剪强度、压缩性与干密度的关系

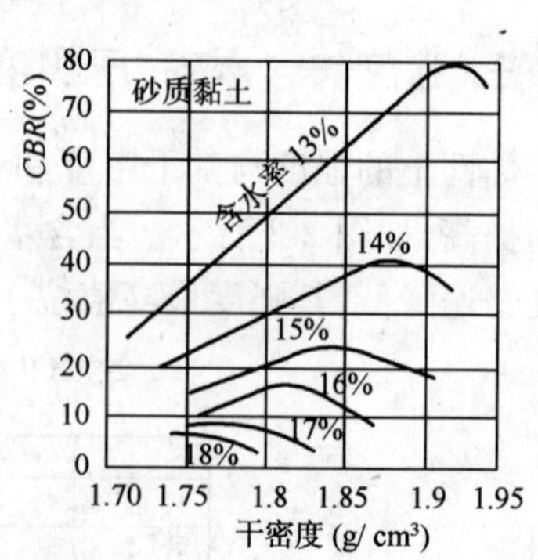

图 2-6　干密度与加州承载比(CBR)的关系

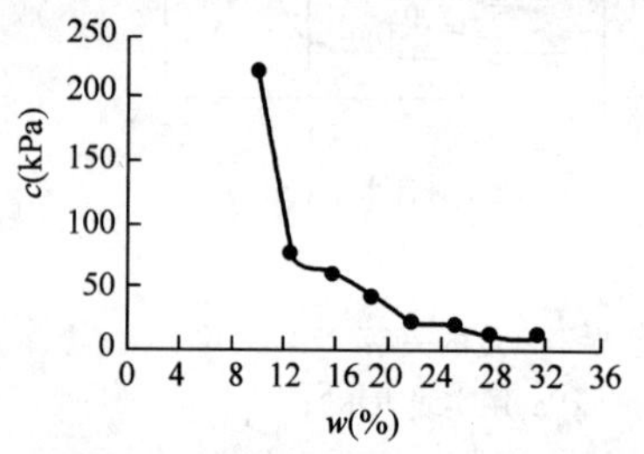

图 2-7　含水率与黏聚力关系曲线

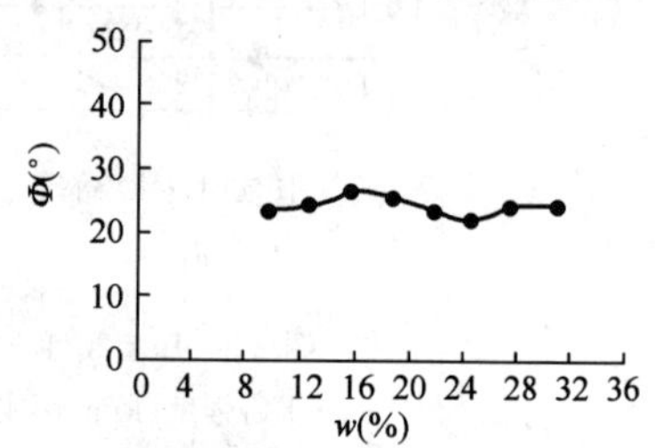

图 2-8　含水率与内摩擦角关系曲线

从图 2-7 和图 2-8 可以看出，含水率对黏聚力 c 有很大的影响，对内摩擦角的影响比对黏聚力 c 的影响小得多。黏聚力 c 值随含水率的增大而减小，但含水率约 13%是黏聚力变化的一个界限点，当黏土的含水率大于此含水率时，黏聚力 c 值随含水率的变化相对比较平稳；当黏土的含水率小于此含水率时，黏聚力值随含水率的减小而急剧增大，含水率从 13%到 10%，减小了三个百分点，黏聚力增大了近 150kPa，而在 13%～31.5%这一含水率变化范围内，含水率增大了近十九个百分点，黏聚力 c 值减小了约 65kPa。

对试验数据进一步分析可以发现，非饱和黏质粉土黏聚力 c 与含水率可拟合为幂函数关系，表示为式：

$$c = 149.629w^{-2.8641} \tag{2-4}$$

当含水率大于 16%时，可以拟合为指数函数关系：

$$c = 680.79e^{-0.14w} \tag{2-5}$$

式中：w——非饱和土的含水率。

针对北京地区的非饱和黏质粉土，拟合出的经验公式，如果土质发生很大的变化，该公式便不再适用，土体试验只采用了北京地区的非饱和粉砂土。但由于砂粒含量较高，含水率不容易控制，没有得出规律性的公式，只是一个特例。

刘海霞等对重塑非饱和土(粉质黏土)抗剪强度指标与含水状态变化的关系研究，试验结果如图 2-9 和图 2-10，黏聚力 c 与含水率 w 可以拟合出函数表示为：

$$c = 140.722w^{-2.7727} \tag{2-6}$$

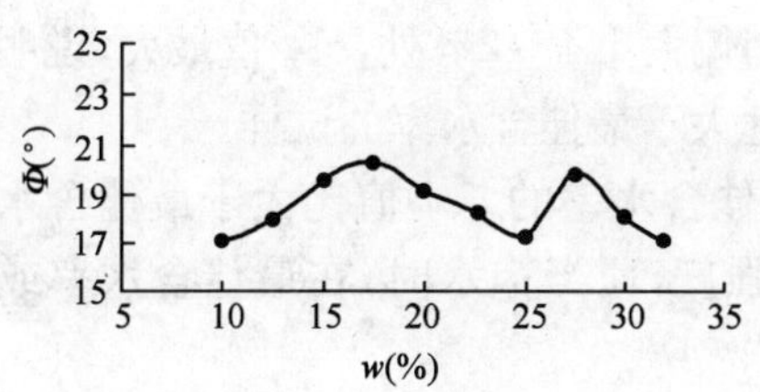

图 2-9　含水率与内摩擦角关系曲线

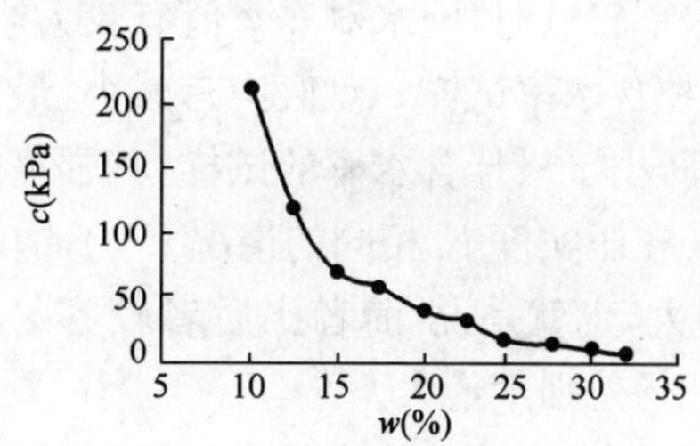

图 2-10　含水率与黏聚力关系曲线

含水率在 25%的时候，对内摩擦角影响存在一个临界值，此时的内摩擦角处于最小值。当含水率处于 25%时，不仅内摩擦角处于最小值，土的黏聚力的变化也趋于稳定，说明含水率为 25%时为土的特征含水率（赵慧丽等人对北京黏性土的试验也存在同样的规律，只是临界含水率为 24%）。内摩擦角的回归方程为：

当 $w \leqslant 25\%$时：　$\varphi^2 = -0.0477w^2 + 1.6745w + 5.0386, R^2 = 0.8985$　　(2-7)

当 $w > 25\%$时：　$\varphi = -0.1748w^2 + 9.881w - 120.29, R^2 = 0.7898$　　(2-8)

任新玲对低液限黏土堤土强度特性的试验研究，回归得到 c、φ 值与含水率 w、压实度 K 的公式关系表 2-1。

饱水与不饱水情况下的 c—K、φ—K 关系表　　表 2-1

含水率 w (%)	不饱水		饱水	
	$C(\varphi)$—K 关系	相关系数	$C(\varphi)$—K 关系	相关系数
7.8	$c=-1370.64+6.66K$ $\varphi=-179.87+2.8K$	0.664 0.968	$c=-130.16+1.62K$ $\varphi=-28.31+0.59K$	0.829 0.954
10.0	$c=-897.99+11.29K$ $\varphi=-124.79+1.74K$	0.899 0.867	$c=364.01+4.21K$ $\varphi=12.55+0.18K$	0.903 0.799
12.4	$c=-446.40+6.0K$ $\varphi=-18.4+0.55K$	0.950 0.988	$c=-419.18+4.92K$ $\varphi=-45.36+0.79K$	0.965 0.954
15.4	$c=-334.55+4.99K$ $\varphi=-27.55+0.62K$	0.788 0.918	$c=-113.02+1.71K$ $\varphi=-131.0+1.72K$	0.692 1.00
17.4	$c=-410.85+5.02K$ $\varphi=15.54+0.08K$	0.819 0.216	$c=-263.45+3.31K$ $\varphi=3.24+0.23K$	0.856 0.767

从表 2-1 可以看出：

①除个别外，c—K，φ—K（K 为压实度）有较好的线性关系，即 c、φ 随着 K 的增加而增加，c—K 关系的斜率明显大于 φ—K 关系的斜率，说明压实度 K 对黏聚力 c 的影响比对内摩擦角 φ 的影响大。

②不饱水情况下 c—K 关系的斜率大于饱水情况下的斜率，当 w 小于最佳含水率时，不饱水情况下 φ—K 关系的斜率大于或近于饱水情况下的斜率，而当 w 大于最佳含水率时，不饱水情况下 φ—K 关系的斜率小于饱水情况下的斜率。

由表 2-1 还可得出各种压实度情况下，抗剪强度指标 c、φ 与含水率 w 的关系曲线。

①在不饱水时，c—K 曲线和 φ—K 曲线总的趋势是随含水率的增加而下降，即含水率增加，黏聚力 c 和内摩擦角 φ 减小，当含水率较大时，对 φ 的影响减弱。

②饱水后，c—K 曲线和 φ—K 曲线总的趋势是随含水率的增加有所增加，但幅度很小。

当含水率较低时，饱水对 c、φ 值有较大影响，而当含水率较高时，影响就甚微了。总之，在饱水后，各种含水率试样 c、φ 值均有减小，最佳含水率或稍偏大 1%～2%处，c、φ 值最大，说明其强度最高，小于最佳含水率的试样，其强度降低幅度远远大于最佳含水率的试样。

③在压实度 K 相同的情况下，不饱水时，小于最佳含水率的 c、φ 值比大于最佳含水率的 c、φ 值大，也就是说，前者比后者较容易获得更高的强度，而当饱水时，在最佳含水率或偏大 1%～2%处强度最大。

刘连喜、廖建生收集整理了武汉地区 32 项工程勘察资料，根据 2026 组土的含水率 w、液限 w_L 指标与抗剪强度的对比试验结果，经统计分析，分别获得了淤泥、淤泥质软土、一般黏性土、老黏性土的黏聚力 c 与土的含水比 d_w（含水率 w 与液限 w_L 的比值）、以及土的内摩擦角 φ 与含水率 w 的经验关系，并建立了如下回归方程。

(1)含水比、含水率—固快 c、φ 的相关关系

①淤泥、淤泥质土、一般黏性土

$$c = 296.319 - 140.047\tan(d_w \times 100)(r = -0.87、n = 231) \tag{2-9}$$

$$\varphi = 146.438 - 48.584\tan(d_w \times 10)(\text{淤泥、淤泥质土}, r = -0.74、n = 133) \tag{2-10}$$

$$\varphi = 151.269 - 53.952\tan(d_w \times 10)(\text{一般黏性土}, r = -0.76、n = 171) \tag{2-11}$$

②老黏性土

$$c = 495.272 - 231.692\tan(d_w \times 100)(r = -0.74、n = 115) \tag{2-12}$$

$$\varphi = 170.761 - 55.012\tan(d_w \times 10)(r = -0.69、n = 209) \tag{2-13}$$

(2)含水比、含水率—直快 c、φ 的相关关系

①淤泥、淤泥质土、一般黏性土

$$c = 322.364 - 156.145\tan(d_w \times 100)(r = -0.91、n = 214) \tag{2-14}$$

$$\varphi = 85.243 - 29.599\tan(d_w \times 10)(\text{一般黏性土}, r = 0.70、n = 181) \tag{2-15}$$

②老黏性土

$$c = 321.95 - 142.549\tan(d_w \times 100)(r = -0.72、n = 107) \tag{2-16}$$

$$\varphi = 148.884 - 55.012\tan(d_w \times 10)(r = -0.69、n = 209) \tag{2-17}$$

(3)含水比、含水率—三轴剪 c、φ 的相关关系

①淤泥、淤泥质土、一般黏性土

$$c = 360.901 - 171.814\tan(d_w \times 100)(r = -0.75、n = 134) \tag{2-18}$$

$$\varphi = 118.427 - 42.012\tan(d_w \times 10)(\text{一般黏性土}, r = -0.69、n = 124) \tag{2-19}$$

②老黏性土

$$c = 549.336 - 142.549\tan(d_w \times 100)(r = -0.81、n = 96) \tag{2-20}$$

$$\varphi = 154.212 - 59.488\tan(d_w \times 10)(r = -0.70、n = 123) \tag{2-21}$$

唐芬等人对新疆翻浆路基土吸水抗剪强度衰减非线性分析得到公式如下：

$$c = 0.0025w^4 - 0.2803w^3 + 11.384w^2 - 194.05w + 1189.1 \quad (2\text{-}22)$$

$$\varphi = 0.002w^4 - 0.0017w^3 + 0.4216w^2 - 4.0675w + 49.958 \quad (2\text{-}23)$$

上两式中 R^2 分别为 0.993 6 和 0.980 6，黏聚力单位为 kPa，内摩擦角单位为度。

胡展飞等基于不同初始含水率的软黏土抗剪强度的试验研究，对重塑土其强度与含水率 w 的关系如下：

$$\begin{aligned} c &= 353.07e^{-0.0945w} \\ \varphi &= 44.128e^{-0.0374w} \end{aligned} \quad (2\text{-}24)$$

对原状土其强度与含水率 w 的关系如下：

$$\begin{aligned} c &= 320.45e^{-0.0945w} \\ \varphi &= 30.026e^{-0.0279w} \end{aligned} \quad (2\text{-}25)$$

从以上抗剪强度与含水率的关系看，有指数关系、多次抛物线关系等，具体符合什么关系，还要视具体的土而定。

黏性土的抗拉强度 σ_s，随着土的干重度增加而增加，随着土的含水率增加而减少，见图 2-11。

黏性土的极限拉应变（达到破坏时最大拉应变），随着土的干重度增加稍有增加，随着土的含水率增加则增加的比较显著，见表 2-2。

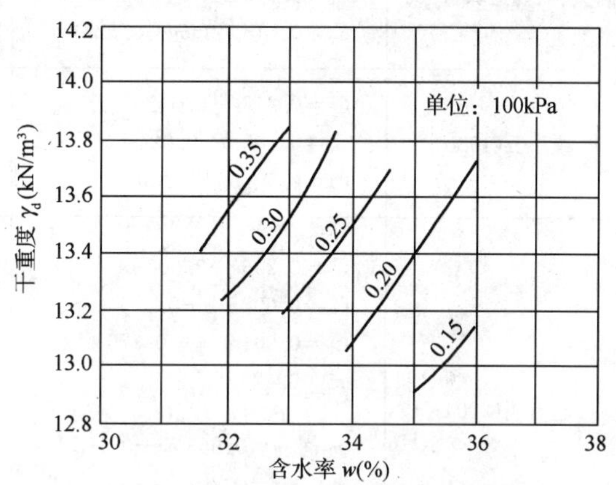

图 2-11　鲁布革红土抗拉强度等值线图

A 黏土的抗拉强度　　表 2-2

含水率 w(%)	25.3	27.6	30.5	27.5	27.8
干重度 γ_d(kN/m³)	14.7	14.7	14.6	14.2	15.1
抗拉强度 σ_s(kPa)	103	88	46	85	113
极限拉应变(‰)	1.19	1.41	2.51	1.23	1.43

四、压缩性与含水率、压实度（密度）的关系

路基的沉降变形主要是由于路基土体在外力和土体自重的作用下孔隙减小而引起的。很显然，在接近最佳含水率时进行碾压施工，土体压实程度较高。土体压实度越大、孔隙比越小，土体抵抗压缩的能力就越强，越不易沉降。

当路基填料含水率较高时，由于受孔隙水压的影响，被水充填的孔隙不易被压缩。但填筑后随着外力的长期作用，地基会产生蠕变，水分会慢慢地被挤出，土体中的孔隙也会渐渐被压缩而最终导致路基下沉。

一般土的压缩性随干密度增加而减少（图 2-4、图 2-5）。按击实曲线上的含水率及相应的干密度制备试样，进行压缩试验。稍低于最优含水率时，压缩性最低，浸水后，压缩性普遍增加，其压缩性最低值在最优含水率附近（图 2-4）。

赵有明等对深圳等地软黏土的变形指标进行了回归分析，其结果也列入表 2-3。

从表 2-3 不难看出，虽然软黏土物理力学指标都具有一定的相关性，但是各区域的回归方程在数值上差别较大，深圳地区的结果与渤海海底淤泥的结果较为接近。

王卫华对铁路秦(皇岛)沈(阳)客运专线的粉黏土试验表明,粉黏土含水率在最优含水率±1.5%附近时,K_{30}值(抗力系数K_{30}为压强与变形(沉降)值之比)无明显差别;当含水率高于最优含水率8%时或低于最优含水率5%时,K_{30}值明显下降;含水率高于最优含水率11%时,K_{30}值无法测定。

压缩指数和压缩系数的回归方程　　表2-3

资料来源	回归方程	相关系数	样本数量	备注
高大钊、魏道垛(1986)	$C_c=0.00550(e-0.529)$ $C_c=0.01584(w-0.185)$ $C_c=0.01842(w_L-0.223)$	0.818 0.848 0.821	165 141 27	上海淤泥质黏土
顾小云(1986)	$C_c=0.318e-0.042$ $C_c=0.008w-0.024$ $C_c=0.007w_L-0.001$	0.85 0.83 0.60	148 148 148	渤海某区海底淤泥
赵有明(2004)	$C_c=0.296e-0.00014$ $C_c=0.0081w-0.0063$ $C_c=0.0049w_L+0.3764$ $C_c=\frac{0.4264}{\rho-1}-0.1747$ $a_{0.1\sim0.2}=0.9535e-0.1981$ $a_{0.1\sim0.2}=0.2026w-0.1839$ $a_{0.1\sim0.2}=0.0303w_L-0.4597$	0.846 0.827 0.217 0.819 0.814 0.808 0.339	327	深圳软黏土

粉黏土在含水率由低往最优含水率增高时,由于水的增加使土颗粒间摩擦力快速下降。在相同压实功能时,密实度与刚度快速增高,K_{30}值也随之增高。含水率继续增大,K_{30}值下降明显,说明土体中土颗粒减少,孔隙率增大,密实度和刚度都快速下降,也说明细粒土含水率对K_{30}值影响明显。

覃绮平等对邯郸路基土室内回弹模量研究,不管压实度是93%还是95%,回弹模量都随着含水率的增加而降低,而且回归曲线相关系数都较大,稠度与回弹模量的回归关系:

对压实度93%的回归为:　$E_0=24.654W_c^{1.4839}$　(2-26)

对压实度95%的回归为:　$E_0=31.999W_c^{0.9473}$　(2-27)

覃绮平等对邯郸路基土的试验得弹性模量E与含水率w的关系如下:

$$E=4.0587w^{-1.2053}\text{(93\% 压实度下)} \tag{2-28}$$

$$E=9.3694w^{-0.8035}\text{(95\% 压实度下)} \tag{2-29}$$

周雪铭进行了含水率对弹模、密实度的影响试验研究,对室内回弹模量试验结果进行二元线性回归,得出图2-12和式2-30:

$$E_0=a\log w_z+b\rho+c=-151.371\log w_z+106.616\rho-200.96 \tag{2-30}$$

式中:E_0——土的回弹模量,MPa;

w_z——土的相对含水率w/w_L;

w_L——液限含水率;

ρ——土的干密度,g/cm³;

a、b——回归系数。

从式(2-30)可以看出:土的含水率对路基回弹模量的影响远远大于干密度的影响。

图 2-12 中曲线表明,含水率在 $w_A=8\%$ 与 $w_B=17.29\%$ 之间均可达到所要求的压实度,与 w_A 和 w_B 相对应的回弹模量则分别为 $E_{OA}=64\text{MPa}$ 和 $E_{OB}=14\text{MPa}$。同时还可以发现,"0"点含水率较"A"点含水率增加 3 个百分点,回弹模量则降低了 52%。

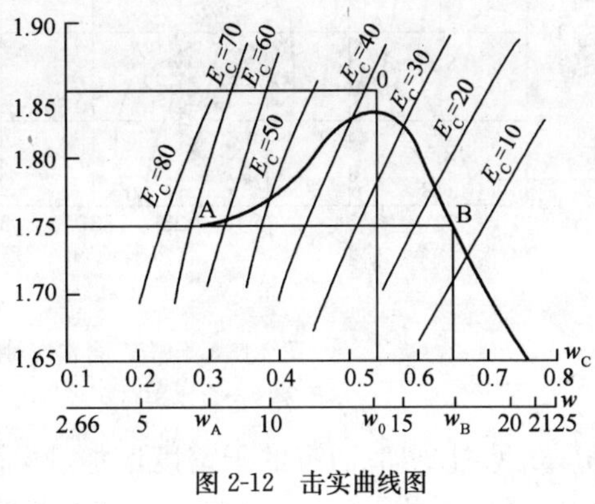

图 2-12 击实曲线图

任新玲根据击实试验结果配制不同含水率、不同压实度的试件,采用单轴固结仪法进行压缩试验,比较同一含水率不同压实度试样的 $e—p$ 曲线,可以看出它们的 $e—p$ 曲线是极为相似的(除极个别情况外)。根据这些特点,可得出如下规律:

①相同含水率下,孔隙比随压实度的增加而减小,同样 $e—p$ 曲线斜率随压实度的增加而减小,压实度越大,$e—p$ 曲线越平坦,压缩性越小。

②相同含水率,不同压实度的 $e—p$ 曲线的斜率基本一致。

③相同压实度下,$e—p$ 曲线斜率随含水率增加而增加,含水率越大,曲线越陡,压缩性增大,表明在相同压力变化范围内土的孔隙比减小得越多,则土的压缩性越高。

④在不同压实度下,$e—p$ 曲线总的趋势是随着压力 P 的增大,孔隙比 e 越靠近,即压力 P 较小时,压实度对压缩性的影响较大,当压力 P 较大时(如高填土路基)影响减弱。

⑤土的沉降量不仅随其压实度的降低而增大,而且还随其含水率的增大而增大。

通过以上研究,可以得到如下结论:

①对于不受浸水影响的路堤压实施工,宜将含水率控制在最佳含水率处和小于最佳含水率 2%~3%处,这样便于机械碾压。并易达到所要求的压实度和路堤的稳定。

②对于易受浸水影响的路堤,施工时宜将含水率控制在最佳含水率处和稍大于最佳含水率 2%~3%处。这样可确保路堤浸水后,堤土强度、弹模降低的幅度不致过大。

③在路堤设计时,就路堤的稳定和变形特性而言,不仅要以压实度作为控制标准,而且严格控制堤土的含水率也是保证堤土稳定的关键,这是因为路堤土的沉降量不仅随其压实度降低而增大,而且还随其含水率的增加而增加。

五、渗透性与含水率、压实度(密度)的关系

土的渗透性随干密度增加而减小。在击实曲线上,稍高于最优含水率及相应干密度的试样,渗透系数最低(见图 2-4)。

路基土经压实后,渗透系数比压实不足的土的渗透系数小得多,压实到最大干密度的土路堤与压实不足的路堤比更不透水。在有毛细水上升的情况下,毛细水浸入量也将明显减少。当干密度越大,毛细水浸入量越小,土的相对膨胀量也越小。浸水试验后的强度(回弹模量和承载比)越高。

六、膨胀性与含水率、压实度(密度)的关系

黏性土的浸水膨胀性与黏土矿物、含水率和干密度有关。膨胀量、膨胀力与含水率、干密度的关系见图2-13及图2-14。干密度增加膨胀力显著增加;而有的干密度增加,膨胀量增加

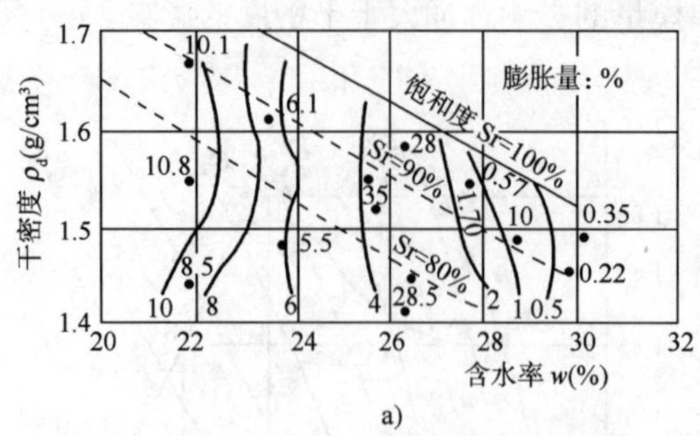

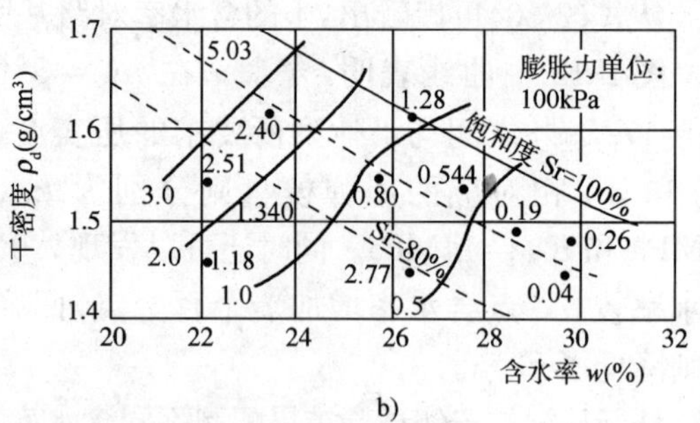

图 2-13　干密度、含水率对膨胀量、膨胀力的影响(毛家村红土)

a)干密度与含水率对膨胀量的影响;b)干密度与含水率对膨胀力的影响

不显著,见图 2-13;而有的干密度增加,膨胀量增加显著,见图 2-14;含水率增加,膨胀量减少,见图 2-13 和图 2-14。因此,对膨胀性土,为了使土的膨胀性不致过大,应控制填土的压实度不过高,含水率最好略高于最优含水率。

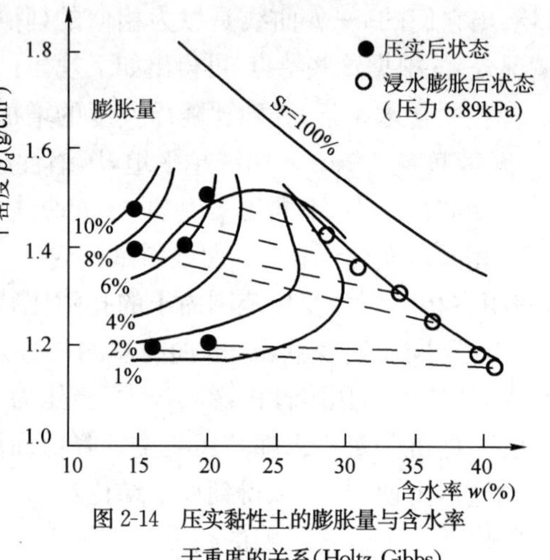

图 2-14　压实黏性土的膨胀量与含水率干重度的关系(Holtz,Gibbs)

七、过湿黏性土的强度和模量变化

过湿土(也称为高含水率土)是指含水率大于施工控制含水率的土体,作者用两种红黏土进行了不同含水率的无侧限抗压强度试验,对试验成果进行整理得到如下规律。

两种土的颗分级配见表 2-4、表 2-5。

第一种土颗分级配　　表 2-4

粒径(mm)	2～10	1～2	0.5～1	0.25～0.5	0.075～0.25	0.05～0.075	0.01～0.05	0.005～0.01	<0.005
百分含量(%)	1	1	2	4	17	8	20	5	42

第二种土颗分级配　　表 2-5

粒径(mm)	2～10	0.5～2	0.25～0.5	0.075～0.25	0.05～0.075	0.01～0.05	0.005～0.01	<0.005
百分含量(%)	1	1	3	42	12	17	4	20

两种土的液塑限指标及最优含水率 w_{op} 和最大干密度 ρ_{dm} 为:

第一种土:液限(w_L):60.0%,塑限(w_P):31.6%,塑性指数(I_P):28.4,最优含水率 w_{op} 为 27.8%,最大干密度 ρ_{dm} 为 1.465g/cm³。

第二种土:液限(w_L):37.5%,塑限(w_P):21.6%,塑性指数(I_P):15.6,最优含水率 w_{op} 为 19.9%,最大干密度 ρ_{dm} 为 1.637g/cm³。

1.变形模量与干密度和含水率的关系

第一种黏性土的变形模量(kPa)与含水率和干密度的关系见图 2-15。变形模量随含水率的增加而减小,随含水率的减小而增加。当含水率较小时,变形模量随干密度的增加而增加,随干密度的减小而减小;当含水率较大时(如原状土的含水率大于 30.5%,干密度变化对变形模量的影响就不是很明显了；当干密度较小时，含水率变化对不同密实度土的变形模量的影响差别较小，即变形模量对含水率不太敏感；当干密度较大时，含水率变化对不同密实度土变形模量的影响差别较大，即变形模量对含水率较敏感。

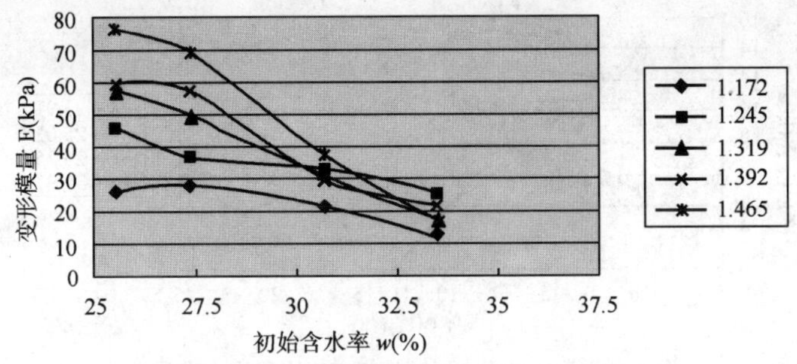

图 2-15　黏性土变形模量与含水率和干密度的关系图

第二种黏性土的变形模量与含水率和干密度关系见图 2-16。由于第二种土的试验含水率较高(相对最优含水率较高)，其总体趋势是：变形模量随含水率的增加而减小，随含水率的减小而增加，但有一定的波动；变形模量随干密度的增加而增加，随干密度的减小而减小，也存在一定的波动。

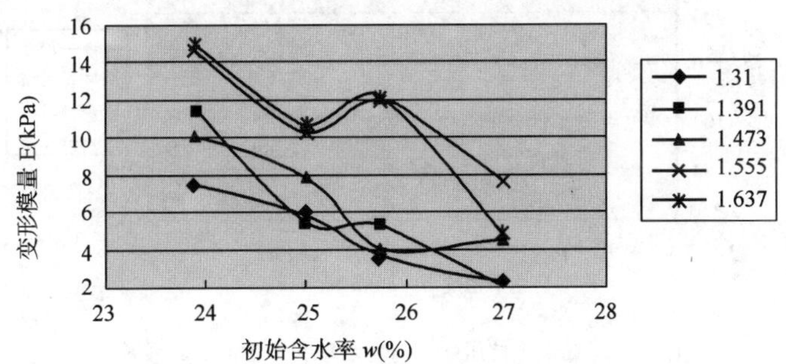

图 2-16　第二种土变形模最与含水率和干密度的关系图

2. 变形模量与空气体积比的关系

第一种黏性土空气体积比(空气体积比 $\varepsilon_a=\dfrac{V_a}{V}$，$V_a$ 为空气体积，V 为试样总体积)与变形模量的关系见图 2-17。在空气体积比一定时，变形模量随含水率的增加而减小。当含水率较小(如 $w\leqslant 27.4\%$)时，变形模量随空气体积比的增加快速减小；在含水率较大(如 $w\geqslant 30.7\%$)时，变形模量随空气体积比的增加总体呈下降趋势，但降低速度不如含水率较小时的降低速度大。

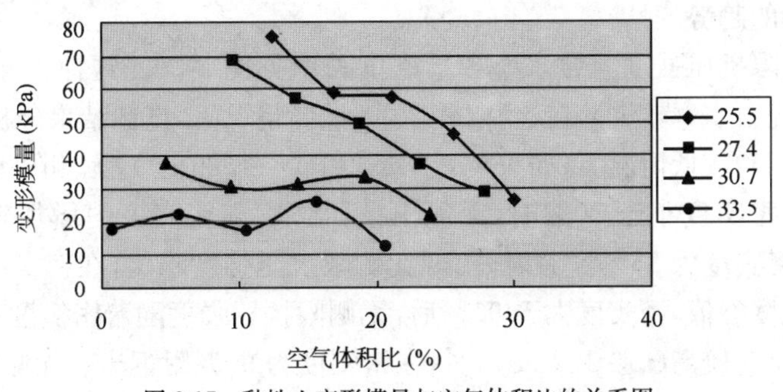

图 2-17　黏性土变形模量与空气体积比的关系图

第二种土空气体积比($\varepsilon_a = V_a/V$)与变形模量的关系见图 2-18。虽然空气体积比与变形模量之间的关系有些波动，但总体趋势是随着空气体积比的增加，变形模量降低；在空气体积比一定时，随着含水率的增加变形模量降低。

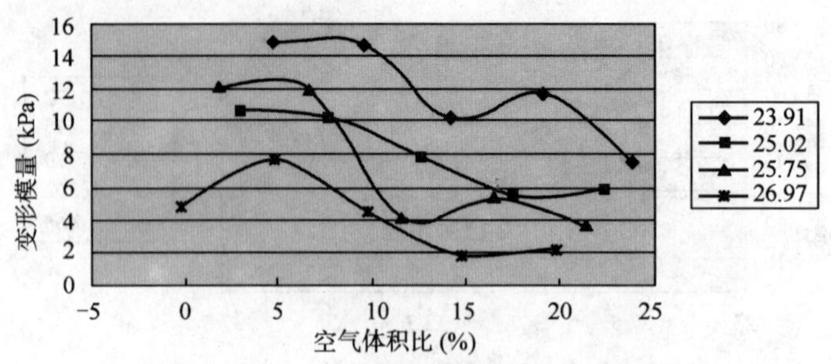

图 2-18　第二种土变形模量与空气体积比的关系图

3. 无侧限抗压强度与干密度和含水率的关系

第一种黏性土无侧限抗压强度(kPa)与含水率(%)和干密度的关系见图 2-19。从图 2-19 可以看出：

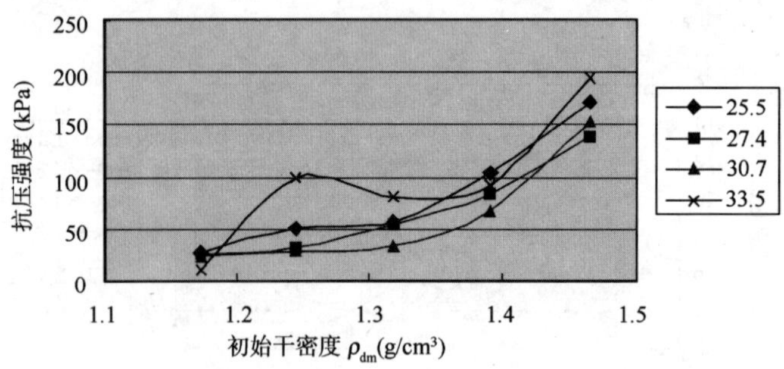

图 2-19　黏性土抗压强度与含水率和干密度的关系图

①在低含水率情况(大约为 $w \leqslant 1.10w_{op}$)下，无侧限抗压强度随着密实度的增加而增加，在密实度小于 90%～95%时，增加速度较慢，密实度大于 95%后，增加速度较快。

②在高含水率情况($w=1.21w_{op}$)下，当密实度为 85%左右时，出现无侧限抗压强度峰值，密实度为 90%左右时，出现无侧限抗压强度谷值，密实度大于 90%后，无侧限抗压强度随着密实度的增加而增大。

③高含水率情况($w=1.21w_{op}$)下的无侧限抗压强度一般大于低含水率情况($w \leqslant 1.10w_{op}$)的无侧限抗压强度。在低含水率($w<1.1w_{op}$)的情况下，存在无侧限抗压强度随含水率的增加而减小的趋势。

第二种土无侧限抗压强度与含水率和干密度关系见图 2-20。这种土样的试验土样含水率都较大(相对最优含水率较大)，在这种高含水率试验情况下，试验结果分析如下：

(1)在含水率相对较低情况下(如 $w=1.20w_{op}$ 和 $w=1.26w_{op}$)，无侧限抗压强度随干密度的增加而增加。当密实度小于 90%时，无侧限抗压强度随密实度的增加较为缓慢(如 $w=1.26w_{op}$)，或者在密实度为 85%左右时，出现无侧限抗压强度峰值，在密实度为 90%左右时，出现无侧限抗压强度谷值，密实度大于 90%后，无侧限抗压强度随着密实度的增加而增大。

(2)在含水率相对较高($w \geqslant 1.29w_{op}$)时，在密实度为 95%附近出现无侧限抗压强度峰值，在密实度小于 90%时无侧限抗压强度随着密实度的增加缓慢增加，密实度为 90%～95%之间时无侧限抗压强度增加较快，密实度大于95%以后随着密实度的增加而减小。

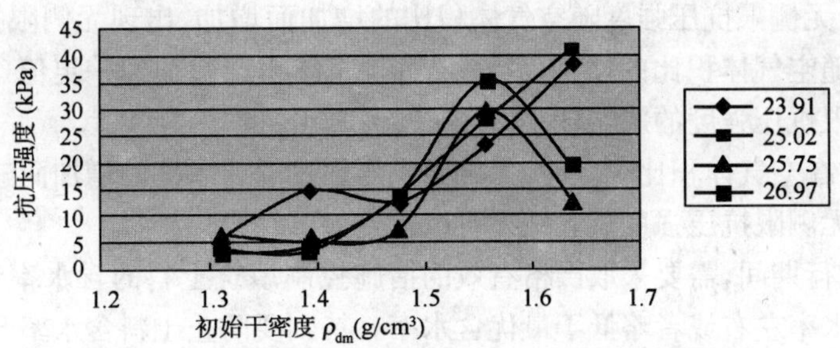

图 2-20　第二种土抗压强度与含水率和干密度的关系图

(3)含水率对无侧限抗压强度的影响不明显，但还是存在(除 $\rho_d=0.9\rho_{dm}$外)含水率高，无侧限抗压强度低；含水率低，无侧限抗压强度高的趋势。

4. 无侧限抗压强度与空气体积比的关系

第一种土空气体积比与无侧限抗压强度的关系见图 2-21。当含水率较小($w\leqslant30.7\%$)时，随着空气体积比的增加无侧限抗压强度减小，在空气体积比一定时，含水率越大，无侧限抗压强度越小。当含水率较大($w\geqslant33.5\%$)时，空气体积比在 15.7%～5.7%之间，无侧限抗压强度会产生一定的波动，即空气体积比对无侧限抗压强度基本没什么影响。空气体积比在15.7%～20.6%之间和空气体积比小于 5.7%，其强度会随着空气体积比的增加快速降低。

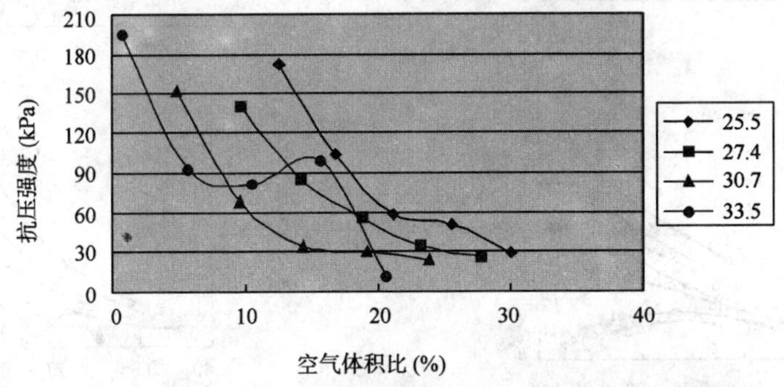

图 2-21　第一种土非重复试验抗压强度与空气体积比的关系图

第二种土空气体积比与无侧限抗压强度的关系见图 2-22。当含水率较低时，在空气体积比较小的情况下，空气体积比增加，无侧限抗压强度降低；空气体积比比较大(如大于 15%)时，无侧限抗压强度与空气体积比的关系有些波动，或无侧限抗压强度基本不受空气体积比的影响。

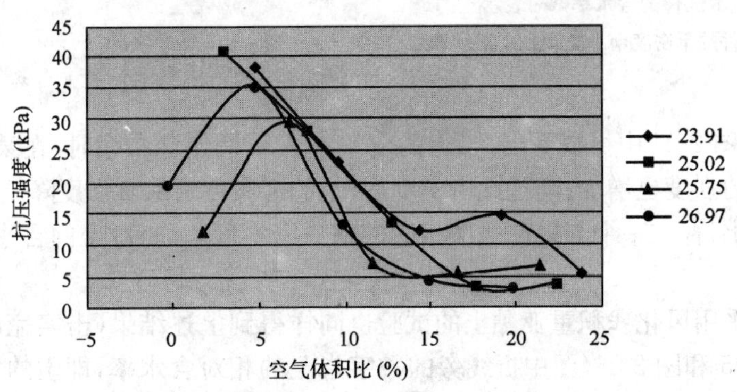

图 2-22　第二种土抗压强度与空气体积比的关系图

当含水率较大时，空气体积比在 4%～7%之间会出现无侧限抗压强度峰值。在无侧限抗压强度峰值之前，无侧限抗压强度随空气体积比的增加而增加，出现无侧限抗压强度峰值后，无侧限抗压强度随空气体积比的增加而减小；当空气体积比增加到一定值（如 13%）以后，空气体积比对无侧限抗压强度的影响较小。

从总体上看，在空气体积比一定时，无侧限抗压强度随含水率的增加而减小。

从黏性土的无侧限抗压强度试验结果可以得到如下结论：

（1）施工和运行期间，需要采取严格有效的措施控制填筑土料的含水率和空气体积比，建议控制在最优含水率左右或者略低于最优含水率。特别要防止土料含水率升高。

（2）在高含水率地区或路段的路基工程中，当填筑土料含水率较高时，土的填筑压实度建议控制在 95%。既要注意因为压实度不够使土的强度和变形模量偏低的情况，又要防止出现因为过度压实导致土的强度降低的情况。

下面介绍其他研究者对过湿土进行试验得到的结果。

H. Я. Хархута 的研究证明，当土的含水率小于某一临界值时，土的密实度愈大，其强度也愈高；当土的含水率超过此临界值后，土的强度与密实度的关系曲线就会出现 1 个峰值（即存在 1 个最大值），在峰值前，土的强度随其密实度增加而增加；在峰值之后，土的强度随其密实度增加而不断减小，如图 2-23 和图 2-24。图 2-23 和图 2-24 分别为粉质重亚黏土和粉土在不同含水率和密实度状态下的变形模量值。

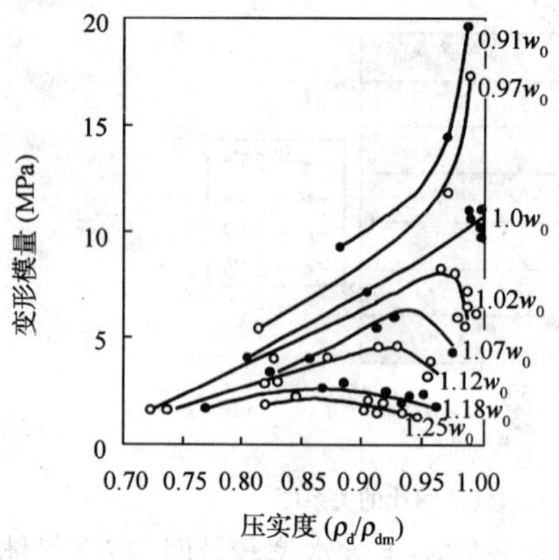

图 2-23　不同含水率条件下，粉质重亚黏土的形变模量与密实度的关系

图上曲线旁的数字表示试件的含水率，w_0 表示土的最佳含水率，ρ_d 表示试件的干密度，ρ_{dm} 表示土的最大干密度（轻型击实试验法）

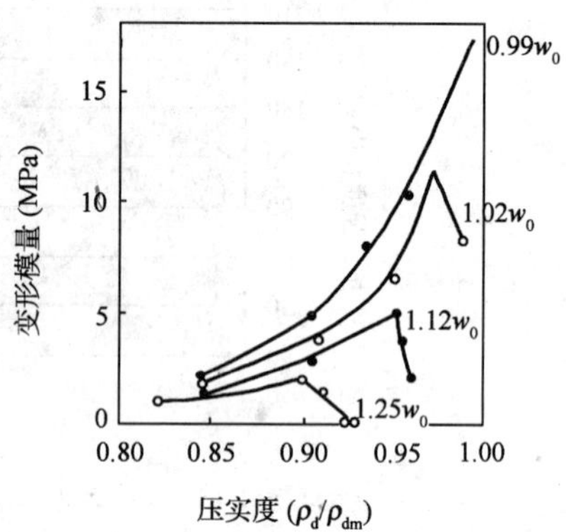

图 2-24　不同含水率条件下，粉土的形变模量与密实度的关系

从图 2-23 和图 2-24 中可以看出，当土的含水率大于最佳含水率时，在某一密实度前，土的密实度增加土的强度也增加；超过此密实度后，土的密实度增加其强度降低。对于含水率大于最佳含水率的土，存在一个与最高强度相应的临界密实度。而且，土的含水率愈大，此临界密实度愈小。

沙庆林等人采用风化残积重亚黏土的试验也同样得到上述结果（击实完成后立即进行强度试验），见图 2-25 和图 2-26（图中折线旁的数字指土的相对含水率，即土的实际含水率与最佳含水率（15.2%）的比值）。在图 2-25 和图 2-26 中，土的回弹模量和干密度的关系与土的承载比和干密度的关系基本是一致的。当含水率继续增大到一定数值后，在临界密实度之后，土的强度（回弹模量或承载比）就随干密度的增大而不断减小。当含水率继续增大到一定数值后（如图上相对含水率 1.51），尽管锤击数从 55 次增加到 99 次，土的干密度也不再增加（图上折线左侧的点锤击 22 次，中间点和右侧的点分别是锤击 55 次和 99 次）。

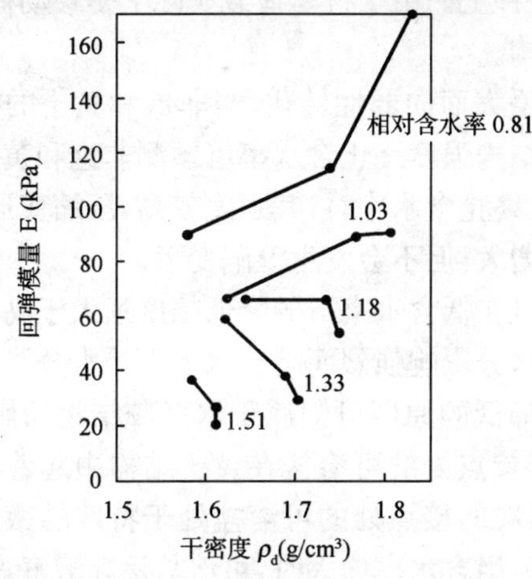

图 2-25 不同含水条件下，风化残积重亚黏土的回弹模量与干密度的关系

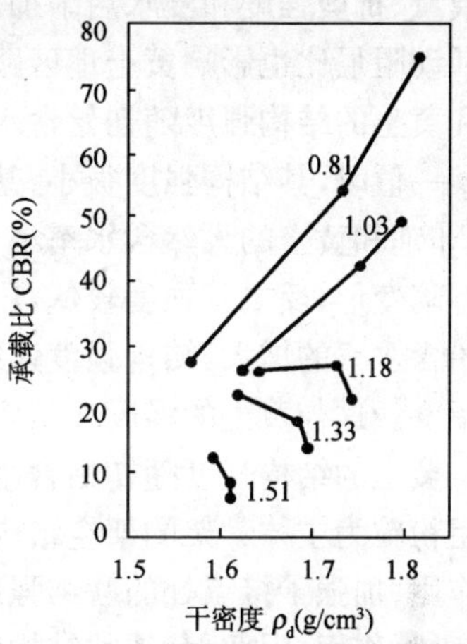

图 2-26 不同含水条件下，风化残积重亚黏土的承载比与干密度的关系

如果在击实制样完成后，让试件受毛细水侵入后，再进行强度试验，土的强度却随干密度的增加而增大，直至某一干密度后，土的强度却随干密度的增加而减小，如图 2-27 所示为同一风化残积重亚黏土试验结果。

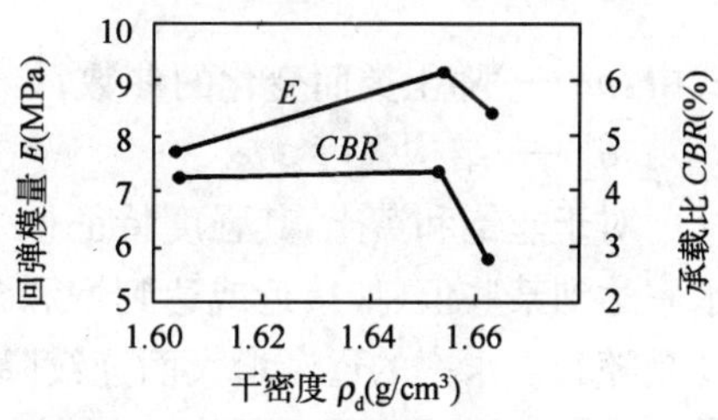

图 2-27 试件受毛细水侵入后，其强度与干密度 ρ_d 的关系（土的相对含水率为 1.37，重型击实试验法制作）

由以上的试验结果及分析，可以推断，如果在多雨地区、低洼潮湿地区（地段），采用物理方法降低填料的含水率（物理方法降低土料含水率时不会改变土料的颗粒级配、化学矿物成分和力学性质（强度和变形性质））后按照土料的最佳含水率进行路堤填筑（其密实度一般大于高含水率时的临界密实度），由于周围气候环境和地下水的作用使路堤填料含水率升高，强度反而比临界密实度时的强度低。如果不采取任何保护路基的措施，就没有必要按照土料的最佳含水率对应的最大干密度进行路基填筑，而应把临界密实度作为控制指标进行路堤填筑。

第二节　特殊土的力学性质及影响因素

一、黄土

由于黄土的特殊生成与存在的历史和环境，使得黄土具有低密度、低含水、柱状节理发育、大孔隙结构明显的特点。黄土结构是由骨架颗粒，孔隙和胶结物构成的，其结构强度是由包围在颗粒周围的可溶盐类薄膜胶结形成的。所以天然原状黄土当其含水率很低时，表现出很高的强度，但当水进入土体后，结合水膜增厚，胶结物发生湿化，引起结构强度降低，即黄土的结构强度随含水率的增大而降低。当土的含水率增大到某一值时，胶结物的联结强度也随之消失。

压实度和含水率是影响压实黄土力学性质的两个重要因素。以黄土地区公路路基为例，黄土的压实度和含水率是工艺参数，公路路基对于黄土地区路基路面结构的影响，归根结底体现在回弹模量、抗剪强度和浸水后附加压缩变形特性上。由于行车荷载实际上是移动荷载，所以动模量和动阻尼比也影响黄土地区路基路面结构。

非饱和黄土的结构强度随初始含水率的逐渐增大而向弱性转化，当非饱和黄土的初始含水率大于某一值时，其结构强度很小，甚至消失。结构强度终止含水率可预测非饱和黄土的工程性能，当非饱和黄土的天然含水率小于结构强度终止含水率时，其强度较高，压缩变形量小，但会发生湿陷变形；反之其强度较低，压缩变形量增大，但不会发生湿陷变形。

随初始含水率的增大，结构强度连续降低，而且在低含水率下的降低幅度远大于高含水率下的降低幅度。这与黄土的强度在低含水率下受水分影响强烈而高含水率下受水分影响小的规律一致。黄土的结构强度随初始含水率增大而降低的原因可归属于水对胶结物的影响，黄土具有以粗粉粒为主体骨架的架空结构，粗粉粒间接点处的可溶盐在黄土结构中起着半骨架半胶结的作用，加强了接点处的联结强度。但粗粉粒间接点处的可溶盐处于特殊的微晶体状态，且具有吸附作用，因此，黄土的结构对水很敏感，当含水率增大时，可溶盐逐渐溶解，使胶结物质产生松弛作用，削弱了胶结物的联结能力，引起结构强度的降低。

非饱和黄土的抗剪强度公式可表示为：

$$\tau_f = c + \sigma\tan\varphi + mq_s$$

式中：m——随土类而变化的参数；

q_s——结构强度。

对于非饱和黄土，其强度特征也受含水率的影响很大，过去的研究成果认为黄土只有在含水率达到某些值(如接近或达到饱和含水率)时，强度才会发生骤降。事实上非饱和黄土的强度是随着含水率的逐渐增大而连续降低的。含水率对黄土强度的影响主要表现在粘聚力 c 值随含水率的增加而明显下降，而内摩擦角值的变化较小。非饱和黄土的强度指标 c 随含水率的变化过程可用 $c(w)=aw^{-b}$ 式描述，非饱和黄土的抗剪强度随含水率的逐渐增大而连续降低，抗剪强度与外部压力和含水率之间的关系表示为 $\tau_f=\sigma\tan\phi+aw^{-b}$，对处于某一应力状态的非饱和黄土来说，其稳定性可用临界含水率判断。

1. 周勤等就压实度和含水率对压实黄土力学特性的影响研究，得到如下结论

(1)压实度和含水率对黄土静态回弹模量的影响

含水率不变，压实度分别取 85%、90%、93%、95%、98%，所得的静态回弹模量与压实度的关系曲线如图 2-28 所示。由图 2-28 可以看出，在上述压实度范围内，压实黄土的静态回弹模量在 85～110MPa 之间，它随着压实度的增大而增大，而且增长的速度基本不变，表明在常用的 95%压实度的基础上继续提高压实度，仍可以有效提高土的静态回弹模量。压实度均取 95%，含水率分别取 8%、10%、12%、14%、16%，所得的静态回弹模量如图 2-29 所示。由图 2-29可以看出，当土样的含水率大于最佳含水率时，土的静态回弹模量随含水率的增加降低得很快。当土的含水率低于最佳含水率时，土的静态回弹模量随含水率的减小而减小，但减小的速度较缓慢。虽然含水率低于最佳含水率时土样在浸水饱和前的静态回弹模量值很高，但浸水饱和后的静态回弹模量随即大大降低。土样越干，静态回弹模量降低的幅度越大，即静态回弹模量的稳定性越差。而在最佳含水率压实的土样，浸水饱和后的静态回弹模量很高，且浸水

前后静态回弹模量的差异不大，水稳性最好，这就是在最佳含水率状态下把土压实至最大干密度的原因。

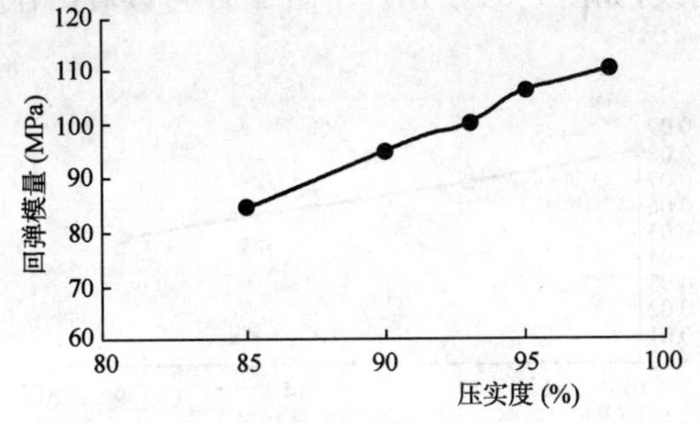

图 2-28　静态回弹模量与压实度的关系曲线

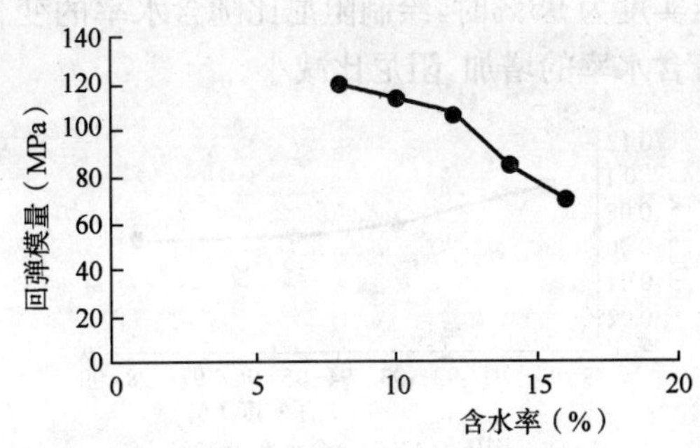

图 2-29　静态回弹模量与含水率的关系曲线

(2)压实度和含水率对黄土浸水后附加压缩变形特性的影响

试样压实度分别取 87％、90％、93％、95％、98％，含水率均取最佳含水率，可以得到如图 2-30所示的附加压缩变形系数与压实度的关系。由图 2-30 可以看出，当压实度达到 90％以后，黄土的附加压缩变形基本可以消除；在压实度为 90％以前，附加压缩变形将会随压实度的减小急剧增长。因此，在黄土路基可能受到水影响的区域内，压实度必须达到 90％以上。对于填方路基，原地基表面的整个路基的压实度都应大于 90％。

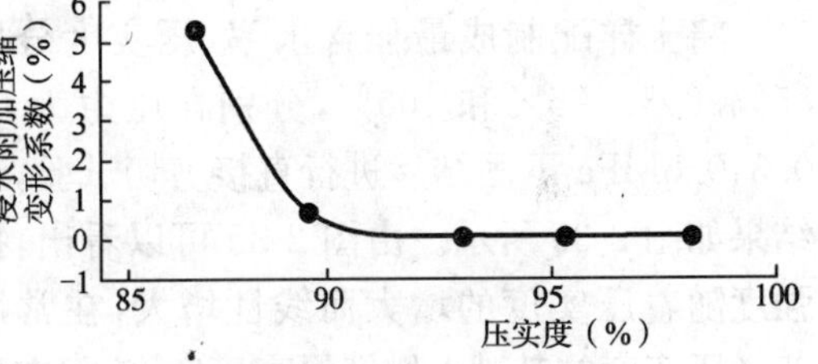

图 2-30　浸水附加压缩变形系数与压实度的关系曲线

经过研究发现，黄土附加压缩变形量的大小与击实试样的含水率有很大关系，含水率偏低时土粒之间易于移动而出现附加压缩变形。在填筑路基的设计和施工时，有必要确定填土浸水饱和时不产生附加压缩变形所需的最小含水率。试验发现，该最小含水率与最佳含水率很接近。这表明，要保证填土浸水饱和时不产生附加压缩，只要将土在最佳含水率时压实即可。

(3)压实度和含水率对黄土动力特性的影响

汽车行驶在路面上除对路面施加垂直静压力外，还对路基产生振动作用。当含水率取 12％时，初始动模量随压实度和围压的变化曲线如图 2-31 所示。由图 2-31 可以看出，初始动模量随压实度和围压的增大而增大。当固结比为 1.0、压实度为 95％、围压为 14kPa 时，初始动模量与含水率的关系曲线如图 2-32 所示。由图 2-32 可以看出，随着含水率的增加，初始动模量减小。

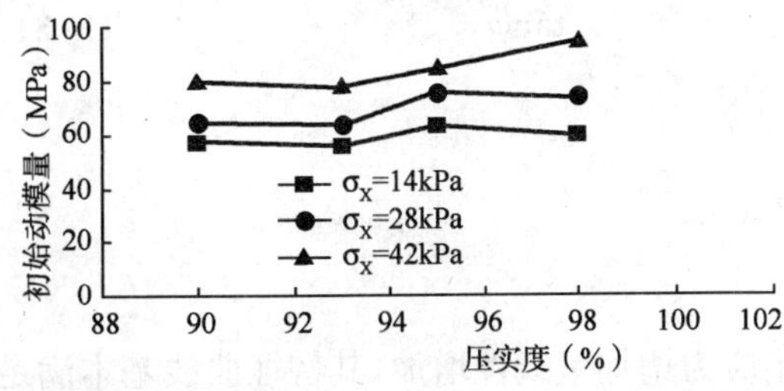

图 2-31　初始动模量与压实度和围压的关系曲线

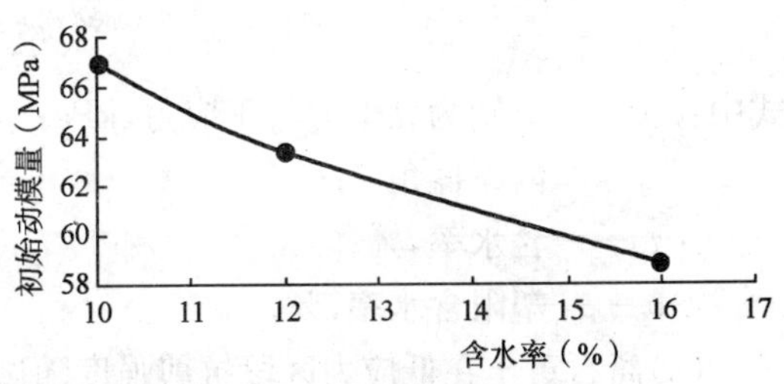

图 2-32　初始动模量与含水率的关系曲线

当固结比取1.0、含水率取12%、围压取42kPa时，阻尼比与压实度的关系曲线如图2-33所示。由图2-33可以看出，阻尼比随压实度的增加而减小。当固结比取1.0、围压取42kPa、压实度为95%时，绘制阻尼比随含水率的变化曲线，如图2-34所示。由图2-34可以看出，随着含水率的增加，阻尼比减小。

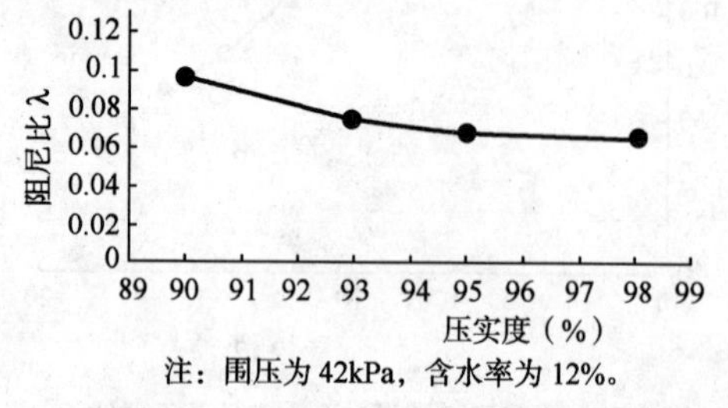

图2-33　阻尼比与压实度的关系曲线

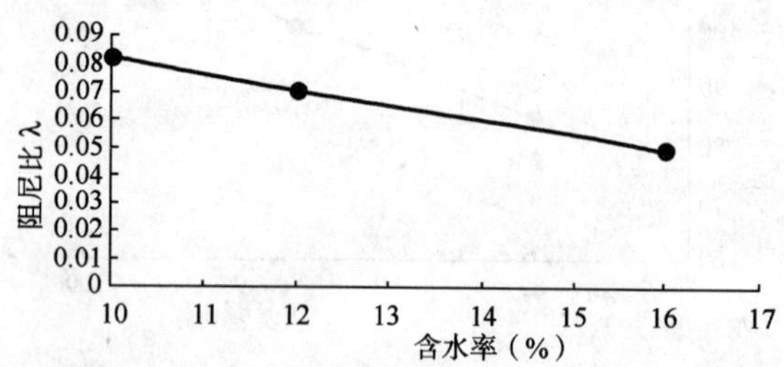

图2-34　阻尼比与含水率的关系曲线

(4)压实度对黄土抗剪强度的影响

将土样配制成最佳含水率，压实度分别取85%、90%、95%和100%，分别在压力为0.1、0.3、0.5MPa下固结后进行直接剪切试验，试验结果如图2-35所示。由图2-35可以看出，抗剪强度随着压实度的增大而线性增大，在常用的95%压实度的基础上继续提高压实度，仍有助于提高黄土的抗剪强度。

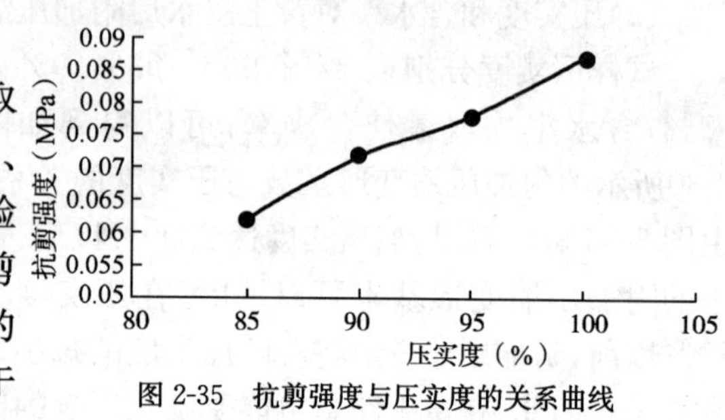

图2-35　抗剪强度与压实度的关系曲线

2.压实度和含水率对于黄土力学性质的影响规律

(1)黄土静回弹模量随着压实度的增大而增大，而且增长的速度基本不变，表明在常用的95%压实度的基础上继续提高压实度，仍可以有效提高黄土的静回弹模量。

(2)当压实度达到90%以后，压实黄土浸水以后产生的附加压缩变形基本可以消除。

(3)随着压实度的增大和含水率的减小，初始动模量增大。随着压实度和含水率的增大，阻尼比减小。

(4)抗剪强度随着压实度的增大而线性增大，在常用的95%压实度的基础上继续提高压实度，仍有助于提高黄土的抗剪强度。

3.李保雄等对黄土抗剪强度的水敏感性特征研究得到如下成果

(1)马兰黄土在低应力($\sigma<200$kPa)区段抗剪强度随试验正应力呈线性增加，抗剪强度特征曲线基本满足库仑公式；在高应力($\sigma>200$kPa)区段的抗剪强度增幅呈递减趋势，抗剪强度与正应力呈非线性相关关系，抗剪强度的特征曲线满足：

$$\tau = c^{1+0.25\lg(w/w_p)} + \sigma^{0.885-0.55\lg(w/w_p)}\tan\varphi \tag{2-31}$$

式中：c、σ——分别为黏聚力与正应力，kPa；

φ——内摩擦角，°；

w——含水率，%；

w_p——塑限含水率，%。

(2)离石黄土在低应力区段抗剪强度随试验正应力增加呈线性增加，其特征曲线基本满足库仑公式，在高应力区段上部与下部离石黄土抗剪强度特征存在明显差异，土体抗剪强度与正应力呈非线性相关关系，其增幅随正应力增加呈相对递减趋势，上部与下部抗剪强度的特征曲线分别满足：

$$\tau = c^{1+0.20\lg(w/w_p)} + \sigma^{0.965-0.45\lg(w/w_p)}\tan\varphi$$
$$\tau = c^{1+0.15\lg(w/w_p)} + \sigma^{1.015-0.40\lg(w/w_p)}\tan\varphi \tag{2-32}$$

(3)午城黄土致密坚硬，黄土剪切破坏呈明显的脆性破坏特征，随着试验正应力增加，抗剪强度增幅相对较大。天然含水状态下，在低应力区段抗剪强度与正应力呈非线性相关，土体抗剪强度与正应力的关系基本满足：

$$\tau = c^{1+0.10\lg(w/w_p)} + \sigma^{1.025-0.35\lg(w/w_p)}\tan\varphi \tag{2-33}$$

在高压力区段，午城黄土抗剪强度值与正压力呈典型的线性相关关系，抗剪强度特征曲线基本满足库仑理论。

通过如上试验分析，黄土抗剪强度可表示为：

$$\tau = c^{1+a\lg(w/w_p)} + \sigma^{X-b\lg(w/w_p)}\tan\varphi \tag{2-34}$$

式中：a,b——系数，根据具体的黄土进行取值；

x——与黄土的时代(固结程度)直接相关的系数，可根据下式取值：

$$X = f(Y) = 1 + 0.065\lg Y \tag{2-35}$$

式中：Y——黄土的地质时代，10^6a。

黄土的结构强度的定量分析可以用天然原状黄土与重塑黄土(同密度同含水率)的无侧限抗压强度的差值表示)：

$$q_s = q_w - q'_w \tag{2-36}$$

式中：q_s——黄土的结构强度，kPa；

q_w,q'_w——原状黄土、重塑黄土无侧限抗压强度，kPa。

党进廉用快剪法测定非饱和黄土的结构强度得到：非饱和黄土的结构强度与初始含水率之间呈幂函数关系，可描述如下：

$$q_s = Aw\lambda \tag{2-37}$$

式中：q_s——非饱和黄土的结构强度，kPa；

w——初始含水率，g/kg；

A、λ——由土的性质决定的参数。

回归分析得到试验所用非饱和黄土的参数$A=5.51\times10^5$，$\lambda=-1.885$，相关系数$R^2=0.967$。

张伯平等通过试验得到图 2-36，对试验结果取对数，将 $\lg q_s$ 与含水率变化的关系用图 2-37 表示，可以看出 $\lg q_s$ 随含水率变化的关系曲线近似直线。对 Q_2 黄土试验结果回归得到：

$$\lg q_s = 2.877 - 0.041w \tag{2-38}$$

对 Q_3 黄土试验结果回归得到：

$$\lg q_s = 2.97 - 0.055w \tag{2-39}$$

从该关系可以推算，对天然原状黄土当土体含水率增大 5%，则该黄土结构强度将降低 40%左右，所以含水率的变化对天然原状黄土的结构强度影响甚为显著。

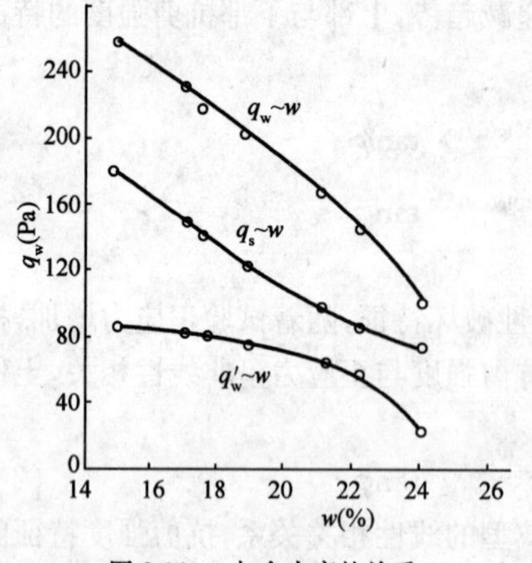

图 2-36　q 与含水率的关系

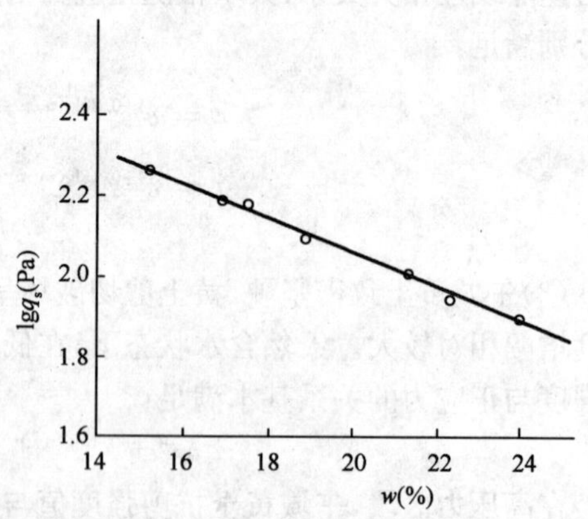

图 2-37　$\lg q_s$ 随含水率的变化

黄土的黏聚力的对数值与含水率的变化呈较好的线性关系，内摩擦角的正切函数值与含水率的变化也近似直线关系，见图 2-38 和图 2-39。回归得到如下抗剪强度公式：

对 Q_2 黄土：

$$
\begin{aligned}
\lg c &= 2.34-0.027w \\
\lg c_s &= 2.08-0.022w \\
\lg \phi &= 1.16-0.013w
\end{aligned}
\tag{2-40}
$$

对 Q_3 黄土：

$$
\begin{aligned}
\lg c &= 2.94-0.064w \\
\lg c_s &= 2.75-0.061w \\
\lg \varphi &= 2.15-0.043w
\end{aligned}
\tag{2-41}
$$

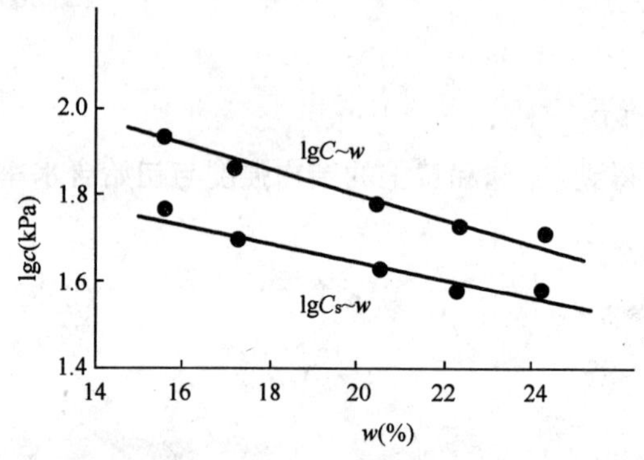

图 2-38　$\lg c$ 与含水率的变化关系

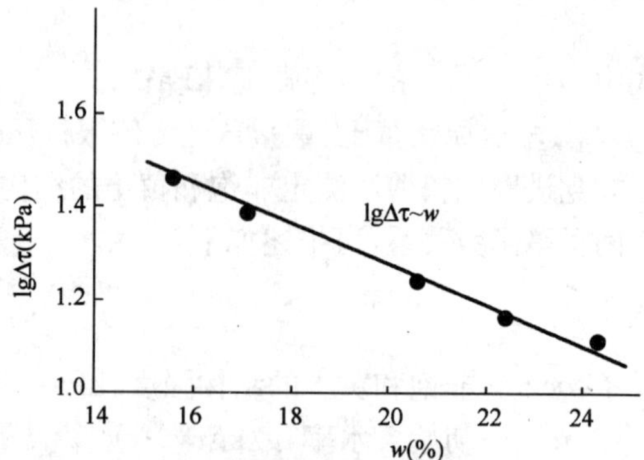

图 2-39　Q_2 黄土 $\lg\Delta\tau$ 随含水变化

根据库仑定律 $\tau=\sigma\tan\varphi+c$ 及将 $\lg\Delta\tau$（原状土和重塑土的抗剪强度差 $\Delta\tau$）随含水率变化的关系用图（如图 2-39）表示，可以看出 $\lg\Delta\tau$ 与含水率变化的关系也近似直线，经相关分析得到回归公式：

对 Q_2 黄土：　$\lg\Delta\tau=2.13-0.043w$　(2-42)

对 Q_3 黄土：　$\lg\Delta\tau=2.25-0.058w$　(2-43)

比较同类土的结构强度与含水率变化的相关方程：

对 Q_2 黄土：　$\lg q_s=2.897-0.041w$　(2-44)

对 Q_3 黄土：　$\lg q_s=2.97-0.055w$　(2-45)

可以看出 $\lg\Delta\tau$ 与 $\lg q_s$ 随含水率变化规律方程的系数差异很小，相关系数也很接近，这表明二者之间有着密切的关系，对于同一黄土，$\Delta\tau$ 与 q_s 的比值几乎是一个常数，不受含水率变化的影响。

4. 刘建民对黄土的强度及强度参数随压实程度和含水率变化的规律

指出黄土现场压实作业时高效而经济的含水率为塑限含水率 w_P。其强度及强度参数随压实程度和含水率变化的规律如下。

(1)压实度和含水率对内摩擦角 φ 的影响

在同一压实度下，随着含水率 w 的增加，内摩擦角 φ 逐渐减小，见图 2-40。而且当含水率小于最优含水率时，这种减小非常迅速；而当含水率大于最优含水率时，内摩擦角对含水率的变化则不太敏感。其原因可从土与水相互作用的角度来考虑。当土体含水率小于最优含水率时，土中的水主要以颗粒周围的结合水膜的形式存在(强结合水膜和弱结合水膜)。其中，强结合水膜中的水分子不能移动，而弱结合水膜中的水分子则可沿土粒表面移动，对土粒间的相对运动起润滑作用。内摩擦角是土粒间相对运动时摩擦情况的综合反映，随着含水率的增大，弱结合水膜急剧变厚，故土体剪切时土粒间的摩擦作用急剧减小，表现为随含水率增加急剧减小，当含水率达到 w_P 附近时(w_{OP}稍大于 w_P)，结合水膜最厚。若含水率继续增大，则增加的水分主要以自由水方式存在于土孔隙中，对土粒间的相对运动不再起明显的润滑作用，即表现为对含水率 w 不敏感。

同一含水率下，内摩擦角 φ 随着压实度 K 的增大，φ 也成线性地增大，见图 2-41。这主要是因为压实度越大，土粒间的接触越紧密，相对运动时摩阻力也就越大的缘故。而且，低含水率下，随 K 的增长比较缓慢，而随着含水率的增加，压实度 K 对 φ 的影响渐趋强烈。究其原因，是由于高含水率下，压实度比较小时，颗粒间距离较大，土粒周围的结合水膜相对较厚，润滑作用使得 φ 较小。而随着压实度 K 的增大，颗粒间距离逐渐缩小，同一含水率下，结合水膜必然变薄，部分水转化为自由水，润滑作用减小即内摩擦角 φ 迅速增大。而在低含水率下，土中水主要以结合水膜的形式存在，且结合水膜较薄，压实程度对结合水膜厚度的影响较小，表现为压实程度 K 对 φ 的影响较小。

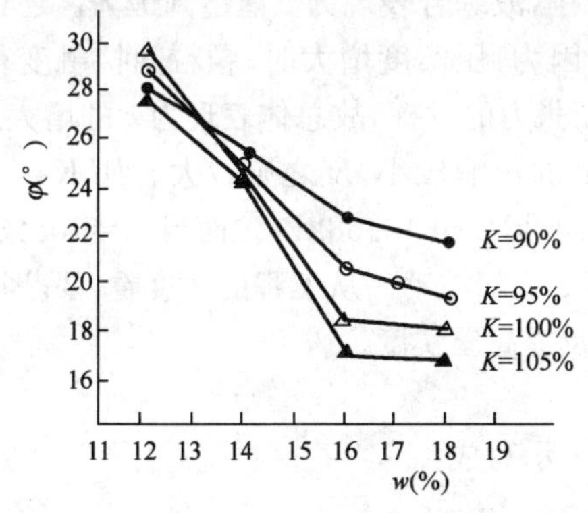

图 2-40 压实度相同时 φ—w 关系

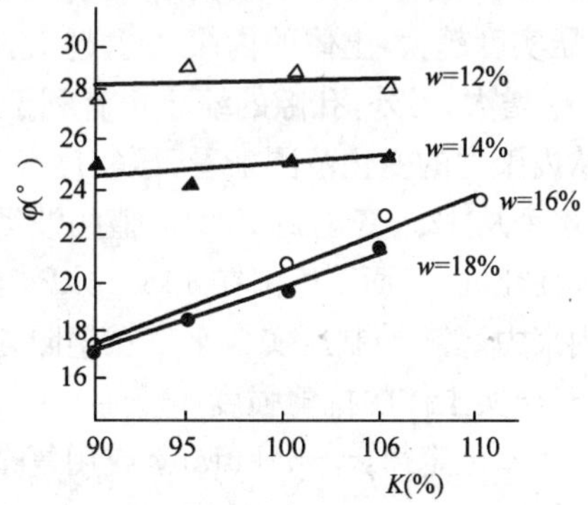

图 2-41 含水率相同时的 φ—K 关系

单纯从抗剪强度角度考虑时，在合适的范围内，控制含水率使之低于最佳含水率 w 比提高压实度 K 更经济，效果更好。

(2)压实度和含水率对黏聚力 c 的影响

黏聚力 c 随含水率和压实度的变化关系分别示于图 2-42 和图 2-43。可以看出，同一压实度下，c—w 关系呈曲线变化，且在塑限含水率 w_P 附近取得峰值，当 $w > w_P$ 后，随 w 的增大，c 值迅速降低，且压实度越大，c 值降低得越快。其原因可从黏聚力 c 的组成来分析。

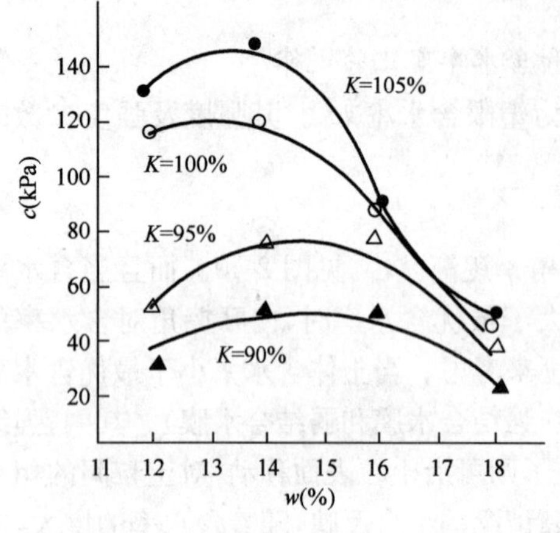

图 2-42　内聚力 c 与含水率 w 的关第

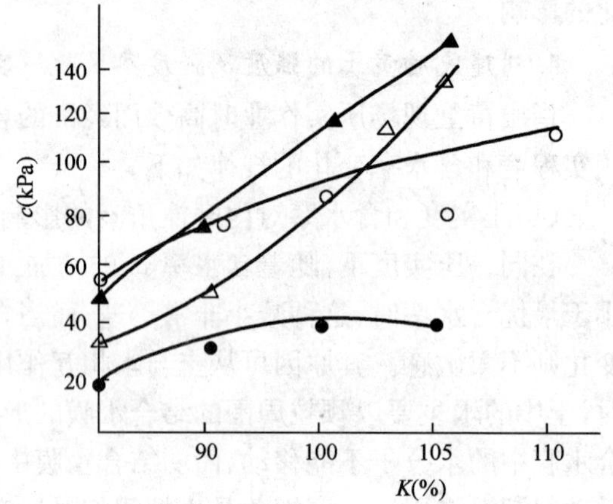

图 2-43　内聚力 c 与压实度 K 的关系

土质学认为：形成内聚力 c 的因素如下：

$$c = c_1 + c_2 + c_3 \tag{2-46}$$

式中：c_1——因颗粒间的胶合作用而产生的强度；

c_2——因颗粒间的万有引力而产生的强度；

c_3——因土中水的作用而使土颗粒形成的凝聚强度。

c_2 的作用可以不计。在含水率很大时，土中水部分表现为自由水，其中部分可能表现为重力水，重力水的存在，其水压力有使土颗粒分开的趋势，即 c_3 中部分表现为负值，尤其是在压实度较大时，土中孔隙很小，该自由水甚至可能产生局部超静孔隙水压力，故 c_3 的降低必然更大。而在含水率很低时，由于土中水产生使土颗粒互相靠近的表面张力很小，故 c_3 中的该部分也很小，而且土粒周围水中离子间的排斥作用也因水膜的变薄而加强，综合结果使 c 的数值较小。当含水率达到塑限含水率附近时，结合水膜最厚，结合水的表面张力也达到最大，而水中离子间的斥力由于水膜变厚，距离增大而急剧减小，故综合表现为 c 值达到最大。还可以看到，压实度越大，土体的内聚力也越大。这主要是因为：压实度增大时，颗粒间接触变得紧密，故 c_2 增大；另外，孔隙的缩小也有利于土中水表面张力的发挥，故总体表现为 c 的增大。

从内聚力的变化范围来看，压实度较低时 c 受 w 的影响较小，反之则较大。如 $K=90\%$ 时，含水率从 12%变化到 18%，c 值的波动范围为 46.70kPa 至 16.58kPa。而当 K=105%时。含水率变化同上，而 c 值都在 146.24kPa 至 40.12 kPa 之间波动。从工程的角度看，要获得较高的内聚力 c，应控制压实含水率在塑限含水率附近及提高压实度。

(3)压实土体的抗剪强度

按照库伦定律，$\tau_f = c + \sigma\tan\varphi$ 或用复杂应力状态表示写成：

$$\sigma_1 - \sigma_3 = (\sigma_1 + \sigma_3)\sin\varphi + 2c\cos\varphi \tag{2-47}$$

即抗剪强度是内聚力 c 及内摩擦角 φ 的综合反映。

图 2-44 所反映的关系表明：破坏时的强度 $\sigma_1 - \sigma_3$ 随压实度的增大而增大。且基本上成线性关系，而在图 2-45 中则可看到，抗剪强度随含水率的增大而减小。

在任一压实度下内摩擦角随含水率的增加而减小，在含水率大于等于最优含水率时对含水率的变化不敏感，而当含水率低于最优含水率时随含水率的减小而迅速增大，因此，从尽可能增大内摩擦角的角度考虑，黄土压实时的施工含水率自然越低越好。

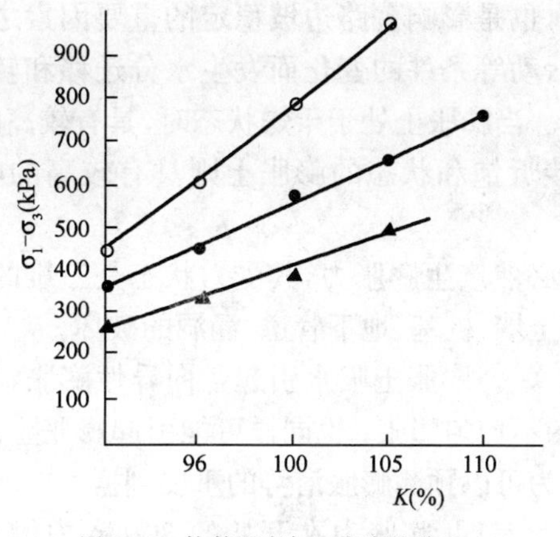

图 2-44 抗剪强度与压实度的关系

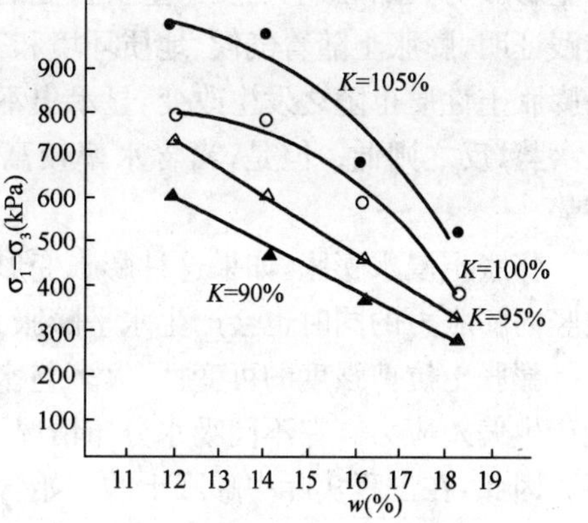

图 2-45 抗剪强度与含水率的关系

压实黄土的内聚力 c 与含水率呈曲线关系，且在塑限含水率处取得最大值。因此，从增大内聚力的角度来看，应控制土的含水率在塑限含水率 w_P 附近。

总之，从提高土体抗剪强度的角度考虑，压实土体施工时的最优含水率不是击实试验所得出的最优含水率，而应比此低。将压实土体的两个方面结合起来看，现场施工时，若希望既有利于压实作业，使之容易达到规定的压实度，同时又有利提高土体的抗剪强度，则土体压实施工时的含水率应比最优含水率 w_{op} 小，但也不应偏离太远，否则不利于土体的压实作业。

土体的塑限含水率 w_P 一般稍小于击实试验的最优含水率 w_{op}，按经验在标准击实试验中一般：$w_{op}=w_p+2\%$，而且，在塑限含水率处，土体内聚力达到最大值。因此，建议土体压实作业时的最佳含水率取为塑限含水率。同时应避免在压实作业时施工含水率大于 w_{op}，因为此时内摩擦角很小。

5. 从以上试验分析结果，可以归纳得到如下结论

(1)压实黄土的内摩擦角 φ

①当含水率相同时，随压实度 K 的增大而增大。

②当压实度相同时，若含水率 $w<w_{op}$，φ 对 w 非常敏感，而当含水率 $w>w_{op}$，则不太敏感。

(2)压实黄土的内聚力 c

①当含水率相同时，c 随压实度 K 的增大而增大。

②当压实度相同时，在塑限含水率附近出现峰值，在 $w>w_p$ 后随含水率的增加而急剧减小。

(3)在实际黄土的压实问题中，要经济地获得高内聚力，高内摩擦角的压实土体，应控制土体的含水率在塑限含水率 w_p 附近，避免在 $w>w_{op}$ 的条件下进行压实作业。

对于原状黄土与重塑黄土，当土体含水率不变时，原状黄土与重塑黄土的内摩擦角几乎相等，而黏结力系数的差异较大，这反映了由土粒间内摩擦和咬合力构成的土体内摩擦角的大小和土体结构性关系甚微，相反地黄土的黏结力系数受黄土的结构性的影响却很敏感，所以当原状黄土的结构被破坏后，其 c 值就大大降低。

二、膨胀土

膨胀土是一种吸水膨胀软化，失水收缩干裂的高塑性黏土，同时具有超固结性、多裂隙和

遇水膨胀、失水收缩等特性。膨胀土的抗剪强度指标强烈地依赖于含水率。含水率是膨胀土产生膨胀与收缩、影响强度等重要特性的主要原因，也是影响公路边坡稳定的重要因素之一。实践证明，膨胀土随着气候、地质环境和工程建设活动等条件的变化而发生水分迁移和转化。而膨胀土性质也随之发生改变，显示出不同的特性。当膨胀土处于干燥状态时，具有较高的膨胀潜势，反之则低。但是，当含水率较高时，处于接近饱和状态的膨胀土则具有较高的收缩潜势。

膨胀土浸水膨胀，如果这种膨胀变形受到限制必然产生膨胀力，其受力状态是三维的，产生竖向膨胀力的同时也会产生水平膨胀力，引起挡土墙、桩基、地下管道、涵洞的破坏。

膨胀土抗剪强度的可变性，大多与水的作用有关 。膨胀土吸水引起各向异性膨胀，有可能产生偏差应力。在不同吸水分布情况下所引起的不均匀膨胀，也同样可能引起膨胀土的破坏。因此，在工程实际中膨胀土的起始含水率被视为可以预测膨胀潜势的重要判据。

谢云等对南阳陶岔膨胀土在浸水膨胀下的试验表明，膨胀力在开始的 30min 内增长较快，可以达到总膨胀力的 80%左右；之后增加缓慢，几小时后则趋于稳定并达到膨胀力的最大值。图 2-46 所示是同一含水率的试样在不同干密度时体现出来的竖向膨胀力 P_0 随时间变化曲线。如图 2-46 中左图所示，按照膨胀力随时间变化可把曲线分为等速膨胀阶段(oa 段)、减速膨胀阶段(ab 段)和缓慢膨胀阶段(bc 段)。

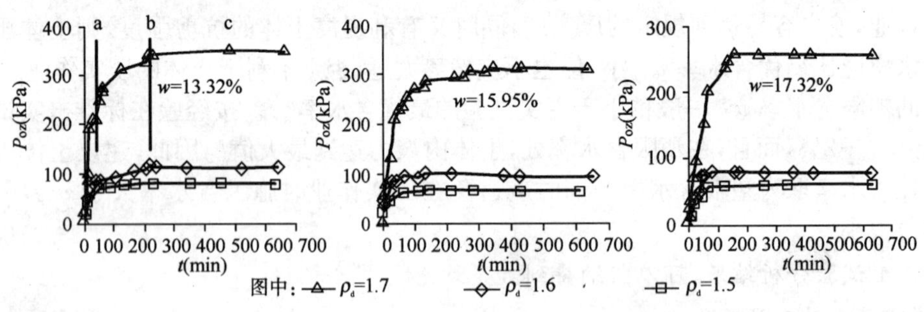

图 2-46 不同含水率时竖向膨胀力—时间曲线

图 2-46 中的曲线特征是由南阳陶岔膨胀土的胶粒含量与矿物成分土体结构决定的。试验初期，随着水浸入膨胀土中，膨胀土的结构不断变化，受到体积限制产生膨胀力，此时膨胀速度很快，膨胀力呈线性增长；随后膨胀土的结构渐趋稳定，膨胀力增长速度变慢；几小时后，土样基本达到饱和，结构达到稳定状态，膨胀力也达到稳定，进入缓慢膨胀阶段。膨胀速度快慢还与初始含水率相关，初始含水率低，膨胀速度快。这可以解释为当膨胀土含水率较低时，基质吸力可以达到很高的值，这种吸力的作用犹如有效应力作用一样会使土发生收缩；在浸水后膨胀土中基质吸力的急剧降低会导致土体积膨胀，初始基质吸力越高，土的膨胀速度就越快。同一含水率的试样干密度越大，膨胀速度越快。因此，工程上填筑膨胀土时，一定要注意不使其干密度过大。以下分别讨论膨胀力和抗剪强度的变化规律。

1. 竖向膨胀力与水平膨胀力关系

重塑膨胀土试样按竖直方向 oz，水平方向 ox，水平方向 oy 放入三向胀缩仪中。在试样顶部和底部同时注水，保持试样变形为零的情况下，可以测得试样三个方向的膨胀力 P_{ox}，P_{oy}，P_{oz}。

竖直方向的膨胀力在加水后增长速度快于水平向的膨胀力，但是达到稳定所需时间大致一样。竖向膨胀力大于水平膨胀力，两者之间的比值随着土的含水率和干密度不同，表现了土的各向异性。土被压实时各向异性特性减弱。张颖钧测得竖直方向和水平方向的膨胀力的比值是介于0.376～0.646之间，水平方向膨胀力小于竖直方向膨胀力。

2. 竖向膨胀力与含水率关系

在同一干密度下竖向膨胀力随初始含水率增大而减小，两者之间呈线性关系。卢肇钧等人对广西膨胀土和山东钙土进行了不同含水率的抗剪强度和膨胀力试验分析发现，膨胀力和总黏聚力均可用含水率的幂函数描述，在干密度一定时，随初始含水率增大膨胀力会减小，见图2-47。

3. 竖向膨胀力与干密度关系

同一初始含水率时竖向膨胀力与干密度的关系，如图2-48所示，图中的曲线用指数函数表达如下：

$$P_{OZ} = P_0 + Ae^{\rho_d/B} \tag{2-48}$$

式中：P_0，A，B——土性参数。

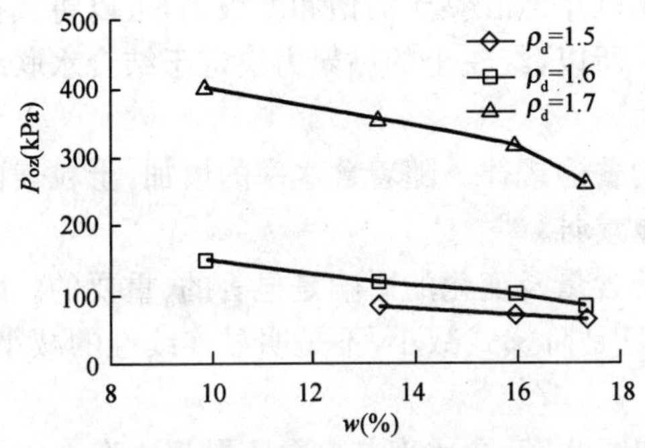

图2-47 竖向膨胀力与初始含水率关系

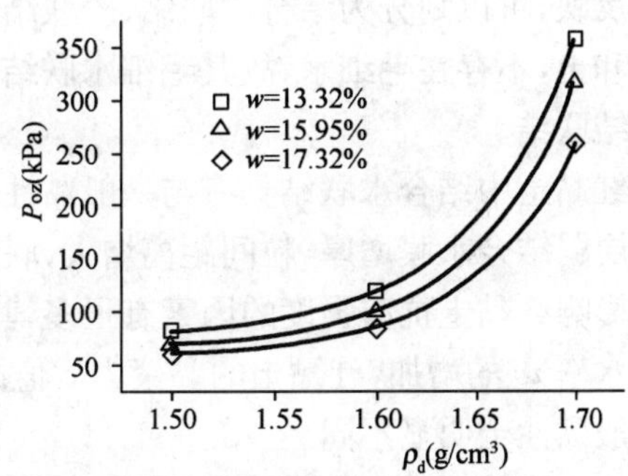

图2-48 竖向膨胀力与干密度的关系

从图2-48看出，同一初始含水率的土样，干密度越大膨胀力越大。随着初始含水率的增加，P_0值和A值线性减小，B为常数，如图2-49、图2-50所示。因此，可以得到竖向膨胀力与土样的初始含水率，干密度的关系式可以写成：

$$P_{OZ} = (146.69 - 539.26w) + (6.045 - 20.48w)e^{\rho_d/0.053} \tag{2-49}$$

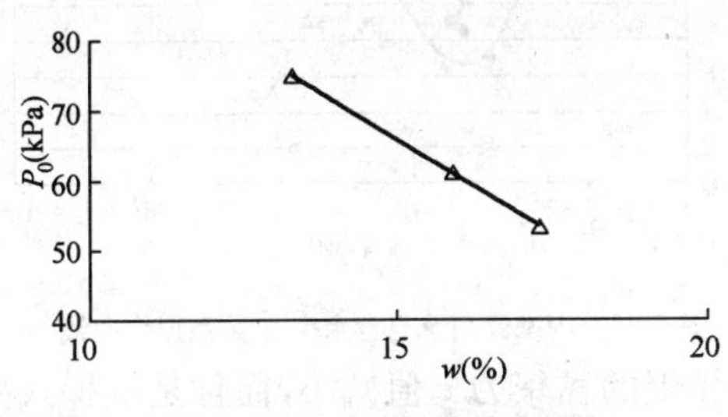

图2-49 P_0与初始含水率关系

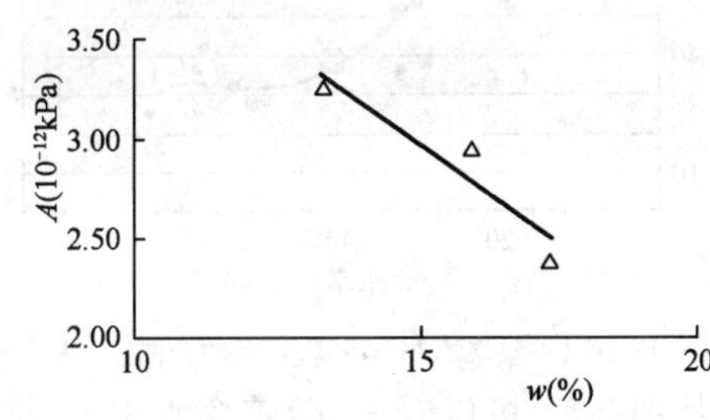

图2-50 A与初始含水率的关系

4. 抗剪强度与干密度和含水率的关系

徐永福根据非饱和膨胀土的分形结构模型，导出非饱和膨胀土强度的幂函数形：

$$\tau_f = c' + (\sigma - u_a)\tan\varphi' + K^{\theta}u_s^{d}\tan\varphi' \tag{2-50}$$

缪林昌等人在进行膨胀土强度特征的研究时，提出了类似Mohr—Columb理论的强度公式：

$$\tau_f = c_{total} + \sigma\tan\varphi_{total} \tag{2-51}$$

式中：c_{total}和φ_{total}包括了吸力和结构对强度的贡献，它们随着含水率的变化而变化，称为总强度指标。

在试验的基础上，缪林昌等人进一步提出了非饱和膨胀土强度的指数函数公式：

$$\tau_f = A_1 10^{B_1} + \sigma \tan(A_2 10^{B_2}) \tag{2-52}$$

式中：A_1、B_1、A_2、B_2——对不同的土质取不同的常数。

以上这些公式都反映了非饱和土抗剪强度变化的特性，但土体含水率的变化与抗剪强度之间到底有什么样的数量关系，还是很难求得的。

三、红土

红黏土是碳酸盐岩类岩石在特殊的湿热交替气候条件下经历化学风化作用和红土化作用形成的高塑性黏土，是一种区域性的特殊土。

红黏土属于细粒土，其抗剪强度以黏聚力为主，内摩擦力为辅。黏聚力取决于土粒间的各种物理化学作用力，包括库仑静压力、范德华力、胶结作用力等。黏聚力是土颗粒内部联结的宏观反映，可以划分为结合水联结、胶联结和毛细水联结。红黏土的饱和度很高，可以将其视作饱和土，不存在毛细水，故其毛细水联结就为零。所以，红黏土的黏聚力决定于结合水联结和胶结联结。

红黏土中结合水联结具有与一般黏性土一样的普遍规律。随着含水率的增加，土粒表面扩散层弱结合水膜增厚，粒间距离增大，联结力明显减弱。

影响红黏土抗剪强度的因素有很多，其中，水的含量及变化的影响是显著的、重要的。随着含水率 w 的增加，红黏土的黏聚力 c 值减小，而且是阶梯式减小，不是明显连续性的减小，与一般黏性土明显不同。

毕庆涛等通过室内直剪试验研究，见图 2-51 和图 2-52，含水率与红黏土黏聚力存在阶梯状相关关系。另外，随着含水率的增加，红黏土的内摩擦角变化不显著，呈微幅度波动状态。

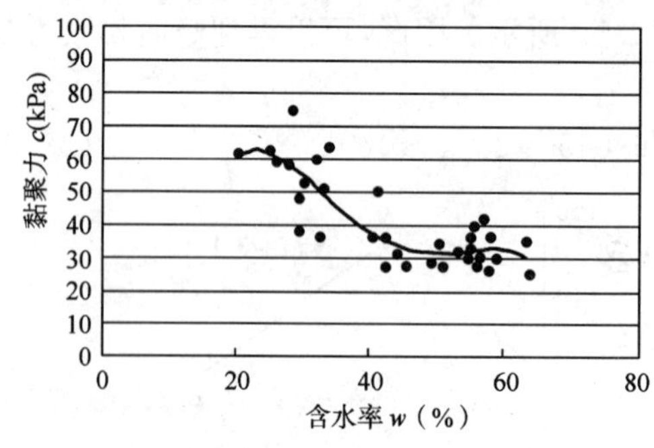

图 2-51 黏聚力与含水率关系拟合曲线

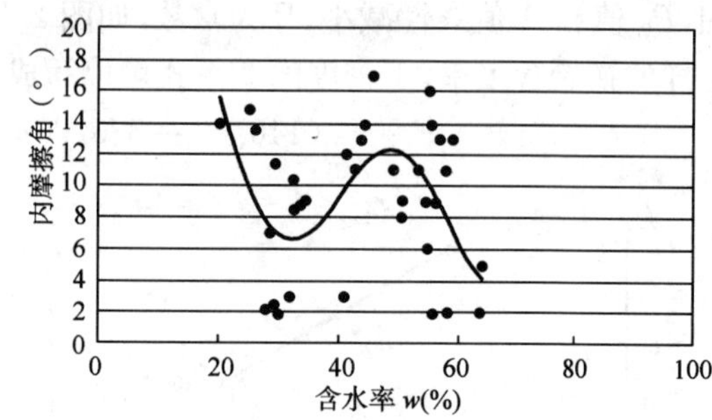

图 2-52 内摩察角 ϕ 与含水率 w 关系拟合曲线

从图 2-51 可以看出，随着含水率 w 的增加，红黏土的黏聚力 c 值减小，而且是阶梯式减小，不是明显连续性的减小，与一般黏性土明显不同。当含水率 w 在 25%～35%范围内，则红黏土黏聚力 c 集中在 50～65kPa 区间内。当含水率 w 增加到 40%～70%时，红黏土黏聚力 c 陡然降低到 30kPa 左右。黏聚力 c 与含水率 w 之间的关系可以拟合为多项式函数：

$$c = -0.000\,1w^4 + 0.019w^3 - 1.174\,6w^2 + 29.151w - 187.23 \tag{2-53}$$

从图 2-52 可以看出，内摩擦角值在 $\varphi=10°$ 上下波动，振幅为 3°。也就是说，随着含水率的显著变化，内摩擦角变化不大，其值多在 7°～13°区间变动。

红黏土的这种特殊的含水率 w 与黏聚力 c 之间的相关性其实正是红黏土特殊性之一，与红黏土其他特殊特征是相对应的，如红黏土的先期固结压力随着埋深的增大呈现阶梯式减小的规律，沿剖面向下，含水率逐渐增大，反映结构强度特征的先期固结压力及超固结比呈现跳跃式的降低。

真正决定红黏土黏聚力强弱的因素是由胶结物质形成的胶联结。红黏土中的胶结物质主要有氧化铁、氧化铝、二氧化硅等，其中又以游离氧化铁的胶结最为重要。游离氧化铁与黏土矿物相互吸附，主要是以包膜形式分布在黏土矿物的周围，对粒团起到牢固的胶结作用。由图 2-51 可知，含水率对氧化铁胶结的影响是突变性的。当含水率 $w<35\%$ 的时候，氧化铁包膜的胶结作用不对含水率的变动产生明显的变化。当含水率 $w>40\%$ 的时候，胶结联结就会骤然破坏，黏聚力明显降低。

四、红土与膨胀土的比较

杨庆等对红土和膨胀土进行了对比试验研究，试验结果表明，红黏土与一般膨胀土的吸水膨胀规律完全相同。红黏土是对环境湿热变化敏感的塑性黏土，具有一般膨胀土吸水膨胀失水收缩的特性。与普通黏性土相比，红黏土和膨胀土的强度特性更为复杂。它既是土体抵抗剪切破坏能力的表征，也是计算路堑、渠道、路堤、土坝等斜坡稳定性以及支挡构筑物土压力的重要参数。

图 2-53 给出了红黏土的抗剪强度包线，由此可以发现：(1)试样抗剪强度与起始含水率具有明显的相关关系，且含水率越大抗剪强度越小，这与基质吸力与含水率成反比的规律是一致的。(2)含水率对黏聚力 c 的影响比对内摩擦角 φ 的影响更为明显。如图 2-54 与图 2-55 所示，红黏土内摩擦角和黏聚力与含水率之间的回归关系分别可以近似用直线和二次抛物线来表示：

$$\begin{aligned} \varphi &= -49.621\ln w + 171.79 \\ c &= -18.923w^2 + 576.01w - 3\,981.5 \end{aligned} \tag{2-54}$$

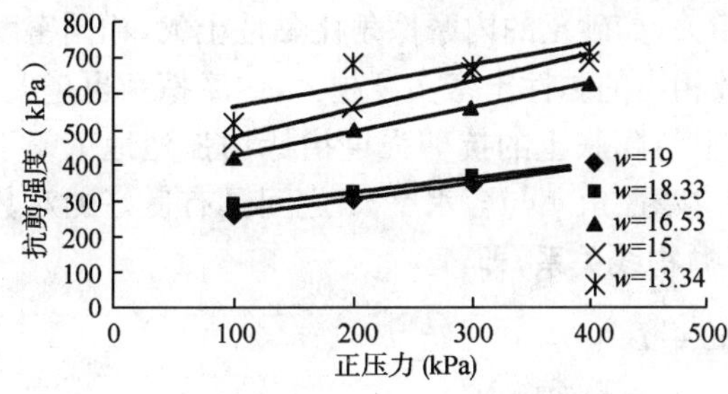

图 2-53 红黏土强度—含水率 w 关系曲线

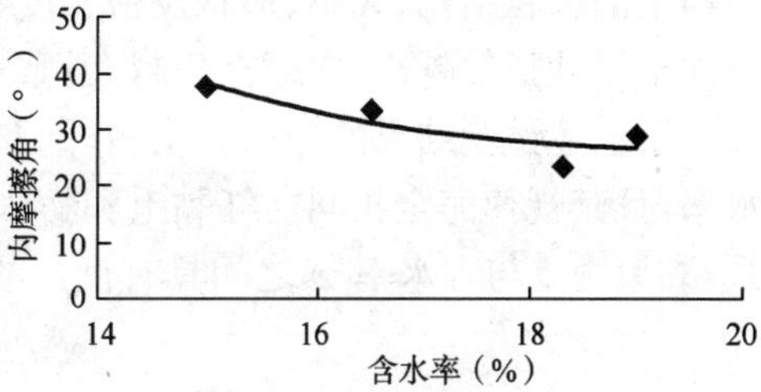

图 2-54 红黏土内摩擦角—含水率关系曲线

同样地，对于膨胀土，抗剪强度及抗剪强度指标与含水率之间的依赖关系示于图 2-56，图 2-57 和图 2-58。由此经回归所得含水率的经验关系分别为：

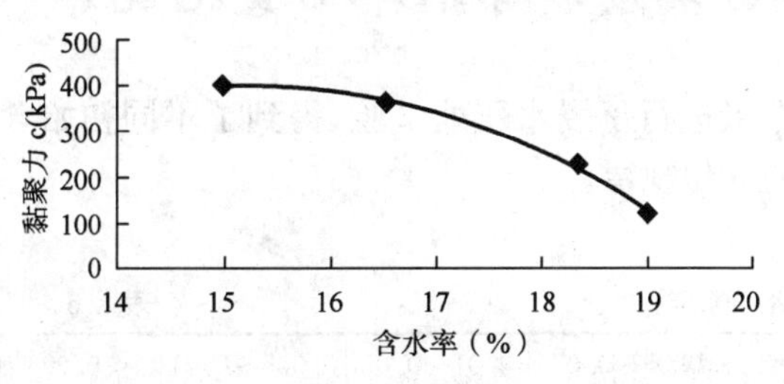

图 2-55 红黏土黏聚力—含水率关系曲线

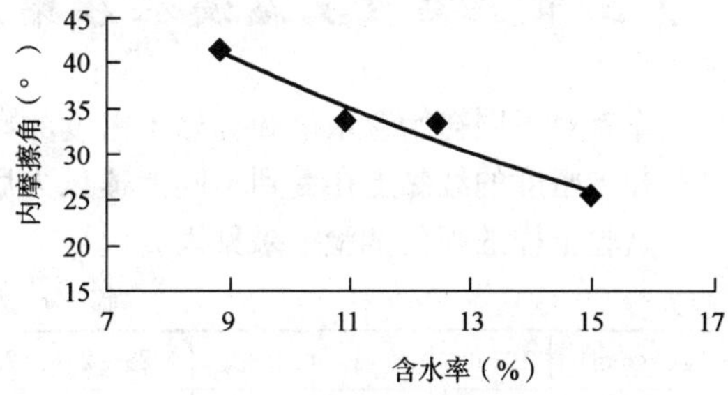

图 2-56 膨胀土内摩擦角-含水率关系曲线

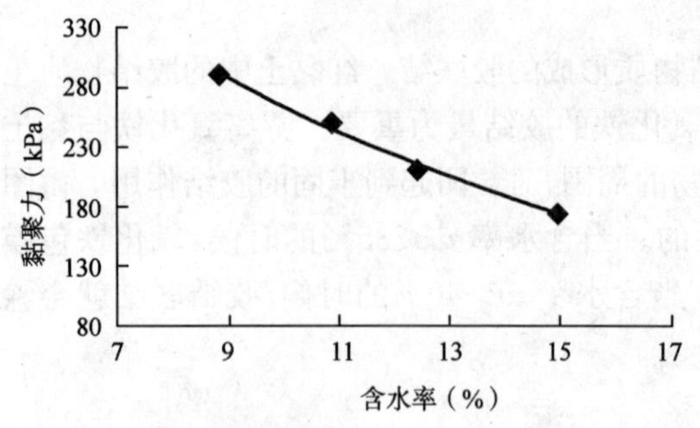

图 2-57　膨胀土黏聚力-含水率关系曲线

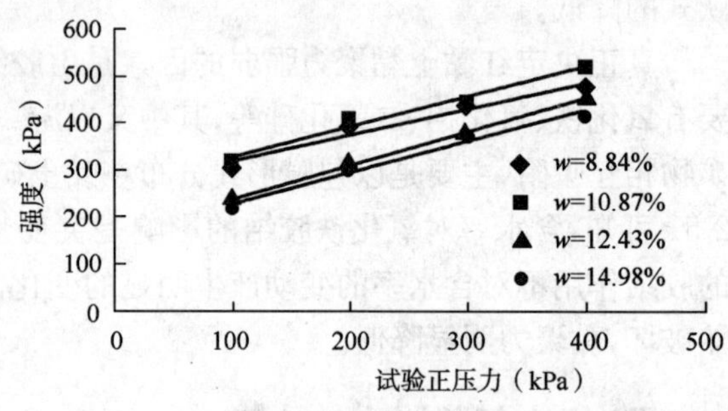

图 2-58　膨胀土强度-含水率关系曲线

$$\varphi = -28.441\ln w + 103.14$$
$$c = 0.7242w^2 - 36.119w + 552.56 \quad (2\text{-}55)$$

从试验结果可以看出，对黏性土而言，含水率对黏聚力的影响较大，而对内摩擦角的影响相对较小，其主要原因是由于黏性土的黏聚力与内摩擦角的形成机理不同而造成的。

黏性土的黏聚力主要来源于以下几个方面：

①土粒间的相互引力，黏性土的颗粒细小，黏粒占相当比例，总的比表面积较大，所以粒间的相互吸引能力强；

②土粒具有结合水膜，相邻土粒之间常由公共水化膜联结起来，表现为水膜联结；

③有些黏性土在长期的地质历史中受到一定的胶结作用，产生胶结。

其中粘性土颗粒间公共水化膜的联结力对黏聚力的产生具有重要的作用，因而黏性土的黏聚力随着含水率的不同而变化较大。含水率越小，公共水膜联结力越大，黏聚力也越强，所以干黏性土的抗剪强度相当高；反之，含水率越大，黏聚力越小，抗剪强度也越低。而土的内摩擦角与土的颗粒结构、大小、形状及密实度密切相关，如砂土的内摩擦角比黏性土大，相同密度的黏性土塑性指数越小，内摩擦角越大；塑性指数相当的黏性土密实度越大，内摩擦角也越大。

对于上述试验结果的分析表明，非饱和红黏土与膨胀土的抗剪强度指标均强烈地依赖于含水率，且其规律完全相同。红黏土和膨胀土的内摩擦角 φ 与含水率 w 之间具有良好的对数关系，黏聚力 c 与含水率 w 之间具有良好的二次抛物线关系，即：

$$\varphi = A\ln w + B$$
$$c = Dw^2 + Ew + F \quad (2\text{-}56)$$

式中：A,B,D,E,F——可由试验确定的系数。

第三节　黏性土在浸水压缩后密实度和含水率的变化规律

作者对不同初始含水率和初始干密度的黏性土进行了浸水压缩试验，得到了不同初始含水率和干密度的红黏土在受到不同上覆压力后的变化规律。

试验土样的筛分试验结果见表 2-6。

筛 分 试 验 结 果　　表 2-6

粒径(mm)	10～20	5～10	2～5	0.25～2	0.075～0.25	0.05～0.075	0.01～0.05	0.005～0.01	<0.005
百分含量(%)	3	3	3	1	2	3	18	11	56

试验土样的比重、液塑限、塑性指数及最佳含水率、最大干密度见表2-7。

试验土样的相关参数 表2-7

名　称	G_s	w_L	w_p	I_p	ρ_{dm}	w_{op}
数值	2.74	60.0%	31.6%	28.4	1.479g/cm³	26.0%

1. 浸水压缩稳定时间

按照不同初始含水率和初始干密度填筑后，在50kPa和100kPa压力作用下从开始压缩到变形稳定的时间(简称稳定时间)见表2-8。

稳定时间(h)与初始含水率(%)和初始干密度(g/cm³)的关系表 表2-8

稳定时间 \ 干密度 \ 含水率	50kPa			100kPa		
	1.183 (0.8ρ_{dm}) (g/cm³)	1.331 (0.9ρ_{dm}) (g/cm³)	1.479 (1.0ρ_{dm}) (g/cm³)	1.183 (0.8ρ_{dm}) (g/cm³)	1.331 (0.9ρ_{dm}) (g/cm³)	1.479 (1.0ρ_{dm}) (g/cm³)
18.20(%)(0.7w_{op})	105.5	105.5	143.5	94.5	119	119
22.10(%)(0.85w_{op})	95.5	95.5	143.5	119	100.5	119
26.00(%)(1.0w_{op})	95.5	105.5	143.5	94.5	119	119
29.60(%)(1.14w_{op})				47	47	47

在压力为50kPa时，达到压缩变形稳定的时间基本不受初始含水率的影响；但初始干密度越大，达到变形稳定的时间越长。这主要是由于初始干密度越大，渗透性越弱，在浸水压力作用下水产生作用需要的时间越长，到达变形稳定的时间也就越长。

在压力为100kPa时，初始干密度越大，达到变形稳定的时间越长；稳定时间与含水率的关系虽然有波动，但总体趋势是含水率越大，到达变形稳定的时间越短；从不同上覆压力作用到达压缩变形稳定的时间比较看，压力作用越大，达到变形稳定的时间越短。

综合看，初始干密度越大，到达压缩变形稳定的时间越长。初始含水率和上覆压力对稳定时间的影响不如初始干密度的影响大，但有上覆压力越大到达压缩变形稳定的时间越短，含水率越大到达压缩变形稳定的时间越短的趋势，在低含水率时不明显，在高含水率时这种趋势特别明显。

2. 不同压力作用下不同初始干密度和初始含水率对干密度变化的影响

不同压力下干密度变化值(g/cm³)(变形稳定后的干密度与初始干密度的差值)与不同初始含水率(%)和初始干密度(g/cm³)的关系见表2-9。

不同压力下干密度变化值(g/cm³)与初始含水率和干密度的关系表 表2-9

变化值 \ 含水率 \ 干密度		50kPa			100kPa			
		18.20(%) (0.7w_{op})	22.10(%) (0.85w_{op})	26.00(%) (1.0w_{op})	18.20(%) (0.7w_{op})	22.10(%) (0.85w_{op})	26.00(%) (1.0w_{op})	29.60(%) (1.14w_{op})
1.183(g/cm³) (0.8ρ_{dm})	变化值	−0.009	−0.010	−0.017	0.007	0.011	0.001	0.004
	最终值	1.174	1.173	1.166	1.190	1.194	1.184	1.187

续上表

干密度 \ 变化值 \ 含水率		50kPa 18.20(%)($0.7w_{op}$)	50kPa 22.10(%)($0.85w_{op}$)	50kPa 26.00(%)($1.0w_{op}$)	100kPa 18.20(%)($0.7w_{op}$)	100kPa 22.10(%)($0.85w_{op}$)	100kPa 26.00(%)($1.0w_{op}$)	100kPa 29.60(%)($1.14w_{op}$)
1.331(g/cm³)($0.9\rho_{dm}$)	变化值	−0.043	−0.038	−0.036	−0.033	−0.028	−0.042	0.001
	最终值	1.288	1.293	1.295	1.298	1.303	1.289	1.330
1.479(g/cm³)($1.0\rho_{dm}$)	变化值	−0.379	−0.210	−0.413	−0.063	−0.061	−0.047	−0.010
	最终值	1.100	1.269	1.066	1.416	1.418	1.432	1.469

在压力为50kPa时，随试样初始干密度的增大，干密度基本上都在减小，当初始干密度较小时，初始干密度的变化较小；初始干密度越大，干密度减小值越大。初始干密度较大的土样，浸水压缩后，其干密度最终值小于初始干密度较小土样压缩后的干密度最终值，即初始干密度大并不能保证浸水压缩后干密度最终值一定大，初始干密度小并不能确定浸水压缩后干密度最终值一定小。干密度的变化值与初始含水率的关系不明显。

在压力为100kPa时，试样的初始干密度越大，浸水压缩后干密度减小的变化值越大；干密度越小，浸水压缩后试样的干密度变化值越小，甚至出现干密度增大现象。存在初始含水率越大，干密度变化值越小；初始含水率越小，干密度变化值越大的趋势；在初始含水率较大时，干密度变化值越小。

比较压力为50kPa和100kPa的情况，压力越小，干密度减小值越大；压力越大，干密度减小值越小，甚至会出现干密度增加的现象。

综合看，初始干密度越小，干密度变化越小；初始干密度越大，干密度变化值越大，即干密度减小值越大，甚至出现初始干密度大的土样浸水压缩后干密度小于初始干密度小的土样；上覆压力越大可以抑制土体浸水的膨胀变形，增加土体的密度。上覆压力较小时，含水率变化对干密度影响较小；当上覆压力较大时，初始含水率越大，干密度变化值越小。

3.不同压力作用下不同初始干密度和初始含水率对浸水压缩后含水率变化值的影响

不同压力下浸水压缩试样的含水率变化值(%)与初始干密度(g/cm³)和初始含水率(%)的关系见表2-10。

浸水压缩试样的含水率变化值(%)与干密度和初始含水率的关系表 表2-10

含水率 \ 含水率变 \ 干密度	50kPa 1.183($0.8\rho_{dm}$)(g/cm³)	50kPa 1.331($0.9\rho_{dm}$)(g/cm³)	50kPa 1.479($1.0\rho_{dm}$)(g/cm³)	100kPa 1.183($0.8\rho_{dm}$)(g/cm³)	100kPa 1.331($0.9\rho_{dm}$)(g/cm³)	100kPa 1.479($1.0\rho_{dm}$)(g/cm³)
18.20(%)($0.7w_{op}$)	26.46	22.98	22.32	26.41	21.53	18.87
22.10(%)($0.85w_{op}$)	23.26	18.17	20.82	22.72	18.46	14.08
26.00(%)($1.0w_{op}$)	18.94	14.18	10.59	18.19	11.69	10.04
29.60(%)($1.14w_{op}$)				13.35	7.01	3.39

从浸水压缩后含水率变化值看，随着初始含水率的增加，浸水压缩后的含水率增加值减小；随着初始含水率的减小，浸水压缩后的含水率增加变化值增大。初始干密度越大，含水率增加值越小；初始干密度越小，含水率增加值越大。存在上覆压力越大，含水率增加值越小的趋势。

通过以上试验结果的分析，针对实际工程可以作出以下建议：

①如果路基填筑后，含水率会增加，那么并不一定要按照最优含水率对应的最大干密度来填筑，而应根据不同的上覆压力，按照浸水后的最大干密度来填筑，如在50kPa的压力作用下的合适填筑干密度为1.331g/cm^3；在100kPa的压力作用下的合适填筑干密度为1.479g/cm^3。

②在多雨潮湿地区的路基填筑，应在满足路基密度要求的情况下按较大含水率填筑，这样可以缩短路基沉降变形到达稳定的时间，而且可以减小压缩或膨胀的变形量以及干密度变化值。

③在工程实践中，对于具体的土，应综合考虑竣工后土可能发生的含水率变化和上覆压力情况，通过试验选定最适合的填筑施工的含水率和干密度质量控制标准，而不是完全的按照最大干密度和最优含水率来进行控制。

④在填土工程填筑后应采取适当的工程措施避免含水率增加，或者降低土料填筑工程的含水率，保证填土保持良好的物理力学性质状态。

第四节　无黏性土的力学性质及影响因素

堆石、碎石、砂和粉土等常被称为无黏土。可以认为无黏性土的黏聚力 $c=0$，抗剪强度表达式为：

$$\tau_f = \sigma' \tan\varphi'$$

式中：φ'——有效内摩擦角，对无黏性土通常在28°～42°之间。

无黏性土渗透系数大，土体中超孔隙水压力常等于零，有效应力强度指标与总应力强度指标是基本相同的。无黏性土的摩尔包线在通常的压力范围内是通过原点的直线，即 φ 是常数。但随着侧限压力的增大，当超过约400MPa时，密实砂土的包线变曲很明显，φ 值随着压力的增大而减小。

无黏性土力学性质中的内摩擦角除了与初始孔隙比有关，还与土粒的形状、表面的粗糙程度以及土的级配有关。密实砂土和土粒表面粗糙的砂土，内摩擦角较大；级配良好的比颗粒均一的内摩擦角大。无黏性土的强度主要决定于密度。但是近年的研究表明，无黏性土的变形和强度性状十分复杂，不能只用密度来说明，它还受各向异性、沉积方式、应力历史等因素的影响。

1.抗剪强度及其影响因素

①静力强度　无黏性粗粒土的压实程度，一般用相对密度(D_r)或孔隙比(e)表示。压实对内摩擦角(φ)大小有很大的影响，压实程度大小影响 φ 值变化幅度为10°～15°。级配优良有棱角的材料 $D_r=0$ 时，$\varphi\approx35°$，$D_r=100\%$时，$\varphi\approx50°$；粒径均匀圆形材料，$D_r=0$ 时，$\varphi\approx30°$，$D_r=100\%$时，$\varphi\approx40°$。说明压实土、无黏性粗粒土的静力强度增长显著。

许多人曾根据理论和实验提出无黏性土抗剪强度(通常堆石及无黏性土的内聚力 c 较小，可以忽略不计，以下只考虑内摩擦角 φ)与孔隙比的关系式。

温特考恩(Winterkorn,1960)提出下式：

$$\tan\varphi = \frac{C}{e - e_{\min}} \tag{2-57}$$

式中：φ——内摩擦角；

e——孔隙比；

$e_{\min}$——最小孔隙比；

C——常数。

凯兹地(Kezdi,1964)提出的公式如下：

$$\tan\varphi = \frac{C_1\sqrt{e - e_{\min}}}{\exp\dfrac{e - e_{\min}}{C_2}} \tag{2-58}$$

式中：C_1、C_2——常数。

卡考特和克瑞萨尔(Caquot & Kerisell,1966)提出的公式如下：

$$e\tan\varphi = C \tag{2-59}$$

最上武雄(1964)提出的公式如下：

$$\sin\varphi = \frac{C}{1 + e} \tag{2-60}$$

式中：C——常数。

对易破碎、不均匀系数较大的砾石 $C = 0.8$；对不均匀系数小的坚硬砾石 $C = 1.2$。

从以上一些经验式可以看出，无黏性土压实愈紧密，孔隙比(e)愈小，强度(内摩擦角 φ)愈高。

②动力强度　无黏性土压实后，可以提高动力强度，提高抗液化的能力。砂的动力强度随相对密度提高而增加。图 2-59 是铁山砂料用动三轴仪试验的结果。由图可以看出，随相对密度提高，砂的动力强度($\frac{\Delta\tau}{\sigma_0}$)增加，而且当 $D_r > 0.70 \sim 0.75$ 以后，动力强度增长的特别显著。

2. 压缩性及影响因素

无黏性土压实后，可以减小压缩量。图 2-60 是纯净中砂不同相对密度相应的压缩性。显然，随相对密度提高压缩性减少。另外，从龙滩大坝堆石料试验，级配相同时，压实至不同干密度测得的压缩模量值见表 2-11。从表 2-11 可以看出，压实干密度愈大，压缩模量愈大。

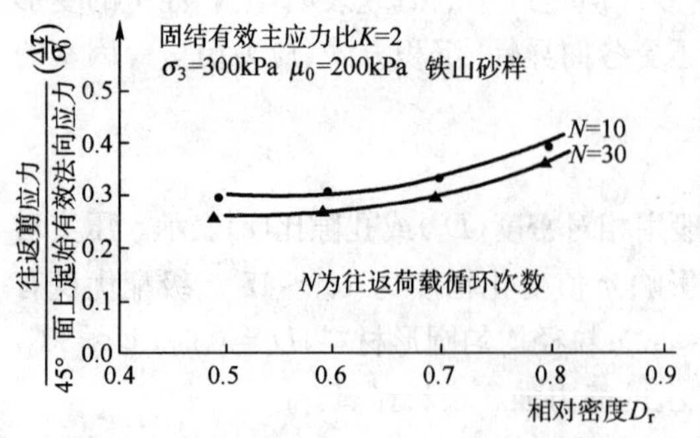

图 2-59　极限平衡时 D_r—$\left(\frac{\Delta\tau}{\sigma_0}\right)$ 关系曲线

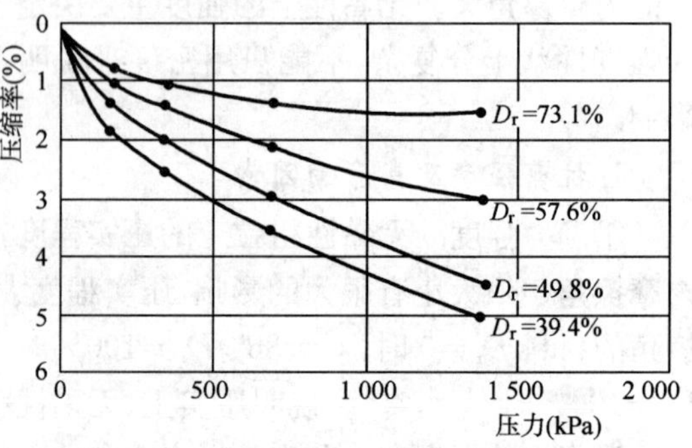

图 2-60　纯净中砂在不同相对密度相应的压缩性

龙滩堆石料不同密度相应的压缩模量　　表 2-11

干密度 ρ_d (g/cm^3)	2.02	2.11	2.17	2.25
孔隙率(%)	26.3	23.0	20.8	17.9
压缩模量 E_s (MPa)	60	100	120	200

3. 渗透性及影响因素

无黏性土随孔隙比减小，渗透系数降低。如砂的渗透系数与孔隙比的关系可用下式表示：

$$K = D_s^2 \cdot \frac{\gamma_w}{\eta} \cdot \frac{e^3}{1+e} \cdot C \tag{2-61}$$

式中：K ——砂的渗透系数，m/s；

D_s——假定砂粒为球体时的直径，m；

γ_w ——水的重度，kN/m^3；

η——水的黏滞系数，$\frac{kN \cdot s}{m^3}$；

e——孔隙比；

C——常数。

第五节　土夹石的力学性质及影响因素

土夹石填料的力学性质与土石之间的含量比例、密度、含水率等因素有关，还与土的液塑限和力学性质有关，以下介绍一些相关研究成果对土夹石填料的力学性质加以研究。

艾军，张锦生，龚丽等对大兴安岭风化砂砾土进行试验，得到风化砂砾土的强度与含水率 w 之间的关系如表 2-12 所示，从表 2-12 不难看出，风化砂砾土的强度随含水率的增加而减少。

风化砂砾土强度与含水率的关系　　表 2-12

含水率 w(%)	6.31	6.60	7.10	7.60	8.00	9.18
回弹模量(kPa)	1181	855	832	757	617	594

风化砂砾土的强度与密度之间的关系如表 2-13 所示，从表 2-13 中可以看出，风化砂砾土的强度随密度的增加而增加。

风化砂砾土强度与密度的关系　　表 2-13

密度(g/cm^3)	1.98	2.06	2.19	2.26	2.27
回弹模量(kPa)	570	810	860	855	1 012

时为民等对三峡库区砂砾石的试验表明，黏聚力随含石量的增加呈现先递增后递减的趋势。这个现象可以从压实度与细粒含量多少的相互关系来解释。随密度的增大，黏聚力升高，随黏粒的减少，黏聚粒会降低。碎石土中包含了这两种特性。当细粒含量较多，粗粒含量较少时，$P_5 < 20\% \sim 40\%$，密度变化引起的黏聚力升高远大于细粒减少引起的黏聚力下降，因此总体呈现出黏聚力上升的趋势。当砾石含量大于 20%～40%时，由于碎石含量的增多，细粒减少引起的黏聚力下降远大于密度变化引起的黏聚力上升，总体呈现出黏聚力下降的趋势，见图 2-61。

图 2-62 绘出了碎石含量与内摩擦角的试验曲线。从曲线上可以看出，随含石量的增加，总体呈现逐步增加的趋势。当含石量小于 20%时，内摩擦角基本不增加，当含石量在 20%～

60%时增加显著，当含石量大于60%时，内摩擦角的增加比较缓慢。产生上述试验结果的原因可以从碎石土的组成上来解释。对于黏性土，其强度主要表现在黏聚力 c 上：而对于纯净的碎石，其强度主要表现在内摩擦角上。因此从总体上来说，随着含石量的增加，细粒土在减少，表现在强度上是内摩擦角增加，而黏聚力减小，也就是说混合土由“土”性转化为“石”性。图2-61和图2-62的变化曲线就说明了这一点。从细部来看，当含石量小于20%～40%时，碎石被孤立在土中，而起不到作用，“土”性占优势。当碎石含量介于20%～60%之间时，细粒含量与碎石含量均衡，谁也占不了优势。碎石要形成骨架必须将土压密才能形成，而细粒又比较多，阻止了土粒形成骨架。这样的结果就形成了“土”性与“石”性共有的性质，当碎石含量大于60%～80%时，细粒土不足于填充碎石形成的骨架，“石”性占优势，表现出碎石的性质。

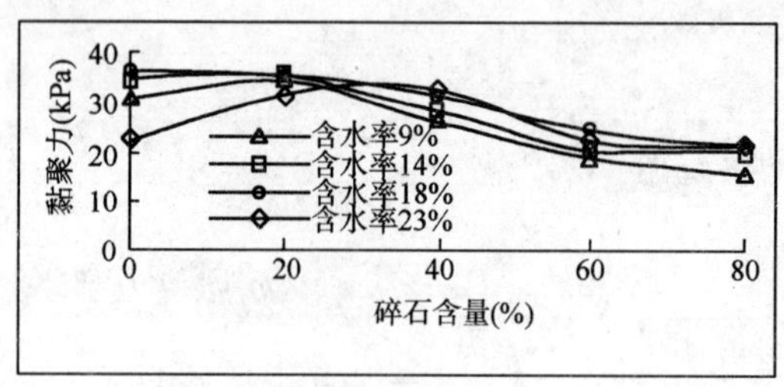

图 2-61　含石量与黏聚力关系曲线

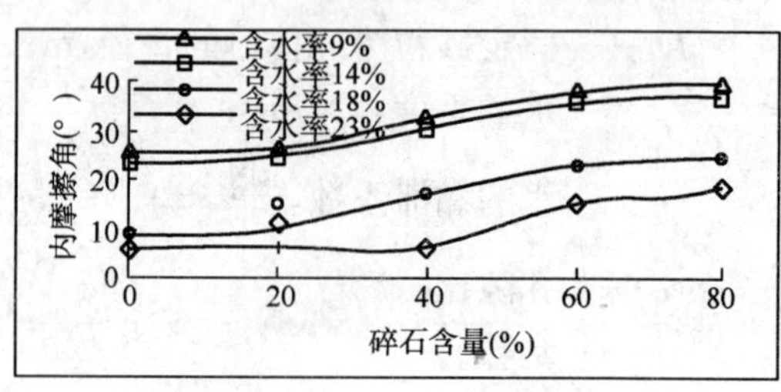

图 2-62　含石量与内摩擦角关系曲线

从图2-62还可以看出，当细粒含水率为23%，即土体处在可塑状态时，其强度发生变化时的含石量(40%)要大于土体硬塑时的含石量(20%)，这也说明在软泥中加入少量的石头并不能提高其强度。产生这个现象的原因是碎石的强度远大于泥土的强度，剪切时，碎石在泥中缺乏足够的支撑，就发挥不出作用，因而其强度与无碎石是一样的。

从图2-63细粒含水率与剪切强度的关系曲线可以看出，随含水率的增加，抗剪强度是降低的，这符合“土遇水变软”的常识。从细部分析来看，当含水率小于14%以前(细粒处在坚硬状态)，抗剪强度下降得比较缓慢：当含水率大于14%时(细粒处在硬塑状态)，下降得比较剧烈；当含水率大于18%时(细粒处在可塑状态)，下降又变得比较缓慢。因此，碎石土的强度与细粒土所处的软硬状态有关，即与液性指数有关。

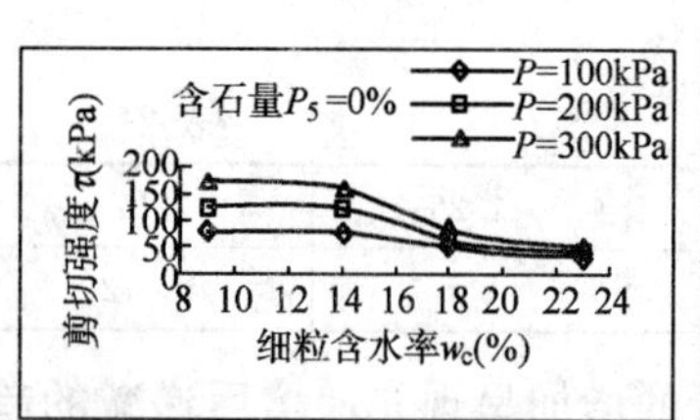

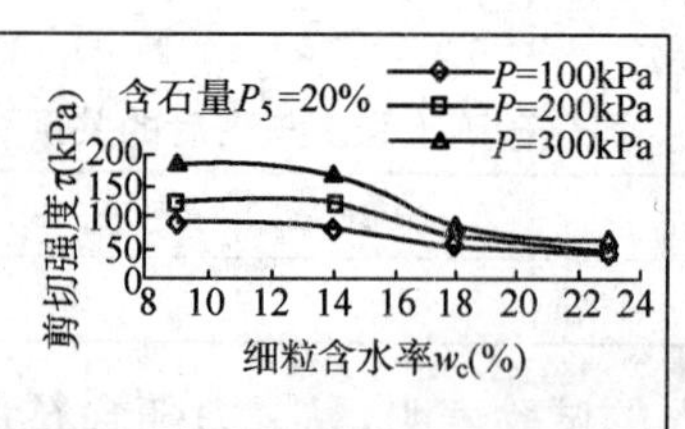

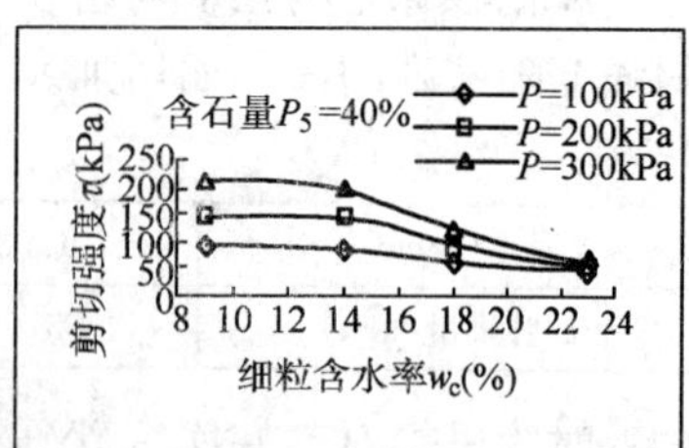

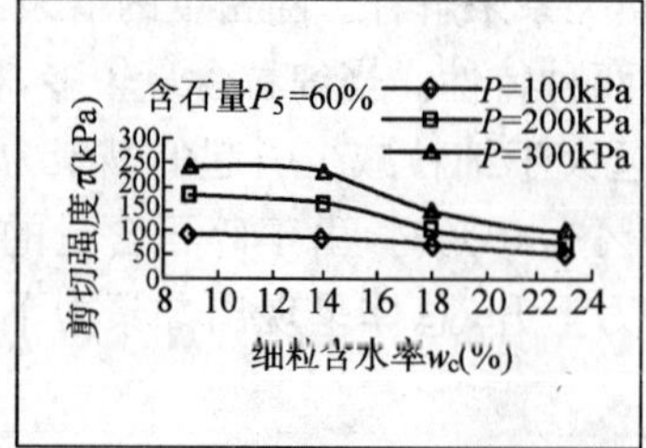

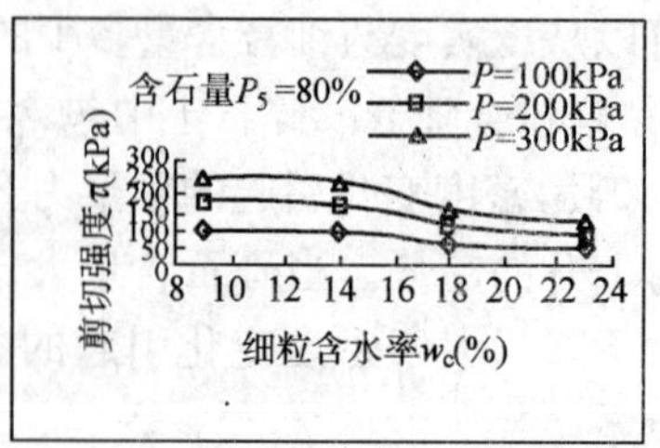

图 2-63　细粒含水率与剪切强度的关系曲线

从图 2-64 细粒含水率与抗剪强度的关系曲线可以看出：黏聚力与含石量有关，当含石量小于 20%时，含水率小于塑限时(15.26%)，黏聚力呈现增加的趋势，含水率大于塑限时，黏聚力呈现减小趋势；当含石量大于 20%时，黏聚力总体呈现递增的趋势。产生这个现象的原因是，在相同的压实能量下，土体随含水率的增加逐渐压实，密度逐渐增加。当达到最优含水率时(最优含水率通常在塑限左右)，密度达到最大，强度最高；当超过最优含水率时，压实性能减弱，强度降低。这就是黏聚力随含水率的增加先递增后减小的原因。

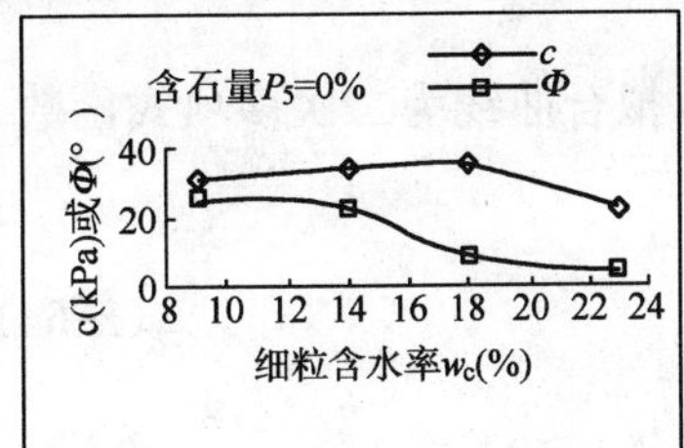

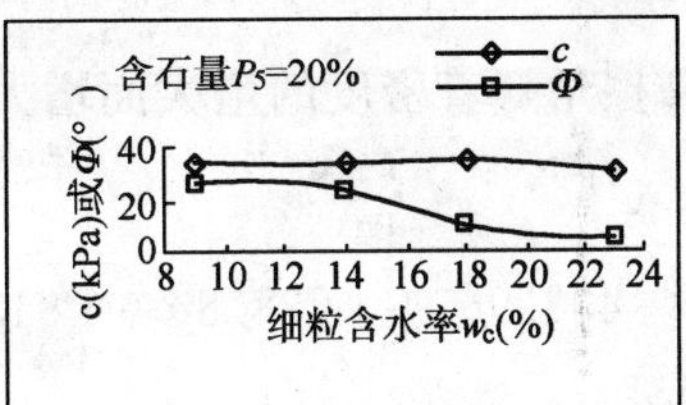

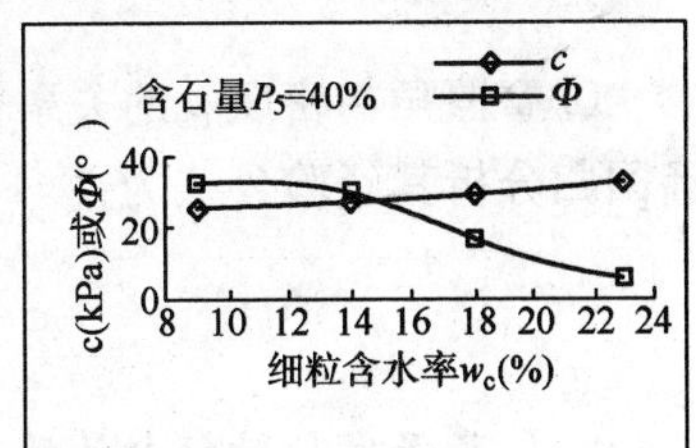

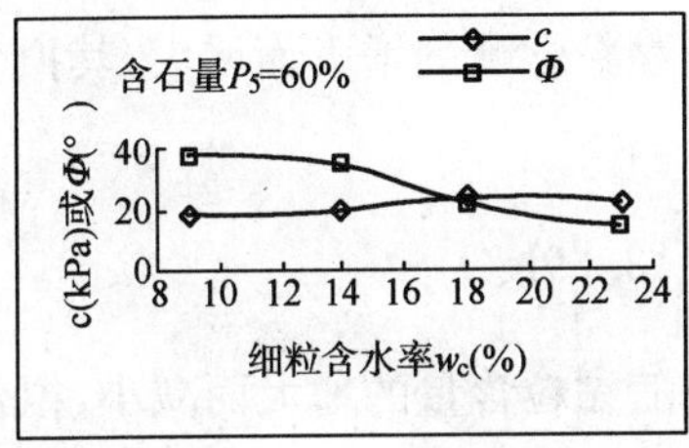

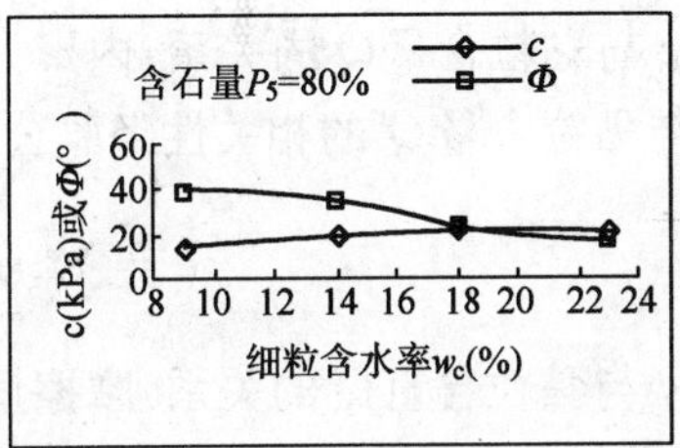

图 2-64 细粒含水率与 c、ϕ 关系曲线

从图 2-64 可以看出，随含水率的增加，内摩擦角呈现下降趋势，产生这个结果的原因：一方面由于含水率的增加，土粒变得很软，这些泥粘在粗粒的表面，好像给它上了一层油，润滑了颗粒表面，降低了颗粒之间的摩阻力，从而降低了摩擦角。另一个原因是由于含水率的增加，某些硬结的粗粒被软化，变成了泥，间接地减少了粗粒的含量，因而也引起内摩擦角的降低。

黏聚力的影响系数受细粒含水率的影响较小，其范围在 0.19～0.30 之间变化；内摩擦角的影响系数受细粒含水率的影响较大，其变化范围在 0.09～0.45 之间变化。为此，可以得到如下强度计算的实用公式：

$$c_{p5}=\begin{cases} c_c & (P_5\leqslant A) \\ c_c-100\times(P_5-A)k_c & (P_5>A) \end{cases}$$

$$\varphi_{p5}=\begin{cases} \varphi_c & (P_5\leqslant A) \\ \varphi_c+100\times(P_5-A)k_\phi & (P_5>A) \end{cases} \tag{2-62}$$

式中：c_c、φ_c——纯土状态下的强度参数(内聚力和摩擦角)；

A——临界含石量；

k_c、k_ϕ——分别为含石量对黏聚力和内摩擦角的影响系数，按表 2-14 取值；

P_5——粒径大于 5mm 的颗粒含量，以小数计。

含石量对强度参数的影响 表 2-14

细粒土的液性指数	临界含石量 A	含石量对强度参数的影响	
		k_c	k_φ
$I_L<0$	0.2	0.24	0.09
$0<I_L<0.25$	0.2	0.30	0.29
$I_L>0.25$	0.4	0.19	0.45

余宏明等进行了红色泥岩风化含砾黏土的抗剪强度参数与物理性质相关性研究，得到如下关系：

1. 抗剪强度与密度的相关性

①内聚力 c 与密度 ρ 的关系：内聚力随密度的增大而增大，对关系曲线拟合为二次多项式函数，拟合程度非常好。经回归分析得出以下经验公式：

$$c=-129.273\rho^2+746.27\rho-948.375 \tag{2-63}$$

②摩擦角与密度 ρ 的关系：摩擦角随着密度的增大而增大，拟合曲线为二次多项式函数，经回归分析其经验公式为：

$$\varphi=-438.9\rho^2+1\,838.8\rho-1\,913.6 \tag{2-64}$$

2. 抗剪强度与黏粒含量的关系

①内聚力 c 与黏粒含量 Q 的关系：内聚力随黏粒含量的增大而增大，其拟合曲线为对数函数。内聚力 c 与黏粒含量 Q 的相关性经验公式为：

$$c=13.8+13.69\lg Q \tag{2-65}$$

②摩擦角 φ 与黏粒含量 Q 的关系：摩擦角 φ 随黏粒含量的增大而减小，拟合曲线为对数函数，回归分析后其经验公式为：

$$\varphi=23.74-12.34\lg Q \tag{2-66}$$

3. 抗剪强度与含水率的关系

经过实验分析，土体的内聚力 c、摩擦角 φ 与含水率 w 相关。c、φ 值均随着含水率 w 的增大而递减，含水率越大，则土体越软弱，抗破坏能力就会减少。含水率与抗剪强度 τ 之间具有单一的相关关系。

在黏粒含量及成分一定，含水率 $w<X$ 时，τ 随 w 的增大而迅速降低；当含水率 $w>X$ 时，抗剪强度 τ 随 w 的增大而缓慢递减。其中 X 为某一特定值，其与黏粒含量及密度有关。

严秋荣等对红层软岩土石混合填料的抗剪强度特性研究，得到如下结论：

①粗粒料软硬程度对填料抗剪强度的影响：粗粒土的抗剪强度与所含粗颗粒软硬程度有密切关系，对于含不同强度粗颗粒的填料，在含量、成型密度相近时，一般抗压强度越高的岩石，填料摩擦角越大。

②填料的抗剪强度和 P_5 含量的关系：土石混合填料的抗剪强度与填料中 P_5 含量密切相关，P_5 含量在70%左右时，粗料形成完整骨架，细料又能填满孔隙，此时，其抗剪强度将达到最大，随着粗粒含量的增加或减少，抗剪指标均将有所降低。工程上通常将抗剪强度、干密度等达到最大时的含量称为界限含石量。但这个界限含石量是施工碾压前的还是施工碾压后的含石量工程界目前尚无定论。用红层软岩土石混合料的界限含石量应为击实过后的含石量，数值应为65%～70%左右。

③填料的抗剪强度和干密度的关系：红层软岩土石混合填料的抗剪强度和制样干密度有密切的关系。压实度在90%～93%时，红层软岩土石混合料的摩擦角随着压实干密度的增加

而增加。但当压实度继续增加到95％时，摩擦角反而有所降低，其原因可能是随着制样密实度的进一步增加，混合料中软质岩石粗颗粒破碎加剧，造成粗颗粒间的咬合摩擦减小，致使试样整体摩擦角小幅度降低。填料在一定压实度范围内，其摩擦角随着干密度的增加而增加，当超过这一范围时，其摩擦角将随干密度的增加而有所降低。

摩擦角随干密度的变化规律存在一个转折点，混合料在转折点处的 P_5 含量应当为界限含石量。

④填料饱水对抗剪强度的影响：红层软岩具有强烈的赋存环境效应和时间效应，其遇水易崩解效应不容忽视，水是路堤修筑过程中影响最大的因素之一。饱水后试样的摩擦角有一定程度的下降。

由此可见，所含岩石强度越高，混合料水稳定性越好；级配越理想、密实度越高，其水稳定性越好。对红层软岩土石混合填料，其饱水条件下抗剪强度指标下降比较明显。

第三章　土石填筑料最佳含水率和最大干密度的确定方法

本章就土石填筑工程的施工控制指标(最佳含水率和最大干密度)的定义,以及影响土石填筑工程施工控制指标试验结果的因素、试验控制方法和技巧进行了分析,并就各类土石填料的击实特性进行了论述,最后对土石填料的最佳含水率和最大干密度的计算方法进行了阐述。

第一节　最佳含水率的定义

土的最优含水率(也称为最佳含水率)是用同样的击实功或碾压功分别对不同含水率的土料进行击实或碾压,然后测定各土料击实或碾压后的含水率和干密度,绘制出含水率 w 与干密度 ρ_d 的关系曲线,称为击实曲线或碾压曲线。对应于击实曲线(或碾压曲线)上的干密度峰值 ρ_{dmax}(最大干密度)的含水率就是最优含水率 w_{op}。

在击实试验中可以发现土的含水率对击实效果有重大影响。在一定击实功能作用下,土的含水率和密度的关系如图 3-1 所示。整理击实试验资料时,习惯以干密度 ρ_d 为纵坐标,含水率 w 为横坐标,以直角坐标图表示,如图 3-2 所示。

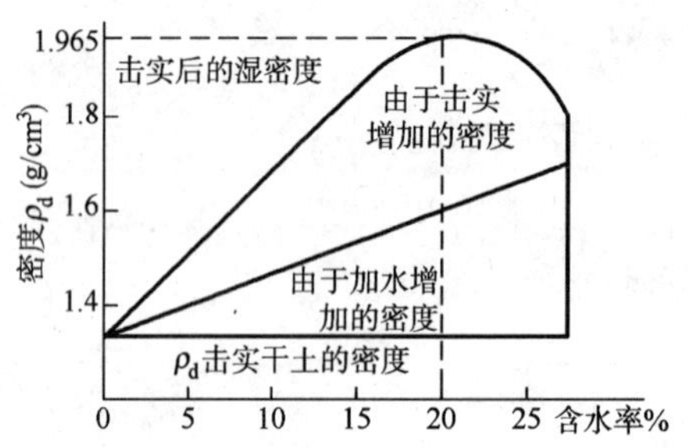

图 3-1　含水率与密度的关系

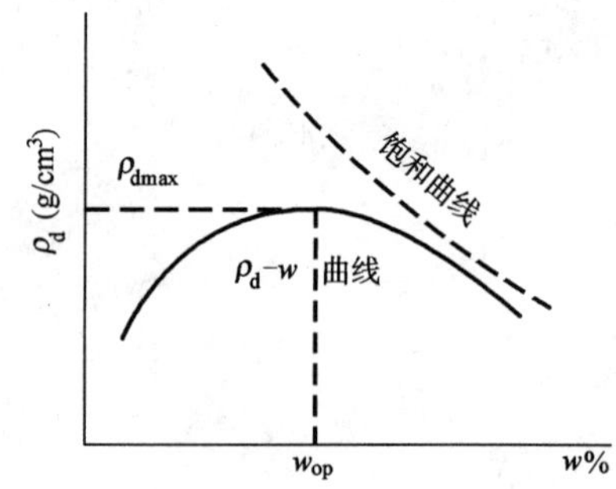

图 3-2　击实曲线

从图 3-2 可以看出,在一定的击实功能作用下达到最大干密度 ρ_{dmax}时相应的含水率为最佳含水率 w_{op}。具有最佳含水率的土,其击实效果最好,这是因为含水率较小时,土中的水主要是强结合水,土粒周围的结合水膜很薄,使土颗粒间具有很大的分子引力和摩擦阻力,阻碍土颗粒移动,击实就比较困难;当含水率适当增大时,土中水包括强结合水和弱结合水,结合水膜变厚,土粒之间的联结力减弱而使土粒易于移动,击实效果就变好;但当含水率继续增大,土中含有一定量的自由水,锤击时土体中产生孔隙水压力,作用在颗粒上的有效能量降低,击实效果下降。所以含水率大于或小于最佳含水率时,干密度都小于最大值。

图 3-3 中的 ρ_d—w 关系曲线右上方为土的饱和曲线,即 $V_a=0$。它是当土体孔隙中充满水,饱和度为 100 时的干密度。实际上这只是理论上的最大干密度,因为土的含水率接近和大于最优值时,土体内空气逐渐处于与大气不连通的状态,击实已不能将这些气体排出,也就是说,击实土不可能被击实到完全饱和状态。因此,当干密度相同时,击实曲线上各点的含水率都小于饱和曲线上相应的含水率。试验证明:一般黏性土最佳击实情况下,其饱和度通常为

80%～85%左右。当土体中残留有空气时，不同空气残留下的最大密度值见图 3-3。

目前国内外常用击实仪种类较多，常用的有两类。一类是轻型击实，平均单位土体击实功能为 0.598J/cm³左右的轻型击实仪。二类是为满足高速、重载公路、铁路路基压实密度的要求而用的重型击实仪，平均单位土体击实功能为 2.68J/cm³ 左右。

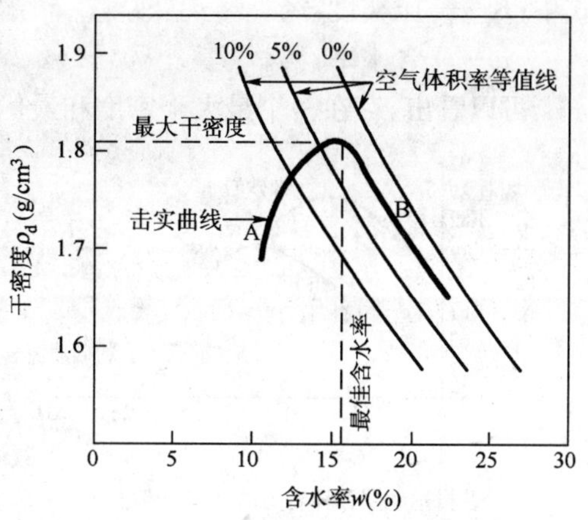

图 3-3 不同空气残留下的最大密度值

土的最大干密度是随着击实功的增加而增加的，但其增长率是逐渐减少的，见图 3-4，且随着击实功的增加干密度趋于一个极限值（见图 3-4 中的饱和曲线）。与之相反，最优含水率会随击实功的增加而减少。

通过标准击实曲线可以看出，填筑料的击实干密度是随着含水率的不同而变化的。如图 3-5 所示，在含水率变化相同区间内，对应的干密度的变化幅度，各种填料是不同的，即各填料的干密度对含水率的敏感程度不同，这种特性称为填料的亲水性能。

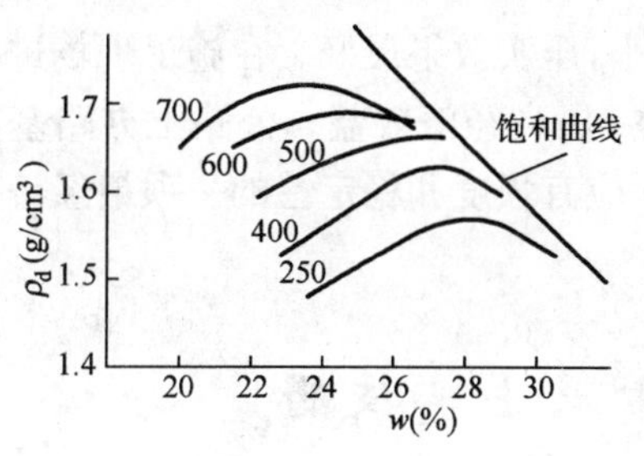

图 3-4 某一土样在不同击实功下的击实曲线

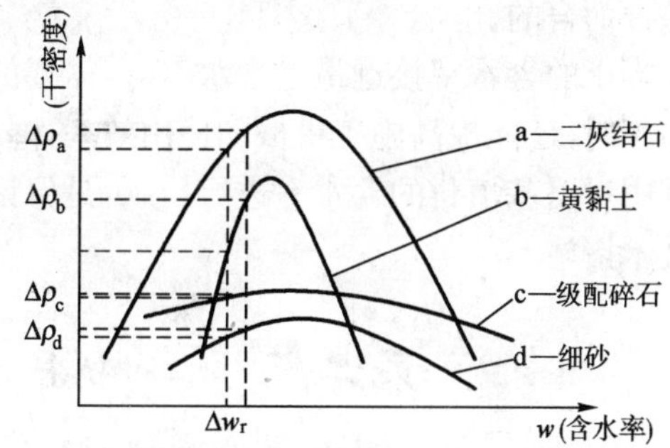

图 3-5 不同土料的击实曲线

对含水率敏感的填料表现为亲水性，反之表现为非亲水性。所以通过[$\Delta\rho/\Delta w$]值可以判断填料的亲水性强弱程度，[$\Delta\rho/\Delta w$]值越大则填料亲水性越强，其标准击实曲线表现的越陡。显然，填料的亲水性能会直接影响其含水率控制范围。

从图 3-5 的各填料的对比分析可以看出，填料的亲水性能与其组成颗粒的大小以及颗粒的粘附性能有关。例如，砂石类填料颗粒的黏附性差不多，但碎石比细砂的亲水性能更强，可见，组成颗粒越大，填料的亲水性能越弱，反之越强。黏土与细砂的颗粒大小相当，但细砂的亲水性能较弱，可见，颗粒黏聚力越强，填料的亲水性能越强，反之越弱。而在颗粒组成和黏附性方面均处于中间状态的二灰结石在亲水性能上也处于中性。因此，可以通过改变颗粒组成情况，或改变颗粒的黏附性能来改变填料的亲水性能，从而间接地影响填料含水率控制范围。

向贵府在研究昔格达土的最大干密度 ρ_{dmax}、压实度 K 及力学强度(c,φ)值与含水率之间的相关性后得到如下结论：①岩性不同，最优含水率和最大干密度也不同，见图 3-6；②含水率与反映昔格达混合填料压实效果的直接指标—压实度存在较好的相关性，见图 3-7，且关系为二次函数：

$$K = -0.1w^2 + 3.53w + 64.38 \tag{3-1}$$

式中：K——压实度，%；

w——含水率，%。

可以看出，存在一个最大干密度和最优含水率，本试验的昔格达土的最优含水率是19%。

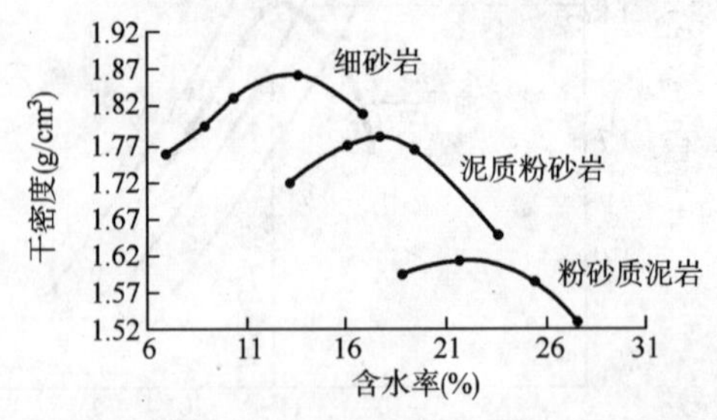

图3-6　昔格达地层三种岩类的击实干密度与含水率关系

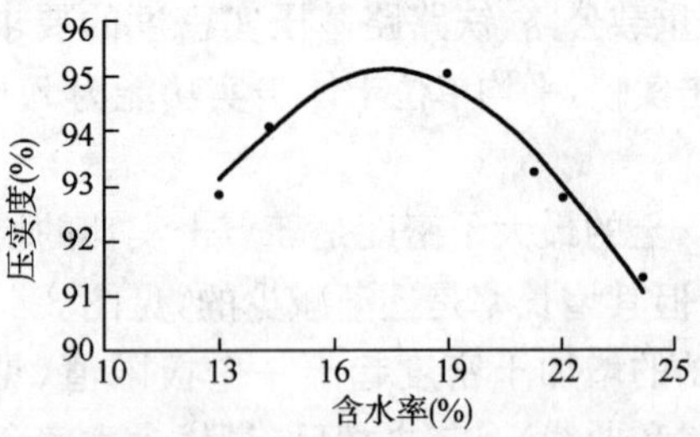

图3-7　昔格达土压实度与含水率关系

土的最优含水率可以在实验室通过击实试验，或在现场通过碾压试验得到，最为方便的方法是实验室的击实试验；最为适用和更好地指导施工的方法是现场碾压试验。

但是室内击实试验得到的含水率与现场夯实或碾压得到的最优含水率和最大干密度都是不一样的。最优含水率是针对某一种土、一定的夯实机械（或碾压机械）、夯击能量和填土层厚等条件而言的。

当土的含水率接近最佳含水率时，需要的压实功最小，压实效果最好。在施工现场进行路基施工时，还能提高施工机械的使用效率，降低施工成本，提高经济效益。公路土方路基施工过程中对路基填料的含水率进行控制，是保证路基、路面应有强度和稳定性的一项最经济有效的技术措施。

第二节　影响击实的因素及击实技巧

一、影响击实试验的因素及击实试验应注意的相关事宜

填土击实的效果除与含水率有关外，还与土的种类和级配、击实仪的类型和能量等因素有关，以下分别对这些因素加以分析。

1.土的类型对击实试验的影响

不同特性的土，在相同击实功能的条件下，最优含水率和最大干密度各不相同。击实曲线图3-8中曲线1为级配良好的砂；曲线2为级配良好的砂壤土；曲线3为中级砂壤土；曲线4为贫砂粉黏土；曲线5为贫粉黏土；曲线6为黄土质黏土；曲线7为重黏土；曲线8为级配不良的砂。从图3-8可以看出不同填料具有不同的击实特性，级配良好颗粒圆滑的粗粒土能得到最大的干密度，均匀砂关系曲线平缓，最大干密度也小得多。从图3-8还可以看出，颗粒越粗，最佳含水率越小，密度越大；颗粒越细，最佳含水率越大，密度越小。

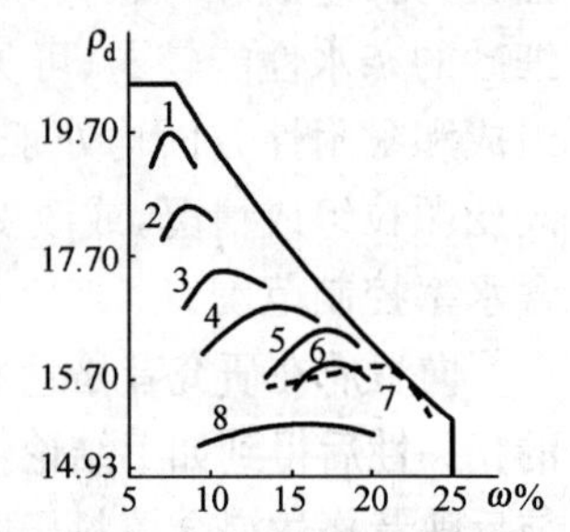

图3-8　不同类型土的击实曲线

最优含水率随黏粒含量的增加而增大，最大干密度随黏粒含量的增加而减小。黏粒含量较高的重黏土，土粒直径小，比表面积大，亲水性能强，所以在最佳击实状态下的含水率比一般黏性

土高，最大干密度相应地要小。一般的黏土，随着粗粒含量的增加，亲水性降低，土粒间表面引力变弱，土粒易于发生相对移动，压实密度增大。

贾瑰的研究也表明：①土质不相同的土，ρ_{dmax}和w_{op}数值不一样；②分散性（液限、黏性）较高的土，w_{op}值较高，ρ_{dmax}值较低；③w_{op}对砂土没有多大的实际意义，但没有足够的含水率，砂土的压实是很困难的；④亚砂土和亚黏土的压实性能较好，而黏性土的压实性能较差。在实际施工中，应针对不同土质进行击实试验，采集有代表性的土样进行标准击实试验，以求得各施工段中各类土的最佳含水率（w_{op}）和最大干密度（ρ_{dmax}），并以其作为控制土基压实的基准数据。

时为民提供的资料（见表3-1）表明：击实功越大，最佳含水率越小；击实功越小，最佳含水率越大。

不同土和击实法的试验结果对比（单位：含水率为%，密度为g/cm³）　　表3-1

击实方法	重黏土		粉质黏土		砂质黏土		砂		砂砾土	
	ρ_d	w_{op}	ρ_d	w_{op}	ρ_d	w_{op}	ρ_d	w_{op}	ρ_d	w_{op}
轻型	15.5	26	16.6	21	18.4	14	19.4	11	19.6	9
重型	18.1	17	19.2	11	20.5	11	20.8	9	22.1	7
轻重型试验差值	2.6	−9	2.6	−10	2.1	−3	1.4	−2	2.5	−2

时为民提供的几种典型土击实资料见表3-2。

几种土的最佳含水率及最大密实度　　表3-2

土的基本类型	砂土	亚砂土	粉土	亚粉土	黏土
最佳含水率(%)	8～12	9～15	16～22	12～20	19～25及以上
最大密度(g/cm³)	1.8～1.88	1.85～2.08	1.61～1.80	1.67～1.95	1.58～1.70

由以上分析可知：土的最大干密度和最优含水率是随击实功和击实条件而变化。随着击实功的增加，最大干密度增大，而最优含水率则减少。国家土工试验方法标准中规定轻型击实及重型击实两种标准，重型击实试验的最大干密度大，最优含水率小；轻型击实试验的最大干密度小，最优含水率大。具体采用什么击实试验标准，应根据工程等级和行业标准选用。

2. 击实功对击实试验的影响

击实功=[（锤重/击）（每层击数）（填土层数）（落高）]/击实筒体积

图3-9为同一黏性土，用不同击实功能即每层击数不同的击实方法所得结果。增大击实功能可使填土最大干密度增大，使最佳含水率减小，因此当土偏干时，可使用增加击实功能或碾压功能的办法克服土颗粒间引力，从而在较小含水率的情况下得到较高的填土密实度。

图3-10表示两种不同土最大干密度和最佳含水率分别与每层击数的关系曲线。图3-10中曲线a与曲线b分别代表两种不同土，该土的物理性质指标见表3-3。

土的物理性质指标　　表3-3

编号	密度g/cm³	颗粒成分(%)			塑性界限			土名
		>0.05	0.05～0.005 (mm)	<0.005	液限	塑限	塑性指数	
a	2.70	9	58	33	37	21	16	砂黏土
b	2.69	54	29	17	23	13	10	黏砂土

从图 3-10 看出，击数相同时，b 土比 a 土具有较高的最大干密度与较低的最佳含水率，而 b 土的黏粒含量及塑性指数均比 a 土要小得多。这说明黏粒含量愈多的土，土粒间的引力愈大，外部压实功能愈不能有效地克服引力以达到较高的密实度。同时，也只有在比较大的含水率时，才能达到最大干密度的压实状态。

从图 3-9 和图 3-10 也可以看出，随着击实功的增加，最大干密度增加，最佳含水率减小。

明富生对某水库料场试验的击实功与最大干密度的关系见图 3-11，从图 3-11 可以看出，在击实锤重、落距等相同的情况下，开始击实时，干密度随着击实次数的增加而增大较快，达到一定的击实次数以后，干密度的增大变慢。

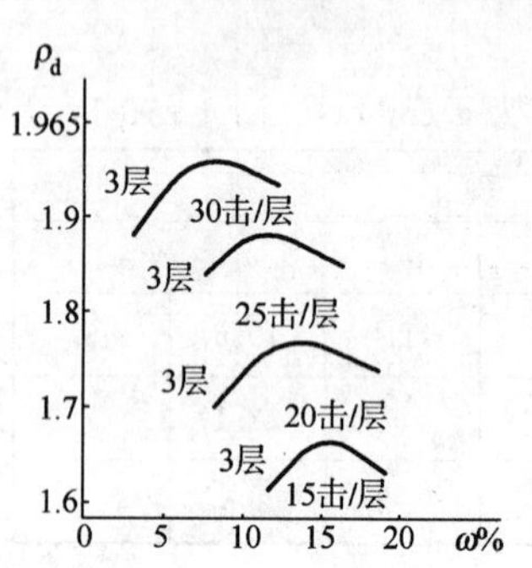

图 3-9　同一黏土不同击实功下的击实曲线

ω_{op}(%)　ρ_d

20
18
16
14
12
10
15　25　40　60
每层击数

ρ_d-N　b
ω_{op}-N　a
ρ_d-N　a
ω_{op}-N　b

图 3-10　两种不同土的最佳含水率和最大密度与每层击数的关系

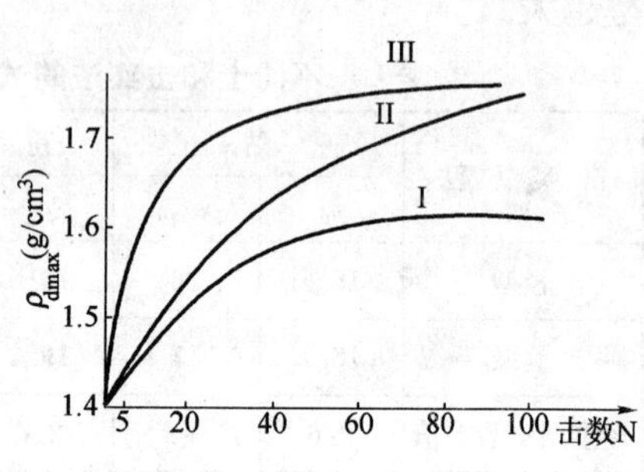

图 3-11　某水库Ⅰ、Ⅱ、Ⅲ料场 ρ_{dmax}—N 关系曲线

3. 击实试验方法及差异

根据《公路土工试验规程》JTGE40—2007 规定：击实试验含水率制备方法有“由湿到干”和“由干到湿”两种方法，“由湿到干”是将天然含水率较高的土风干到试验要求的含水率，称为湿土法。“由干到湿”是天然含水率较高的土风干到低于试验要求的含水率，然后再加水制备成试验要求的含水率，称为干土法。“由湿到干”制备的含水率，团粒内湿外干；“由干到湿”制备的含水率，团粒内干外湿。由于两种制备含水率方法不同，水分在团粒内外分布情况不同，影响压实结果也不同。

最大干密度与试验的起始含水率有关，起始含水率大，最大干密度降低；起始含水率小，最大干密度增加。在《水利水电施工》丛书中介绍的天生桥电站红土击实试验成果(表 3-4)也得到相同的结果。

天生桥红土击实试验成果表　　表 3-4

含水率制备方法	起始含水率 w(%)	最大干密度 (g/cm³)	最佳含水率 w_{op}(%)
干土法	21.5	1.37	34.8
	12.5	1.38	33.5
湿土法	43.8	1.33	38.5

一般情况下，干土法获得的最大干密度较大，最佳含水率较小；湿土法得到的最大干密度较小，最佳含水率较大，两种方法的击实曲线也是不同的，如饶金环等在襄荆高速公路第三合同段击实成果(见图 3-12～图 3-19)表明，干土法与湿土法击实试验的最佳含水率相差 2%～3.5%，最大干密度相差 0.038～0.082g/cm³，平均相差 0.0545g/cm³，压实度相差 2%～4%。

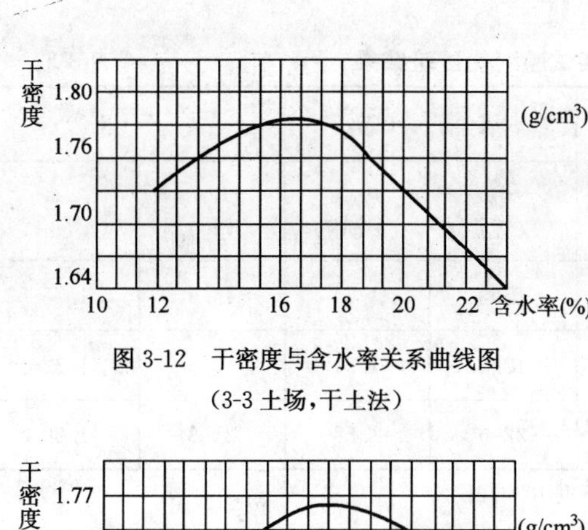

图 3-12　干密度与含水率关系曲线图

(3-3 土场，干土法)

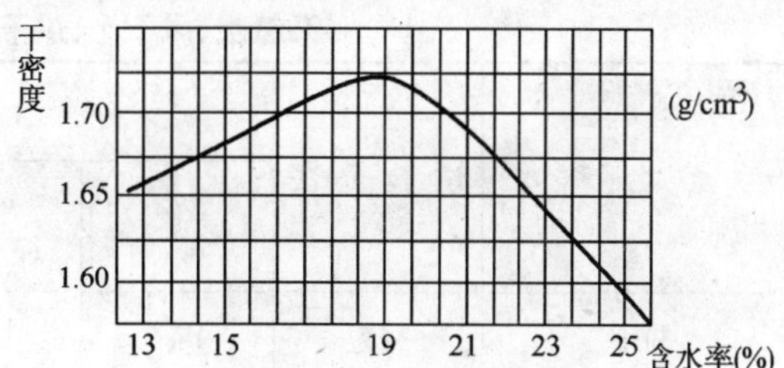

图 3-13　干密度与含水率关系曲线图

(3-3 土场，湿土法)

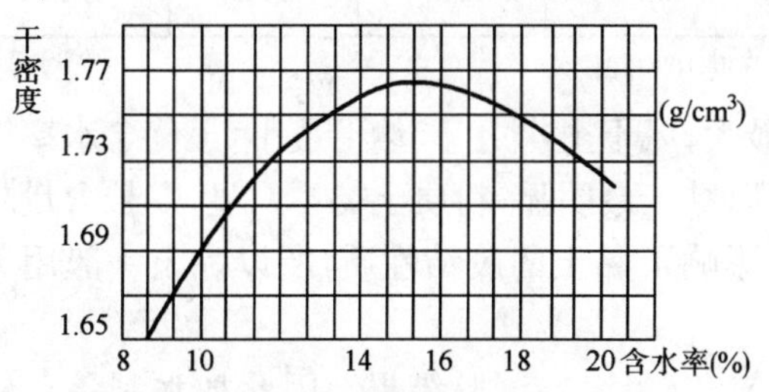

图 3-14　干密度与含水率关系曲线图

(3-5-1 土场，干土法)

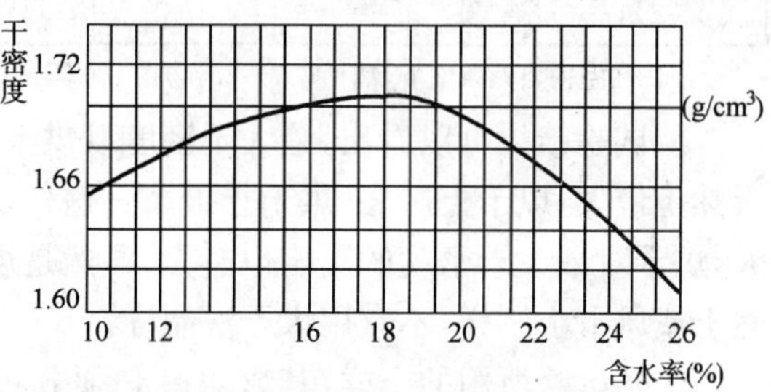

图 3-15　干密度与含水率关系曲线图

(3-5-1 土场，湿土法)

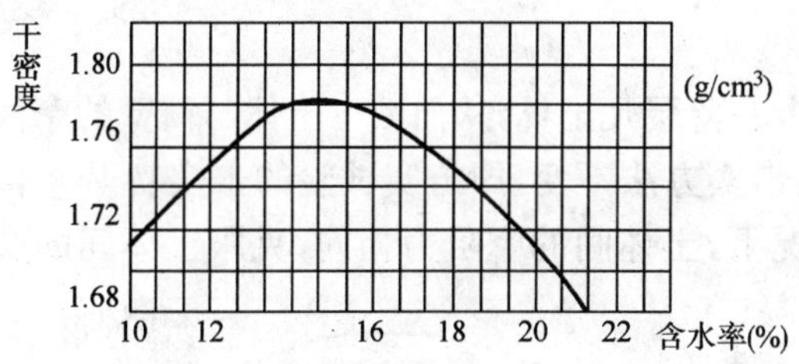

图 3-16　干密度与含水率关系曲线图

(3-4-2 土场，干土法)

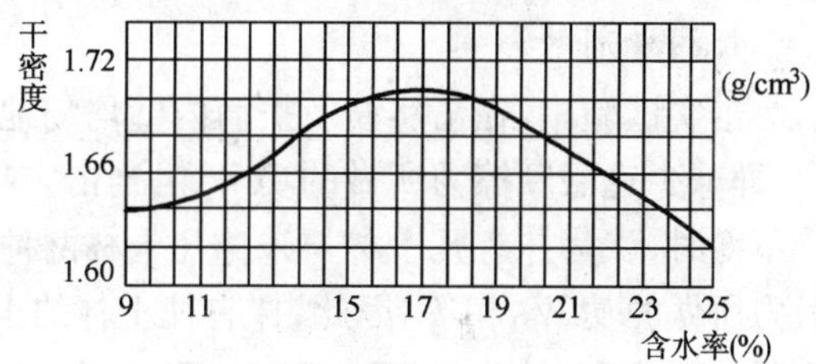

图 3-17　干密度与含水率关系曲线图

(3-4-2 土场，湿土法)

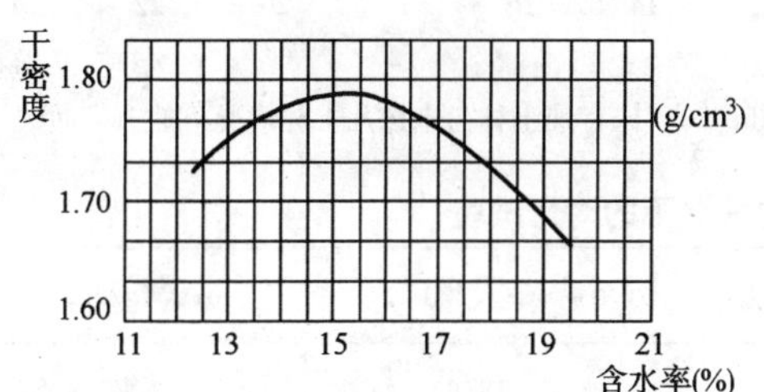

图 3-18　干密度与含水率关系曲线图

(3-7-1 土场，干土法)

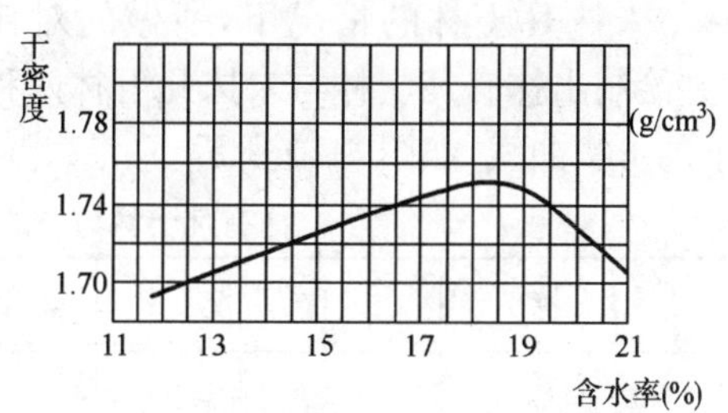

图 3-19　干密度与含水率关系曲线图

(3-7-1 土场，湿土法)

室内击实试验，试样含水率制备应尽量近似于实际施工情况。如土料天然含水率高于最优含水率，室内击实试验的试验制备方法应采用“由湿到干”的方法。如土料天然含水率低于最优含水率，室内击实试验的试验制备方法应采用“由干到湿”的方法。

从图 3-12～图 3-19 还可以看出：不同土料具有不同的击实曲线形状。有的两边对称；有的一边陡另一边缓，还可以分为低含水率侧缓，高含水率侧陡；低含水率侧陡，高含水率侧缓。

土样的制备方法不同，所得的击实试验结果也不同。有人曾对粉土、粉质黏土、黏土分别用天然土样、风干土样、烘干土样加水击实，试验结果见表 3-5。

天然土、风干土、烘干土击实试验对比试验结果　　表 3-5

土名称	试验方法	天然土		风干土①		烘干土②	
		w_{op} (%)	ρ_{dmax} (g/cm³)	w_{op} (%)	ρ_{dmax} (g/cm³)	w_{op} (%)	ρ_{dmax} (g/cm³)
粉土	轻型	15.5	1.74	15.3	1.74	14.9	1.75
粉质黏土	轻型	18.6	1.70	18.3	1.71	17.6	1.72
黏土	轻型	23.8	1.56	22.6	1.58	21.8	1.60

注：①在室内自然条件下，铺平晾 7～8d；②在 100℃～105℃下烘 10～12h。

从试验结果可以看出，最大干密度以烘干土最大，风干土次之，天然土最小，最优含水率以天然土最大，风干土次之，烘干土最小。这种现象以黏土最明显，粉质土类不明显，黏粒含量越大，烘干对最大干密度的影响也越大，显然是烘干影响了黏土的胶结性质，所以黏土一般用天然土或风干土制样，不宜用烘干法制样。

击实试验所用的土样，其含水率必须分布均匀，以免影响试验结果。因此加水制备土样时，要求用密封装置存放。土样存放的过程就是土粒间水分转移的过程，因此需要有一定的存放时间，一般土样所需含水率配好后，放置 24h 即可做击实试验。

4. 润滑剂的影响

击实试验中，在击实筒及护筒内壁均匀地抹上一薄层凡士林，从而减少土体与筒壁的摩擦力，即减少克服摩擦力所做的功 W_f。当击实功及击实方法不变，即击实试验的击实功 $W_{总}$ 保持不变时，认为抹有凡士林与未抹凡士林两种情况下，土体间的摩阻力相同，克服土体间的摩阻力所做的功 W_{f1} 相等，因此，抹有凡士林的土体所获的实际击实功 $W=W_{总}-W_f-W_{f1}$ 增大，使得土体的干密度增大。表 3-6 为抹有凡士林与未抹凡士林的情况下，所做的对比试验；并绘制出抹有凡士林与未抹凡士林两种情况下的击实曲线，如图 3-20 所示。

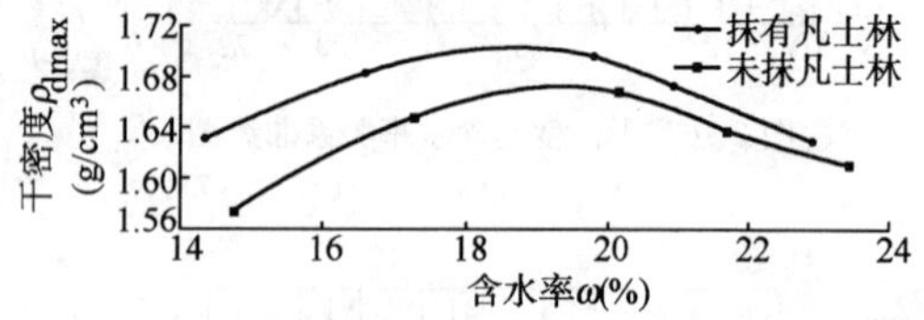

图 3-20　抹有凡士林与未抹凡士林情况下的击实曲线

抹有凡士林与未抹凡士林的情况下的对比试验　　表 3-6

土名称	情况	试验方法	w_{op}(%)	ρ_{dmax}(g/cm³)
黄土	抹有凡士林	轻微击实	18.6	1.70
黄土	未抹凡士林	轻微击实	19.7	1.67

从表 3-6 可以看出，抹有凡士林的土的 ρ_{dmax} 比未抹凡士林的土的 ρ_{dmax} 大。

从图 3-20 看出，当 $w<w_{op}$时，干密度相差较大；当 $w>w_{op}$时，干密度相差较小。这是由于 $w<w_{op}$时，土处于偏干状态，土体与筒壁的摩擦力较大。抹了凡士林之后，使得土体与筒壁的摩擦力减小，克服摩擦力所做的功也相应减少，从而使得土体所获得的击实功增大。因此，抹有凡士林的干密度较未抹有凡士林的干密度大。当 $w>w_{op}$时，土处于偏湿状态，此时土体中有大量的自由水存在，起到一定的润滑作用，减少了凡士林对击实效果的影响。因此，抹有凡士林与未抹凡士林情况下的干密度相差不大。

5. 余土高度的影响

试样击实后超过筒顶的那部分土的高度称为余土土高度。标准的击实曲线指的是余土高度为零时的干密度与含水率的关系曲线。如果击实后余土高度不相等，关系曲线上的各点就不是在相同击实功作用下得出的干密度，试验结果离散性较大。而且，随着余土高度的增大，超出筒顶的那部分土所获得的击实功增大。然而，在击实试验中，无论采用何种试验方法，该试验方法的击实总功是不变的，从而使得筒内土体所获的实际击实功减少，干密度减小。因此，余土高度应严格控制。表 3-7 为余土高度不同且在不同含水率下所作的对比试验。

余土高度、干密度关系表 表 3-7

w=16.8%		w=18.6%		w=21.0%	
余土高度（mm）	干密度（g/cm³）	余土高度（mm）	干密度（g/cm³）	余土高度（mm）	干密度（g/cm³）
0	1.67	0	1.70	0	1.68
2.0	1.66	2.5	1.69	3.5	1.67
6.0	1.65	4.0	1.68	5.0	1.66
9.0	1.63	10.5	1.65	13.0	1.62

从表 3-7 可以看出余土高度大于 4mm，干密度变化比较大。因此，在试验过程中应控制余土高度小于 4mm。

6. 土样重复使用的影响

在试验过程中，由于土样不够，能否使用击实过的土样重复做击实试验。表 3-8 为重复使用与不重复使用土的对比试验结果，它们的级配曲线如图 3-21 所示。

从表 3-8 可以看出，重复用土对最大干密度影响较大，差值达 0.06g/cm³，对最优含水率的影响较小。这是由于重复用土是用做过试验的土经过木槌锤击成散粒后再过 5mm 筛。从图 3-21 可以看出，对于同一粒径而言，小于某一粒径土重所占百分数重复用土比不重复用土的要大，也即重复用土颗粒直径总体上比不重复用土的土颗粒直径大，而且规则圆滑。因此，相对不重复用土而言，重复用土的比表面积小，所能吸收的结合水膜薄，含水率就小。在击实过程中，颗粒间的结合水膜承担的击实功少，土颗粒之间的摩擦力和咬合力较小，粒间所受的有效应力增大。土体易于压实，干密度就大。因此，重复用土最优含水率较不重复用土小，而最大干密度较不重复用土大。

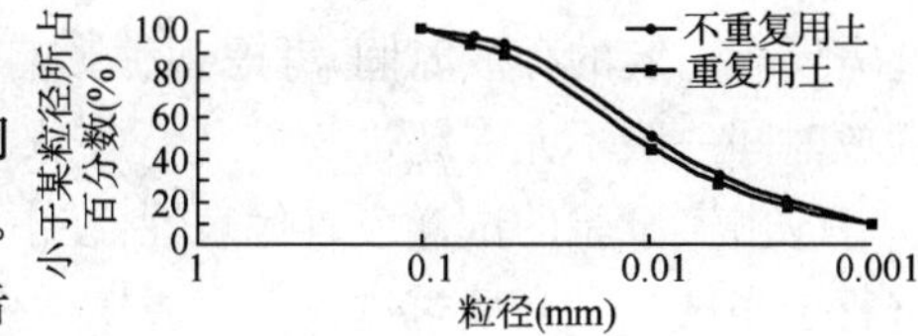

图 3-21 重复用土、不重复用土的级配曲线

重复用土与不重复用土对比试验结果 表 3-8

土 名 称	试 验 方 法	用 土 情 况	w_{op}(%)	ρ_{dmax}(g/cm³)
黄土	轻微击实	重复使用	17.8	1.76
黄土	轻微击实	不重复使用	18.6	1.70

从以上影响击实试验因素的研究，可以得到如下结论：

①不同的试验方法得出不同的最优含水率及最大干密度。因此，室内击实试验应根据现场条件选择合适的试验方法。轻型击实适用于铁路路基填土、普通住宅楼素土、灰土垫层等夯击能量较小的工程；重型击实适用于高等级公路填土、机场跑道等夯击能量较大的工程。具体参考各行业的要求选用。

②制备试样的土样一般采用天然土，宜用风干土，不宜用烘干土。

③润滑条件和余土高度对干密度的影响是不可忽略的。因此，在击实试验中，应该在击实筒及护筒内壁抹有凡士林，并且应控制余土高度小于4mm。

④击实试验所用土不宜重复使用。

⑤击实试验的注意事项：当采用人工击实时，击实筒应放在坚硬的地面上，试样装入筒内，整平表面，并稍加压紧，开始击实。击实锤应自由垂直落下，锤迹必须均匀分布于混合料表面，第一层击实完后，将试样层面“拉毛”，然后再装入套筒，重复前述方法完成后两层的击实。

⑥提高击实试验精度的方法：常规最优含水率的测试方法是：按经验配制5个不同含水率的试样，各试样的含水率差约为2%，要求两个试样的含水率低于估计的最优含水率，两个试样的含水率高于估计的最优含水率。在确定最优含水率时，将5个击实点中干密度最大那一点对应的含水率当作最优含水率。但是，在实际工作中，由于操作和计算精度等因素的影响，在平行击实试验中实际上可求出两个以上的“最优含水率”，构成一个“最优含水率区间”。因此建议将现在的击实试验增加两个点，即在第1次击实所得的最优含水率左右，各配上一个含水率相差0.5%～1%的试样进行击实，求出“最优含水率区间”。这样既可提高最优含水率的准确度，也可为使用提供方便。

⑦试样的制备及存放：击实试验所用的土样，其含水率必须分布均匀，以免影响试验成果，因此加水制备土样时，要求用密封装置存放。土样存放的过程就是土粒间水分转移的过程，因此需要有一定的存放时间，考虑各种影响因素，可按如下要求进行：第一天配水，第二天试验，存放时间一般不允许超过36h。

⑧击实试验的试样应有代表性：在击实试验中，应根据料场土的类型，取有代表性的土料进行击实试验。当填筑过程中土质发生变化时，应根据填料的变化，及时取样进行击实试验确定相应的最大干密度和最佳含水率，以指导填筑施工。

⑨击实试验试样制备应尽量近似于实际情况，天然含水率高于最优含水率时采用湿土法，天然含水率低于最优含水率时采用干土法。

二、最佳含水率的估算及击实试验技巧

击实试验的周期相对较长，从取样到提出成果一般需要2～3d的时间。因此在实际工程质量控制中，尤其在机械化程度高、工期紧的工程施工中，保证击实试验结果的成功率和可靠性，及时、准确地提供击实试验结果(施工控制指标)是进行压实质量控制的前提。否则，因补点或返工等因素的影响，必然造成试验周期延长，对质量控制和施工进度造成很大影响。实际工作中可以充分利用最佳含水率和最大干密度与其他物理、力学参数的关系，快速地初估、校核最佳含水率和最大干密度。

土工击实试验前，首先可从土的液塑限、颗粒级配等参数，估算最佳含水率和最大干密度。

一般情况下，土中含粉粒和黏粒愈多，塑性指数愈大，最佳含水率愈大。在轻型击实试验中，最佳含水率接近土的塑限；重型击实试验的最佳含水率则小于土的塑限。

以估算最佳含水率为第一点开始进行击实试验，逐步向曲线两边交叉进行击实试验。如最佳含水率估算为20%，则第一击实点为20%的含水率点，第二点及第三点分别击实23%和17%含水率点，依此类推。同时计算出干密度，并估算干密度曲线走势，若出现异常则适当调整，避免补充击实点。这样就可以较快地捕捉到曲线峰值，提高试验准确性和工效。

在击实试验中，可以根据不同土类按以下关系进行最佳含水率的估算和校核。

1. 最佳含水率与最大干密度的关系

根据吴中伟等人的研究，最优含水率与最大干密度之间具有较好的规律性，随着最优含水率的增加，最大干密度相应减小，反之亦然；二者之间也有较好的相关性，其相关系数为0.898，线性回归方程为：

$$\rho_{dmax} = 2.120 - 0.022 w_{op} \tag{3-2}$$

式中：ρ_{dmax}——最大干密度，g/cm³；

w_{op}——最优含水率，%。

2. 黏性土的击实特性

(1)最优含水率和液塑限之间的关系

明福生提出最优含水率和塑限之间的关系可用下式表示(统计特征 $r=0.92$)：

$$w_{op} = 2.23 w_p - 23.2 \tag{3-3}$$

式中：w_{op}——最优含水率，%；

w_p——塑限含水率，%。

陈信翠等按回归分析法整理四川盆地9个大坝工程的238组样的击试验资料，统计得到最优含水率与塑限含水率关系，如图3-22所示。其数学关系式可以写成：

$$w_{op} = 0.93 w_p - 0.41 \tag{3-4}$$

式中：w_{op}——最优含水率，%；

w_p——塑限含水率，%。

上式所求得的最优含水率有一定的偏差范围，其最大偏差为±1.3%。

据唐大雄等人的研究，最优含水率一般在塑限附近，约为0.55～0.65倍的液限。但樊育彬提出：土的最优含水率，对于塑性土一般相当于塑性限度的含水率，而非塑性土则相当于液限含水率的0.65倍，其变动范围见表3-9。

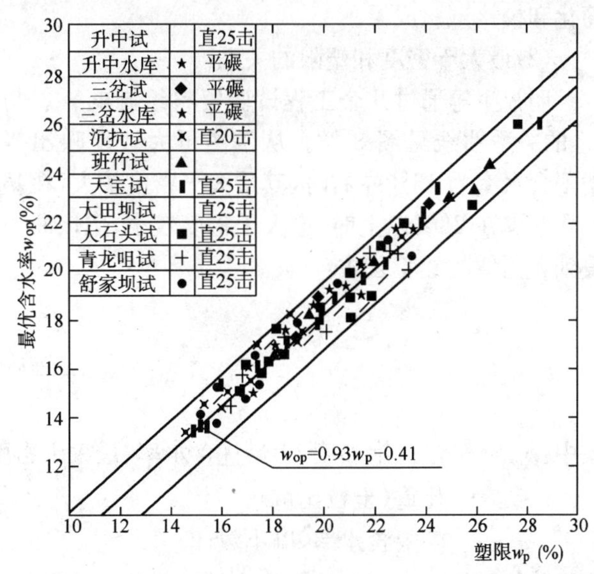

图3-22 最优含水率与塑限关系

不同土质的最优含水率、最大干密度 表 3-9

土壤名称	液限分类 w_L	变动范围	
		最优含水率 w_{op}（重量比）	最大干容重 ρ_{dmax}（g/cm³）
砂土		8～12	1.80～1.88
低液限黏土	$w_L<28\%$	9～15	1.85～2.08
粉质低液限黏土		16～22	1.61～1.80
中液限黏土	$28\%<w_L<40\%$	12～20	1.67～1.95
粉质中液限黏土		18～21	1.65～1.74
高液限黏土	$w_L>40\%$	19～31	1.58～1.70

吴中伟等人通过对小浪底水电站近 600 组试验数据的统计分析表明：最优含水率大于 0.55倍液限的仅为 5.09%，小于 0.45 倍液限的为 5.26%。也就是说样本中约 90%的最优含水率在 0.45～0.55 之间，而非 0.55～0.65 倍的液限之间。造成这种差异的原因，主要是试验方法不同所致。因此对最优含水率与 0.5 倍液限 $w_L(Y)$ 的关系进行回归，其相关性相关系数为 0.805，回归方程为：

$$Y = 1.083w_{op} + 1.418 \tag{3-5}$$

由回归方程还可以看出，最优含水率 w_{op} 与 0.5 倍液限 $w_L(Y=0.5w_L)$ 的回归线斜率为 1.083，接近 1，即最优含水率与 0.5 倍的液限数值很接近。

李青波等人的试验结果证明，塑性指数 I_P 愈大，最大干密度愈小，最佳含水率 w_{op} 愈大。

在实际施工过程中可应用上述分析结果简化击实试验，即首先由液限或塑限试验结果，参考上面的研究成果进行最优含水率和最大干密度的预测，在此预测最佳含水率附近进行击实试验，可以简化和校核试验成果。

(2)最大干密度和塑限的关系

明福生等通过几个工程试验资料绘制的 ρ_{dmax} 与 w_p 的关系曲线见图 3-23。从该图可大致反映出当塑限含水率为 15%左右时，其最大干密度较大，在塑限含水率在 23%以上时，最大干密度较小，用该曲线得到 ρ_{dmax} 值的经验公式：

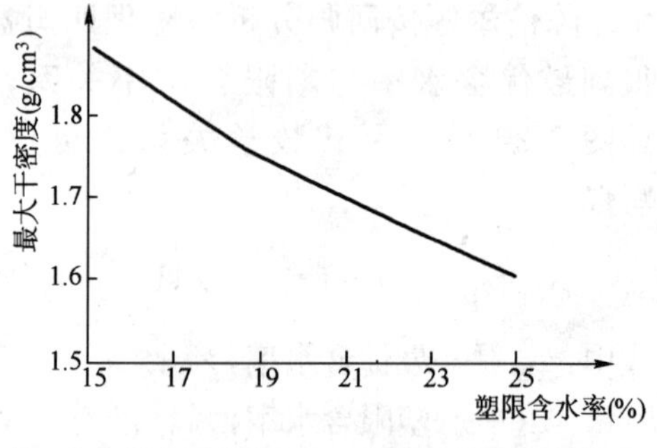

图 3-23 最大干密度 ρ_{dmax}—塑限含水率 w_p%关系

$$\rho_{dmax} = \frac{S_{rop}G_s}{G_s w_p + S_{rop}} \tag{3-6}$$

式中：S_{rop}——最优饱和度，为最优含水率、最大干密度条件下的饱和度，以小数计；

G_s——比重（土粒比重）；

w_p——塑限含水率，以小数计。

陈信翠等对四川盆地 9 个大坝工程的试验得到：最优含水率与最优饱和度（最大干密度、最优含水率条件下的饱和度）的关系参见图 3-24。

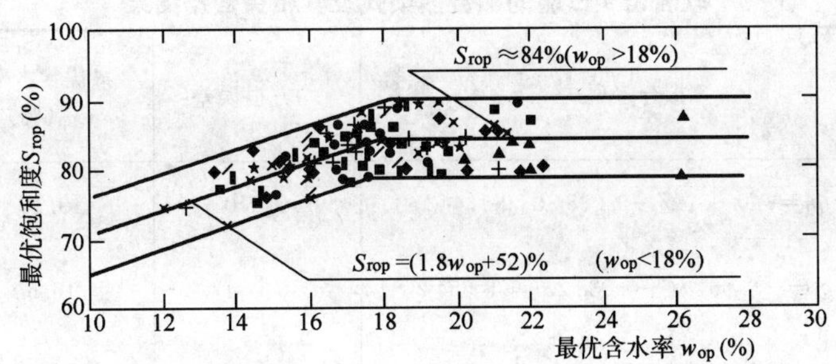

图 3-24 饱和度与最优含水率的关系(图例与图 3-22 同)

最大填筑干密度 ρ_{dmax}(g/cm^3)为：

当 $w_{op}>18\%$ 时：

$$\rho_{dmax}=\frac{84G_s}{84+G_s(0.93w_p-0.41)} \tag{3-7}$$

当 $w_{op}\leqslant18\%$ 时，ρ_{dmax}为：

$$\rho_{dmax}=\frac{(1.67w_{op}+51.3)G_S}{(1.67w_{op}+51.3)+G_S(0.93w_p-0.41)} \tag{3-8}$$

式中：G_S——土粒比重。

(3)最大干密度与黏粒含量的关系

明福生等统计吉林省十几座工程的试验成果的最大干密度与黏粒含量的关系见图 3-25。

从图 3-25 可以看出，黏粒含量越高，土的最大干密度就越小；否则，相反。黏粒含量是决定干密度大小的重要因素。在设计确定最大干密度时，应根据黏粒含量的不同，即使是同一岩性的土体也应采用不同的最大干密度。

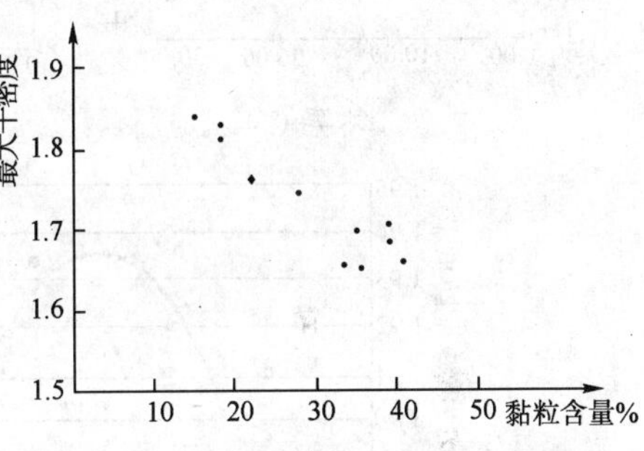

图 3-25 最大干密度 ρ_{dmax}—黏粒含量的关系

3. 软岩的击实特性

软岩即软质岩块，一般指饱和单轴抗压强度小于 30MPa 的岩石，其特点是：在天然状态下较为完整、坚硬，力学性能良好，遇水后短时间内迅速膨胀、崩解、软化，从而造成岩体的力学损伤，并导致其力学性质迅速大幅度降低。软岩的一显著特征是粗颗粒容易破碎，其颗粒在并不高的围压下就会出现颗粒破碎现象。其颗粒的易破碎性决定了软岩粗颗粒的压实效果与压实方法、压实能量、粗颗粒强度、粗颗粒级配等诸多因素有关，一般振动碾压、压实能量越大、粗颗粒强度越低、级配不良的情况下，颗粒的破碎情况越显著；反之，则颗粒破碎不明显。

(1)相关击实试验结果

方焘等对千枚板岩的击实试验成果散点图及其最小二乘二次多项式拟合曲线见图 3-26 和表 3-10。图 3-26 为粗粒含量分别为 10%、30%、50%、70%、90%击实散点图与最小二乘二次多项式拟合曲线与相关的数据处理结果。试验表明不同粗粒含量的软岩的最大干密度与最佳含水率的大小不同，千枚板岩的粗粒含量及最大干密度与最佳含水率之间的关系如表3-10。从图 3-26 可以看出，当粗粒含量小于 50%时，随着粗粒含量的增加，击实曲线由陡变缓；当粗粒含量大于 50%时，随着粗粒含量的增加，击实曲线由缓变陡。

软岩击实试验的拟合多项式及其相关数据结果 表 3-10

粗粒含量(%)	拟合多项式	均方根误差	最优含水率 w_{0p}(%)	最大密度 ρ_{dmax}(g/cm³)
10	$\rho_1=-0.001w_1^2+0.0383w_1+1.442$	0.010	19.15	1.79
30	$\rho_2=-0.001w_2^2+0.0332w_2+1.5542$	0.034	16.6	1.83
50	$\rho_3=-0.0007w_3^2+0.01753w_3+1.7795$	0.025	12.5	1.89
70	$\rho_4=-0.001w_4^2+0.0235w_4+1.7877$	0.011	11.75	1.93
90	$\rho_5=-0.005w_5^2+0.0832w_5+1.544$	0.008	8.32	1.89

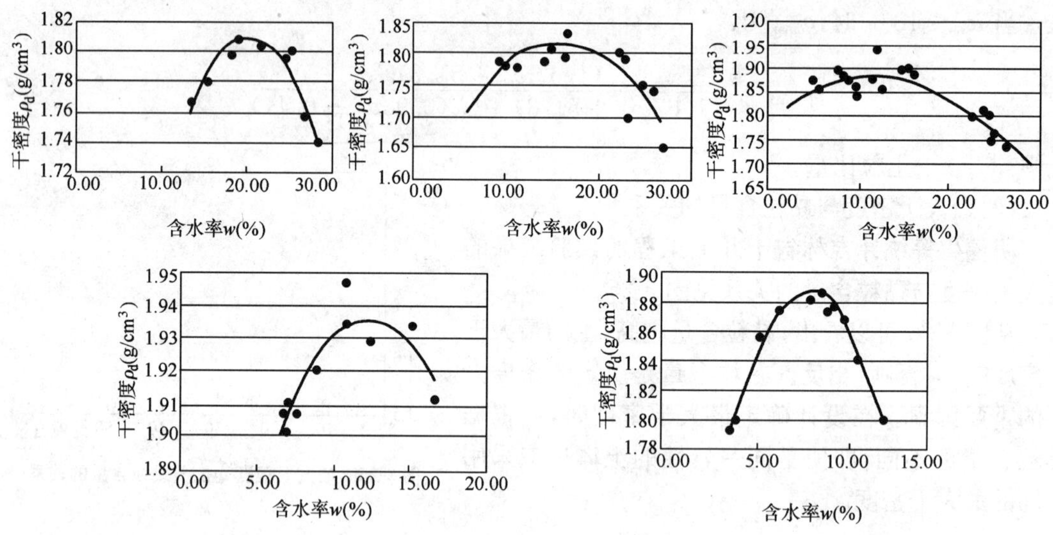

图 3-26 击实散点图与最小二乘二次多项式拟合曲线

a)粗粒含量 10%；b)粗粒含量 30%；c)粗粒含量 50%；d)粗粒含量 70%；e)粗粒含量 90%

郭建华等对风化料进行的击实试验的干密度对含水率变化的反应比较“迟钝”，见图3-27。含水率从 3.8%增大到 8.8%，干密度仅增加 2%，造成这种现象的原因为：①风化料中泥质岩角砾本身就含有一定的水分，而且角砾含量占多数，这影响了由于细粒含量变化，而使风化料总体含水率变化的趋势；②随着含水率的增大，粗粒破碎率增大，扩容现象使干密度随含水率增加而增大的趋势减缓。

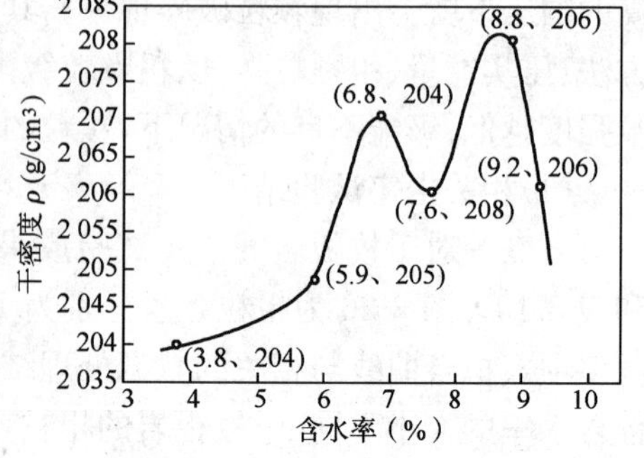

图 3-27 粗粒含量 77%风化料的击实曲线

一般土粒的击实曲线是单峰的。但对风化料而言，当粗颗粒含量>40%时，击实曲线就出现双峰，如图 3-27 所示，其双峰曲线的形成机理与黏性土完全不同。可把击实曲线划分成 4 个阶段。

①第一阶段：含水率较小，图 3-27 中的 3.8%～6.8%，风化料颗粒之间的内摩擦阻力较大，而且因含水率小，颗粒的强度较大，破碎时表现为脆性。颗粒间相互靠近和颗粒破碎充填颗粒间隙空间这两种趋势使风化料的干密度增大，颗粒以脆性破裂为碎屑状来充填颗粒间隙。随着含水率增大，颗粒内摩擦系数减小，但单位体积内有效接触点（指相互接触并可承受一定压力，亦称配位数）并没有增多，因此单位体积内摩擦阻力随着含水率的增加而减小，颗粒间隙空间出现减小的趋势。当颗粒间隙被充填满时，干密度就达到第一阶段的最大值。在本阶段内，因含水率小，颗粒之间摩擦力大，阻碍了颗粒的滑动和转动，颗粒分布表现无序性，形成松散的集聚体结构。在击实试验中，含水率处于第一阶段的击实泥质岩风化料内聚力极低，稍受外力就散开。

②第二阶段：图 3-27 中含水率 6.8%～7.6%。在本阶段内，随着含水率的增加，颗粒间摩擦阻力减小，粗颗粒间出现滑动和转动现象，有序性略有增强。由于粗颗粒间隙已被细一级的泥质岩碎屑充满，粗颗粒间的滑动造成颗粒间隙空间扩大，使干密度出现减小趋势。

③第三阶段：图 3-27 中含水率 7.6%～8.8%。在本阶段内，随着含水率的增加，摩擦系数小到使单位体积内摩擦阻力进一步减小（与第一阶段的单位体积摩擦阻力相比），颗粒再次出现相互靠近趋势，摩擦产生的细粒使颗粒间更小的间隙得以充填。这两种趋势大于含水率增大而使干密度减小的作用，风化料的干密度又出现随含水率增加而增大的现象。在本阶段内，颗粒间形成镶嵌结构，有序性进一步增强。

④第四阶段：图 3-27 中含水率 8.8%～9.2%。在这一阶段，虽然土的内摩擦力随含水率增加还不断地减小，但单位体积的土体中，空气体积已减小到最小限度，而水的体积却在不断增加。由于水是不可压缩的，因此，在相同的压实功下，土的干密度出现减小的趋势。另外，击实过程中，水的润滑使颗粒间摩擦滑动加剧。在这两种趋势作用下，本阶段干密度随含水率增加而显著减小，曲线斜率较大，颗粒排列的有序性亦大大增大。

通过对不同含水率击实样（重型击实）的颗粒级配分析可以发现，在第一、二两个阶段，中粒径（2～5mm）含量增加 25%～35%（与击实前相比，下同），细粒径（<2mm）增加 10%～15%，但在最后两个阶段，中粒径仅增加 30%～45%，而细粒径增加 50%～70%。

从击实曲线看，即使含水率远小于最优含水率（图 3-27 中 8.8%），击实度亦可达到 98%以上，似乎可以放松对含水率的限制。郭建华等对不同含水率的击实样（击实前粗粒含量相同，重型击实）作了不浸水和浸水的强度试验，发现越干的击实样（小于最佳含水率），在横向外力作用下越易散成渣状，即内聚力越小。而且在浸水（连同击实筒）后，颗粒间隙产生明显的湿陷作用，强度明显降低，从击实筒挤出后失去固定形态。这是因为越干的击实样，击实后颗粒排列的无序性越强，颗粒间往往形成许多架空孔隙，孔隙间的细粒压实度低，浸水后细粒在水的作用下原始组织破坏，产生湿陷，水的吸附作用减小，细粒对粗颗粒的黏结力大大减弱，挤出击实筒后，立即散为泥状。当含水率逐渐增大并大于最佳含水率时，颗粒间隙的湿陷作用亦逐渐减弱。

因此，对于击实曲线为多峰值的软岩，土石工程填筑中应以最大峰值点（密度点）的最大值确定最大干密度和最佳含水率作为填筑施工的控制标准。

(2)粗粒含量与压实干密度、最佳含水率的关系

方焘等人的试验表明：干密度与含水率的关系基本上可以采用二次函数表示，即干密度为含水率的二次函数。软岩及其全风化物的混合物填料的最大干密度与最优含水率均与粗粒的

百分含量有关，最佳含水率随粗粒含量增加而降低，而最大干密度随粗粒含量的变化并非呈现一贯的增长趋势，见图 3-28。当粗粒含量在 60%与 80%之间时，最大干密度达到最大，当粗粒含量达到一定值时，最大干密度反而呈现减小的趋势，见图 3-28。分析原因，当粗粒含量小于60%时，颗粒破碎较少，并且很少出现架空现象，干密度的增加基本上是由于粗颗粒的增加引起干密度的增加，而当粗粒含量在 60%与 80%之间时粗颗粒相互接触的几率增加，颗粒破碎严重，当接近 70%时达到最大，而当粗粒含量大于 80%时，粗颗粒形成骨架，细颗粒不能填满所有的孔隙出现架空现象，故随着粗颗粒的增加，最大干密度反而迅速减小。因此，可以得出风化软岩的压实工程特性由粗颗粒与细颗粒的相对含量共同决定。就风化千枚板岩而言，粗粒含量小于 40%时，其压实工程特性主要由细料的工程性质决定，当粗粒含量大于 70%时，其压实工程特性基本由粗料决定。

(3)击实功与击实干密度之间的关系

粗粒含量分别为 30%、50%与 70%时的泥质千枚板岩在不同击实功下，密度与击实功的关系曲线见图 3-29。从图 3-29 可以看出，随着击实功(每层的击数)增加，密度也增加。在给定的击数变化范围内基本呈线性增加，但不同粗粒含量的软质千枚板岩的干密度随着击实功的增加速度有一定的差别，粗粒含量 70%时，干密度增加最快，50%次之，30%最小。

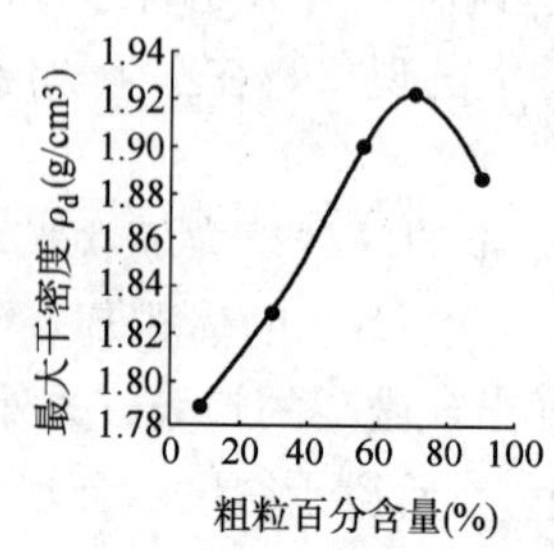

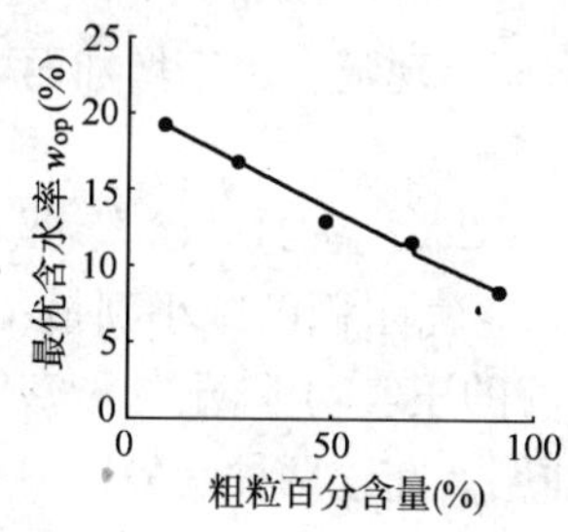

图 3-28　粗粒百分含量及最大干密度与最优含水率的关系曲线图

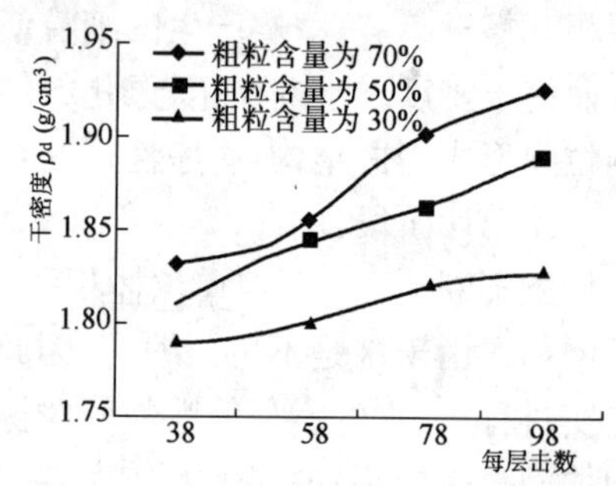

图 3-29　每层击数与干密度值之间的关系图

(4)软岩的颗粒破碎特性对干密度的影响

对粗粒含量为 50%的击实试样五种不同击数，击实前后 10～5 mm 粒径范围的颗粒含量进行分析，发现此粒径范围的颗粒质量变化值比较显著。由此，可见从某种程度上，10～5mm 范围内的击实前后颗粒质量的变化百分数可以代表土样破碎率，将击实后 10～5mm 粒径范围的颗粒增加质量除以击实前试样中 10～5mm 的质量，并将其结果作为土样破碎率表征，将其与最大干密度与每层的击数分别进行比较发现，随着击实能量的增加，一定粗粒含量击实试样 10～5mm 粒径范围的颗粒增加百分数有趋于一定值的趋势，也即随着颗粒的不断破碎，细粒含量不断增加，粗颗粒的破碎率趋于定值，同时还发现随着 10～5mm 粒径范围颗粒百分数的增加，最大干密度呈现线性增加的趋势，颗粒的破碎有利于干密度的增加，关系曲线见图 3-30、图 3-31。

(5)软岩击实试验的一般规律

①粒径分布范围大，颗粒容易破碎且强度低是软岩的基本特性。

②不同的软岩因粗粒含量不同则最大干密度与最佳含水率也不同，最佳含水率随粗粒含量增加而降低，最大干密度随粗粒含量的变化并非呈现线性增长趋势，当粗粒含量在 60%与 80%之间时，最大干密度达到最大，当粗粒含量达到一定值时，最大干密度反而呈现减小的趋势。

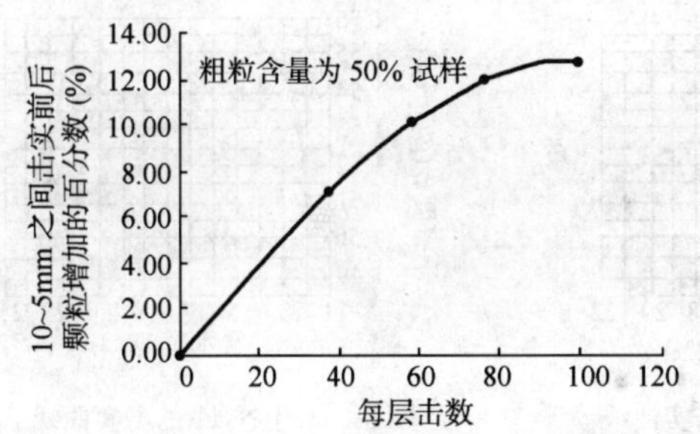

图 3-30　每层击数与 10～5mm 粒径范围的颗粒含量增加质量与击实前的百分比之间的关系图

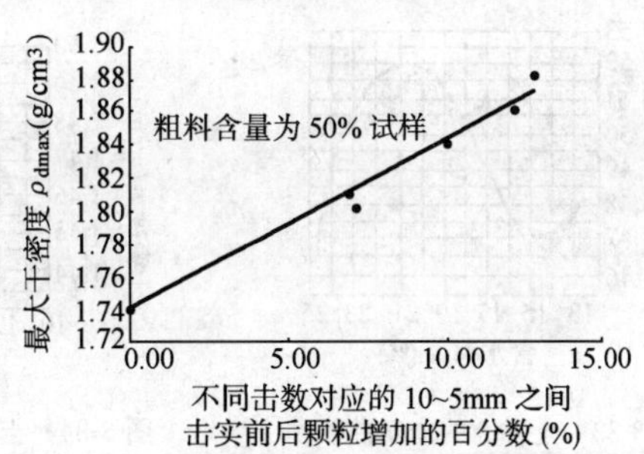

图 3-31　10～5mm 粒径范围的颗粒增加的百分数与最大干密度之间的关系图

③击实功不同，击实干密度也不同，变化情况与粗粒含量以及击数有关，击实功(每层的击数)增加，密度也增加，在给定的击数变化范围内基本呈线性增加，但不同粗粒含量的软岩的干密度随着击实功的增加速度有一定的差别，粗粒含量 70%时，干密度增加最快，50%次之，30%最小。

④最大干密度随着颗粒的破碎率增加而增加，同一粗粒含量情况下，颗粒的破碎率随着击实功的增加呈双曲线趋势增加，78 击以后随击数的增加，颗粒破碎率增加趋势开始变缓，98 击以后颗粒破碎率基本呈不变趋势。

⑤在施工过程中应根据粗粒含量的多少，以软岩全风化碎屑物的最佳含水率为参考，适当考虑碎屑物与块状体混合物的碾压含水率，当选择软岩作为填料时，宜根据软岩工程力学特性保持一定数量的岩块，岩块质量百分数应为 70%左右，这有利于填筑以后路基达到较小的孔隙率与较高的密实度。

风化料也属于软岩，影响风化料击实的主要因素有：含水率、土料的颗粒组成以及击实功。郭建华等对风化料进行击实试验，其风化料的特殊性主要表现在：①风化料颗粒组成中含有粗颗粒(>0.1mm)而不同于一般的细粒土；②在击实中粗颗粒破碎改变颗粒级配组成又不同于一般的砾石土；③粗颗粒的破碎扩容和受力后的大变形形成紧密镶嵌结构对干密度值的变化产生复杂影响。

4. 粉土的击实特性

王士杰对某渠道填方工程所选土料的击实特性进行研究，发现砂质粉土和某些黏质粉土的击实特性既不同于纯净砂土，也不同于黏性土，其击实曲线呈多峰型或 $1\frac{1}{2}$峰型。具体结论如下：

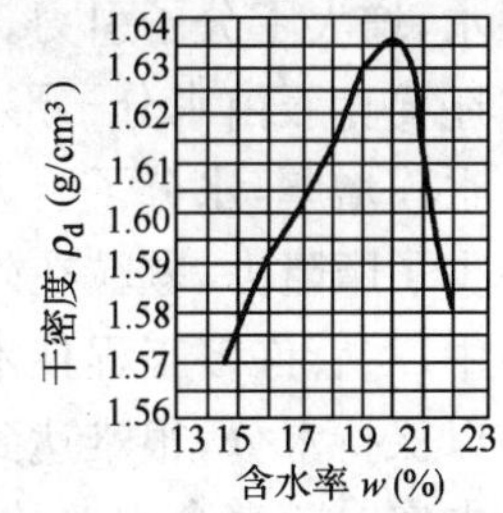

图 3-32　土样 7 的击实曲线

(1)粉质黏土及塑性指数 $I_P>7$ 的黏质粉土，击实曲线呈单峰型，最优含水率基本符合 w_{op}的经验公式，见图 3-32。

(2)砂质粉土和塑性指数 $I_P<7$ 的黏质粉土，击实曲线不再呈单峰型，而是呈多峰型(具有 2～3 个峰值点)或$\frac{1}{2}$峰型，其最优含水率也基本符合 $w_{op}=w_p\pm2\%$的经验公式。图 3-33、图 3-34和图 3-35 分别为土样 9、土样 10 和土样 11 的击实曲线。

(3)砂质粉土和塑性指数 $I_P<7$ 的黏质粉土压实性能较差。压实后的干密度和压实系数很难达到设计要求。尤其对击实曲线为双峰型和多峰型的填土，当需大量填方时，因填筑含水率很难按设计要求严格控制，从而导致压实后的干密度较室内击实最大干密度偏小。

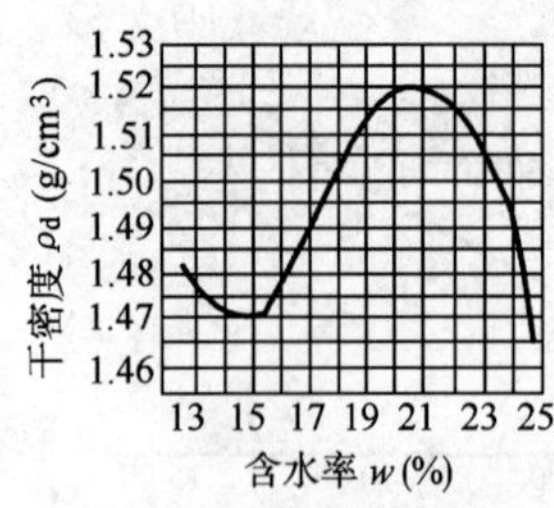

图 3-33　土样 9 的击实曲线

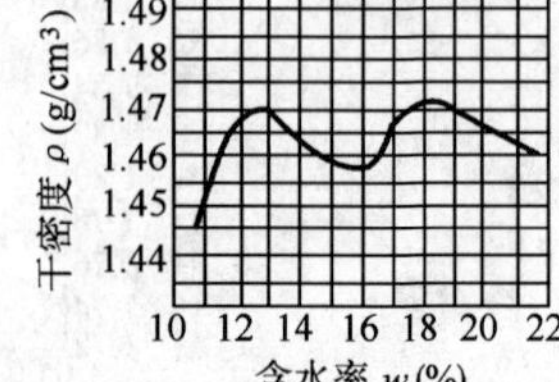

图 3-34　土样 10 的击实曲线

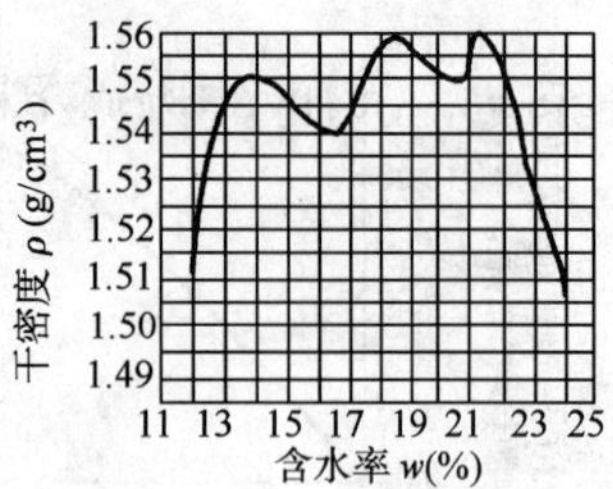

图 3-35　土样 11 的击实曲线

从王士杰的试验研究可以得到如下推论：实际工程中，当采用粉土作为填方工程的土料时，应选用塑性指数 $I_P>7$ 的黏质粉土，不宜采用砂质粉土和塑性指数 $I_P<7$ 的黏质粉土。

5. 粗粒土料的击实特性

粗粒土具有透水性强、抗压强度高、压实密度大、沉降变形小等工程特性，是良好的填方材料。在山区或重丘区修建公路，利用粗粒土填筑路基，也便于就地取材，少占田地和减少环境污染，其社会经济效益相当显著。目前，由于大型土石方施工机械的发展，重型振动碾的应用，粗粒土作为公路路基填料的应用越来越广，已有不少地区修筑了填筑粗粒土路基的高等级公路。

(1)含水率对击实效果的影响

含水率是影响粗粒土击实效果的因素之一。从图 3-36 可以明显看出，粗粒土的击实曲线和细粒土的击实曲线的分布规律相差较大，前者因粗粒含量的差异而使曲线的趋势有较大的差异，后者则属于单一的抛物线。对于粗粒土的含水率与干密度的关系，当含水率为零时，干密度值较大，稍增大含水率，干密度反而减小，直至曲线上干密度值出现最小的谷点，在谷点之后，干密度值又随含水率的增大而增大，击实曲线出现双峰值(0 或 $1\frac{1}{2}$或多峰)，这是由于粗粒土颗粒较大，且颗粒间黏结力趋于零，当含水率很小时，在外力作用下大小颗粒之间易于相互充填，形成较高的密度；当稍增加含水率后，在颗粒表面形成一层薄膜水，增大了分子引力，颗粒间形成了似黏结力，在外力作用下，颗粒移动不但要克服摩阻力，还要克服由水分子形成的似黏结力，因而不易压实，干密度较小；之后随着含水率的增大，水膜增厚，水分子引力逐渐减小，以致消失，同时颗粒间的水膜还在颗粒间起润滑作用，减少了摩阻力，颗粒在外力作用下易于移动和相互填充，可以达到较高的密度。在实际施工中，尽管许多工程技术人员想通过达到最佳含水率而找到最大的干密度，但由于粗粒土难以保持水分，很难达到最佳含水率。同时，从图中可以看出曲线波动幅度不大，说明粗粒土击实时随着含水率的变化干密度变化较小。

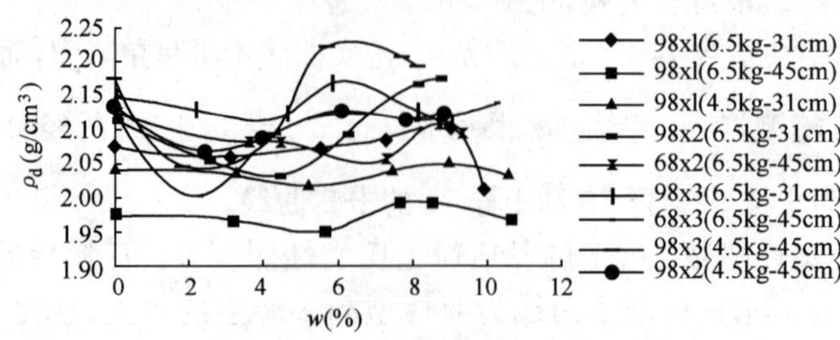

图 3-36　击实参数变化时的 ρ_d—w 曲线

马希勇等人进行的砂砾石土的击实曲线见图 3-37,对于无黏性土,当含水率为零时,干密度值较大,稍增加含水率,干密度反而减小,直至曲线上干密度值最小的谷点;但在此谷点之后,干密度值又随含水率的增大而增大,曲线出现双峰值,这是无黏性土的独有特征,与图3-37 的情况相同。

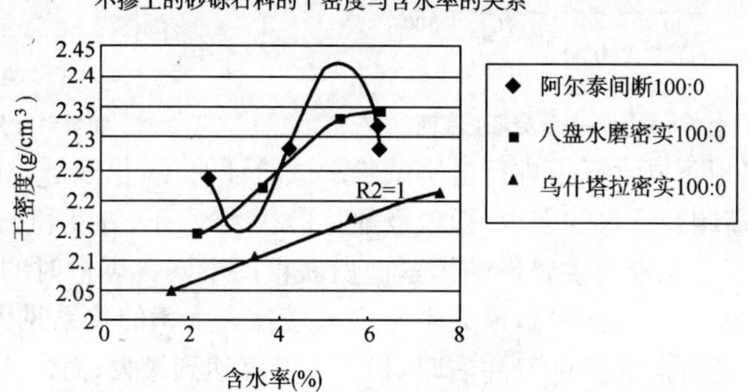

图 3-37 不掺土的砂砾石料的干密度—含水率

由于这种砂砾石料自身颗粒粗,透水性强,具有自由排水能力,在施工过程中压路机碾压时,孔隙水被挤压出来,孔隙减小而逐渐密实;一般来说,它的最佳含水率相当于全部孔隙被水填充的饱和含水率;但是由于砂砾石料具有自由排水的条件,难以保持水分,很难达到最佳含水率,从而也很难获得最大干密度。根据砂砾石料干密度与含水率关系曲线有两个峰值的特点,施工中当砂砾石料为干燥状态(含水率为零),干密度较大时,不需加水;当处于潮湿状态时,需加水改变含水率接近谷点含水率的不利状态,增加压实效果。另外,由于含水率影响很小,雨季施工不受影响,有利于雨季施工。

(2)粗粒土中粗粒含量与干密度的关系

从图 3-38 可以看出,干密度与粗粒含量关系曲线呈驼峰形,峰点密度值最大,峰点的左侧,密度随粗粒含量的增大而增大,峰点的右侧,密度随粗粒含量的增大而减小。同时,各曲线几乎是平行的,且对不同的粗粒土,只要最大粒径相同,其最佳理论粗粒含量是较接近的,通常在 70%左右。

刘宏等人对砂砾石土进行的击实试验,试验所得的粗粒料含量与最大干密度关系曲线见图 3-39,图中显示,在砂砾石料的压实过程中存在最佳粗粒料含量,即干密度先是随粗粒料含量增加而增加,当粗粒料含量增至某一值时,干密度达到最大值,此后,干密度反而随粗粒料含量的增大而减小。其主要原因是细粒料由于比表面积和孔隙率较大而干密度较小,因而干密度随粗粒料含量增加而增加,且随着粗粒料含量增加,粗颗粒逐渐形成骨架,细粒料充填其中,干密度不断增大;当粗粒料含量达到最佳粗粒料含量时,粗颗粒形成完整骨架,细粒料又能填满骨架孔隙,干密度取得最大值;当粗粒料含量大于最佳粗粒料含量时,细粒料不能填满骨架孔隙,填料呈架空状态,干密度反而减小。

图 3-38 中砂砾石料的粗粒料含量与最大干密度关系可用式(3-9)拟合,对粗粒料(粒径>5mm)百分含量求导后可得最佳粗粒料含量为 71.5%,相应的最大干密度为 2.32g/cm³。

$$\rho_{\mathrm{dmax}} = -0.0001p_5^2 + 0.014p_5 + 1.9063 \quad R^2 = 0.95 \tag{3-9}$$

式中:ρ_{dmax}——最大干密度;

ρ_5——粗粒料(粒径> 5mm)的百分含量。

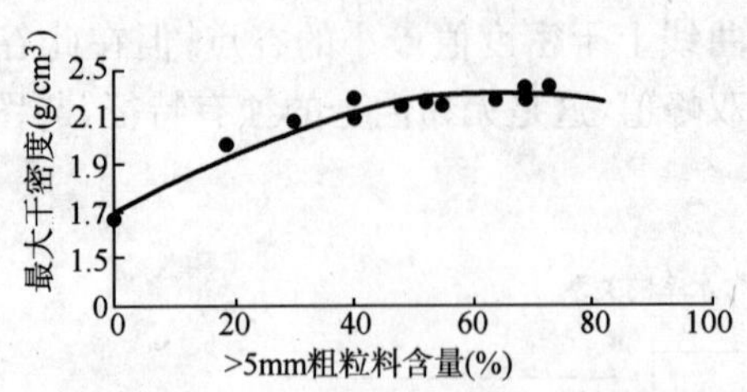

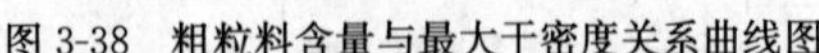

图 3-38 粗粒料含量与最大干密度关系曲线图

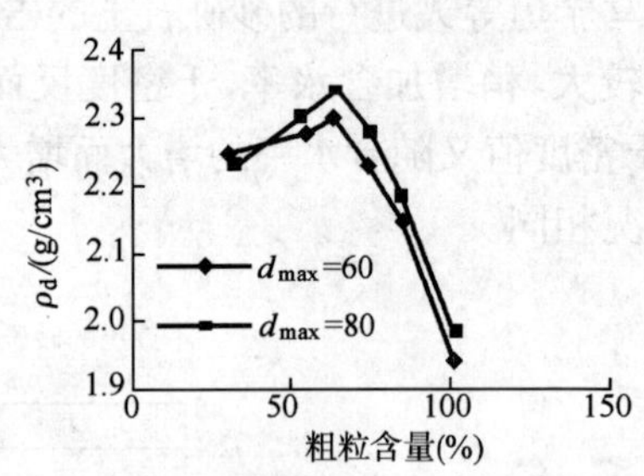

图 3-39 粗粒料百分含量与干密度曲线

艾军等在现场以不同含砾量进行击实试验。试验证明：风化砂砾土的最大干密度并不是一个常数，它是随着粗粒含量的多少、颗粒级配及形状、含水率、温度和细料的物理力学性质等因素而变化，其中以含砾量为主要影响因素。所获得的不同含砾量时的最大干密度(ρ_{dmax})和最佳含水率(w_{op})的关系见表 3-11，最大干密度与最佳含水率的关系见图 3-40。从表 3-11 和图 3-40 可以看出，砾石含量在 60%左右时，最大干密度达到最大；而最佳含水率随着砾石从 0 增加到 30%时，最佳含水率值增大，到砾石含量在 30%左右时达到最大，然后随着砾石含量的增加，最佳含水率值逐渐减小。

最大干密度与最佳含水率的关系 表 3-11

含砾量 p(%)	0	30	40	50	60	70	80	90	100
最大干密度 ρ_{dmax}(g/cm³)	1.91	1.98	2.09	2.10	2.21	2.15	2.14	1.94	1.90
最佳含水率 w_{op}(%)	13.0	15.9	14.3	12.7	11.9	11.6	10.2	8.6	2

碎石土的密度除与土料含水率有关外，还与碎石含量或细粒土含量有关，时为民等采用静压压实的方法制备土样的密度与粗细粒含量的关系见表 3-12。在碎石含量 p_5 小于 60%～70%时，随含石量的增加，碎石土的密度是增加的；当碎石含量 p_5 大于 60%～70%时，其干密度开始减少。细粒含水率在 18%时，其干密度最大，说明碎石土最佳含水率在 18%左右。按照一般经验，土的最佳含水率在 $w_P+2\%$(w_P 为塑限，本试验测得细粒土的塑限为 15.2%)左右，按此式计算得到的最佳含水率与测试得到的最佳含水率接近。

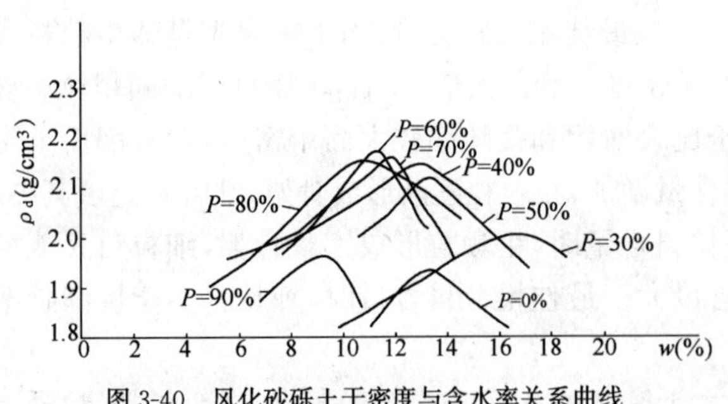

图 3-40 风化砂砾土干密度与含水率关系曲线

静压成型下碎石含量、细粒含水率与密度(g/cm³)之间的关系 表 3-12

细粒含水率(%)	碎石含量 p_5(%)				
	0	20	40	60	80
9	1.33	1.43	1.51	1.64	1.62
14	1.48	1.50	1.56	1.69	1.64
18	1.66	1.78	1.81	1.88	1.84
23	1.58	1.63	1.65	1.71	1.66

碎石(砂砾)不适宜做标准击实试验。只可采用分层填筑、分层压实、控制每层的压实遍数和无明显轮迹办法来进行质量标准检验。

钟海辉对砂砾石混合料的击实试验结果见图 3-41 和图 3-42。最佳含水率随砂砾石含量的增大而减小，这是由于砂砾石颗粒本身致密坚硬，表面光滑，颗粒孔隙少，不易吸水。干密度随砂砾石含量的增大而增大，这是因为同体积的细料(黏土)颗粒数量比粗料(砂砾石)颗粒的数量多，比表面积大、孔隙大、重量小，故当粗料含量增大，则单位体积的质量增加。因此，干密度值随砂砾石含量增大而增大，且在混合料中，砂砾石中大颗粒起骨架作用，黏土与砂砾石中细颗粒填充骨架孔隙，粗细料共同传递外力，颗粒间挤压紧密。

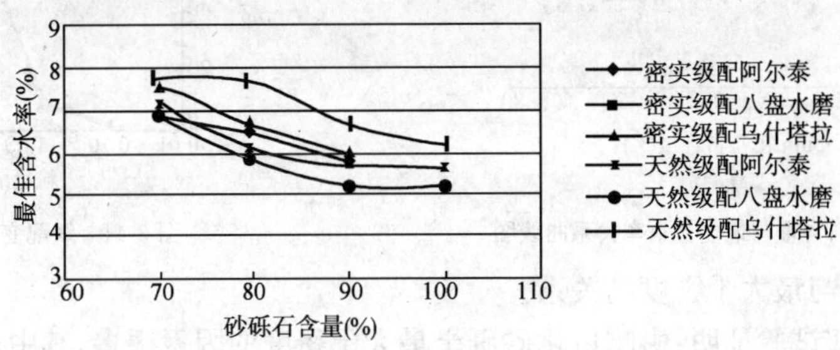

图 3-41　最佳含水率与砂砾石含量关系

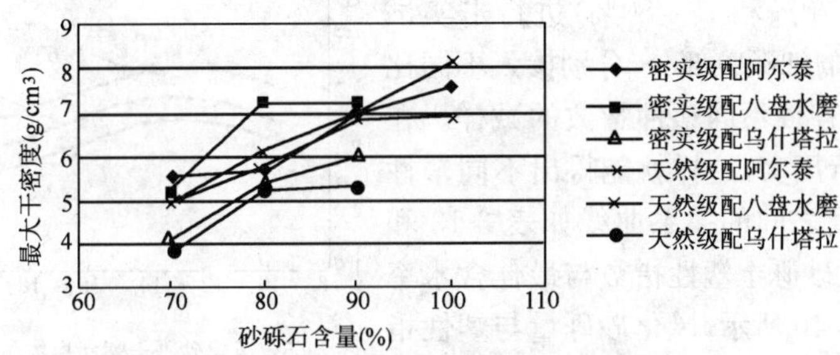

图 3-42　最大干密度与砂砾石含量关系

碾压作用使土体中大小颗粒达到紧密的排列和相互填充，但如果土体中含水率过少，则由于水分子在土颗粒表面形成了一层水化膜，颗粒移动不仅要克服摩阻力，还要克服水分子的结合力，因而不易压实；如果土体中的含水率过多，则因为水是不可压缩的，它会占据颗粒间的空隙而不能有效压实；含水率适中时颗粒间的水化膜较厚，水分子的结合力减小甚至消失，且能在土颗粒间起润滑作用，使颗粒易于移动和相互充填，使土体压实到最大密度，这个含水率就是最佳含水率，各种土类碾压效果的优劣都与最佳含水率有关。图 3-43 为粗粒料含量与最佳含水率关系曲线图，图中显示，砂砾石料的最佳含水率随着粗粒料百分含量的增加而减少。这种关系可用式(3-10)拟合，对于粗粒料(粒径＞5mm)百分含量为 35％～85％的砂砾石料，根据式(3-10)可得最佳含水率为 5.9％～7.0％。

$$w_{op} = 0.002p_5^2 - 0.2405p_5 + 12.814 \qquad R = 0.88 \tag{3-10}$$

式中：w_{op}——最佳含水率；

p_5——粗粒料(粒径＞5mm)百分含量。

(3)击实试验中粗粒料的破碎性分析

据图 3-44 分析可知，粗粒土经过击实，粗颗粒不同程度地被破碎，颗粒破碎严重的粗粒料，随击实而出现的颗粒破碎现象有可能会对其力学性能产生不良影响。颗粒破碎会促进颗粒的重新排列，其结果是孔隙比减小，结构更趋紧密，但若过度击实使颗粒破碎持续增加，粗粒料不断细化，从而使粗粒料所具备的“粗颗粒间的咬合”作用减弱。击实中伴随颗粒破碎，还会使最大密度这一概念变得不明确，因此粗粒料的击实并不像细粒土所反映的那样简单。

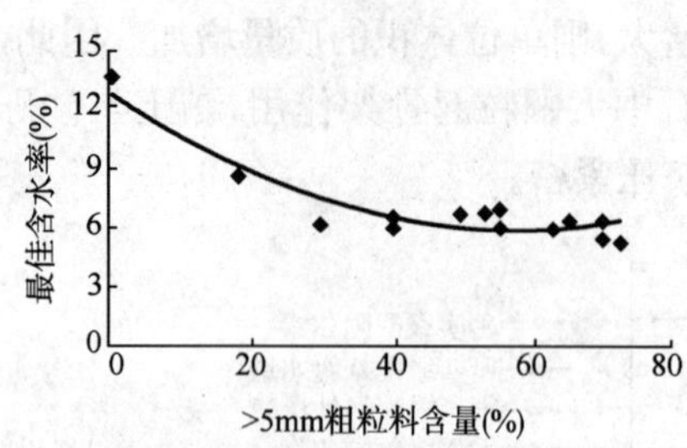

图 3-43　粗粒料含量与最佳含水率关系曲线图

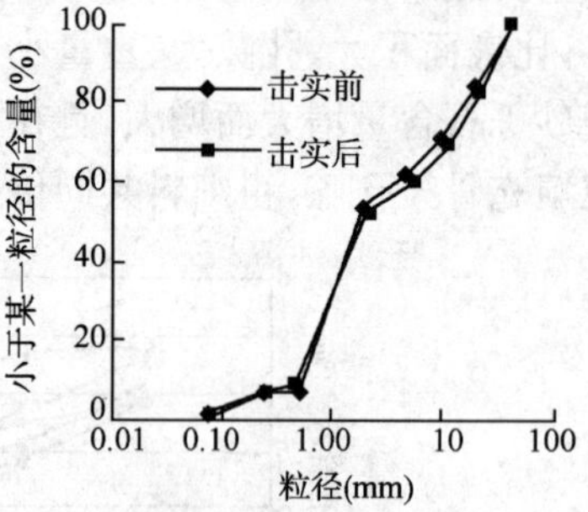

图 3-44　级配变化曲线

(4)塑性指数与最大干密度的关系

艾军等的击实试验证明:影响风化砂砾土最大干密度的因素很多,其中塑性指数对最大干密度的影响也较大。取接近天然含砾量的三种试料($P=60\%$、$P=70\%$和 $P=80\%$)进行击实试验,将其混合料中的细颗粒部分,分别掺入不同比例的黏土,制备出各种不同塑性指数的试样。在最佳含水率下进行压实,这样就能得出不同塑性指数与最大干密度之间的关系曲线如表 3-13 和图 3-45 所示;风化砂砾土塑性指数与最佳含水率的关系曲线如图 3-46 所示,风化砂砾量与塑性指数的关系曲线,如图 3-47 所示。

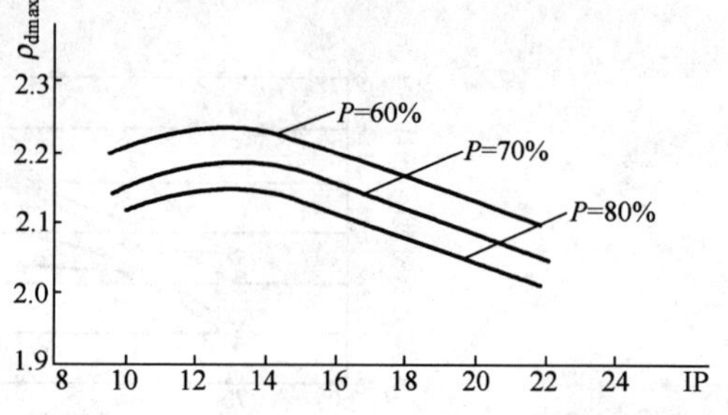

图 3-45　风化砂砾土塑性指数与最大干密度关系曲线

塑性指数与干密度的关系　　表 3-13

塑性指数 I_P(%)		9.8	15.9	20.5	22.3
$P=60\%$	w(%)	11.4	12.2	12.8	14.4
	ρ_{max}	2.21	2.21	2.11	2.04
$P=70\%$	w(%)	10.6	11.3	12.5	13.9
	ρ_{max}	2.15	2.13	2.06	2.01
$P=80\%$	w(%)	10.2	10.5	11.4	12.2
	ρ_{max}	2.14	2.07	2.06	1.99

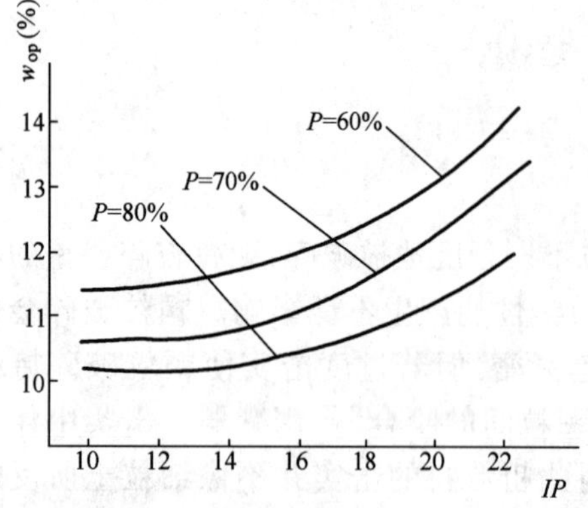

图 3-46　风化砂砾土塑性指数与最佳含水率关系曲线

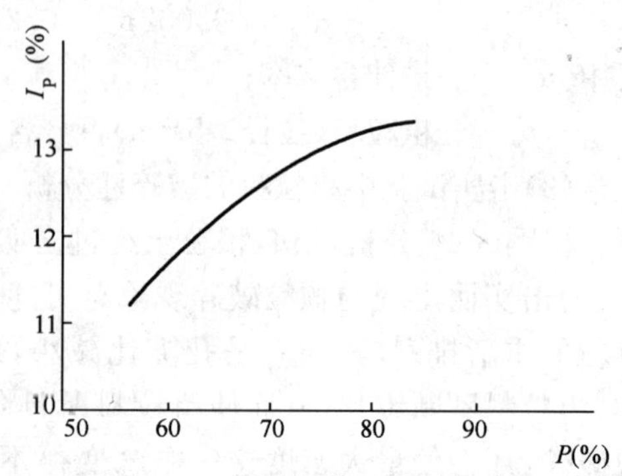

图 3-47　风化砂砾土含粒量与塑性指数关系曲线

从图3-45可看出：在含砾量一定时，开始是随着塑性指数的增加而最大干密度略有增加，然后就一直减少；由图3-46可以看出：①随着塑性指数的增加而最佳含水率亦增加；②随着含砾量的增加，而最佳含水率则减小；由图3-47可以看出：随着含砾量的增加，塑性指数亦增大。从图3-45和图3-46还可以得出结论：塑性指数的变化对最佳含水率影响不太大，而对最大干密度的影响却不可低估。

(5)粗粒土最大干密度的经验公式

粗粒土的最大干密度已进行了若干试验，获得了一些经验公式，介绍如下：

①水利水电行业《土工试验规程》(SD 128—84)推荐的经验公式，利用小型击实试验得到的黏性粗粒土中细粒的最大干密度和最优含水率，按下式计算黏性粗粒土全料的最大干密度和最优含水率：

$$w_{op} = w'_{op}(1 - p_5) + p_5 w_5$$

$$\rho_{dmax} = \frac{1}{\dfrac{p_5}{G_s \cdot \rho_w} + \dfrac{1 - p_5}{\rho'_{dmax}}} \tag{3-11}$$

式中：ρ_{dmax}——黏性粗粒土最大干密度，g/cm³；

ρ'_{dmax}——黏性粗粒土中细料(d＜5mm)的最大干密度，g/cm³；

G_s——粗料颗粒相对密度(比重)；

ρ_ω——水的密度；

p_5——粗料(d＞5mm)含量，以小数计；

w_5——粗料饱和面干含水率，%；

w'_{op}——细料最优含水率；

w_{op}——黏性粗粒土最优含水率，%。

此经验公式适用于$P_5 \leqslant 30\%$的黏性粗粒土。

②杨荫华的经验公式，杨荫华根据试验资料得到如下经验公式：

$$\rho_{dmax} = \rho^0_{dmax}[1 + 17.1\lg(1 - p_5)/100] \tag{3-12}$$

式中：ρ_{dmax}——黏性粗粒土最大干密度，g/cm³；

p_5——粗粒(d＞5mm)含量，以小数计；

ρ^0_{dmax}——由(3-11)式计算出的最大干密度，g/cm³。

该经验公式适用范围为：$15\% < p_5 < 60\%$。

③美国垦务局公式，美国垦务局1974年《土工手册》中对含有粗颗粒的土料，建议采用下式估算：

$$\rho_{dmax} = \frac{\rho_w \cdot \rho'_{dmax} \cdot G_s \cdot G_1}{\rho_w(1 - P_5)G_s + p_5 \cdot C_1 \cdot \rho_{dmax}} \tag{3-13}$$

式中：ρ_w——水的密度；

ρ_{dmax}——黏性粗粒土最大干密度，g/cm³；

ρ'_{dmax}——黏性粗粒土中细粒(d＜5mm)的最大干密度，g/cm³；

p_5——粗料(d＞5mm)含量，以小数计；

G_s——粗料(d＞4.75mm)颗粒的比重；

C_1——随粗料含量P_5而变化的系数，见表3-14。

该经验公式适用于$P_5 \leqslant 70\%$的粗粒土。

6. 石料的压实特性

石料即使压实后也是透水的，因此在压实过程中受含水率的影响很小，其压实特性与黏性土不同。石料在压实时没有最优含水率，一般是在完全干燥和饱和时获得最大干密度，而在其中间含水率时得到的干密度较低。杨荫华对粗砂进行击实得到的干密度含水率关系见图 3-48 和图 3-49。

不同 P_5 时的 C_1 值　　表 3-14

P_5	C_1	P_5	C_1
≤0.20	1.0	0.46～0.50	0.94
0.21～0.25	0.99	0.51～0.55	0.92
0.26～0.30	0.98	0.56～0.60	0.89
0.31～0.35	0.97	0.61～0.65	0.86
0.36～0.40	0.96	0.66～0.70	0.83
0.41～0.45	0.95		

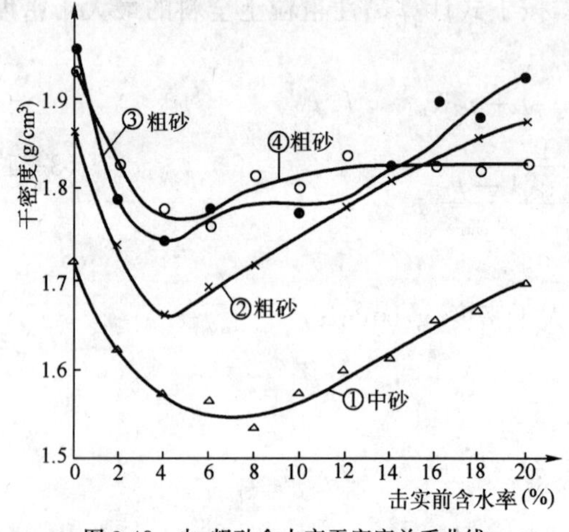

图 3-48　中、粗砂含水率干密度关系曲线

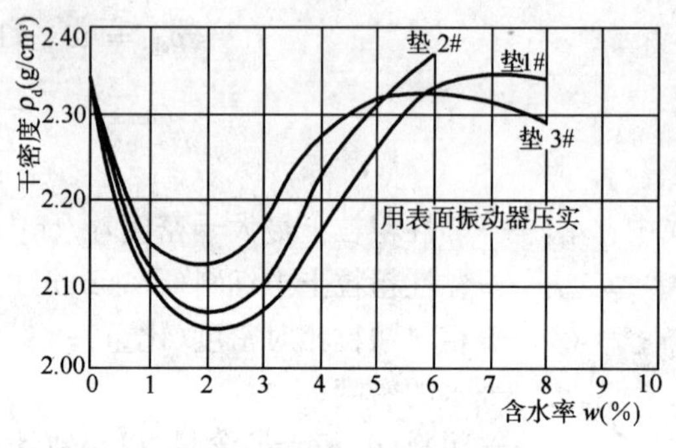

图 3-49　天生桥垫层石料含水率与干密度关系曲线

从图 3-48 看出，完全干燥和充分加水时，压实干密度最大。潮湿状态时，由于毛管压力，产生毛管黏聚力(假黏聚力)，增加了颗粒间阻力，压实干密度显著降低。

能自由排水的石料不作击实试验求压实曲线，而是用烘干或风干试样作相对密度试验，相对密度试验包括最大干密度试验和最小干密度试验。一般规定：当细粒(粒径小于0.074mm)含量＞12％的材料，作击实试验，细粒含量＜5％的作相对密度试验，细粒含量 5％～12％的既作击实试验又作相对密度试验。

影响石料压实的因素很多，主要有压实功能、最大粒径、级配、颗粒形状等。具体分析如下：

(1)压实功能对压实的影响

随压实功能的增加，压实干密度增加；随单位体积压实功能的增加，最大干密度增加；随碾压遍数的增加，压实干密度增加。

(2)最大粒径对压实的影响

压实干密度随最大粒径增加而增加，最大粒径与压实干密度在半对数坐标图上呈线性关系，见图 3-50。

(3)压实性定义及其对压实的影响

太沙基将压实性定义为：最大孔隙比、最小孔隙比之差与最小孔隙比的比值，表示如下：

$$F = \frac{e_{\max} - e_{\min}}{e_{\min}} \tag{3-14}$$

式中：F——压实性；

$e_{\max}$——最大孔隙比；

$e_{\min}$——最小孔隙比。

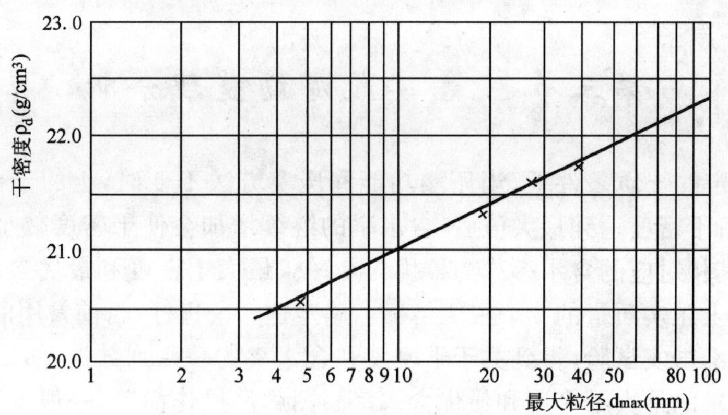

图 3-50 最大粒径与压实干密度关系线

级配良好的石料，$e_{max}-e_{min}$大，而e_{min}小，因此F大，这种土容易压实。级配不良的石料，$e_{max}-e_{min}$小，而e_{min}大，因此F小，这种土难以压实。

(4)颗粒级配对压实性的影响

颗粒级配直接影响石料压实的难易和压实干密度的大小。凡C_u值大，C_c值在1～3左右或相对靠近，级配良好，压实性F均较大，最大干密度也较大。

塔尔博特提出易于压实的土的理想颗粒级配经验公式如下：

$$p=\left(\frac{d}{D_{max}}\right)^n\times 100 \tag{3-15}$$

式中：p——小于某粒径的含量百分数；

d——某粒径尺寸，mm；

D_{max}——最大粒径，mm。

n决定级配曲线形状的指数。建议取0.25～0.50，压实性最好。塔尔博特理想颗粒级配的计算结果见表3-15。

塔尔博特理想颗粒级配的计算结果　　表 3-15

颗粒级配		小于某粒径的含量百分比 p(%)												
粒径(mm)		800	600	400	200	100	60	40	20	10	5	2	1	0.1
$D_{max}=800$	$n=0.25$	100	93	84	71	60	52	47	40	33	28	22	19	11
	$n=0.4$	100	89	76	57	44	35	30	23	17	13	9	7	3
	$n=0.5$	100	86	71	50	35	27	22	16	11	8	5	4	1
$D_{max}=600$	$n=0.25$		100	90	76	64	56	51	43	36	30	24	20	11
	$n=0.4$		100	85	64	49	40	34	26	19	15	10	8	3
	$n=0.5$		100	82	58	41	32	26	18	13	9	6	4	1
$D_{max}=100$	$n=0.25$					100	88	80	67	56	47	38	32	18
	$n=0.35$					100	84	73	57	45	35	25	20	9
	$n=0.40$					100	82	69	53	40	30	21	16	6
	$n=0.50$					100	77	63	45	32	22	14	10	3
$D_{max}=60$	$n=0.25$						100	90	76	64	54	43	36	20
	$n=0.35$						100	87	68	53	42	30	24	11
	$n=0.40$						100	85	64	49	37	26	19	8
	$n=0.50$						100	82	58	41	29	18	13	4

第三节　击实数据的整理分析

在大多数特定的土质条件下，当压实功能和压实方法不变时，土的干密度会随着含水率的增加而增加；干密度达到最大值后，含水率的继续增加会使干密度减小，此最大值称为最大干密度，与其相对应的含水率称为最优含水率。最大干密度和最优含水率在施工技术规范中是控制填土压实质量的2个主要指标。确定这2个指标，目前常用的方法是图解法，即先通过室内标准击实试验，得到关于干密度和含水率的一系列数据，然后绘制曲线，曲线的峰值点即为所求的最大干密度和最优含水率。图解法操作简单，一般工程人员很容易掌握。但在绘图过程中，因为没有统一的标准，技术人员往往会根据个人嗜好处理数据，处理数据的习惯不同而得到不同的结果，人为误差较大，出现不同的人得出不同的最大干密度和最佳含水率，随机性较大，即使通过加密试验的方法来进一步近似，也很难避免此类现象的出现。

路基碾压的压实标准是采用标准击实试验确定，在测定干密度 ρ_d 和含水率 w 后绘制 ρ_d—w曲线，确定最大干密度和最优含水率时，可以采用：①作图法、②回归法、③最小二乘法、④曲线拟合法、⑤正交多项式法、⑥数值分析法等方法进行，以下分别加以叙述。

一、图解法

击实试验作图时，将击实试验记录中干密度最大值减去最小值的差值在纵坐标中等距离拉开，上下适当，横坐标根据含水率差值调整比例。可用计算机勾绘，也可用手工描绘。

手工图解法是根据击实试验得到的数据组在厘米纸上取点绘制曲线；也可以采用 Excel 输入击实试验数据在计算机上绘制曲线，曲线的峰值点即为所求的最大干密度，相对应的含水率为最优含水率。此法具有快速简便的特点，但结果误差较大。

二、回归分析法

击实曲线的线形近似为二次曲线，因此可用二次多项式对击实曲线回归，回归后检验相关性是否显著，从而确定回归方程的有效性，设自变量 x 表示试样的含水率(%)，因变量 y 表示试样的干密度(g/cm³)，则回归方程为：

$$y = a + b_1 x + b_2 x^2 \tag{3-16}$$

对变量和进行相关性检验，可以用相关指数 R^2 来表示：

$$R^2 = 1 - \frac{\sum (y_i - \hat{y})^2}{\sum (y_i - \overline{y})^2} \tag{3-17}$$

式中：y_i——试验结果；

$\hat{y}$——x_i 代入回归方程得到的函数值；

$\overline{y}$——试验结果的平均值。

R^2 趋近1时，表示回归方程的拟合程度好；R^2 趋向0时，表示回归方程的拟合程度不好。

举例说明：有一重型击实试验数据如表3-16所列。

击实实测数据一览表 表 3-16

试验项目	序号					极值点(图解法)
	1	2	3	4	5	
含水率(%)	6.1	6.9	8.2	8.8	9.6	8.0
干密度(g/cm³)	2.07	2.10	2.11	2.09	2.05	2.11

设为 x 含水率(%)；y 为干密度(g/cm³)

$$\begin{cases} na+(\sum_{i=1}^{n}x_i)b_1+(\sum_{i=1}^{n}x_i^2)b_2=\sum_{i=1}^{n}y_i \\ (\sum_{i=1}^{n}x_i)a+(\sum_{i=1}^{n}x_i^2)b_1+(\sum_{i=1}^{n}x_i^3)b_2=(\sum_{i=1}^{n}x_i)y_i \\ (\sum_{i=1}^{n}x_i^2)a+(\sum_{i=1}^{n}x_i^3)b_1+(\sum_{i=1}^{n}x_i^4)b_2=(\sum_{i=1}^{n}x_i^2)y_i \end{cases} \tag{3-18}$$

$$b_1\approx 0.2624 \qquad \hat{b}_2\approx -0.0171 \qquad \hat{a}=\overline{y}-b_1\overline{x}-b_2\overline{x}^2=1.1037$$

式中 $\hat{a}$、$\hat{b}$ 分别为根据以上方程组得到的 a,b_1,b_2 值，故回归方程为：

$$y=\hat{a}+\hat{b}_1x+\hat{b}_2x^2=1.1037+0.2624x-0.0171x^2$$

$$R^2=-0.9959\approx 1$$

回归方程拟合程度好，也就说明回归方程有意义，回归有效。极值点为：

$$x_w=-\hat{b}/(2\hat{b}_2)=-0.2624/[2\times(-0.0171)]=7.7\%$$

$$y_{max}=2.11\ \text{g/cm}^3$$

即利用回归分析法得到的最佳含水率，$w_{op}=7.7\%$，最大干密度 $\rho_{dmax}=2.11\text{g/cm}^3$，利用图解法得到最优含水率为 8.0%，最大干密度为 2.11g/cm³。

三、最小二乘法

1. 最小二乘法的数学原理

在试验的统计研究中，需从一组 m 个试验数据 $(x_i,y_i)(i=1,2\cdots,m)$ 中确定自变量 x 和因变量 y 之间的函数关系 $Y=F(x)$，考虑到试验数据存在误差，故不要求 $Y=(F(x)$ 通过所有点，即在函数类 $\varphi=\{\varphi_0,\varphi_1,\cdots,\varphi_n\}(n<m)$ 中找到 $Y=S^*(x)$ 且误差平方和最小，即：

$$\begin{cases} \|\delta\|_2^2=\sum_{i=0}^{m}[S^*(x_i)-y_i]^2=\min\sum_{i=0}^{m}[S(x_i)-y_i]^2 \\ S(x)=\sum_{i=0}^{n}\alpha_i\varphi_i(x) \end{cases} \tag{3-19}$$

求式(3-19)最小成立，转化为求多元函数：$I(a_0,a_1,\cdots,a_n)=\sum_{i=0}^{m}[\sum_{j=0}^{n}\alpha_j\varphi_j(x)_i-f(x_i)]^2$ 的极小点问题。利用多元函数极值的必要条件，有：

$$\frac{\partial I}{\partial a_k}=2\sum_{i=0}^{m}[\sum_{j=0}^{n}\alpha_j\varphi_j(x_i)-f(x_i)]\varphi_k(x_i)=0 \qquad (j,k=0,1\cdots,n) \tag{3-20}$$

若记：$(\varphi_i,\varphi_k)=\sum_{i=0}^{m},\varphi_i(x_i)\varphi_k(x_i)$，$(f,\varphi_k)=\sum_{i=0}^{m}f(x_i)\varphi_k(x_i)=d_k$

则式(3-20)可改写为：

$$\sum_{j=0}^{n}(\varphi_k,\varphi_j)a_j=d_k \tag{3-21}$$

如采用矩阵形式则表示为：

$$G_a=d \tag{3-22}$$

$$a=(a_0,a_1,\cdots,a_n)^T \quad d=(d_0,d_1,\cdots,d_n)^T$$

$$G=\begin{bmatrix}(\varphi_0,\varphi_0)(\varphi_0,\varphi_1)\cdots(\varphi_0,\varphi_n)\\(\varphi_1,\varphi_0)(\varphi_1,\varphi_1)\cdots(\varphi_1,\varphi_n)\\ \vdots \quad \vdots \quad \vdots \quad \vdots\\(\varphi_n,\varphi_0)(\varphi_n,\varphi_1)\cdots(\varphi_n,\varphi_n)\end{bmatrix} \tag{3-23}$$

由于 φ_i,φ_j 之间线性无关,因此 $|G|\neq 0$,方程(3-22)存在唯一解：$a_k^*=a_k^*(k=0,1,\cdots,n)$,由此即推出函数 $f(x)$ 的最小二乘解：$S^*(x)\sum_{i=0}^{n}\alpha_i^*\varphi_i(x)$ 且误差最小。

2. 干密度和含水率二次函数关系的建立

在击实试验数据的基础上,若以 y 轴代表干密度值,x 轴代表含水率建立坐标系,则在最大干密度区间附近两者可近似为二次函数关系。按照上述关于曲线拟合的最小二乘法原理,两者函数关系可推导如下：

其函数关系式可表示为：

$$y=a_0+a_1x+a_2x^2 \tag{3-24}$$

$$\varphi_1=x^i \quad (i=0,1,2) \tag{3-25}$$

则

$$(\varphi_i,\varphi_j)=(\varphi_j,\varphi_i)=\sum_{k=0}^{m}x_k^i x_k^j \quad (i,j=0,1,2) \tag{3-26}$$

$$d_i=(\varphi_i,y)=\sum_{i=0}^{2}x_k^i f_k \quad (k=0,1\cdots,m,i=0,1,2) \tag{3-27}$$

m 为测试数据组数目,由于 ρ_d—w 曲线仅在最大干密度区间附近近似服从二次函数关系,因此在进行分析时 m 至少为 3 组以上试验数据,并应注意使峰值点包含其中。

取 $a=(a_0,a_1,a_2)^T$,$d=(d_0,d_1,d_2)^T$,由 $G_a=$d 求解相应的 a_i 值,代入式(3-24),即可解出函数的解析表达式。

3. 应用二次函数的极值确定最优含水率和最大干密度

对二次函数 $y=a_0+a_1x+a_2x^2$ 进行求导计算：$y'=a_1+2a_2x$

求极值：令 $y'=a_1+2a_2x=0$,求出 $x=\frac{a_1}{2a_2}$

将此值代入式(3-24),解 y 的极值,从而求该二次函数的极值点为：

$$\left(\frac{a_1}{2a_2},\frac{4a_0a_2-a_1^2}{4a_2}\right) \tag{3-28}$$

按照该函数建立的物理意义,函数的极值点所对应的值即为所要求的最优含水率 w_{op} 和最大干密度 ρ_{dmax},得到的 w_{op} 要位于试验含水率的最大值和最小值之间,当 ρ_{dmax} 值有几个解时,应取最大值作为 ρ_{dmax} 的真正解。

在(3-19)式中阶数 n 的取值是关键，取得太低，拟合就粗糙；阶数 n 取得太高，拟合过头，相应的法方程往往是病态的，且 n 越大病态越严重。根据击实试验数据一般都是 5 组数据的实际情况，n 值一般取 2、3、4 进行计算，通常情况下 $n=2$、3 即可满足工程精度要求，而且 n 值越大，计算工作量越大。

计算实例

广东省新丰县同龙水库大坝安全鉴定工程测试土料试验数据见表 3-17，土料干密度和含水率关系曲线见图 3-51。

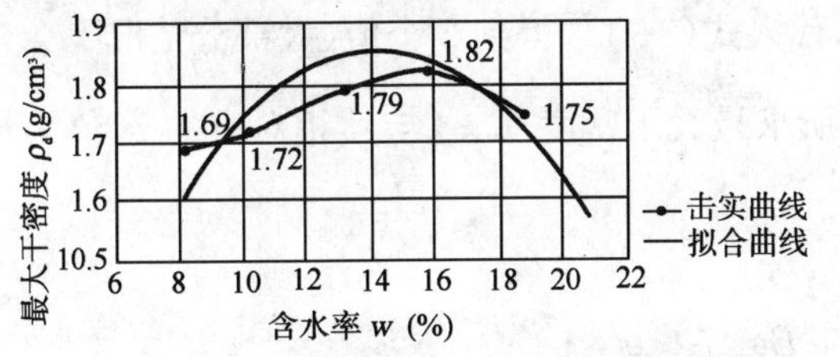

图 3-51　土料干密度和含水率关系曲线

土料试验数据　　表 3-17

试样编号	1	2	3	4	5
干密度 ρ_d(g/cm³)	1.75	1.82	1.72	1.69	1.79
含水率 w(%)	18.8	15.7	10.2	8.2	13.1

按照进行曲线拟合后求极值的方法，设函数关系式为：$y=a_0+a_1x+a_2x^2$，按式(3-24)～式(3-27)进行求解，可得到计算结果：$a_0=1.15$，$a_1=0.09$，$a_2=-0.0029$，则函数表达式为：$y=1.15+0.09x-0.0029x^2$，按式(3-28)求极值得到：最优含水率 $w_{op}=15.52\%$，最大干密度 $\rho_{dmax}=1.85\mathrm{g/cm^3}$。从击实曲线人工可确定最优含水率 $w_{op}=15.6\%$，最大干密度 $\rho_{dmax}=1.83\mathrm{g/cm^3}$，两种方法得到的结果基本吻合。

四、正交多项式法

基于数值逼近原理，并根据试验数据，构造正交函数族$\{P_n(x)\}$：

$$\begin{cases} P_0(x)=1 \\ P_1(x)=(1-\alpha_1)P_0(x) \\ \cdots\cdots \\ P_{k+1}(x)=(x-\alpha_{k+1})P_k(x)-\beta_k(x)P_{k-1}(x) \\ (k=0,1,\cdots,n-1) \end{cases} \tag{3-29}$$

其中，$P_k(x)$是首项系数为 1 的 k 次多项式。根据 $P_k(x)$的正交性，得：

$$\begin{cases} \alpha_{k+1}=\dfrac{\sum\limits_{i=0}^{m}w(x_i)x_iP_k^2(x_i)}{\sum\limits_{i=0}^{m}w(x_i)x_iP_k^2(x_i)} \\ \beta_k=\dfrac{\sum\limits_{i=0}^{m}w(x_i)P_k^2(x_i)}{\sum\limits_{i=0}^{m}w(x_i)P_{k-1}^2(x_i)} \end{cases}$$

$$(k=0,1\cdots,n-1) \tag{3-30}$$

求解得到 ρ_d—w 函数关系式，对其求导可以得到最大干密度和最优含水率。

大量试验结果表明，ρ_d—w 曲线形状近似为抛物线形，为了使拟合曲线更加接近试验数据，构造正交多项式拟合函数：

$$\rho_d^*(w)=\rho_0^* P_0(w)+\rho_1^* P_1(w)+\cdots+\rho_3^* P_3(w)=\sum_{i=1}^{3}\rho_i^* P_i(w) \tag{3-31}$$

上式可写为：

$$\rho_0^*(w) = A + Bw + Cw^2 + Dw^3 \tag{3-32}$$

将上式两边分别对 w 求导，得到：$\frac{d\rho_0^*}{dw} = B + 2Cw + 3Dw^2$

令 $\frac{d\rho_0^*}{dw} = 0$，得到 $w = \frac{-2C \pm \sqrt{4C^2 - 12BD}}{6D}$，代入式(3-31)，得到 2 个值(大部分情况下会舍弃 1 个多余解)，根据实测数据的分布情况确定所求最大干密度 ρ_{dmax}，与其相对应的 w 值为最优含水率 w_{op}。

也可以把密度公式表示为：

$$\rho_0^*(w) = A + Bw + Cw^2 \tag{3-33}$$

将上式两边分别对 w 求导，得到：$\frac{d\rho_0^*}{dw} = B + 2Cw$

令，$\frac{d\rho_0^*}{dw}=0$，得到 $w_{op}=\frac{-B}{2C}$，代入式(3-33)，得到最大干密度 $\rho_{dmax} = A - \frac{B^2}{4C}$，此法在选取拟合数据组时，应该包含数据组最大值并集中在最大值附近。选取的数据组个数没必要太多，个数太多会降低拟合曲线的整体性能；考虑到试验中存在的人为误差，选取的数据组要求个数，$n \geqslant 3$。

计算实例：

某工程对土料进行室内标准击实试验，测得 5 组关于干密度和含水率的数据，具体数值见表 3-18。

依据试验数据，可以确定的 $w(x_i)$ 值(表 3-18)。正交多项式的方法及计算步骤，得到计算结果：

$$\begin{cases} P_0(w)=1 \\ P_1(w)=w-13.2 \\ P_2(w)=w^2-26.948w+167.148 \\ P_3(w)=w^3-40.669w^2+527.383w-2\,167.859 \end{cases}$$

$$\begin{cases} \rho_{do}^*=1.754\,0 \\ \rho_{d1}^*\approx 0.007\,83 \\ \rho_{d2}^*\approx -0.002\,83 \\ \rho_{d3}^*\approx -0.000\,47 \end{cases}$$

代入式(3-31)，得到正交多项式拟合函数：$\rho_d^*(w)=2.207\,2-0.166\,3w+0.016\,48w^2-0.000\,47w^3$，$\rho_d$—$w$ 函数关系曲线见图 3-52。

五、数值分析法

1. 基本思路

在最佳含水率附近，配置一组击实试验至少五个不同含水率的试样，并经击实试验和计算得到其含水率和干密度，以含水率为横坐标，以干密度为纵坐标点绘出表示含水率和干密度关系曲线的击实曲线。因为绘出的击实曲线必须通过已测定的含水率与相应的干密度所对应的点，所以将此转化为数学问题即为插值问题，即已知 $f(x)$ 在 n 个节点处的函数值，求函数 $f(x)$ 的一般表达式及其函数 $f(x)$ 的极值，就可以得到最大干密度和最佳含水率。

土 料 试 验 数 据　　表 3-18

编　号	0	1	2	3	4
干密度 ρ_d(g/cm³)	1.69	1.72	1.79	1.82	1.75
含水率 w(%)	8.2	10.2	13.1	15.7	18.8
权值 $w(x_i)$	1	1	1	1	1

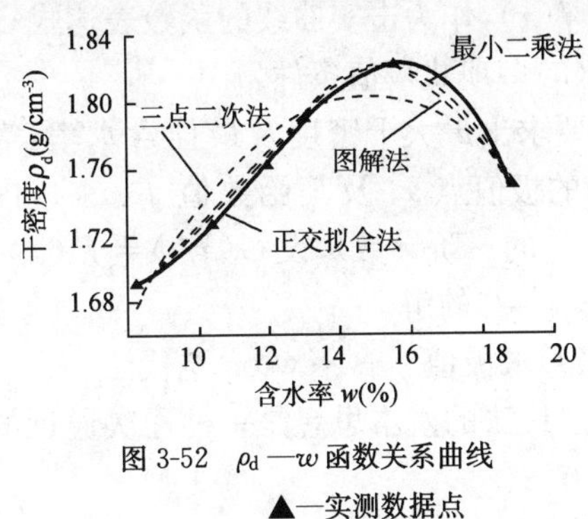

图 3-52　ρ_d—w 函数关系曲线

▲—实测数据点

2. 插值多项式

数值分析方法中插值方法的基本原理为用一个简单的插值多项式 $P(x)$ 去近似表达一个非常复杂的或只能用一张数据表来表示的函数 $F(x)$，例如已知 $f(x)$ 与 x 的对应关系为一一对应，即 X_n 对应于 $f(x_n)$，通过插值多项式 $p(x)$ 将研究复杂函数 $f(x)$ 的问题转化为研究简单函数 $p(x)$ 的问题，最终求出满足精度要求的近似解。若已知 $n+1$ 个节点及其相应的函数值，可以求出满足已知条件的 n 次插值多项式近似作为函数表达式。根据上述原理，可根据击实试验中测定的 $n+1$ 组含水率和干密度值，利用 Newton 插值法，求出一个 n 次的插值多项式，此多项式曲线既通过已知的 $n+1$ 个节点，且是唯一满足试验数据的 n 次多项式，以此 n 次多项式近似作为击实曲线的函数表达式。

(1)差商

定义：设已知函数 $f(x)$ 在 $(n+1)$ 个互异节点 $x_0, x_1, \cdots, x_n$ 上的函数值 $f(x_0), f(x_1), \cdots, f(x_n)$，称：$[f(x_j)-f(x_i)]/(x_j-x_i)$ 为 $f(x)$ 关于节点 x_i 与 x_j 的一阶差商，记为 $f[x_i, x_j]$。

一般地称 $(k-1)$ 阶差商的差商为 k 阶差商，即：

$$f[x_0,x_1,\cdots,x_{k-1},x_k]=\frac{f[x_0,x_j,\cdots,x_{k-1},x_k]-f[x_0,x_1,\cdots,x_{k-2},x_{k-1}]}{X_k-X_0} \tag{3-34}$$

由差商的定义可知：若给定 $f(x)$ 在 $(n+1)$ 个节点上的函数值，则可求出直至 n 阶的各阶差商。

(2)Newton 插值多项式

差商有以下主要性质：k 阶差商 $f[x_0, x_j, \cdots, x_k]$ 是由函数值 $f(x_0), f(x_1), \cdots, f(x_k)$ 线性组合而成的，即：

$$f(x_0,x_1,\cdots,x_{k-1},x_k)=\sum_{m=0}^{k}\frac{f(x_m)}{x_m-x_i}(i=0,i\neq m) \tag{3-35}$$

由此可知 $f(x)$ 以 $x_0, x_1, \cdots, x_n$ 为插值节点的 n 次插值多项式 $N_n(x)$ 可写为：

$$N_n(x)=f[x_0]+f[x_0,x_1](X-x_0)+f[x_0,x_1,x_2](X-x_0)(X-x_1)+\cdots+ f[x_0,x_1,\cdots,x_n](X-x_0)(X-x_1)\cdots(X-x_{n-1}) \tag{3-36}$$

利用上述原理，可以写出通过试验所测得的几组数据的 n 次多项式，以此多项式近似表示函数 $f(x)$，作为击实曲线的函数表达式。

(3)多项式极值条件

要求出最大干密度及最佳含水率，需找出曲线的峰值，转化为数学问题即可求出函数 $f(x)$的极值点 x^* 及其函数值 $f(x^*)$，因为 x^* 为极值点，所以有 $f'(x^*)=0$ [$f'(x^*)$ 为 $f(x^*)$]的一阶导数)，设 $G(x^*)=f'(x)$，则满足 $G(x^*)=0$，所以找极值点 x^* 可转化为求 $G(x*)=0$ 的解。

(4)求极值——Newton 迭代法

迭代法的基本思想是一种逐次逼近的方法，其中 Newton 法就是把非线性方程线性化的一种方法。

设 X_K 为原方程 G(x)=0 的 1 个近似根，利用 Newton 迭代格式 $X_{k+1}=X_k-[f(x_k)/f'(x_k)]$，反复迭代求解，直到求出满足精度要求的根。

利用上述原理，可根据经验首先确定最佳含水率的大致范围，在此范围内选一值为近似值，反复迭代求解，即可求出 $f'(x)=G(x)=0$ 的满足精度要求的根 x^*，即为最佳含水率，$f(x*)$值即为最大干密度。

3. 计算实例

有一组击实数据(见表 3-19)，采用作图方法求解，其最佳含水率为 16.1%，最大干密度为 1.835g/cm^3。下面用数值分析方法求解最佳含水率和最大干密度。

击 实 试 验 数 据 表 3-19

组　号	1	2	3	4	5
含水率(%)	11.6	13.5	15.7	17.7	19.6
干密度(g/cm^3)	1.726	1.776	1.825	1.815	1.770

(1)求插值多项式

已知此曲线中的五个节点(即含水率)及其相应的函数值(即干密度)，先用 Newton 插值多项式方法得到该击实曲线的四次表达式 $f(x)$。

①构造插值商表(表 3-20)

插 值 商 表 表 3-20

x	$f(x)$	一 阶 插 商	二 阶 插 商	三 阶 插 商	四 阶 插 商
11.6	1.726				
13.5	1.776	0.026 316			
15.7	1.825	0.022 273	−0.000 986		
17.7	1.815	−0.005	−0.006 494	−0.000 903	
19.6	1.770	−0.023 684	−0.004 791	0.000 279	0.000 148

$f(11.6,13.5)=0.026\,316$

$f(13.5,15.7)=0.022\,273$

$f(15.7,17.7)=-0.005$

$f(17.7,19.6)=-0.023\,684$

二阶插商：

$f(11.6,13.5,15.7)=-0.000\,986$

$f(13.5,15.7,17.7)=-0.006\,494$

$f(15.7,17.7,19.6)=-0.00\,4791$

三阶插商：

$f(11.6,13.5,15.7,17.7)=-0.000\,903$

$f(13.5,15.7,17.7,19.6)=0.000\,279$

四阶插商：

$f(11.6,13.5,15.7,17.7,19.6)=0.000\,148$

②插值多项式

由插值商表可得四次插值多项式为：

$$f(x)0.000\,148x^4-0.009\,561x^3+0.224\,235x^2-2.252\,601x+9.927\,065$$

(2)求 $f(x)$的极值点 x^* 及 $f(x^*)$

由最大干密度的意义可知：x^* 处的 $f'(x^*)=0$，设：

$$G(x)=f'(x)=0.000\,592x^3-0.028\,683x^2+0.448\,47x-2.252\,601$$

用 Newton 迭代法求 $G(x)=0$ 的解，迭代格式：

$$X_{K+1}=X_K-[f(x_k)/f'(x_k)]$$

即：

$$x_{k+1}=X_k=(0.000\,592x^3-0.0286\,83x^2+0.448\,47x-2.252\,601)/(0.001\,776x^2-0.057\,366x+0.448\,47)$$

分析试验数据可知，最佳含水率应在 15.7%～17.7%之间，设=15.7%，由上式反复迭代，可得：

$$x_1=16.341\,37,\quad x_2=16.332\,328,\quad x_3=16.332\,333\,1,\cdots\cdots$$

取精度为(1/2)(10^{-5})，则得：

$$x^*=16.332\,3\%$$

则：

$$f(x^*)=1.827\,9$$

即最佳含水率为 16.33%，最大干密度为 1.827 9g/cm³，击实曲线如图 3-53 所示。

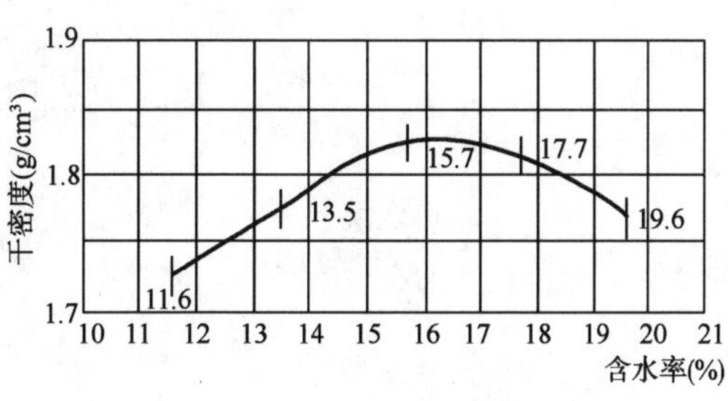

图 3-53　击实曲线

一组击实试验土样数量越多，得到的插值多项式的次数越高，其表示的曲线越接近实际情况，依据数值分析方法求得的最佳含水率和最大干密度越精确。

六、击实数据处理计算的评价

(1)图解法求解干密度直观，但受主观因素影响大，不同的人采用不同的坐标比例可能得出不同的结果。

(2)回归分析法、数值分析法等几种数学方法都能通过数学计算求取最大干密度,受主观因素影响小,数据容易统一。

(3)回归分析法、数值分析法等几种数学方法均与原曲线拟合好,误差较小。

(4)击实曲线也可以利用电子表格通过调整坐标比例可以使击实曲线光滑美观,同时利用电子表格分析数据可以方便地求出最大干密度和最佳含水率,并进行误差计算。

(5)多项式插值法在试验数据较少的情况下比较适用,如果测点较多,多项式的系数过高,容易产生龙格现象导致震荡。一般最小二乘法所采用的系数矩阵是病态的,求法方程的解时,舍入误差很大。

第四章　路基的填筑施工

路基的压实程度对路基的强度和稳定性影响极大，压实度不够的路基，在自然因素和行车荷载的作用下，必然要产生较大的变形或破坏，这是由于未经压实的路基抵抗荷载及暴雨或水流冲刷的能力很低；在季节性冰冻区，由于毛细作用，水分积聚，道路会发生冻胀和翻浆现象。与此相反，压实紧密的路基，强度提高，透水性降低，变形显著减小，稳定性得到明显改善，可以避免大规模的破坏。因此，路基的压实是路基施工中极其重要的环节，是保证路基质量的关键。

提高路基的压实度具有如下重要意义：

(1)提高压实度可使路基的强度大大增加。

(2)提高压实度可以明显地减少路基和路面的塑性形变。路基的压实度不足，在行车荷载作用下，在路面上会发生辙槽、沉陷等形变，而且压实度愈小，所产生的辙槽等形变就愈大。这样就影响行车的速度、安全性和舒适性。

(3)提高压实度可以明显地减小土的渗透系数，减小路基饱水量，增加其稳定性。压实度愈小意味着土中水和空气愈多，路基一旦受地表水或地下水的侵浸，水分就很容易渗透到土中，存留在土中的水分也就越多，在这种情况下，土的强度就会下降，路基的稳定性变差。

路基的压实可以充分发挥路基土的强度，减少路基、路面在行车和自身荷载作用下产生的永久形变，还可以增加路基土的不透水性和强度稳定性。压实不足还会导致路基不均匀固结沉陷，进而出现路面局部沉陷和纵横向裂纹现象，构造物两端路基沉陷导致“桥头跳车”等病害。压实的这些作用，对于增强道路的使用性能和延长使用寿命是非常重要的。因此，路基碾压密实具有非常大的意义。

以下就影响路基压实的因素、路基施工参数的确定、路基填筑施工工艺、施工质量的控制方法等进行论述。

第一节　路基施工工艺

为保证施工质量和工程进度，一般采用“三阶段、四区段、八流程”的作业方式。“三阶段”为准备、施工、竣工验收阶段。“四区段”为填筑、平整、碾压、检验区段。“八流程”为：①施工准备。复测放样、填料试验、技术交底。②基底处理。清除表层植被、草根、腐植土、整平压实。③分层填筑。根据松铺厚度计算每层土方数量，采用分格法进行卸土。④摊铺整平。按照“三线(即中线、两侧边线)、四度(即厚度、密实度、拱度、平整度)”的要求，使用推土机粗平、平地机精细整平。⑤洒水或凉晒。根据测定的实际含水率，与击实或碾压试验时最优含水率比较，然后进行洒水或翻松凉晒。⑥机械碾压。施工顺序为先两侧、后中间、先慢后快、先静后振、先弱后强，最后光面碾压。⑦质量检验。根据土工试验结果和路基要求的压实度，按照《路基工程施工质量验收标准》的频次检验。⑧路基整形。采用人工或机械整形路肩、边坡、排水沟等。其工艺流程见图 4-1。

路基上土前，需用推土机整平地表面，再用平地机精平，最后用压路机压实碾平。当测量人员放好中桩及边桩(中线桩距以10m为宜),每一横断面除测出中、边桩的标高外,若路基较宽则需左右各加密一个桩子并测出其标高,以利观测。这时施工人员可在该段路上用石灰撒方格,每一个方格代表一车土,自卸车照此倒土,不能随意一倒了事,这也俗称"打格子",此举不但能确保单位面积上的上土量,还可有效减少安全事故的发生。另外,挖掘机司机要严格控制每辆车的装车斗数,不能随意变动。

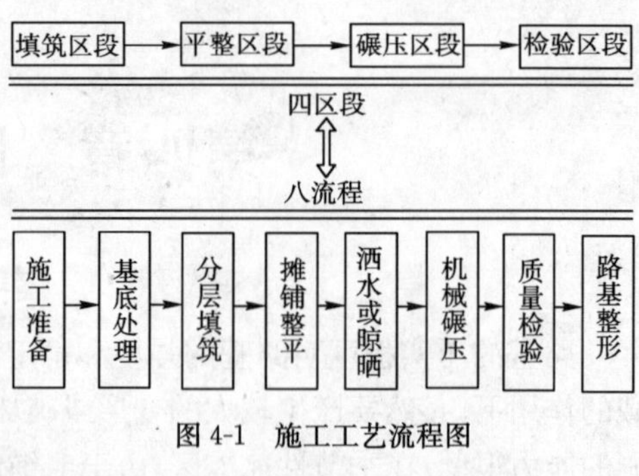

图 4-1 施工工艺流程图

上土完毕,先用推土机推平,再用平地机精平。试验检测人员现场测试土的天然含水率,含水率偏大则应翻晒或掺灰,偏低则适量洒水,使其碾压前含水率与最佳含水率接近。平地机精平后,测量人员要恢复中、边桩,测出每个横断面的五个点标高,并做好记录,与上土前所对应点的标高相比较,得出该处的土方松铺厚度,取其算术平均值作为实测松铺厚度。之后,压路机方可对土方进行压实,碾压时应遵循先轻后重,先静压后振动的原则,速度尽可能慢,达到垂直振动的最佳效果。试验检测人员随时检查压实效果,一般压路机压完三遍之后开始每压完一遍需按规定频率检测压实度,并做好记录。碾压完毕,压实度合格后,测量人员再次恢复中、边桩,并测出每一横断面上相应五个点的标高,做好记录,与碾压前对比,得出实际压实厚度值,用松铺厚度值与压实厚度值相除,即可得到该类土的松铺系数值。路基填筑施工流程见图 4-2。

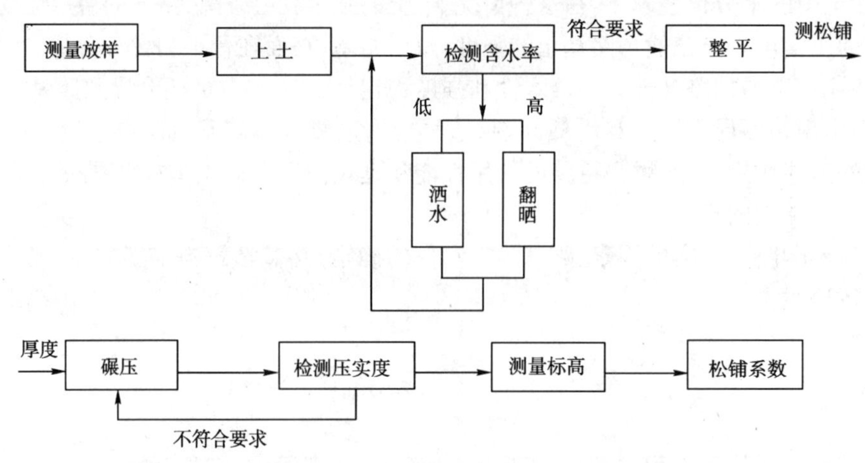

图 4-2 路基填筑施工流程

第二节 压实度控制方法

压实度的定义:实验室内用规定的击实试验法(重型击实试验法或轻型击实试验法)求得某种土的最大干密度(即标准干密度)ρ_{dmax},在施工现场通过机械压实后测得该种土的干密度ρ_d,ρ_d与ρ_{dmax}之比值即为该种土的压实度K,即$K=\rho_d/\rho_{dmax}$。其中高速公路、一级公路标准干密度必须采用重型击实试验,其他等级公路及多雨潮湿地区可以采用轻型击实试验。

在现场测定压实度时,必须核准该层填土土源相应的标准干密度,特别注意不同的土质绝不能混合到同一填筑段落层上,这样会影响到密实度的检测结果,还可能造成路基沉降的不均匀，从而降低路基的压实程度和稳定性，为确保路基压实质量，施工时必须做好以下控制工作。

1. 试验路段的填筑

铺筑试验段的目的，可以确定不同的土质、填土厚度、压实机械的相互配合效果以及达到压实度标准的碾压遍数，总结压实规律，用来指导路基施工。通过试验路段获得不同的土质，不同的填土厚度，不同的压实机械在施工控制含水率的情况下，达到填土区域各压实度区标准的碾压遍数。

2. 填土厚度的控制

填土厚度对压实效果具有明显的影响，在土质含水率等相对不变的条件下，且在相同的压实遍数下，不同的填筑厚度，其密实度随填土厚度的增大而逐渐减小。因此，施工要严格控制铺土厚度。控制方法如下：

(1)施工员按填土厚度、松铺系数，计算出每工作段单位面积的用土量。

(2)现场设专人指挥车辆倒土，严格收方计量。并随时用钢尺测量、检查松铺厚度并记录(也可采用设置边、中桩，设方格的方法控制填土厚度)。

(3)测量人员事先将每工作段虚铺土厚度用红布条绑在边桩上。

(4)为保证运输土的一致性，在取土场装车时，采用装载机和挖掘机装土，操作手严格控制每车的斗数和每斗的装土量，现场派专人计数和检查。

3. 含水率的控制

施工现场测定土的含水率时，可采用如下控制方法：

(1)可先采用目测的简易方法。手抓一把土，捏紧后松开，土不散或握紧后扔于地上即刻散开，这时土的含水率最为适宜。

(2)在分段分层填土时，采用同一土场的土源，并尽可能地短时间集中填土，这样就能够使一个工作段填土的含水率基本一致。

(3)工地试验室测定填土的含水率最适用的方法就是酒精燃烧法。含水率过小时，现场派洒水车洒水，平地机随洒随拌，现场随时测定含水率至接近最佳含水率时，方可辗压。含水率过大时，采用平地机配合推土机翻拌晾晒或掺灰，直至检测的含水率接近或达到施工控制含水率时，再碾压。对于出现“弹簧”现象时，要坚决挖除换填，避免给工程质量带来严重隐患。

4. 碾压程序的控制

压实机具的选择，以及操作程序的合理与否，都会影响路基压实度的效果。根据土质，在有条件的情况下，可合理选定压实机具。在碾压时，操作程序必须遵循“先轻后重，先慢后快、先边后中，相邻两轮道重合轮宽的三分之一”的原则。通过试验路段及工作经验，总结出压实规律、参数及碾压程序。为有效保证压实度质量，碾压工作尽可能安排在白天，以防漏压、重复碾压等现象。

5. 压实度的检测

如果路基填料均为土质路基，土的实际干密度测定方法采用环刀法。现场取样时，按规范规定每 2 000m^2 自检频率≥8 处。在程序操作完后，将环刀土样装入塑料袋扎紧，送工地实验室做试验。测定土体的湿密度，然后做含水率试验，计算出干密度。

当密实度检测不合格时，应及时查找原因，及时解决处理，至碾压结果合格。经监理工程师抽检合格后，继续填筑第二层，依次类推，直到达到路基标高。

6. 现场碾压平整度的控制

在施工现场，无论是机械铺土还是人工铺土，都不可避免地会有局部范围的凸凹现象，形成龟背状铺土表面(如图 4-3)，如果凹凸现象严重时就会对压实效果产生影响。

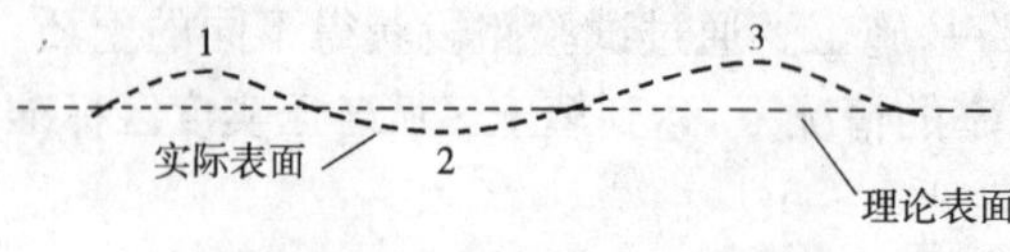

图 4-3　龟背状铺土表面示意图

从图 4-3 分析，当碾压机械位于 1、3 点之间时，因各点受压面积不同，使其实际压实功能不同，使其 1、3 点的压实将大于 2 点的压实度，这样必将造成压实程度不均匀的结果，所以在铺土施工过程中应采取后退式铺土方法，坚决杜绝前展式铺土，铲运机倒土时尽量避免高落差倾倒，减小自重压力和自由落体带来的虚铺土体的不均匀，同时应在铺土过程中采用水准统一操作控制其虚铺厚度和虚铺表面的平整度。

路基填土的摊铺平整程度是实现碾压功能对每个点都有相同作功的基础。施工中要做到：

(1)按高程控制，即在摊铺上层前设置层高控制桩，其作用是保证不超层厚，为平地机操作提供高程控制。

(2)对摊铺横断面要求，不能出现凹形断面，而应以略凸形为好，这样有利于振动压路机压实。

(3)平地机初平后，应用三轮碾大摆轴压实一遍，再用平地机平整，将土层在施工机械碾轮作用下的虚实差异消除。

(4)复测高程，发现不合格点用平地机找平。

(5)碾压过程中，对局部坑洼点用人工找补。

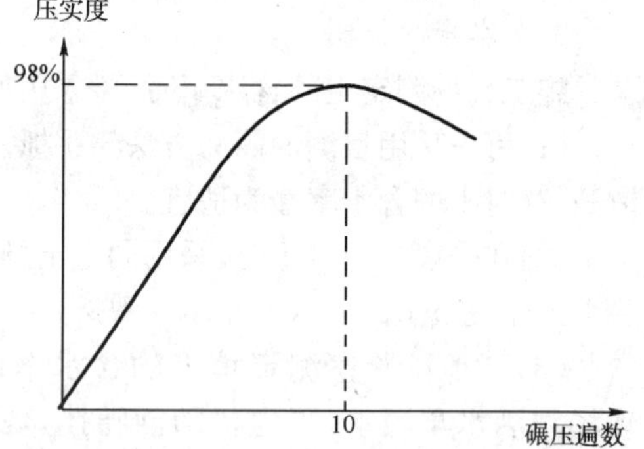

图 4-4　出现过碾情况下压实度与碾压遍数之间的关系

开始碾压时，压实度增加较快，碾压到一定遍数后，压实度增加趋缓，再超过更多的遍数后，可能就会出现过碾现象，压实功能与压实度关系如图 4-4所示。在错半轴加振碾压情况下，经 10 遍碾压，压实度可达 97.7% ，超过 10 遍则发生过碾现象，路基表面出现裂纹，发生剪切，这种方法虽达到了密实度要求，但最终效果却不如意。

第三节　路基施工参数的试验确定

一、碾压试验方法

高速公路、一级公路以及特殊地区或采用新技术、新工艺、新材料进行路基施工时，应采用不同的施工方案做试验路段，从中选出路基施工的最佳方案指导施工。

试验路段位置应选择在地质条件、断面型式均具有代表性的地段，试验路段长度不小于 100m。试验一般在施工初期的填筑现场进行。

试验所用的材料及机具应当与将来施工所用的材料和机具相同。通过试验来确定不同机具压实不同材料的施工控制含水率、适宜的松铺厚度和相应的碾压遍数、最佳的机械配套和施工组织。对于高速公路、一级公路应按松铺厚度 30cm 进行试验，以确保压实层的均质性。

碾压试验的参数试验个数及组合如下：行车速度 2～3 个，层厚 2～3 个，碾压遍数 3～4 个，含水率 2～4 个。

1.碾压试验的组合方法

试验组合的方法有经验确定法、循环法、淘汰法（又称逐渐收敛法）和综合法。以羊足碾作黏性土试验及震动平碾进行堆石试验为例分别叙述如下：

(1)经验确定法　这种方法是除黏土含水率外，其余参数均根据经验确定进行试验。如用羊足碾进行黏性土试验，选两个含水率，作两组试验，试验结果比较理想、总的试验组数仅 2 组。如发现试验不理想（压实度达不到设计要求或施工中有异常现象等），再根据试验情况，将其中某些参数作一、二次调整，至试验结果满意为止。对当地土料有比较丰富的使用经验时，可以采用此法。

(2)循环法　即每种参数均与其他所有参数相互组合。如：用羊足碾作黏性土碾压试验，每种参数均取试验组合的数值时，全部循环法试验工作量太大，很少采用。目前人们对各种压实机械压实各种土石料都已积累了经验，可资借鉴，无需进行全部循环试验。一般多采用部分循环法，取其中几种参数进行相互轮流组合。

(3)淘汰法又称逐步收敛法　此法是每次只变动一个参数，固定其他参数，通过试验求出该参数的适宜值。同样变动另一参数（每次只能变动一个参数），用试验求得第二个参数的适宜值，依次类推。此法优点是试验总数较少。但有些参数固定，只看此一参数对压实的影响，很难确定该参数的适宜值或最优值。

(4)综合法　是同时采用上述两种或三种方法，部分参数采用经验确定法，部分参数采用淘汰法确定，部分参数采用循环法确定。事先根据工程和材料等具体情况制定试验组合方案。

2.试验场地的一般要求

(1)场地应地势平坦，地基坚硬。

(2)用试验用的土料先在地基上填压一层，压实到设计标准，若为黏性土，其含水率在最优含水率附近，将这一层作为基底，然后在其上进行试验（当在工程断面范围内进行试验时，也必须在填筑合格的土层上进行试验）。

(3)试验填土的周边附近，压实时产生侧向移动，而且碾压遍数也不标准，因此一般在试验填土区的两侧（垂直行车方向）至少留出一个碾宽，两端（平行行车方向）至少留出 4～5m，作为非试验区。

3.现场描述

(1)应记录使用的运输设备，卸料方式，铺料、散料方法（所采用的方法应尽量与将来施工情况近似）。

(2)对黏性土应描述羊足入土深度的变化，有无粘碾现象，气胎碾车辙深度，检查压实后有无剪切破坏现象。

(3)黏性土应观测上、下压实土层结合情况。

(4)对无黏性土及堆石料应观察有无严重分离现象。

(5)记录碾压前松土实际厚度及碾压后压实土层厚度。

4.碾压试验

(1)从碾压试验场取各种土料的代表性试样，进行室内试验，各类土石料的一般室内试验项目见表 4-1。

碾压试验各类土石代表性试样的室内试验　　表 4-1

土石料	比重	颗粒分析	液、塑限	击实试验	最大干密度	吸水率
一般黏性土	√	√	√	√①		
砾石土	√	√	√	√①		
砂及砂砾石	√	√			√	√
堆石	√②	√		√③		√

注：①指细粒(小于 5 mm)击实试验；

②指石料干比重；

③取不同级配缩小模，作室内最大干密度试验，推求原级堆石的最大干密度。

(2)测定每组试验压实后的密度、含水率，进行颗粒分析等。对于黏性土用环刀法取样测定密度、含水率，每组试验取样不少于 5 个；当压实后土层厚度大于 15cm 时，沿深度每隔 10～15cm 分层取样，每层取样也不少于 5 个，最下部的取样深须达到压实层的底部。

(3)对砾石土及黏性土，应测定粗粒(粒径大于 5mm)含量，全料密度，细粒密度，粗粒、细粒的含水率。

(4)砂及砂砾石，用灌砂法取样测定密度、含水率，每组试验不少于 3 个。当压实后土层厚度大于 30cm 时，沿深每隔 20cm 分层取样试验。另外取一组代表性试样，作一组颗粒分析试验。

(5)堆石碾压试验。当研究某参数对压实影响时，可以只测沉降量，即在堆石层表面布置方格网点，涂上颜色，作为测点，压实前后对各测点进行水准测量，根据其压实前后的高程变化计算其平均沉降量及沉降率，作为比较压实效果的依据。但当全部参数选定后，进行碾压试验时，除测沉降量外必须用灌水法测定密度，每组试验的密度试验不少于两个。另外压实后取一组代表性试样作颗粒分析试验。

二、路基施工参数的试验确定

1. 填料试验及数据

现场取土样进行击实试验，获得最大干密度及最优含水率。按照路基质量检测的要求，检测密实度和弯沉值。

2. 压实系数 K 与压实遍数 N 之间关系的确定

根据碾压试验取得的数据，计算压实系数 K 取平均值后得出 K 与压实遍数 N 之间关系图(见图 4-5)。从图 4-5 和路基的密实度要求就可以得出，压实遍数 a。

3. 压实遍数 N—干密度 ρ_d—松铺厚度关系

通过现场试验所收集的数据，分别按照不同的松铺厚度、干密度、相应的压实遍数，得出干密度 ρ_d—压实遍数 N—松铺厚度关系曲线(见图 4-6)。通过计算得到可以满足规定的压实系数要求的干密度必须的最小碾压遍数和最大摊铺厚度。

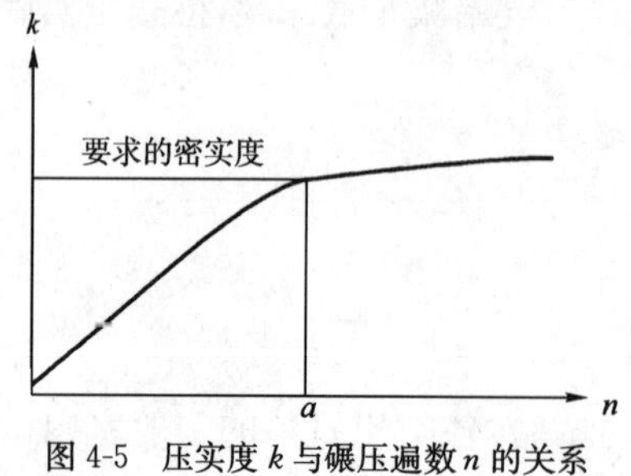

图 4-5　压实度 k 与碾压遍数 n 的关系

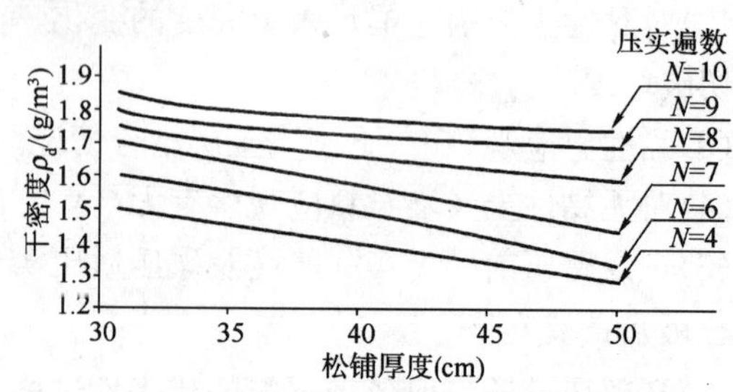

图 4-6　干密度、压实遍数、松铺厚度关系图

4. 施工控制含水率的确定

根据击实曲线，确定满足路基规定密实度要求的施工控制含水率范围。

5. 施工参数的确定

通过试验得到的压实系数 K 与压实遍数 N、压实系数 K 与含水率 w、干密度 ρ_d 与压实遍数 N 及松铺厚度三个关系曲线，进行如下分析：

(1)按照《路基施工规范》的规定，为了保证施工质量，同时考虑检验误差影响，将标准作适当提高，确定既经济又合理的压实度取值范围，根据击实曲线和路基密实度要求，确定施工控制含水率。

(2)满足压实度时，由压实曲线得出最小压实遍数。

(3)根据 ρ_d—压实遍数 N—松铺厚度曲线确定最小松铺厚度。

(4)根据以上分析，本着既保证质量，又经济合理的原则，可以得出施工控制含水率、松铺厚度、压实遍数。

第四节　击实曲线与压实曲线的关系

目前，施工现场的碾压机械种类很多，吨位值相差很大，击实试验参数与实际碾压情况很难一致，在这种情况下采用相同的含水率波动范围时显然不合理。现在在公路路基施工规范中，施工控制含水率偏离最佳含水率的限值规定为±2%，在铁路路基施工规范中，施工控制含水率偏离最佳含水率的限值规定为+2%～-3%，这些规定的不完善之处，一是最佳含水率是以标准击实试验的测定值为准，而不是以现场施工机械的实际压力所对应的最佳含水率为准；二是施工控制含水率的波动范围的大小没依据机械的压实能力(线压力)的大小和压实系数的高低来确定；三是不同填料对水的敏感性不同，碾压时对水不敏感的土石，此规定过于严格，而且不经济，影响工期。根据土壤压实机理，在填土实施中，最理想的含水状态是机械克服土颗粒内摩阻力和黏结力达到最大干密度时的含水率，即与机械碾压能力相对应的最佳含水率。在实际工作中要保持土中含水率的最佳状态十分困难，此外，各类建筑对土基的密实度有不同的要求。压实系数又总是小于1，所以，土中的含水率控制在偏离最佳含水率一定范围内，便可以达到要求的压实标准，我们称这个范围的上、下限为施工控制含水率或临界含水率。

临界含水率是按土壤性质、压实系数和机械压实能力三者的要求而确定的施工允许含水率范围，因此，以临界含水率作为施工控制含水率，比传统的以击实试验测定的最佳含水率作为施工控制含水率更加符合实际情况。按照临界含水率的概念，施工含水率是以压实机械的最佳含水率为基准的波动范围，波动范围的大小与土壤类别、机械压实能和压实系数有关。对于同一种土壤，在压实系数相同的情况下，机械压力越大，含水率波动范围越宽；在线压力相同的情况下，压实系数越大，含水率波动范围越窄；在相同线压力和压实系数的情况下，不同类别的土，其施工控制含水率的波动范围也不相同，一般来说，粗颗粒含量大，压实曲线较平缓，波动范围就较宽。

下面从几个关系中，讨论如何在各种机械线压力和压实系数条件下求得填土的施工控制含水率。

1. 击实功和最大干密度的关系

试验结果表明，最佳含水率随击实功的增大而减小，最大干密度随击实功的增大而增大，见图 4-7(图中击实功为 kJ/cm³)。

根据最佳含水率与击实功 X_1 的变化关系曲线(见图 4-8)确定其函数类型为对数函数,即

$$w_{op} = a_1 + b_1 \lg X_1 \tag{4-1}$$

最佳含水率与最大干密度也近似为对数函数关系,即

$$\rho_{dmax} = a_2 + b_2 \lg w_{op} \tag{4-2}$$

式中: w_{op}——最佳含水率;

ρ_{dmax}——最大干密度;

X_1——击实功;

a_1, a_2, b_1, b_2——常数。

将(4-1)式代入(4-2)式得:

$$\rho_{dmax} = a_2 + b_2 lg(a_1 + b_2) X_1 \tag{4-3}$$

式(4-3)就是最大干密度与击实功的关系式。

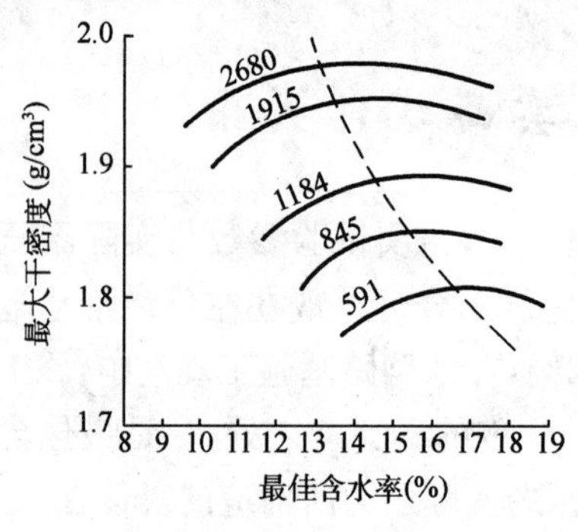

图 4-7 砂土击实曲线

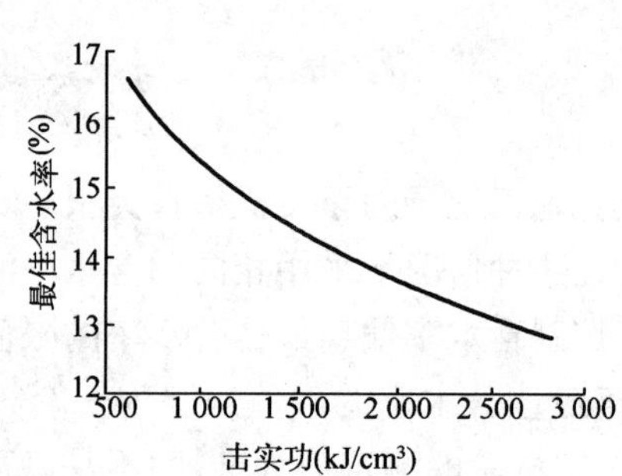

图 4-8 最佳含水率与击实功的关系

通过最佳含水率与击实功、最大干密度与最佳含水率的变化规律,只要进行两种不同的击实试验便可得出其近似的关系方程。

2. 机械线压力与最大干密度的关系

机械线压力 X_2 与最大干密度 ρ_{dmax} 的关系和击实功 X_1 与最大干密度 ρ_{dmax} 的关系,两者的变化趋势是一致的。对同一种土来说,击实功或机械线压力越大,最佳含水率就越小,而且,其最佳含水率随击实功或机械线压力的变化都呈对数函数关系。根据大量试验数据得出,X_1 和 X_2 对应的含水率相同($w_1 = w_2$)时,其关系式近似为:

$$\lg w_1 = 0.655 \lg w_2 + 1 \tag{4-4}$$

将(4-4)式代入(4-1)式得

$$w_{op} = a_1 + b_1 \lg X_1 = a_1 + b_1 \lg(0.655 X_2 + 1) \tag{4-5}$$

将(4-4)式代入(4-3)式得

$$\rho_{dmax} = a_2 + b_2 \lg[a_1 + b_1(0.655 X_2 + 1)] \tag{4-6}$$

上式即为最大干密度与线压力的关系式。

3. 不同线压力下压实曲线的变化

在施工中,标准的击实试验是必不可少的,这是确定填土压实密度达到要求干密度的指标依据。由于现场使用的机械压实能力与标准击实试验的击实功难以等效,所以,击实试验得出的最佳含水率和击实曲线不能直接采用。但是试验证明,对同一种土来说,不管击实功或线压力变化如何,其含水率与干密度关系曲线的形态都基本一致,只是曲线的位置会随外力的变化

有所移动(见图 4-9)。据此,我们可以从曲线峰值的移动变化 Δw 和 $\Delta\rho$ 中找出各种机械线压力的压实曲线,以求得在特定压实机械线压力和压实系数条件下的最佳含水率和施工控制含水率。

土中的粉粒和黏粒含量越多,最佳含水率越大,而最大干密度越小;压实功越大,最佳含水率越小,最大干密度越大;所以当土和压实功不同时,最佳含水率和最大干密度就随之不同。

4. 压实曲线与击实曲线的关系

根据碾压密实度与含水率的关系,可以绘制出相应的压实曲线,称其为该压实条件下的标准压实曲线,见图 4-10。压实曲线与击实曲线具有相同之处,也有不同之处。曲线形状基本相同,但是最佳含水率和最大干密度有差异,主要是由于击实功和碾压功不一定相同,其他因素还有:边界条件,采用的土质条件等。

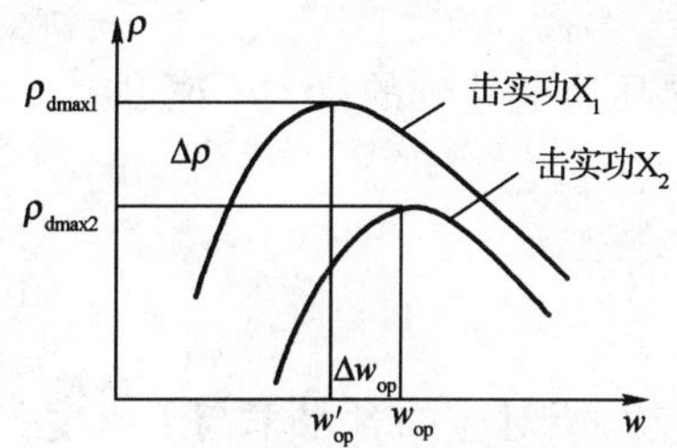

图4-9　同一种土砂同击实功时的击实曲线

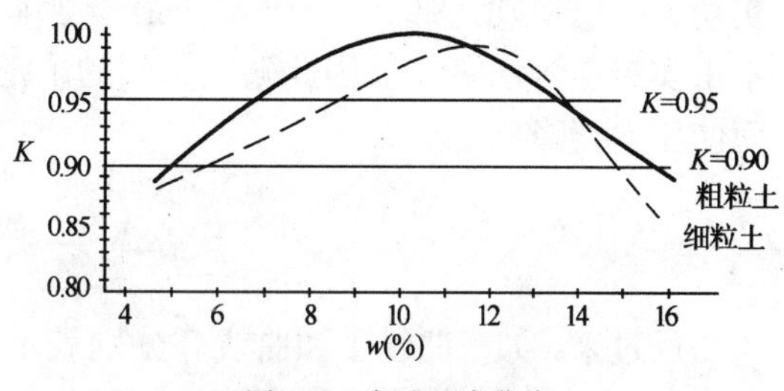

图 4-10　标准压实曲线

有时现场检测的干密度大于室内击实试验所求的最大干密度,压实系数大于 1。其主要原因是压实能量不同,即现场单位体积的压实功大于标准击实试验的击实功。因此,现场碾压按照提供给设计的击实试验成果,不一定采用标准击实功,而应结合路基的实际受力情况采用相应的击实功。

室内击实试验是用锤击方法使土的密实度增加,而施工现场多是在碾压条件下使土的密实度增加,两者条件不同。某工程用两种试验得出的结果比较可知,击实试验可以近似地模拟现场填筑情况,如图 4-11 为工地试验结果与室内击实试验结果的比较。图 4-11 中曲线 a、b、c 分别为碾压 6 遍、12 遍、24 遍的现场碾压 ρ_d—w 关系曲线,d 为室内 ρ_d—w 击实曲线。曲线 c 与 d 的最大干密度和最佳含水率基本上是一致的,此试验结果说明,用室内击实试验来模拟工地压实是可行的。但施工参数(施工机械、碾压次数、铺土厚度与填土含水率等)都必须由工地试验确定。

室内击实试验是选取少量有代表性土样,经人工加水仔细拌和,土样性质是均匀的,且均匀地夯实,是在最佳含水率时获得的最大干密度。而现场施工用的土料,土块大小不一,含水率和铺土厚度等很难控制均匀,不利因素较多,压实土的性质较差。因此,在相应的压实功能下,施工现场所能达到的干密度一般都小于击实试验所得到的最大干密度。由于现场与室内试验条件不尽相同,于是现场一般用压实系数(或压实度)K($K=\rho_d/\rho_{dmax}$,其中 ρ_d 为碾场碾压干密度,ρ_{dmax} 击实最大干密度)和控制含水率来进行检测。

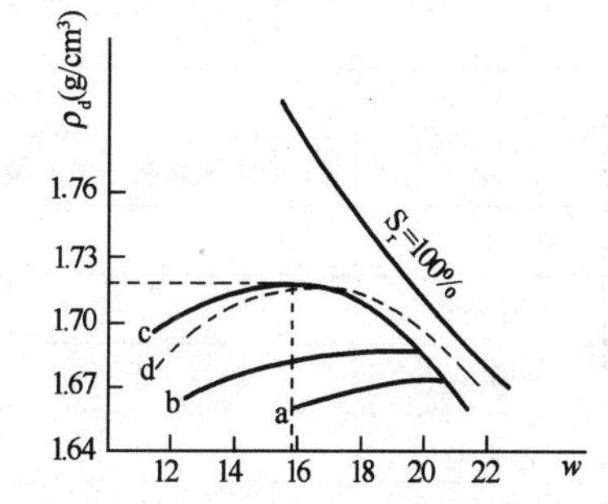

图 4-11　击实试验与不同碾压遍数的关系

如果压路机的压实功正好与击实仪的击实功相当,那么击实试验得到的最佳含水率和最大干密度也正好是碾压时最佳含水率和最大干密度,如果击实功与压实功不相当，那么碾压时所采用的最佳含水率就不是真正的最佳含水率，压路机的压实功就不能有效发挥，就不能达到碾压最大干密度。不同土质的土有着不同的击实性能和压实性能，不同类的压路机和不同标准的击实仪之间，由于压实与击实机理方面的差异和工艺条件方面的差异，土的动载作用特性及静载作用特性的差异等，也都会影响最佳含水率的大小，致使碾压时含水率偏离最佳值，从而影响压实效果，使干密度降低，有效压实深度减小。

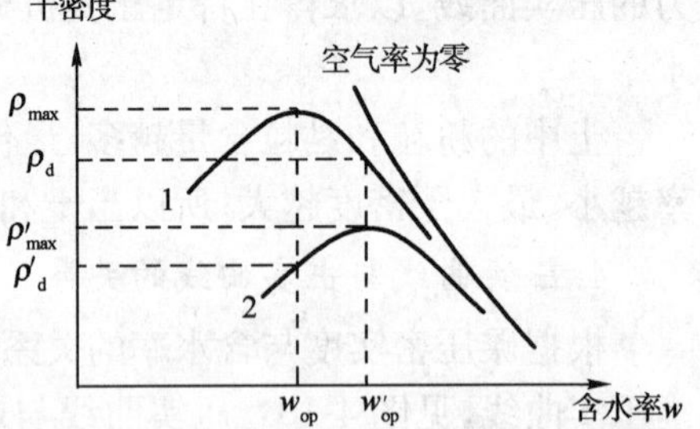

图 4-12　等载荷压实时，含水率与压实度的关系曲线

如图 4-12 所示，如果曲线 1 表示击实功和曲线 2 表示压实功所对应的含水率干密度关系曲线，此时击实功大于压实功。那么，由于碾压最佳含水率大 w'_{op} 于击实最佳含水率 w_{op}，因此碾压达到的干密度 ρ_d 便小于碾压所能达到的最大干密度 ρ_{damx}，从而使压实度降低 ΔK。

$$\Delta K' = \frac{\rho_{dmax} - \rho_d}{\rho_{damx}} \times 100 \tag{4-7}$$

反过来，如果曲线 1 和曲线 2 分别表示压实功和击实功，所对应的含水率与干密度关系曲线，此时击实功小于压实功。那么，压实度降低 $\Delta K'$

$$\Delta K' = \frac{\rho_{damx} - \rho_d}{\rho' \mathrm{damx}} \times 100 \tag{4-8}$$

如果采用砂性土，当重型压路机选择轻型击实标准或轻型压路机选择重型击实标准时，最佳含水率的偏离往往可达±5%以上，如果使用了黏性较大的土，偏离甚至可达到±10%。试验标准对最佳含水率偏离值的规定是不超过±4%，而且这还是相对于击实最佳含水率而言的。假设击实最佳含水率由于种种原因实际已经偏离碾压最佳含水率±5%，那么试验时按照这一规定对试验用土的含水率进行人工调配时，最佳含水率的偏离值就可能在+1%至+9%之间变化：如一台压实功大于重型击实仪击实功的重型振动压路机，它的碾压最佳含水率 $\overline{w}_{op}$实际上应该为 10%，然而却选用了轻型击实标准，得到 w_{op}为 15%，那么最终含水率就可能被调在 11% 至 19%之间。通常，含水率偏离最佳值±4%，就会使压实度降低 5%以上。

5. 压实度与土的类型、压实机械类型的关系

表 4-2 是某试验数据，表中数据说明：

土类对压实度的影响　　表 4-2

土的类型	压实度 %			压实最大干密度（g/cm³）		
	81 光面压路机	251 振动压路机	121 轮胎压路机	重型标准 ρ_{dmax}	轻型标准 ρ'_{damx}	$\rho_{damx}-\rho'_{damx}$
高液限黏土	92	85	96	1.81	1.55	0.26
中液限黏土	93	92	96	1.92	1.66	0.26
砂质黏土	91	—	93	2.05	1.84	0.21
砂土	101	102	91	2.08	1.94	0.14
砂砾土	100	100	90	2.21	2.06	0.15

(1)同一台压路机，如果试验用土不同，所得压实度就大不相同。由此可见，尽管试验标准规定试验用土为砂性土，但砂性土对各种类型的压路机也并不是一样适宜，况且砂性土原指一个有着不同颗粒级配的宽广土组，而试验标准对它的级配组成并没提出具体规定，试验用土的差异必然会不同程度地影响到压实度的大小，土的压实性能随土类和级配以及荷载性质不同。而压实机理又随压路机类型而不同，土的压实性能与各种类型压路机的压实机理不尽适应，必然不同程度地埋没了压路机的压实能力，使压实效果降低。

(2)随着试验用土黏性的增加，轻型与重型击实试验最大干密度的偏差程度增加，这表明土的黏性增加时，轻型击实标准的击实性能变差，因而所得最大干密度偏小。如果以此最大干密度作为计算压实度的标准干密度，那么压实度的数值就会偏高。不难理解，压路机压实效果的测试结果本身并不十分真实。对于分别进行的任意两台压路机的压实试验，如果采用了不同的击实标准或试验用土，或者既采用了不同的击实标准又采用了不同的试验用土，那么不同的击实标准所得击实最大干密度及最佳含水率均不相同，压实度是以击实最大干密度的百分率表示的，击实最大干密度不一样，建立压实度的标准就不一样，计算所得压实度的含义也就不一样。击实最佳含水率不一样，碾压时含水率偏离最佳值的程度就不一样，对压实效果的影响程度也不一样。同样的，不同的试验用土，所得击实最大干密度及最佳含水率也不同。由于压实性能与击实性能的差异，最佳含水率的偏离程度就不同，加上土的压实性能与压路机压实机理的适应程度不同，对压实效果的影响程度也就不同，即便采用了相同的击实标准也会由压实功与击实功的差异不等使试验结果的真实程度不一样。某个试验的压实度过大或过小，或者两个试验的压实度相差悬殊，其真实程度就大不一样。当某个试验的压实度＞100%。说明压实功远大于击实功，因而所得 ρ_{max} 偏低，而 w_{op} 偏高从而使压实度 K 有着显著降低，当 K 很低时，说明压实功远小于击实功，因而使得 ρ_{max} 偏大而 w_{op} 偏低，从而使 K 明显降低。因此，由于压实效果的衡量标准以及测试结果真实程度的不一致，压实效果的好坏很难加以确定和区分，压实度的大小尽管反映了压实功能的大小和压实机理的好坏，但只有在采用了合适的试验用土并在最佳含水率下才得到了真正的反映。当压实度 K 都小于并接近 100%时，它们的压实功与击实功才彼此相当，最佳含水率才比较真实，测试结果也比较可靠。此时，压实试验要达到 100%的压实度则极端困难。因为必须保持土的含水率非常均匀并始终等于最佳含水率，且压实性能不比击实性能差。

为了提高测试结果的真实程度，首先应尽可能减小最佳含水率的偏离程度，使所选击实标准的击实功与压路机的压实功尽量接近，即重型压路机选用重型击实标准，轻压路机选用轻型击实标准。对于振动压路机，8t 以上钢轮压路机，12t 以上轮胎压路机建议优先选用重型击实标准，并注意振动压路机、15t 以上钢轮压路机、20t 以上轮胎压路机碾压时含水率不宜偏高。

击实试验用土的取样一定要有代表性，不同土有着不同的压实性能，土样失真。就会使最大干密度及最佳含水率失真，最大干密度失真影响压实度数值的大小，最佳含水率失真，则压实效果降低。

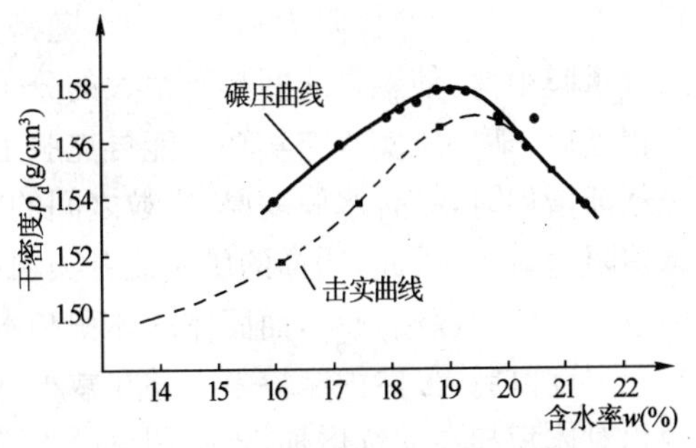

图 4-13　土体含水率与干密度的关系

陈友富等对黄土灰土的击实和碾压曲线见图 4-13，从图 4-13 可看出现场碾压过程中含水率对碾压效果影响很大，影响规律与室内击实试验基本相同，但用压路机碾压比室内击实试验干密度峰值强度略高，相对应的最优含水率减少1%左右，分析原因是由于现场碾压土体中孔隙水和孔隙气更容易排出，碾压效果好，同时由于现场铺土和碾压过程均在野外进行，土体中含水率损失较多，特别是在春夏两季施工时含水率损失更大，所以建议在施工过程中应根据施工季节的天气和温度情况适应增大最优含水率作为施工控制含水率，以便现场施工时含水率的损失不影响碾压密度，保证施工含水率。

6. 压实曲线的变化规律

有些碾压试验证明，当碾压至一定遍数时，细粒土的压实系数基本上增长缓慢或不再增长。甚至有的还呈下降趋势，见图4-14和图4-15，这说明压路机碾压至一定遍数时其压实能力处于临界状态，此时的压实功暂称其为该压路机在当前压实条件下的最佳有效压实功，也即碾压细粒土的压路机其最佳有效压实功对应于这一定遍数的碾压压实功，从图4-14可以看出，其某细粒土的最佳压实功为8遍；从图4-15得出碾压某粗粒土的压路机的最佳有效压实功对应于第10遍的碾压压实功。

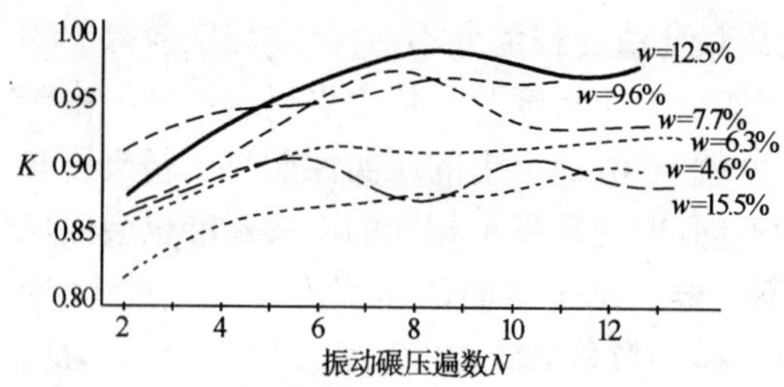

图4-14　细粒土不同含水率K—N关系曲线

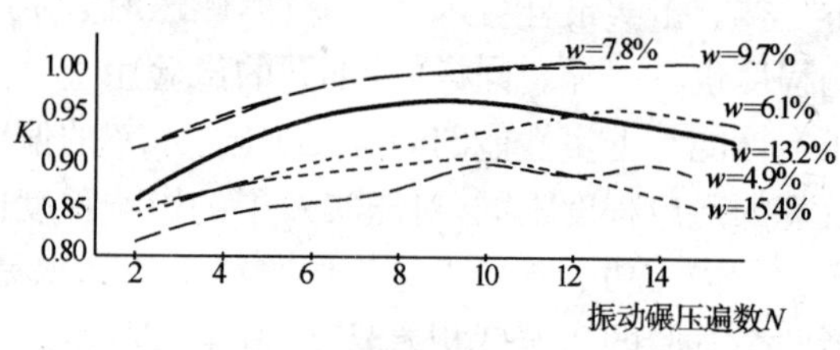

图4-15　粗粒土不同含水率K—N关系曲线

室内获得的击实曲线在工程上应用时须经过合理的修正。因为工地现场条件、压实的机械、土体边界条件等都与室内试验条件不一样，所以应予以考虑。如施工机械为超重型，与室内击实试验的模拟方法差异太大；另外，场地填土系大型机械施工，存在较多大块的粉质黏土（原土的结构尚保留），在这种情况下，实际测得的干密度偏大，如果施工依据设计规范确定压实系数，应有意识地提高，而这种数据的提高，也可在进行室内击实试验时，在充分了解工地现场条件、压实的机械、土体边界条件等情况后，修正击实曲线。

第五节　施工控制含水率

填筑料的夯实、碾压需要克服土颗粒间的内摩擦力和黏结力，才能使土颗粒产生位移并相互靠近。土的内摩擦阻力和黏结力是随密实度的增加而增加的，土的含水率小时，土粒周围的结合水膜很薄，使颗粒之间具有很大的分子吸力，土颗粒间的内摩擦阻力大，压实或夯实到一定程度后，某一压实或夯实功不能再克服土的抗力，压实或夯实所得的干密度小；如土的含水率逐渐增加时，结合水膜变厚，土粒之间的联结力减弱，水在土颗粒间起着润滑作用，使土的内摩擦阻力减小，因此，同样的压实或夯实功可以得到较大的干密度。在这个过程中，单位土体中空气的体积逐渐减小，而固体的体积和水的体积则逐渐增加。当土的含水率继续增加超过某一限度以后，虽然内摩擦阻力还在减小，但单位土体中的空气体积已减小到最小限度，而水的相对体积却在继续增加，土中的自由水增多，由于水是不可压缩的，因此，在同样的压实或夯实功下，土体孔隙中的水不易排出，阻止土体颗粒靠近，土的干密度反而逐渐减小。所以就形成驼峰形夯实曲线。细粒土、中粒土、粗粒土、级配碎石、石灰稳定土、和水泥稳定土等多种路基、路面材料，都只有在一定含水率下才能压实或夯实到最大干密度。

合适的含水率不但压实效果好，而且经济实惠，含水率过大过小都使压实效果难以达到要求。干土中的摩擦力和黏结力大，压实干土需要很大的压实功，但密实度不一定大，而给土中均匀地加入一定量的水后，对土的压实就容易得多。当含水率过大时，进行夯实或碾压时就会出现软弹现象（橡皮土）而压不密实。

一、施工控制含水率的确定

为了提高路基土的碾压密度，增加其强度和稳定性，减少工后变形并尽快在新筑的路堤上铺筑路面，让公路发挥应有的效益。交通部对相应的施工技术规范作了修改，明确地使用重型击实标准，对路基土的压实度也作了相应的提高，并在土质路堤分层上引入路床概念，同时还提出土质路堤压实时最佳含水率控制范围，以确保土质路堤的填筑质量。

通过标准击实曲线可求得填料的最佳含水率和最大干密度，并将其贯穿于整个施工的全过程。但是在实际每一层填土过程中，由于受到气候环境影响，取土场表层和里层含水率的差异，不可能都能达到这个理想的最佳值，甚至规范中允许的±2%的偏差也难达到，而且不同填层压实标准要求不一样，同一种土其含水率也应随压实度降低而控制范围有所放宽。放宽到什么程度合适，图解法的做法就是依据各填筑层所要求的压实系数（压实度）K，按下式求取所需的相应干密度 ρ_d，即：

$$\rho_{\mathrm{d}} = K\rho_{\mathrm{dmax}} \tag{4-9}$$

式中：ρ_{dmax}——土的最大干密度，g/cm^3。

然后在标准击实曲线图代表干密度的竖坐标轴上按上式求得的值处画一条平行于横坐标轴的横线，此横线与曲线相交的两点间的含水率值即为要求的含水率幅度范围，也就是该密实度要求施工所要控制含水率的上、下限值，见图 4-16。

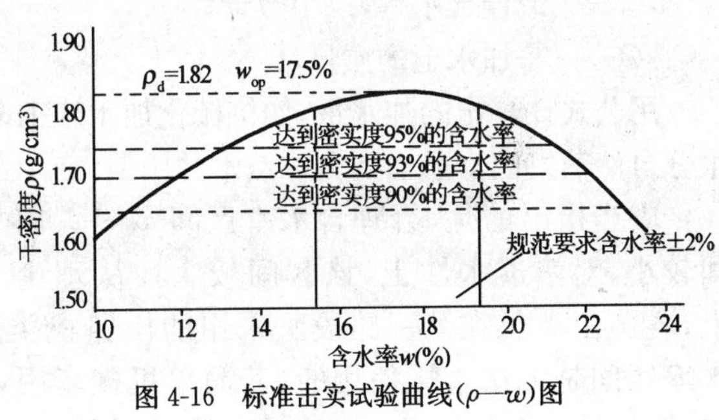

图 4-16　标准击实试验曲线（ρ—w）图

也可以采用经验公式计算出不同压实度时的上限含水率 $w_{上}$ 和下限含水率 $w_{下}$。

$$w_{上} = 100G_{\mathrm{w}}\left(\frac{1-V_{\mathrm{a}}}{\rho_{\mathrm{d}}} - \frac{1}{G_{\mathrm{s}}}\right) \tag{4-10}$$

$$w_{下} = w_{\mathrm{op}} - (w_{上} - w_{\mathrm{op}})K \tag{4-11}$$

式中：V_{a}——土体中残留的密闭空气率（黏性土通常采用 2%，粉土为 3%，砂性土可取 6%～9.5%）；

w_{op}——最佳含水率，%；

G_{w}——水的比重；

G_{s}——土粒比重。

用经验公式法比图解法求得的含水率均大 2 个百分点左右，经验公式具有一定的保守性。图解法是根据标准击实曲线求得的，一般说来较切合实际，控制范围宽一些，有利于组织快速施工。

另外，很多实践证明，在用机械施工，特别是用重型汽车（如载重 7t 以上自卸车）运土填筑路堤情况下，如土的含水率大于重型击实试验法的最佳含水率 6% 以上或接近轻型击实试验法的最佳含水率时，则不论是路堤还是路堑，都可能被运料车压坏，路基将出现严重的“弹簧”现象和大的变形。

1. 选择合理的填土含水率

现行路基压实，采用了干密度比的压实检测方法。即以实测压实土的干密度 ρ_d 和标准击实试验重锤或轻锤得到的最大干密度 ρ_{dmax} 之比，作为路基压实度 K 的检测标准 $K=\rho/\rho_{dmax}$。根据路基填土高度及要求的相应压实度，计算出必须达到的干密度 ρ_d，并以 ρ_d 作一平行于横坐标的直线，该直线与击实曲线相交于 w_a 及 w_b，并由此得出含水率 w_a 及 w_b，在 w_a 与 w_b 之间的任一含水率，均可保证路基所需之压实度 K，见图 4-17。

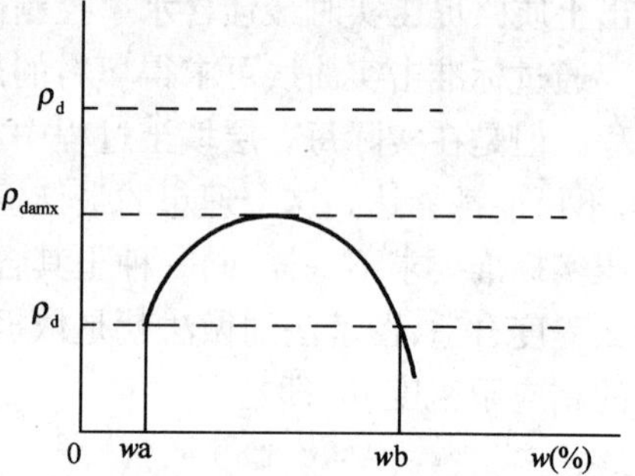

图 4-17　要求干密度、最大干密度与含水率关系曲线

天然土过干需加水时，可于前一天在取土点浇洒，使水均匀渗入。填方数量不大时，也可将土铺摊后再均匀洒水，采用人工加水时，达到最佳含水率所需要的加水量按下式计算，即

$$V=\frac{(w-w_{op})Q}{1+w_{op}} \tag{4-12}$$

式中：V——所加水量，t；

w——天然土的含水率，以小数计；

w_{op}——最佳含水率，以小数计；

Q——需加水土的质量，t。

用公式计算出的加水量，如机械化加水施工时，尚应根据气候温度和运输远近情况，考虑水分自然蒸发因素适当加大一点水的用量。

应当指出的是，合理含水率区间 ω_a—ω_b 将与土质有很大的关系，对非渗水性土，该区间较小，对渗透水性土，该区间较大。从理论上分析，这是由击实试验所确定的。实际上，各施工单位在某一路段所采用的压路机类型是不一致的，由上述方法确定的合理含水率区间是无法直接使用的，若简单机械套用，将可能出现无论如何碾压，压实度仍不能满足设计的现象。最科学的做法是，根据该路段所具有的压实机类型，选不短于 100m 的路段作试验段，在某一试铺厚度下，改变填土含水率与碾压遍数，测定填土对应的干密度，用土的含水率和相应的干密度绘制规定碾压遍数下的含水率、干密度关系曲线；依据这条曲线确定该压路机可达到的最大干密度和相应的最佳含水率。在纵坐标上标出要求干密度 ρ_d 的点，（这里要求的干密度 ρ_d 是通过室内击实试验，求出最大干密度后，按要求的压实度计算得到的干密度），并以该点作平行于横坐标的水平线。这时可能会出现三种情况，如图 4-17 所示：

①该水平线在含水率干密度关系曲线上方通过；

②该水平线与含水率干密度关系曲线的顶点相重合；

③该水平线与含水率干密度关系曲线在两点相交。

如果是第一种情况，则说明增加碾压遍数已不起作用，只能根据施工单位的具体机械情况，减薄松铺厚度或改用较重的压路机。

如果是第二种情况，则证明所选用的压路机、碾压遍数以及适宜的松铺厚度恰能满足要求。但碾压时的含水率必须是最佳含水率，而不是一个可变动的范围，所以很难控制。这种情况对于施工很不方便，也不好掌握。

如果是第三种情况，则证明压实机械选型合理，给施工创造了非常有利的条件。如前所述，实际上路基填土含水率不可能很均匀，经过一定碾压遍数后所测得的干密度也不可能都相等，经常具有一定的误差。例如，对于路基土的干密度，其偏差系数常达3%～4%，因此，根据上述方法确定碾压遍数或碾压松铺厚度时，必须考虑上述含水率的非均匀性。也就是说，应该使图上要求干密度的这条水平线与曲线在两点之间的范围内，是较容易控制的。在此前提下按照确定的压实机械、松铺厚度、碾压遍数施工是完全可能达到要求的压实度。不需要经常因压实度不够而增加碾压遍数，或减薄松铺厚度，或改用较重的压路机。只需把含水率控制在合理的含水率区间即可。

2. 施工控制含水率的定义

在路基填料的击实曲线上，按设计或规范规定的压实密度K求算填料要求的最小干密度ρ_{dy}（$\rho_{dy}=K\rho_{dmax}$），在干密度的纵坐标上从要求的最小干密度ρ_{dy}作一平行于含水率的平行线，此平行线交击实曲线于两点，见图4-18。此两点之间对应的含水率为施工控制含水率，此两交点对应的含水率分别为最小施工控制含水率和最大施工控制含水率。如果路基填料的含水率超过施工控制最大含水率即为过湿土，路基填料的含水率低于施工控制最小含水率即为过干土，见图4-18。

从图4-18可以看出，要求的最小干密度或压实度K越小，施工控制含水率范围越大，反之越小；击实曲线越平缓，施工控制含水率范围越大，反之越小，见图4-19。

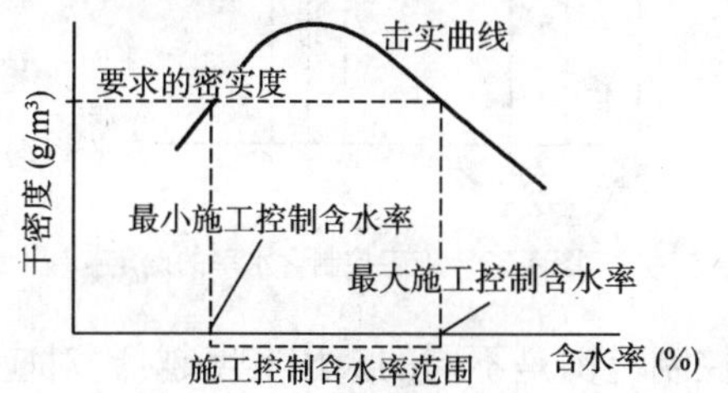

图4-18 施工控制含水率的确定

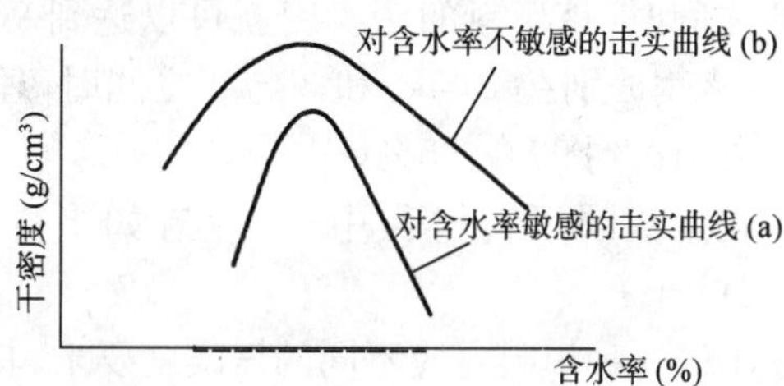

图4-19 击实曲线对含水率的敏感性

土中粉粒和黏粒含量越多、土的塑性指数越大，土的最佳含水率也越大，同时其最大干密度越小。因此一般砂性土的最佳含水率小于黏性土，而前者的最大干密度则大于后者的干密度。在施工现场还要根据具体情况掌握土质的碾压含水率。例如，一般情况下，土质含水率略大于室内重型击实试验法的最佳值（大1%～2%）是必要的，这样在施工过程中可以补偿蒸发的部分水分。实际工作中重要的一点是室内所得最佳含水率可能与现场所用的压路机不相适应。但是一般情况下两者不会有太大差别，仅需要少量调整即可适应所用的压路机。

填料含水率接近压路机压实的最佳含水率时，需要的压实功最小。当采用规定施工方法控制压实时，控制含水率是碾压时的重要特点。为了保证得到满意的压实度，使土在（或接近）压路机的最佳含水率条件下碾压是极重要的。达不到规定密实度的最普通原因是碾压时填料的含水率不合适，实验室所得的含水率—密实度关系曲线的形状很重要。某些填料的含水率—密实度关系曲线有的一侧的曲线段较陡，在现场碾压过程中需要仔细控制含水率。如过干，就需要用过多的压实功；如过分潮湿时，就不稳定。如果填料的含水率—密实度关系曲线比较平缓，则现场碾压过程中就不需要仔细控制含水率，特别在干的一侧更是如此，因为碾压时含水率不是那样敏感。细土少的填料（如填石、砂砾、颗粒均匀的砂）对碾压时的含水率不敏感，因此不需要规定碾压时的含水率。

如果在小于压路机的最佳含水率下进行碾压，则为了达到要求的压实度，可能要明显增加压实功。在这种情况下，需要考虑在干的状况下碾压比较经济，还是加水碾压比较经济。另一点需要考虑的是，在小于最佳含水率碾压时，压实的黏性土很可能变湿。例如周围环境明显湿于施工含水率时，将有明显的水分移动，不可避免地使土的强度变小。某些情况下，为保持土体的长期稳定性，控制含水率可能比控制密实度更重要，特别是控制路基成型后的含水率。

3.路基填料含水率控制范围调整分析

(1)填料击实曲线

路基填料的击实曲线走向趋势一般均为抛物线型。由于填料密实度对含水率敏感性不同，故抛物线击实曲线体现特征也不同。当填料密实度对含水率变化敏感时，击实曲线窄而陡；不敏感时，曲线宽而平缓正如图 4-19 所示，(a)填料较(b)填料的密实度对含水率更为敏感。

(2)压实度对应的理论含水率控制范围

对照标准击实曲线可找出不同密度对应的理论含水率控制范围，如图 4-20 所示：对应密实度为 90%的为理论含水率 1 与 6 之间的控制范围。就是说，在理论上，只要碾压功能足够，含水率控制在 1 与 6 之间时，该填料的密实度就可以达到 90%。同样，含水率分别在 2 与 5 和 3 与 4 之间时，理论压实度可分别达到 93%、95%。

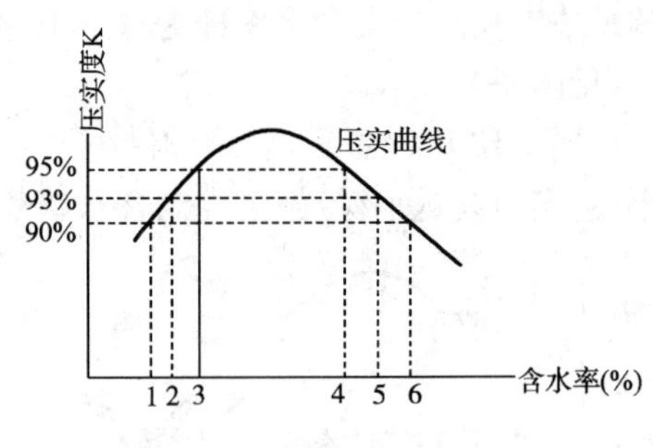

图 4-20 施工控制含水率的确定

在路基的压实过程中，一般有如下规律可以遵循：

①同一种填料对应不同的压实度要求，其含水率控制范围是不同的。压实度越低，对应的含水率控制范围越大，反之则范围越小。

②对应同一压实度要求，击实线型窄而陡的填料比线型平缓的填料含水率控制范围要小一些。在实际施工中，对应图 4-19 中(a)型击实曲线(窄陡型)的填料含水率控制范围应更加严格；而对应图 4-19 中(b)型击实曲线(平缓型)的填料，含水率控制范围可适当放宽。

③根据实践经验，填料密实度分别达到 90%、93%和 95%时的理论含水率控制一般要超出 $w_{op}\pm2\%$的范围。

④一般情况下，填料含水率越接近 w_{op}越易碾压密实。实际操作中，要求填料含水率接近 w_{op}是正确的，但不易普遍要求含水率都必须控制在"规定"要求的范围内。尤其是在压实度要求较低(如路基 90 区)、理论含水率控制较宽等情况下，更应予以适当调整。

在施工中，应通过试验路段进行不同含水率的压实度试验。对某些细粒土含量较小的材料，如填石、砂砾、渗滤材料、碎石和颗粒均匀砂等，因密实度对含水率不敏感，在干燥状态或最佳含水率情况下碾压，其密实度反而较难达到设计要求。而采用淹水振压、固结排水却是一种有效的措施。

(3)现行高速公路技术规范对路基填料含水率控制范围的规定的局限性

现行高速公路相关施工规范和技术规程对路基填料含水率控制范围的规定(以下简称“规定”)一般为:“必须严格控制在 w_{op} 的±2%以内”。对超过 w_{op}±2%的填土,则要求采取翻晾晒(或洒水湿润)等措施,使之满足上述要求。

该“规定”在高速公路施工中试行多年,取得了良好的经济效益和社会效益,在保证高速公路路基施工质量中起到了积极的作用。但在高速公路上多年试验检测的经验和收集积累的相关数据,在执行上述“规定”时也经常遭遇到以下情况:①某些填料,即使含水率控制在 w_{op}±2%以内,压实度仍很难达到设计要求;②某些填料,含水率超过 w_{op}±2%,有的甚至超过 w_{op}±5%,通过采取适当的施工方法,仍能较方便地使压实度达到设计要求;③某些填料,当含水率低于 w_{op}−2%时,压实度很难达到设计要求,而含水率高于 w_{op}+2%一定范围时仍能较容易地达到设计要求,即出现密实度对含水率单边敏感现象。

而施工单位每逢遇到填料含水率超过 w_{op}±2%时,遵照“规定”要求,则必须翻松晾晒或洒水润湿。对于某些填料,经采取适当措施即能较容易地使压实度达到设计要求,并不影响路基的压实质量,因上述“规定”的限制,致使耽误许多宝贵的时间或浪费大量设备台班,工期和成本控制都不合算。

在实际施工中,有些填料因各种条件限制,如填料性质、季节因素、自然环境、水源、工期限制等因素,其含水率的降低(或提高)很难操作或几乎无法操作。如阴冷天气下的重黏土、高液限土,将其翻松晾晒降低含水率,需耗费很长的时间;在沙漠中建设公路,洒水增加含水率几乎无法做到。这就需要探讨一种质量、工期和成本控制三者能兼顾的含水率合理控制范围,在利用原有的填料和既有条件,不影响质量的前提下,对“规定”作出合适的调整,既能保证路基的填筑质量,又不浪费太多工期和设备台班。

在路基施工中控制压实质量的手段不应该仅仅通过压实度这一单一指标,还应该综合考虑压实含水率对路基水稳定性的影响,同时针对不同土质采取不同的措施,以争取得到最好的压实效果。采用黏性土作为路基填料时,压实含水率的控制应略大于最佳含水率,或在最佳含水率“−1,+2”范围内,从而能较好地保证路基的长期水稳性;采用砂性土作为路基填料时,在压实功影响不大的前提下,适当放宽压实含水率的范围有利于施工控制,且能保证其在外界条件影响下保持不同性质土的密实度对含水率的敏感性不相同,同一种土不同含水率时密实度对含水率的敏感性也不相同。一般可以通过分析土的击实曲线来进行判定;曲线在最佳含水率附近变化快时,其密实度对含水率较敏感,对这种土在施工中宜严格控制含水率;而曲线在最佳含水率附近变化慢时,密实度对含水率不敏感,在施工中视实际情况可适当放宽含水率要求。

应根据填料性质、设计要求的压实系数(压实度)和机械压实能力三个因素的综合作用确定施工控制含水率范围。

4.确定施工控制含水率的方法

在土壤压实过程中,施工控制含水率范围可以采用以下方法来确定:

(1)采用现场碾压试验测定填料的施工控制含水率,这需要建立相当数量的试验段。

(2)采用仪器预测,结合施工经验确定施工控制含水率。预测的方法是把大量的现场碾压工作转化为室内填料分析,不仅能保证较准确地预测施工压实效果,更重要的是可以大幅度地降低试验成本和节约宝贵的施工时间,这一优点在多雨潮湿地区及雨季施工期显得尤为重要。

(3)为掌握不同填料密实度对含水率变化的特性,确定不同压实度的含水率适宜控制范围,建议通过试验路段进行不同含水率的压实试验。凡通过碾压使压实度能达到设计要求而又不致引起“弹簧土”的含水率范围，通常情况下都可以作为路基施工中的填料含水率控制范围(对含水率有严格控制要求的工程除外)。

(4)对填料含水率控制范围作出调整时，应通过试验路段确定适宜的压实层厚、碾压遍数等试验参数，施工中严格执行，并且以现场实测的压实度符合设计要求作为最终的控制、验收标准。当然，若在含水率远离 w_{op}时碾压，致使碾压台班增加太多(或对应采取的施工方案使施工费用增加太多)时，就应考虑在现有干(或湿)状态下碾压比较经济，还是加水(或翻松晾晒)后碾压比较经济;或将工期和成本结合考虑，权衡天气等因素，进行综合比较后选择。

(5)对某些细粒土较少的材料，如填石、砂砾、渗滤材料、碎石和颗粒均匀砂等，因其密实度对含水率不敏感，在干燥状态和最佳含水率状态下碾压，其密实度反而较难达到设计要求，而采用淹水振压再排水固结是一种行之有效的措施。

(6)采用冲击式压路机碾压路基时，其填料含水率在一般情况下可不作控制，直接在天然含水率状态下碾压，这在多雨潮湿地区的路基夯实碾压有很积极的推广作用。

二、料场开采不同含水率土料的调配

取有代表性的土做标准击实试验，一般都要求在半个月前进行。但土场有岗丘式和取土坑式的差异，在受到雨水影响时，其天然含水率在表层的变化是有较大差别的，要注意及时监测。许多试验证明，土的天然含水率较接近最佳含水率，而这种接近最佳含水率的天然土往往存在于取土场的中部，所以施工时拟将这部分土填在路基的路床部分，而将含水率偏离最佳含水率较大的表层和底层土填筑在路堤部分，这样有利于提高施工效率，又能保证施工质量。但这一做法都必须在施工控制含水率范围内实施。而且其他压实参数也必须在试验段提供的标准参数指导下进行压实作业。

不同料场的填料含水率不同时，也可以按照同一料场不同含水率的土料调配方法，按不同含水率的土料填筑在不同的路基位置。

现在高等级公路的路堤填筑都实行机械化一条龙作业，传统的检测方法在时间上根本不能满足现场随填随测和即时碾压的需要。目前较为普遍的做法是采用核子密度仪进行检验。使用核子密度仪检测，必须按时标定。标定的方法是环刀法或灌砂法进行对比试验，然后进行一次线性回归，以此来进行标定。

三、施工过程中的含水率控制

1.黏性土碾压前的含水率控制

碾压前的含水率控制既重要又不易掌握，在温度较高的情况下，用试验方法鉴定含水率是来不及的。针对土场中黏性土居多的特点，施工现场最实用的方法是外观鉴定，即:将土握在手中，能成团不粘手，离地 1m 高放开手，使土自由落地，能松散打开，即认为已接近最佳含水率，我们称之为“攥之成团，落地开花”。如落地不松散则含水率过大，需采用翻松法蒸发多余水分。攥不成团则水分不够需补水。碾压过程中，由于表层土的水分蒸发较快，应在终压前洒一遍表面水，在不粘碾时终压二遍。

夏季碾压要避开高温时间，选择早晚进行碾压操作，有利于含水率控制。

2.对于含水率和土质不均匀的拌和

如果土场中土壤多为层状分布且含水率较低，须有一个土壤拌和、含水率补充的再加工过程。施工中采取以下方法来保证路基用土的质量和含水率要求。

(1)土场初拌

在加水后的土场内采用两种拌和方式:

①挖掘机翻拌法(适用于取土深的土场),即用挖掘机在取土深度范围从下至上挖土移位堆放,操作 2～4 遍(视土层状态而定)。

②推土机翻拌法(适用于取土较浅的土场),即用推土机在预先准备好的工作基坑内,在取土深度范围侧向推土移位拌和 2～4 遍(视土层状态而定)。以上两种方法都要达到外观混合基本均匀的要求。

(2)现场拌和

土场土经初步拌和后运到现场,先行摊铺,按每层虚铺厚度用平地机平整一遍。检查含水率情况,如不够应用水车补水至合适。选用旋耕机按幅翻拌两遍,将土中颗粒打碎,使土壤和水拌和均匀。如仍不够均匀,则需要用平地机拌和。用平地机拌和范围较大,效果更好,此操作需 2～4 遍。经土场、现场两次拌和后,土壤的土质和含水率才接近实验室取样的等同操作条件,也就能接近达到最佳含水率的条件。

3. 多雨潮湿地区路基的压实

路基含水率随着降雨量和不同季节的变化而变化,有些地区降雨量大,路基含水率大于最佳含水率;有些地区降雨量小,路基含水率小于最佳含水率;有些季节降雨量大,路基含水率大于最佳含水率;有些季节降雨量小,路基含水率小于最佳含水率。在击实曲线上以最佳含水率 w_{op}为分界线,每个干密度对应两个含水率 w_a和 w_b,即同一击实功下 w_a、w_b对应的击实功是相同的,而仅仅由压实度来控制路基压实则无法判断在同一压实功下哪个含水率更有利于路基的稳定。由含水率跟踪试验得知,潮湿地区路基的含水率大于最佳含水率,所以,在规定的压实度下,压实土的含水率应控制在 w_{op}与 w_b之间为好,见图 4-17,此时,土基的膨胀量较小。

因为压实含水率小,浸水以后膨胀量大,见图 4-21。因此,路基在容易浸水的情况下,土基不宜在含水率小于最佳含水率的情况下进行压实。而砂砾土中细颗粒含量少,对湿度不很敏感,土基压实后,含水率的变化对其影响较小,体积变化不大,而且其强度变化也相对较小,所以可采用压实度作为土基的控制标准。在土基投入使用后,土基湿度的变化对土基的强度和稳定性影响不大,故路基压实控制时不仅要使压实度满足施工要求,其含水率也不能过低,以免土基吸水后产生的膨胀应力反作用于路面,破坏路面结构。

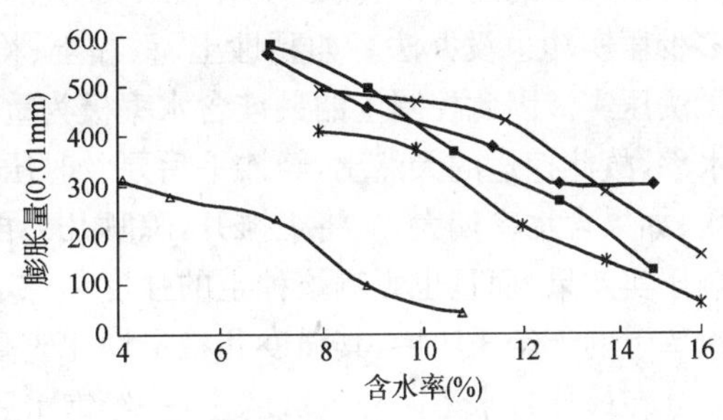

图 4-21　5 种代表性土样在同一压实度不膨胀量与压实含水率的关系

4. 干旱缺水地区的路基碾压填筑

在缺水地区,由于填土含水率低,摩擦力和黏聚力都较大,补水增加填土含水率的方法又较困难时,为了获得所要求的压实密度,可借助于减薄土层厚度,加大碾压机械能量和增加碾压遍数来实现。但必须注意,这样压实的黏性土吸水和浸透后,强度会明显降低,因此,应慎重处之。

第六节　影响路基压实的因素及压实的控制方法

影响路基压实的因素有填料的含水率、土质、压实功能及压实工具和压实方法。含水率是影响压实效果的决定性因素，在最佳含水率时，最容易获得最佳的压实效果，压实到最大密实度的土体水稳性最好；不同的土类，有不同的最佳含水率及最大密实度；对于同类土，压实功能增加，其最佳含水率减小，而最大密实度增加。当含水率一定时，压实功能越大，密实度越高。根据这一特性，施工中可通过增加压实功来提高密实度。但是，当压实功能增加到一定程度后，土的密实度增加就不显著，若再用增加压实功来提高密实度就不经济了，因此，也不能单纯用增加压实功来提高密实度。施工时，应根据不同的土质，不同的压实标准选择相应的压实机具，确定最佳压实厚度、压实遍数，掌握好碾压速度，准确控制最佳含水率，以保证得到最大密实度。

此外，地基强度也是影响路基压实度的一个重要指标。影响路基压实的因素分析如下。

一、含水率对压实性的影响

土的压实即是用压实功克服土颗粒间内摩阻力和黏结力，使土颗粒产生位移并互相靠近。土的含水率小时，土颗粒间的内摩阻力很大，压实到一定程度后，某一压实功不再能克服土的抗力，压实所得干密度小。当含水率逐渐增加时，水在土颗粒间起着润滑作用，使土的内摩阻力减小，这样同样的压实功可以得到较大的干密度。当含水率继续增加时，虽然土体中气体仍然在压缩，但由于水的相对体积增加，使土的干密度反而减小。

在施工现场控制最佳含水率更具有实际意义。首先在最佳含水率下，可以保证在一定压实功下得到最大干密度，若不是最佳含水率，同样压实功下就难以得到同样大的干密度，除非增加压实功；其次，最佳含水率影响击实功能。含水率小于或大于最佳含水率时，为了达到最佳含水率下的压实度，就必须增大压实功能，这就影响了工作效率，甚至有些情况下无论增加多少压实功也没办法。如黏性土、重黏土、粉性土等含水率大时，碾压时会产生“弹簧”效应，无法压实。因此控制土的最佳含水率极为重要。一般情况下土的天然含水率比较接近最佳含水率，故此挖运的天然土，经摊平后要及时压实。如果含水率偏小应当均匀洒水，第二天再碾压；如果含水率偏大，应将土摊开，晾晒几天再碾压，或掺灰处理后再碾压。最佳含水率不仅影响压实效果，而且也影响该种土的强度和稳定。有试验得出结论：在恶劣水文条件下，最佳含水率下的土经压实后，其强度和稳定性比较高。

在最佳含水率以外区域的土，一经饱水后，其强度迅速下降，从而失稳。因此控制最佳含水率有极大意义。以下就控制含水率应注意的几个问题加以叙述。

1. 天然含水率的变化

在施工时，要测定取土场土的天然含水率（包括不同时间、天气、季节的天然含水率）以及在运到工地和摊铺后碾压前的含水率；以施工控制含水率为准，算出需要补充的水量。所需的水量可以在取土之前及时浇注，让水分充分均匀地渗透到土体中，碾压时注意测试，达到施工控制含水率方可碾压。

2. 取土场的选择

路基土石方施工用土数量较大，设计所给出的取土场分布较散，数量多，各个不同土场土质不一样，其压实性能亦不同，在施工中除考虑就近利用的原则外，还应注意两个问题：

(1)应按新颁《路基施工技术规范》首先对所选土场土样进行CBR试验，若其强度达不到相应层次的要求是不允许使用的。

(2)土场的天然含水率应尽可能在合理含水率区间，以减少土中洒水。所以在施工时，不应选定土场再作CBR试验，而应先作CBR试验再确定土场。

3. 土质的变化

土质的变化是施工中应随时注意的问题，不同的土质其最大干密度 ρ_{dmax} 和最佳含水率 w_{op} 是不同的，不注意这一点，始终生搬硬套一个最大干密度标准，采用同一种机械，相同的碾压遍数和松铺厚度，就会出现压实度始终达不到设计要求。因此在施工现场管理中，针对不同土场、不同的土质(甚至同一土场不同层的土质)测试人员应经常注意进行土样的试验，注意调整土料的最大干密度 ρ_{dmax} 及最佳含水率 w_{op}，合理地调整施工机械之间的组合，确定相应的碾压遍数及松铺厚度，这样才能快速有效地达到设计所要求的压实效果。

4. 料场开采、路基碾压过程中的调整

在黏土路基填筑过程中，碾压机具、碾压方法一定时，含水率直接影响压实密度。当料场土质并非均匀，含水率变化较大。对于高含水黏性土，若采取烘烤，翻晒的方法降低含水率，工程造价将大大提高，另一方面也跟不上机械化施工的需要。为了保证黏土路基的填筑质量，在土料场开采过程中，结合现有的开采机具，根据气候的变化，对不同的土料，不同的料区采取不同的开采方法和相应的措施。

对于靠近冲沟的土料且含水率在塑限附近。夏季施工，水分易散失，采取立面开采较为合适，也可采取推土机背阳斜面开采，要求边开采边上车，不可把松散的土放置过久。当开采到地势低洼处时，含水率超过标准时，便采用开沟排水，剥除表层后利用太阳能降低含水率，然后采用蚕食办法，分条开挖。

开采到土层含水接近液限，把此层弃掉，使用含水率适中的土料。或采用挖沟排水，或掺灰等其他处理措施。

当开采重黏土，且含水率高，用这样的土上路，碾压参数要改变。根据这类土料分层的特点，采用向阳缓坡斜面开采，把重黏土和砂质黏土混合起来用，改变填土料的性质。

偶尔也有含水率偏大的土料上路，发现后在碾压场地翻晒后再行碾压。有时夜班施工，受灯光条件限制，把不合格的填料运到路基填筑面，碾压后取样检测干密度达不到要求，增加碾压遍数后仍不合格。因碾压遍数过多，反而破坏了土的结构，甚至产生千层饼现象。遇到这种情况，一般采取挖除处理。

在夏季施工，特别是中午，烈日炎炎，水分蒸发量大，路基填筑面需要洒水。洒水工艺如何直接影响到施工质量，因条件所限，施工人员可将橡皮管口用铁丝扎成偏平状，把水变成雾状洒在路基填筑面上。并要求洒水人员认真负责，不仅将水洒的均匀，洒水量要适中。若洒水量不够，既影响压实密度，又影响层间结合；若水洒得过多，会产生弹簧土。

秋冬季节，出于温差变化大，夜间的露水也会增加土料的含水率。在施工过程中遇到过这类情况，采用的措施是选用小于最优含水率土料上路。另外，土料开采后，立即上路，不在料场集料，路基填筑面的土料推平后，马上碾压。

5. 不同施工季节的调整

在雨季，还需经常注意取土场地和施工段落的排水，并将路基横坡做成3%～4%。

冬季，应尽量压缩工作面长度，以减少冻土对施工产生的影响。在取土场，有条件时，可设不同含水率的取土层，以满足不同地点、不同季节对填土含水率的需要。在施工地段，含水率的调整方法应根据具体的条件、施工季节、天气情况等区别确定。若含水率较大，在夏季，可将填土翻松，晾晒或另调整施工作业面，等该段晾晒一段时间后，再进行填筑、碾压。在冬季，可掺一定量的减水外掺剂或换土等方法，降低填土的含水率。若含水率较小，在雨季可先调整工作面，等雨后含水率适合时进行本段压实施工，或利用中午或晚间休息时间用洒水车加班洒水。

6.进行击实试验时，取样一定要有代表性

进行土样分析试验所选的土样，在进行击实时，应使其所确定的最大干密度 ρ_{dmax} 和最佳含水率 w_{op} 具有指导性、代表性；注意含水率与干密度关系曲线的形状。某些填料的含水率与干密度关系曲线中含水率小的一侧曲线段较陡，或整个曲线都较陡，在现场施工碾压过程中就需要仔细控制含水率，如填料太干，就需要增加碾压吨位及碾压遍数，如过湿就不稳定。如果填料的含水率—干密度曲线比较平稳，则施工中就不需要非常仔细控制含水率，因为碾压时，含水率不是那么敏感。

二、不同土质情况下含水率对压实的影响

1.不同土质对含水率的敏感性和碾压设备的适用性

不同类型的路堤填料，其压实特性不同，施工时应采用相应的压实措施。

(1)填石

填石包括漂石和卵石，粒径大于60mm，含水率基本不影响压实效果。从石质填料平整难易和压实效果考虑，石料的最大粒径不宜超过压实层厚度的2/3，如果最大尺寸不超过压实层厚度的1/3，就减小了填石材料被压碎的可能性。

填石压实时，无法和没有必要把含水率控制在最优含水率，一般是在完全干燥或饱和时获得最大干密度，在此时进行压实效果最好。

振动设备压实填石材料最经济、最有效。

(2)砾石和砂

砾石和砂的粒径范围是从鸡蛋大到0.06mm。如果细粒径的土(粉土和黏土)含量小于5%～10%，该土归为自流排水土。自流排水土颗粒较大，呈松散状态，水分易散失，大量的水分在压实过程中很容易挤压出来，压实工作在下雨和地面泥泞的情况下也可以进行。自流排水土的压实对含水率不敏感，在完全干燥或含水饱和的状态下都能达到最大密实度。当含水率介于干燥和饱和状态之间时，密实度稍低。自流排水土不受冷冻的影响。如果不属自流排水土，压实受含水率的影响，必须控制好最佳含水率，才能获得最好的压实效果。砾石和砂相对于粉土和黏土容易压实，而且承载力高。虽然土在最佳含水率时压实最有效，但在干燥或半干燥地区，专门将土浇湿太浪费或不实际时，砾石和砂可在干燥状态(含水率小于1%～2%)下压实，效果也较好。干压适用于较厚的压实层。

各种机型都可以用来压实砾石和砂。中型和重型振动压路机用以压实厚层填料，轻型振动压路机压实薄层填料。

(3)粉土

粉土的粒径范围是0.075～0.002mm。和所有的细粒土一样，粉土的压实依赖于含水率，要想得到理想的压实效果，就应把握好施工控制含水率。

振动设备压实粉土最为有效，如果黏土的含量很低，压实厚度和砾石、砂一样。如果黏土含量大于5%，则应采用较大的碾压设备并降低压实厚度，在这种情况下，凸块式压路机比光轮式压路机压实效果更好。

但粉土是修筑路基最差的材料，属有害的路基用土。它浸水易成稀泥，毛细作用强烈，上升速度快，上升高度大，在季节性冰冻区，水分积聚现象严重，引起路基冻胀，春融期间极易形成翻浆。如果必须用粉土填筑路基时，宜掺配其他材料，改善其性质，并加强排水以及采取设置隔离层等措施。

(4)黏土

黏土的粒径小于0.002mm。含水率对压实有着极大的影响，在最佳含水率或稍高于最佳含水率时，压实最有效。

黏土需要相对大的压实力(和粗粒土相比)，振动凸块式压路机最适合黏土压实，压实厚度为15～40cm。工作面大时，用高速冲击压路机压实黏土非常经济，厚度限制在15～20cm。含水率高于最佳含水率的黏土，抗压强度小，可用光轮振动压路机或轮胎压路机压实。

如果黏土的含水率较高，就不可能压实成高密度的土。这种情况下，可掺少量石灰以疏干土质，并改变土料的颗粒级配，使之粗粒化。这种石灰稳定土能有效地被压实。压实石灰稳定土也适宜用振动凸块式压路机。

2.风化土中含砂率对压实性能的影响

风化土的最大干密度 ρ_{dmax} 随着含砂率 s 的增加而增加，$s=90\%$时出现峰值。当 $s=100\%$时，压实效果反而不佳，此时宜采用振动压实法。工地常采用冲水法，提高砂的紧密程度。最佳含水率随着含砂率的增加几乎成直线减少，即需要润滑细颗粒表面水膜的水分在减少。

风化土达到最大干密度后的空隙率 n_s 可用下式计算：

$$n_s = 1 - \frac{\rho}{\rho_s(1+\omega)} \tag{4-13}$$

式中：ρ——压实土湿密度；

ρ_s——压实土颗粒密度；

w——压实土的含水率。

空隙率随着含砂率 s 的增加而减少。s 增加到某一明显值($s>30\%$)时，粗砂($d>0.5$mm)颗粒有可能局部接触，开始在混合料中起骨架作用，中间空隙被细砂粒和黏土颗粒填满，使风化土的性质发生显著变化。若 s 继续增加，达到另一临界值($s>90\%$)，土体基本由粗砂粒控制，空隙率 n_s 反而高，ρ_{dmax} 亦随着下降，见图4-22、图4-23。风化土在压实过程中，颗粒级配起着较大作用。ρ_{dmax} 其颗粒的相互位置及其间接触点的数目而定，等径球形粒排列最稀时，孔隙比 e 可达48%，最密时 $e=26\%$，见表4-3。

含砂率与压实后孔隙率关系 表4-3

含砂率	湿密度 ρ(g/cm³)	最大干密度 ρ_{dm}(g/cm³)	最佳含水率 w_{op}(%)	空隙率 n_1(%)
s>70%	2.16～2.18	1.92～2.03	8.8～10.2	26～27
50%<s<70%	2.01～2.09	1.81～1.91	12.1～18.2	28～31
30%<s<50%	2.08～2.14	1.73～1.81	18.0～18.9	30～33
s<30%	1.98～2.06	1.56～1.66	19.1～23.8	32～38

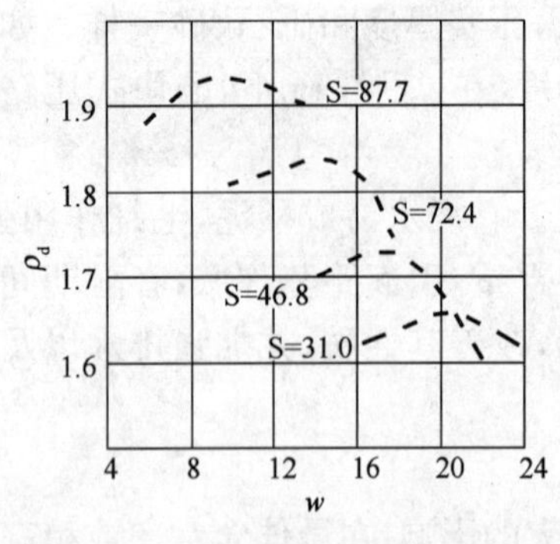

图 4-22　不同的击实曲线

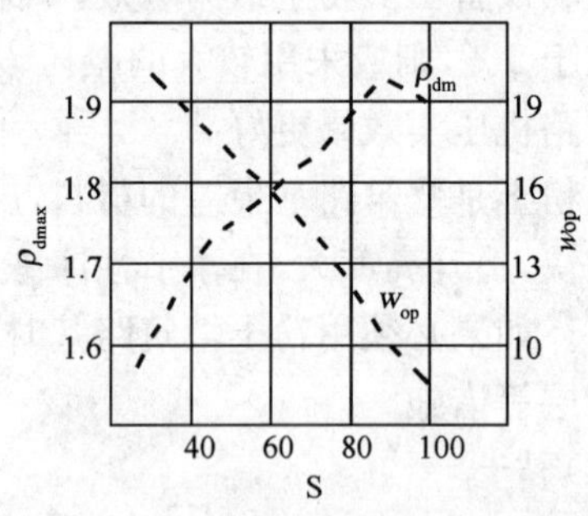

图 4-23　ρ_{dm}、w_{op}与 S 的击实曲线

3.碎石类、块石类及粗粒土填料的含水率控制

当路基填料为碎石类、块石类及粗粒土(除黏砂、粉砂外)时，由于此类填料具有较好的渗水性，在碾压过程中，不会因为含水率增大而在土体中出现承压水，增大土体的孔隙比。相反，适当增大含水率能减小碎石、块石或粗颗粒之间的摩擦力，有利于相互镶嵌紧密而形成稳定结构。同时，孔隙水能使细颗粒在振动碾压过程中保持流动状态，充分地充填于土体孔隙中。

随着大块填料之间的相互镶嵌、咬合程度的增加以及细颗粒的不断充填，在土体内对于任一波浪状平面，填料间的接触面积在不断增大，即土体能承受的有效应力在增大。同时，从土体相对密度 D_r 的计算公式 $D_r=(e_{max}-e)/(e_{max}-e_{min})$ 可看出，随着土体孔隙比(e)的缩小，土体的相对密度相应增大。由此可见，适当增大土体含水率，能提高此类路基压实度。土体各组份相互镶嵌、充填得愈紧密，土体抵抗变形的能力愈强。

图 4-24 为砂砾石料含水率与压实度关系曲线图，试验中砂砾石料松铺厚度为 60cm，显然，随着碾压遍数的增高，压实度有较大提高，且含水率与压实度关系曲线也逐渐舒展平缓，说明含水率对压实度的影响随碾压遍数提高而逐渐减弱。碾压 4 遍的关系曲线可用(4-14)式拟合，碾压 6 遍的关系曲线可用(4-15)式拟合，通过两式可得不同压实度所对应的砂砾石料含水率范围(大于最佳含水率的百分点)如表 4-4 所示。当砂砾石料含水率低于最佳含水率 1.6 个百分点或高于 2.1 个百分点时，碾压 4 遍后压实度不能达到 95%，碾压 6 遍后可达到 95%，但当含水率低于最佳含水率 7 个百分点或高于 6.1 个百分点时，碾压 6 遍后压实度也不能达到 95%。即碾压遍数增加，最大密实度增加，施工控制含水率范围增大。

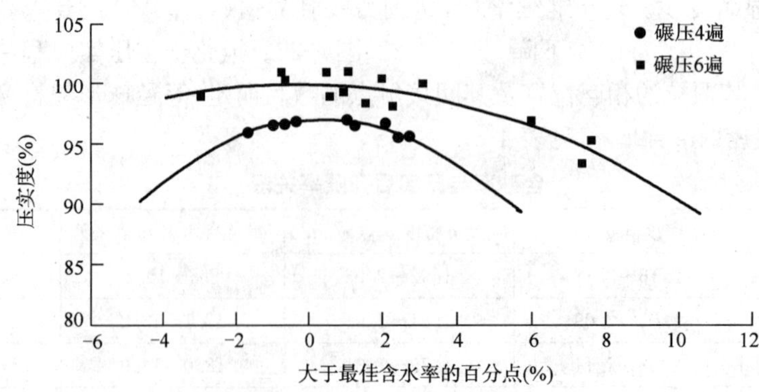

图 4-24　砂砾石料含水率与压实度

不同碾压区砂砾石料含水率范围 表 4-4

碾压遍数	压实度			
	98 区	95 区	93 区	90 区
4	—	−1.6～2.1	3.1～3.6	−4.5～5.1
6	−3.0～2.2	−7.0～6.1	−7.0～7.7	−7.0～10.0

注:表中含水率为大于最佳含水率的百分点

$$K = -0.252(w-w_{op})^2 + 0.141(w-w_{op}) + 95.842 \qquad R^2 = -0.87 \tag{4-14}$$

$$K = -0.0845(w-w_{op})^2 - 0.0668(w-w_{op}) + 98.572 \qquad R^2 = -0.81 \tag{4-15}$$

式中:K——压实度;

w——砂砾石料含水率;

w_{op}——砂砾石料最佳含水率。

图 4-25 为各类坝料(垫层料、过渡料、堆石料、砂砾料)的压实曲线,其 5mm 以下颗粒含量分别为:垫层料 38.4%、过渡料 6.2%、堆石料 3.6%、砂砾料(层厚 60cm)26.6%、砂砾料(层厚 80cm)21.9%。

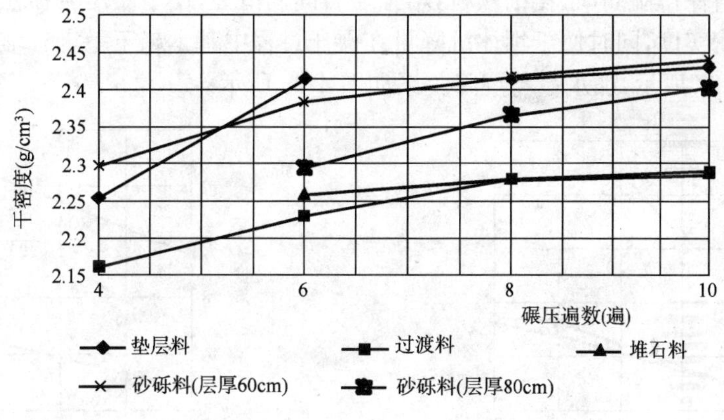

图 4-25 碾压遍数与干密度关系

图 4-25 说明:随着碾压遍数的增加,坝料干密度也随之增加,当碾压 6～8 遍后,干密度基本趋于平缓,增加碾压遍数对坝料压实度影响已不明显。

砂砾料不同铺层厚度碾压结果表明:不同铺层厚度对干密度影响较大,在相同碾压条件下,厚度越薄,越容易压实,其压实后的干密度越大。两者相比较,60cm 铺层厚度比 80cm 铺层厚度干密度提高 1.5%～5.0%。从以上碾压结果也看出:压实效果与坝料级配特性存在一定的关系,5mm 以下颗粒含量较多的坝料,愈容易压实。

碾压遍数、层厚及不同激振力与沉降量的关系,碾压遍数与沉降量关系如图 4-26 所示。

从碾压效果来看:碾压遍数与沉降率有较好的相关关系,随着碾压遍数的增加,沉降率也随之增大,但在碾压 6～8 遍后,沉降率增加逐渐减缓,说明坝料已基本密实,继续碾压作用不大。

铺层厚度对坝料沉降率也存在较大影响,厚度越薄,其沉降率越大。这种变化规律与铺层厚度对干密度的影响是相适应的。

从垫层料的两个不同振幅碾压效果来看:碾压设备激振力越大,坝料沉降率也越大,而且在不同激振力、相同碾压遍数作用下,沉降率相差甚大,说明碾压设备本身性能对坝料压实效果起着关键性作用。

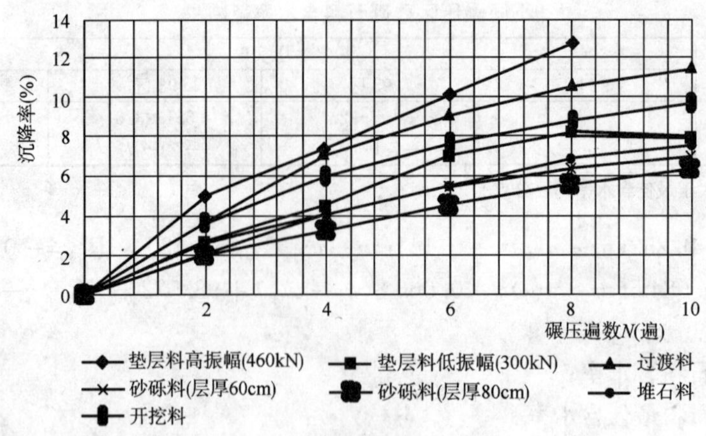

图 4-26 堆石坝填料碾压遍数与沉降率关系曲线

加水量与干密度、沉降率关系，上坝的堆石材料，通常为风干料，为提高其压实度就需要适当加水，以使材料保持湿润，软化细颗粒，增强岩石间润滑力，便于碾压时颗粒间相互移动重新排列，增加坝料密实度，同时便于坝体沉降量在碾压过程中基本趋于稳定。堆石料加水量与干密度关系如图 4-27 所示，加水量与沉降关系如图 4-28 所示。

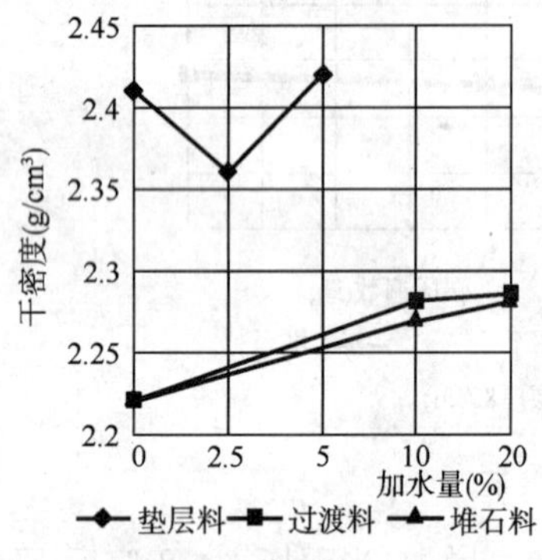

图 4-27 加水量与干密度关系曲线

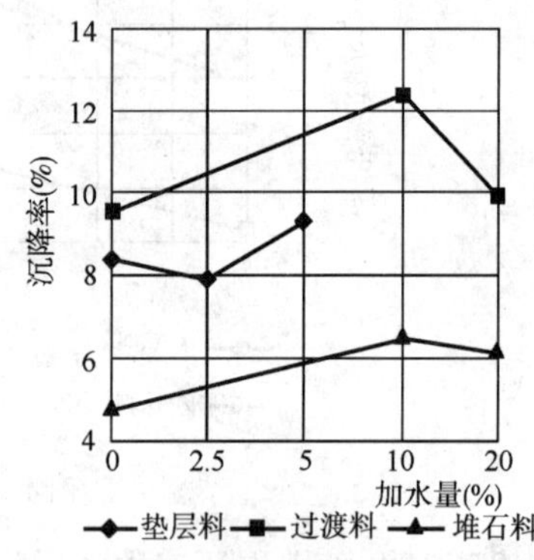

图 4-28 加水量与沉降率关系曲线

从碾压结果可知：垫层料加水 2.5%时的干密度较加水 0%、5%时均有一定程度的减小，减小幅度在 2%左右。过渡料和堆石料在相同碾压条件下，随加水量增加干密度也随之增加，增加幅度为 2.7%左右，当加水 10%后，干密度增加趋于平缓。

加水量与沉降率的变化和加水量与干密度的变化是相辅相成的。其中垫层料加水 2.5%时的沉降率较加水 0%、5%时均有一定程度的减小。过渡料和堆石料在相同碾压条件下，随加水量增加沉降率也随之增加，当加水 10%后，沉降率开始减小，说明加水 10%时，坝料已基本压实，沉降量基本稳定，继续加水对坝料沉降已无大的影响。

4. 细粒土和黏砂、粉砂填料的含水率控制

当路基或路基某层位使用细粒土或黏砂、粉砂作填料时，应严格按规范要求，在接近最佳含水率时进行碾压施工。

当土体含水率接近最佳含水率时，土体中的水分主要以结合水的形式存在，包括强结合水和弱结合水，只含少量自由水。土体中的孔隙主要被空气所充填，当受到外力作用时，孔隙容易被压缩。在此情况下，路基经碾压易于达到较高的压实度。

当含水率远低于最佳含水率时,土体中的水分主要以强结合水的形式存在,而当颗粒只含强结合水时,颗粒相互间的吸持力很大,不容易在外力作用下产生移动,也就不易被压实。

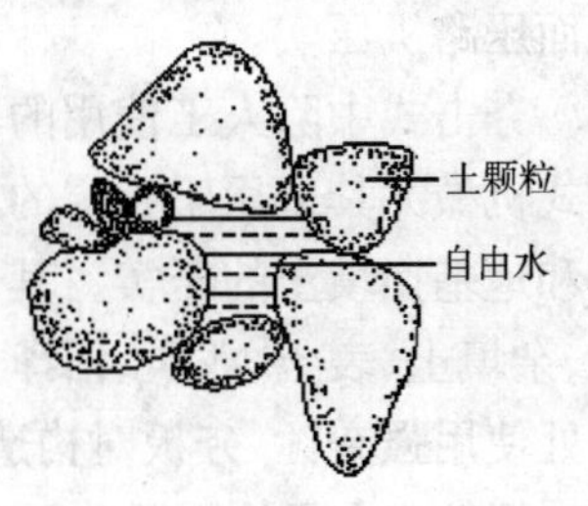

图 4-29　土体中的自由水

当含水率远大于最佳含水率时,土体中存在大量自由水。在碾压施工进行到一定程度后,土体中的孔隙全部被自由水充满(如图 4-29)。因在封闭状态下水的体积不能压缩,而且渗流速度极慢,很难排除。所以在这种情况下无论怎样碾压都不会达到理想的压实度。如果此时采用增加碾压遍数或加大机械吨位的方法,只会导致土体中承压水沿薄弱路径向外挤出造成翻浆,或出现"弹簧土"现象。

5.不同土质在路基填筑中的使用

一般的土和石都可用作路基填料,卵石、碎石、粗砂等透水性良好的填料,只要分层填筑、压实,可以不控制含水率。用黏性土等透水性不良的填料,应在接近最佳含水率的情况下,分层填筑与压实。填土接近最佳含水率的容许范围与土的种类和压实度要求有关,在一定的压实要求下,砂类土比细粒土的范围大;在同一种土中,压实度要求低的比要求高的范围大,施工控制含水率范围的具体值可从该种土的标准击实试验或碾压试验曲线上求得。

就填筑路堤而言,最合适的土是砂砾土、砾土及亚砂土。这些土的内摩阻力小,黏结力小,渗水性强,其合理含水率空间较大,容易压实,又有足够的强度、稳定性,遇水不致过分软化。用这些土作填料不易引起路基沉陷。另外,施工中应注意填料粒径不能超标,若填料粒径超标过多过大,就易形成骨架作用,产生架空现象,使压路机压不实,这样就达不到要求的干密度。

粉土质土和细砂土的土质稍差些,这些低黏性土,也比较容易压实,在饱和状态下,这些土容易变成流塑状并失去承载能力。用这种土填筑路堤的边坡,在良好的水文地质条件下是足够稳定的。但是若不作与之配套的防护工程,是容易受水冲刷的。

亚黏土和重亚黏土的压实比较难,但与粉质土相比较它们仍是比较有利的土。这些土具有较高的黏性与不透水性。最难以压实的土是黏土,在潮湿状态,这种土不稳定,塑性较差,并容易发生剪切,在干燥状态下,容易丧失水分,使土体龟裂。其特点是液限大,最佳含水率大,而最大干密度小。路基碾压不实,易形成"软簧",这种土不宜选用。

实际施工中,当有多种材料源可供选择时,应优先选用那些挖取方便、压实容易、强度高、水稳性好的填料。

三、机械性能及压实功能等对压实性的影响

压实功能包括机械性能、压实时间与速度、土层厚度。

1.机械性能

目前用于路基压实的机械很多,大致可分为碾压式、夯击式和振动式三大类型。碾压式(又称静力碾压式),包括光面碾(普通的两轮和三轮压路机)、羊足碾和气胎碾等几种。碾压式适用于黏性土,对于砂性土的压实效果较差,其中光面压路机可得到平整的表面,但压实深度相对较小;轮胎压路机质量大,与被压土层接触面大,可得到平整的表面和较深的有效压实深度。羊足碾的特点是单位面积的压力大,它的压实效果和深度均较相同质量的光面压路机高,但羊足碾的压实作用是自下而上的,用羊足碾碾压后,表层 6～10cm 土层仍是松的,需要配合

光面压路机压实。

夯击式中除人工使用的石硪、木夯外，机动设备中有夯锤、夯板、风动夯及蛙式夯机等。夯击式机械尤其适用于狭窄的地方，如桥头填土、涵管上的填土和涵管旁的填土、狭小地基的压实和地基换填土的压实。其中夯锤法和夯板法还可以用于稍湿的一般黏性土、砂土、湿陷性黄土、杂填土、表土、泥炭、沼泽土等，并可使土体强度提高2～5倍。应当注意的是过于接近构造物处使用强夯锤、夯板对构造物很危险，此时应当用轻型的夯实机具，如蛙式夯，人工夯等。

振动式主要使用振动压路机。振动式压路机功能大，压实深度大，有效密实度也大，且可以兼作轻型、中型、重型压路机使用。又由于现在对压实度要求的提高，使得振动压路机的使用范围越来越广。振动压路机还可以广泛用于各种土，对砂性土的效果最好，对黏性土效果较差。

相同碾压遍数的情况下，吨位大的较吨位小的压实机械的压实效果明显得多。同时现场利用30t的压实机械对粗粒土碾压变形稳定时，若再利用50t的压实机械进行碾压，则变形仍非常明显，所以针对工程运营中属超重载交通的实际情况，使用大吨位的压实机械为好。另外，对于碾压机械在碾压过程中的碾压速度应进行控制。根据现场的调查资料可知，速度越低，压实效果越好，反之，速度越高，压实效果相对就差。但在考虑碾压机械的性能、安全性、经济性等各种因素的基础上，实际填筑时的行车速度控制在2～4km/h为宜。

各种土质适宜的碾压机械见表8-1。

2. 压实遍数与速度

根据施工手册规定：碾压遍数＝两碾轮总宽度/每次错距宽度。

有试验表明了压实遍数与土的干密度的关系如图4-30所示。从图4-30可以看出：最初的若干遍碾压，土的干密度增加比较快；碾压遍数继续增加，干密度的增长逐渐减小；碾压遍数超过一定数值后，干密度就不再增加(有的甚至降低)。假如压实遍数超过10遍，仍不能达到规定的压实度，则应当采取其他措施，如减小土层厚度，或者选用功率更大的压实机械。值得注意的是机械对土施加的外力，应有所控制，如功能太大，压实过度，会使土体结构受到破坏，从而造成失效、浪费。一般认为，压实时单位压力不应超过土的强度极限，如果取得土样的最大干密度比压实现场的土的最佳干密度大很多，则有可能由于为了达到压实度而不断增加压实功能，从而导致土体结构受到破坏，土体强度下降。碾压遍数由土的性质、机械、土的厚度和所要达到的压实度决定。压实时的速度也要控制好，一般是先轻后重，先慢后快，先静压，后弱振，再强振。速度的变化要均匀、合适。

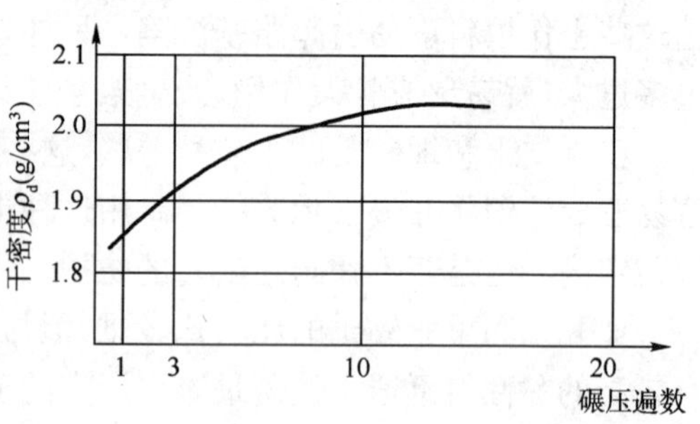

图4-30　干密度与碾压遍数关系曲线

一般来说，在铺土厚度、含水率、土质等相同的情况下，碾压遍数越大，密实度(或干密度)就越大；反之，碾压遍数越小，密实度(或干密度)就越小。如某碎石土的碾压结果见表4-5。

某工程碎石土碾压遍数与干密度的关系　　表4-5

碾压遍数	6	8	10	14
动力触探N_{120}(击)	2.2	4.8	6.7	7.4
干密度(g/cm^3)	2.18	2.21	2.24	2.25

碾压遍数与干密度的关系因碾压机械、摊铺厚度、粗粒料的力学性质、级配等而有所不同，通常情况下是随着碾压遍数的增加，干密度也在增加，但碾压遍数超过一定遍数后，密度的增长率极小，如冯忠居对粗粒土的碾压情况图 4-26 所示。碾压遍数的确定可以取密度接近稳定时的遍数作为粗粒土现场填筑的压实标准。

图 4-31 为砂砾石料碾压遍数与压实度的关系曲线图，从中可看出，当碾压遍数小于 6 遍时，随着碾压遍数的增加，砂砾石填料的压实度有较大提高，当碾压遍数大于 8 遍之后，光靠增加碾压遍数，已很难提高砂砾石填料的压实度。因此，砂砾石填料的最佳碾压遍数应为 6～8 遍。

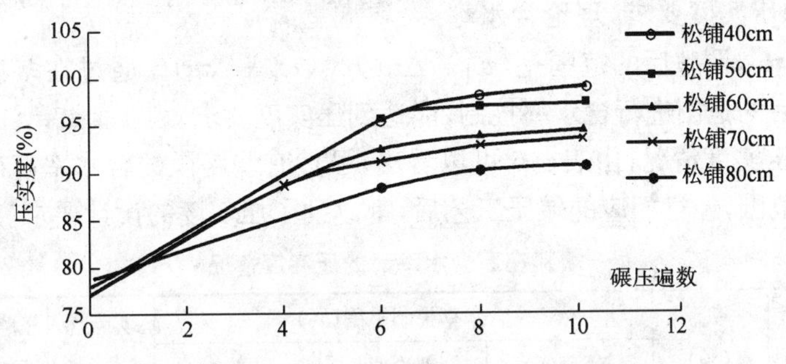

图 4-31 砂砾石料碾压遍数与压实度关系曲线图

从图 4-32 可以看出，在相同碾压遍数的情况下，碾压速度越慢，压实密度越大，碾压速度越快，土的压实密度越小。

3. 碾压遍数与沉降量之间的关系

从图 4-33 中可以看出，沉降量、沉降率均是随着碾压遍数的增加而增大，且其增大的趋势与密度一样，当碾压遍数超过某一数值后沉降率减小，即沉降量的增量很小且趋近于某一恒值。

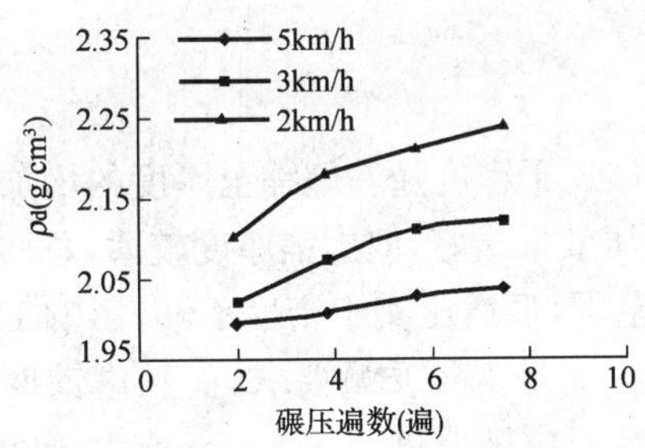

图 4-32 碾压遍数与密度的关系

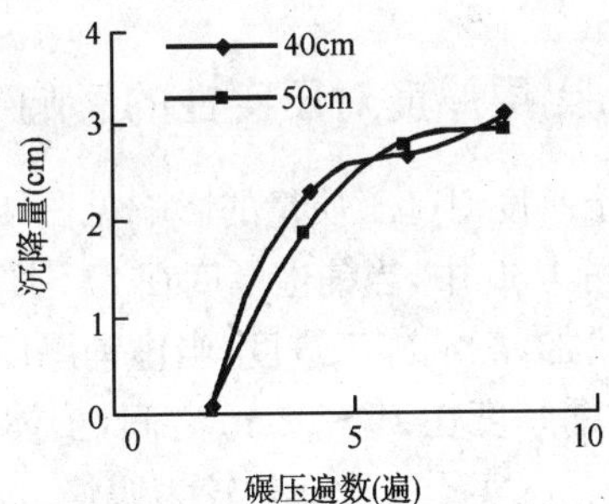

图 4-33 碾压遍数与沉降量的关系

4. 压实机械及土质对压实度的影响

普通钢轮压路机碾压砂和砂砾土容易达到高的压实度，即使使用 8t 光面钢轮压路机也能达到 98% 的压实度(以重型击实试验法的最大干密度为标准)。用这种压路机碾压黏性土，较难达到较高的压实度。用 8t 光面压路机只能达到 92%左右的压实度。对于黏性土，如要达到较高的压实度，需要采用更大的光面压路机或选用其他类型的压路机。

振动压路机最适宜于压实砂和砂性土，且容易达到 98%的压实度。但振动压路机压实重黏土的效果很差。

随着碾压技术的不断革新，碾压功能越来越大，有的早已超出了击实试验功能，经常出现压实度超百的现象。因此，合理的控制范围应该在理论范围的基础上再行调整。根据施工所采用的碾压机械的性能以及拟定的碾压遍数，计算出单位施工碾压功能，在击实试验中以等量的功能进行击实，得出另一条击实曲线，如图 4-34 所示，对应于标准的压实度要求，理论含水率控制范围是 $w_1 \sim w_2$，调整后的范围是 $(w_1 - \Delta w') \sim (w_2 + \Delta w)$。通过在多项工程中的应用，施工中按照调整后的范围进行含水率控制，能达到压实度要求，表 4-6 是镇江新区银山路工程施工时灰土层的压实度情况，由表 4-6 可以看出，虽然有些路段的含水率超出了规范要求，但都满足调整后的范围，经过相应的碾压工艺后，都达到了压实度的设计要求。

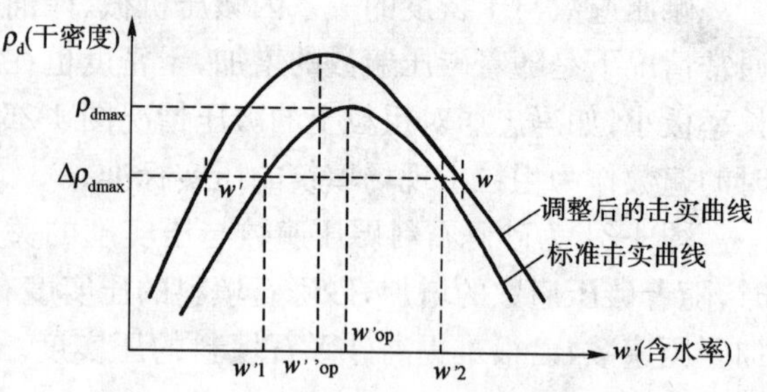

图 4-34　击实试验的调整与含水率控制的关系

填料在高含水率时的压实度情况

表 4-6

桩号	ρ_{dmax} (g/cm³)	w_{op} (%)	含水率控制范围(%)			实际含水率(%)	压路机吨位/遍数	压实度(%)
			规范值	理论值	调整值			
K0+080～+120	1.84	13.6	11.6～15.6	9.2～18.0	8.5～18.8	16.7		96.8～99.5
K0+250～+310	1.82	12.9	10.9～14.9	8.6～17.4	8.4～18.5	17.8	12t/2	95.6～98.7
K0+150～+180	1.85	13.6	11.6～15.6	9.7～17.7	9.5～18.4	18	18t/6	96～98.5
K0+400～+450	1.89	15.5	13.5～17.5	11.6～19.2	10.8～19.7	19.4		96.2～97.9

四、土层厚度对压实性的影响

铺土厚度对施工质量的影响见图 4-31 和图 4-35，碾压干密度随着虚铺土厚度的增加而降低。在图 4-35 中，当铺虚厚度在 23～25cm 之间时，碾压效果最好，但虚铺厚度较薄，总回填层数将会增加，影响施工进度；当虚铺厚度在 29～32cm 范围，显然压实干密度不够，影响工程质量；当虚铺厚度在 25～28cm 之间，土体压实干密度完全满足工程质量要求，而且虚铺厚度在此范围内，压实干密度变化较为缓慢，即影响敏感性差，而虚铺厚度小于 25cm 或大于 29cm，压实干密度变化幅度大，影响敏感性强，所以工程实际施工虚铺厚度应控制为 25～28cm 最为理想。

有试验表明了土层的厚度对压实度的影响，如图 4-36 所示：表层土压实度较小(0～8cm)，随深度增大时压实度变大，之后深度再变大压实度又会变小，因此规范规定高速公路和一级公路最大松铺的厚度不应超过 30cm，最小压实厚度不宜小于 8cm。当然，压实深度与压路机功能相适应，功能愈大压实深度愈大，但对于其他等级公路最大松铺厚度亦不能大于 50cm。

图 4-31 也反映出砂砾石料松铺厚度与压实度的关系，结合表 4-7 分析可知，砂砾石填料含水率对压实度的影响要大于松铺厚度的影响，当含水率接近最佳含水率时，松铺厚度为 80cm，碾压 6～8 遍后，压实度可达 97%；当填料含水率大于最佳含水率 8 个百分点时，即使松

铺厚度为 50cm，碾压 8 遍后压实度也只能达到 90%。因此，应根据工程需要，结合填料本身含水率的具体情况确定合适的松铺厚度。

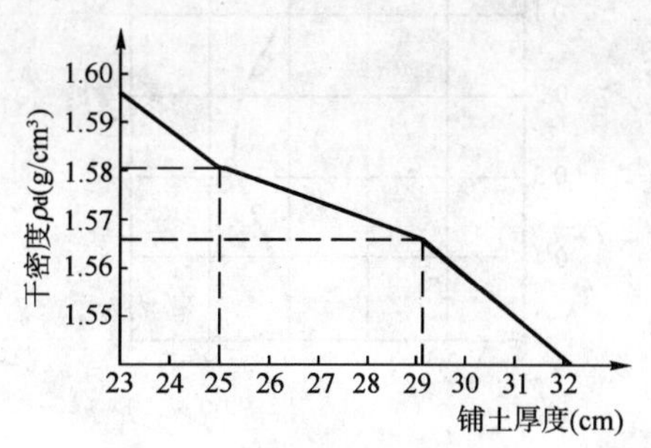

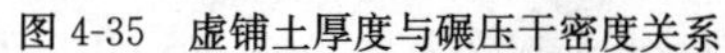

图 4-35　虚铺土厚度与碾压干密度关系

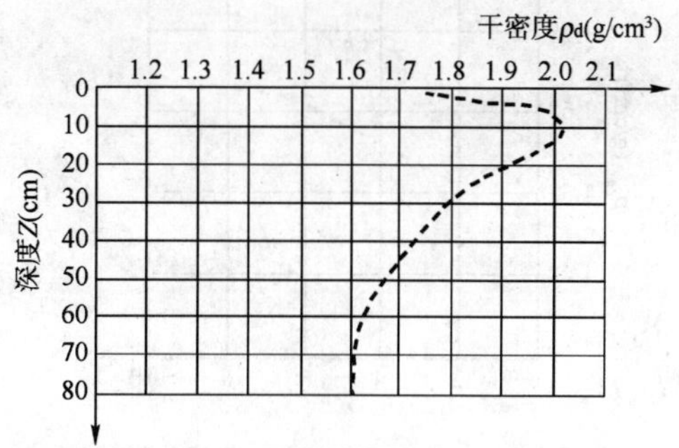

图 4-36　干密度与土层厚度关系曲线

一般来说，在碾压遍数、含水率、土质等相同的情况下，摊铺厚度越大，密实度（或干密度）就越小。如某碎石土的碾压结果见表 4-8。

各砂砾石料层的含水率　　表 4-7

松铺厚度(cm)	40	50	60	70	80
含水率 w(%)	7.0	14.2	10.4	9.8	6.4
最佳含水率 w_{op}(%)	5.9	6.2	6.2	6.1	6.1
$w-w_{op}$(%)	1.1	8.0	4.2	3.7	0.2

某工程碎石土虚铺厚度与干密度的关系

表 4-8

虚铺厚度(m)	0.40	0.60	0.80
干密度(g/cm³)	2.24	2.25	2.22

某粗粒土的压实摊铺厚度和干密度的关系如图 4-37 所示，从图 4-37 中可以看出，虽因压实材料不同使得压实后的密度有些离散，但总的趋势是相同的压实情况下，摊铺厚度越小，干密度越大。

碾压机械的吨位越大，压实干密度越大，见图 4-38。

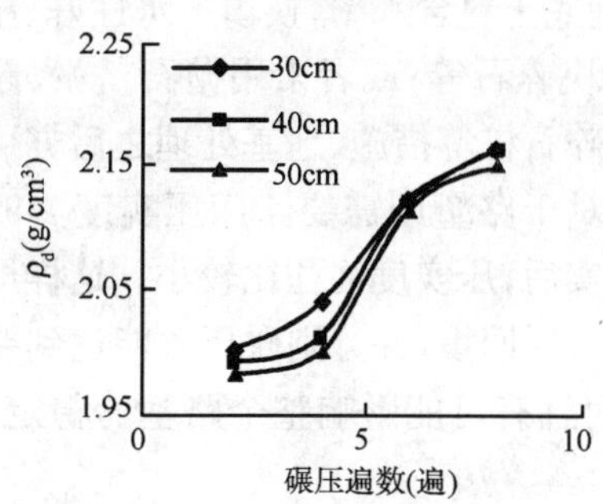

图 4-37　摊铺厚度与干密度的关系

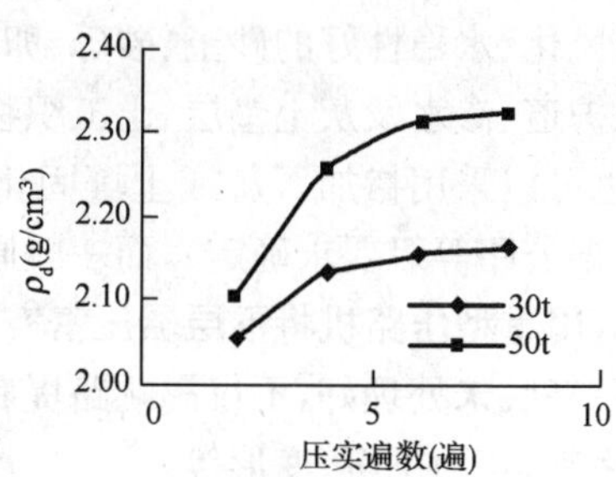

图 4-38　压实遍数与干密度的关系

在大型振动压路机的碾压作用下，最大压实度发生在碾压层的中间，见图 4-40。由于受到大型振动压路机的影响，表面出现一些网裂，土体超过受剪破坏的极限状态，其压实度反而不高。最底层的竖向应力分布减弱，压实度亦低，该点最大干密度 ρ_{dmax} 与碾压遍数 n 的关系如图 4-39，碾压 6 遍后，曲线变得比较平缓。

在相同压实条件下（土质、湿度、压实能不变），土基的密实度随深度而递减，而不同压实工具的有效压实深度各有差异。因此，路基填土分层的最佳厚度应根据压实工具类型和土质等因素进行现场试验，以确定适宜的分层厚度。在一般情况下，夯实土层厚度不宜超过 20cm；使用 12～15t 光面压路机，压实土层厚度不宜超过 25cm，使用振动压路机，压实土层厚度不宜超过 50cm。

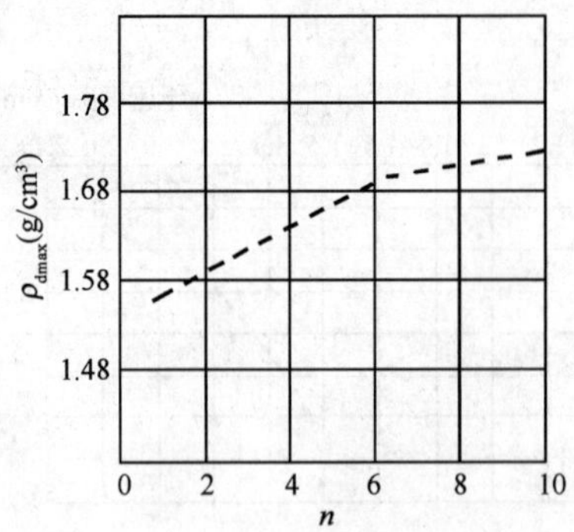

图 4-39 ρ_{dmax}与碾压遍数 n 的关系

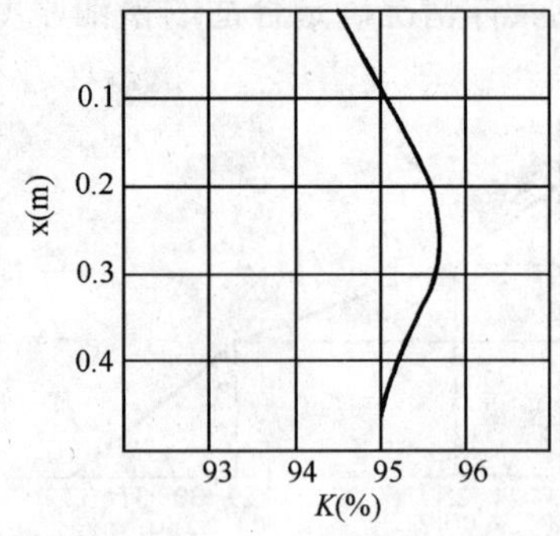

图 4-40 每层压实深度 x 与压实度 K 的关系

宋延海在压实层厚度 300mm 范围内，取 6 个断面检验密度。结果 0～50mm 压实度达到 96.8%，50～100mm 达到 94.2%，100～150mm 达到 93.7%，150～200mm 达到 89.5%，200～250mm 达到 88.4%，250～300mm 达到 85.8%，从这些试验结果说明压实层的厚度对密度及压实度影响很大，应在施工中注意取土点深度。

五、地基强度对路基压实的影响

在填筑路堤时，如地基没有足够的强度，路堤的第一层是难于达到较高的压实度的。因此，在填筑路堤之前，必须先碾压地基，使其达到足够的强度。如地基比较湿软（在水稻田地区），直接在其上填筑路堤，路堤的第一层，甚至第二层（每层以 30cm 计）用重型压路机无法进行碾压；碾压时土层会发生“弹簧”现象，愈碾压，“弹簧”现象愈严重。故此对这类地基如水稻田地区、河塘、湖海地区、软土沼泽地区，必须先进行地基处理，首先将地表水疏干，清除表层不良土层，经碾压密实后在上面填筑路堤。如果地表水无法排干，或含水率很大，或地下水位很高，则应当进行专门处理，如设置渗沟降低地下水位和基底土料含水率，换填透水性好、压缩性小、不易风化、水稳性好的砂土、砂砾、卵石、矿渣、片石、块碎石等；或者采用抛石挤淤、超载预压、反压护道、渗水及灰土垫层、土工织物、塑料排水板、碎石桩等措施，地基处理之后方可填土压实。也可以采用掺加石灰或土壤固化剂进行处理。对于路堑则需要路床压实度≥95%或96%（根据公路等级要求确定），而一般原状结构土经压实后，压实度往往比较小。这样即需超挖 30cm，用重型压路机将下层碾压密实；然后再将土分二层回填，并分别碾压才能达到要求的压实度。基底未处理好，不仅影响路堤底部土层压实，而且有可能影响整个路基的稳定，有可能导致路基、路面下沉、变形等。

原状结构土的密实度往往较小，通常只有重型击实试验法最大干密度的 80%，甚至更小些。对路堑，往往要求其上层 30～40cm 有较高的压实度。由于原状结构土的密实度不高，强度不足，如直接用压路机在路堑表面碾压，经常达不到所要求的压实度，因此应该首先将路堑上层厚 30～50cm 的土清除，用压路机将下层碾压密实（通常需要碾压 5～6 次）后，再将合格的土分二层回填并分别压实，才能达到要求的压实度。在有些地方甚至清除更深土方。

六、特殊部位的填筑

1. 桥涵台背及窄填方位置的填筑施工

在所有距桥涵通道的 2m 范围内，应停止用重型机械碾压，改用小型压实设备，如采用小型振动平板、手扶振动压路机、蛙式振动夯等，进行压实，以防桥涵台背被挤坏或不易彻底压实。最后，在路床整修时，标高控制宁高勿低（2～5cm）。因为高的部分，用洒水车洒水后，用平地机整平达到要求。若少数低凹部分，补平碾压后，则不易与原路基形成统一整体，影响路基的整体强度。

2. 半填半挖路段的填土压实

对于半填半挖路基，除应按施工规范中的施工程序施工外，还必须采取强有力的措施。使填挖两部分土体在强度和稳定性方面达到最佳均衡。为此，首先应适当提高填方部分的压实度标准，增大填方部分的强度和稳定性；其次，当填方部分的横向宽度较窄时，要用夯实机具自下而上逐层填筑夯实。

第七节　碾压过程中含水率及密实度的变化

碾压过程中填筑表层含水率的变化，如图 4-41，N—w 曲线是在同一土质下测的含水率随碾压次数变化的关系曲线。在碾压的开始阶段，随着碾压次数的增加，填土的含水率随之下降，当碾压到第 3 遍时，填土的含水率又出现上升趋势。该碾压试验填土的含水率普遍高于最佳含水率，再加之采用振动压路机碾压，对碾压结果有一定影响。在整个碾压过程中，土中的含水率蒸发与采用振动压路机碾压，产生振动液化，引起土层中水分上移，使表面含水率增加，这两种情况同时存在。

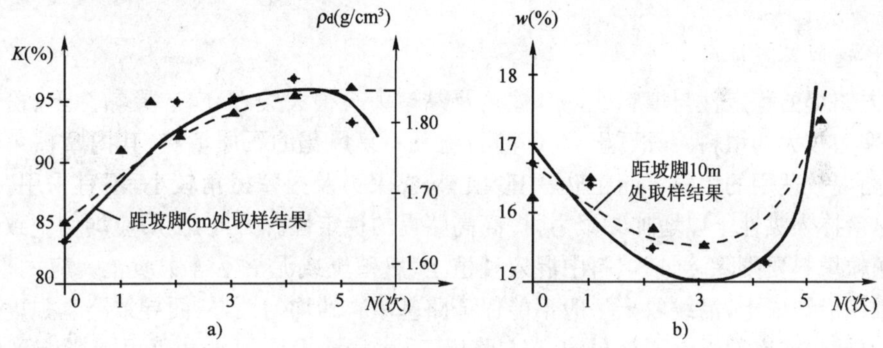

图 4-41　路基填土含水率（w）及密实度（K）随碾压次数（N）变化的关系曲线

a）N—$K(\rho_d)$曲线图；b）N—w 曲线图

在碾压的开始阶段，由于土中的孔隙较大，一方面，在表面 20mm 范围内，土中的部分水分逐渐蒸发，另一方面，振动碾压在土中产生的反作用力很小，不会与土体发生共振，产生振动液化，因此，该阶段以土中含水率的蒸发为主，故填土的含水率下降；当碾压达到第三遍时，填土已接近密实状态，土中的含水率蒸发逐渐减小，而振动液化现象已开始产生，故此时含水率降到最小限度。当碾压超过第三遍后，填土已达到密实状态，土中的水分蒸发逐渐停止，振动压路机反复碾压振动，液化现象越来越严重，土层中下部水分向土层表面上移，引起了表面填土的含水率又重新增大，故该阶段以振动液化为主。这也说明，对于黏性土质在冬季施工时，当含水率较大时，不宜采用振动压路机反复碾压的原因。另一方面，工地检测采用环刀法在土表层 10cm 以下取样，仅能测定填土表层以下 20cm 范围内填土的含水率，而这一部分填土受水分蒸发和振动液化的影响较大，故对检测结果也有一定的影响，这也正是环刀法以某一层位代替整个层位进行检测的缺陷。

图 4-41 中 $N—K$ 曲线是路基填土的密实度随碾压次数变化的关系曲线图，由图 4-41a)）可以看出：在压路机碾压以前，填土已具有一定的密实度。这是由于推土机和平地机工作时反复碾压的结果。随着碾压次数的增加，填土的密实度逐渐增大，当碾压到 4～5 遍时，填土的密实度达到最大值，以后碾压次数再增加，填土的密实度则呈现出急剧下降局势。这是因为：土是固体、液体和气体组成的三相分散体系，在开始碾压阶段，填土受外力作用，使土中孔隙减小，土中的液体沿孔隙移动，重新分布，同时，减小了土颗粒间的摩阻力，使土颗粒间在外力作用下克服摩阻力产生位移，土颗粒间间距缩小，形成新的密实结构。当碾压达到一定遍数后，土颗粒间的孔隙达到最小值，即填土已充分密实，此时对应的碾压次数为最佳碾压次数（在该机械组合下）。如果继续碾压，则土体受碾压机械作用超过极限强度，使土体强度破坏，土的密实度下降；另一方面，由于在冬季施工，填土的含水率较大，水分蒸发较慢，填土在振动压路机的多次反复振动碾压下，产生振动液化，出现了“弹簧”现象，降低了土体的极限抗压强度，这也是密实度出现下降的原因之一。

因此，碾压次数多不一定是有用的，甚至起反作用，在一定的土质条件和机械组合下存在一最佳的碾压遍数。

第八节　高填方路基的压实

高填方路基除根据上述的压实特性进行压实外，在选料及填筑方式上还应特别注意以下问题。

1. 严格选取路基填料

高填方路堤的稳定性与填料的内摩擦角及黏聚力有很大关系，应选择黏性土、粉性土、砂类土等黏聚力较大的填料。砾石土、卵（碎）石土及不易风化的石质填料，其内摩擦角较大，都是高填方路堤较适用的填料。而粗砂、中砂填料，黏聚力及内摩擦角较小，不宜采用。如必须采用，应尽量掺入黏性土以增加黏聚力，提高高路堤的稳定性。另外，土质应均匀一致，不得混杂，超大颗粒填料要剔除，严禁填料中混入种植土、腐殖土或泥沼土等劣质土。应尽量选择集中取土，避免沿线取土，沿线取土一般不能保证路基填料的均匀性，从而导致路基强度不均匀。

在河滩地带或底部受水浸淹的高填方路堤，受水浸淹及因河水涨落可能影响到的部分。均应采用水稳定性高及渗水性好的填料。石质土、砂土、砂性土均可作为渗水性好及水稳性好的填料，而粉性土、黏性土和重黏性土渗水性小，水稳性差，切忌用于高填方路堤的浸水部分。

2. 合理确定填筑方式

高路堤填筑方式应采用水平分层填筑，即按照横断面全宽分层逐层向上填筑，分层平铺，有利于压实。当原地面纵坡大于 12% 的地段，宜采用纵向分层填筑，填筑至路基上部时，仍应采用水平分层法填筑，每层应保证层面平整，以保证压实均匀一致。

由于高路堤需用的填料数量较大，有时必须采取不同性质的填料进行填筑，对不同的填料应分层填筑，不应分段或纵向分幅填筑，更不能混合填筑。每种填料层累计总厚不宜小于 50cm。透水性差的土，一般宜填于下层，表面筑成 4% 的双向横坡，以保证排除来自上层透水性填土的水分；凡不因潮湿或冻融影响而变更体积的优良土应填在上层，强度较小的土应填在下层。

采用机械压实时，分层的最大松铺厚度，高速公路，一级公路不宜超过 30cm；其他公路，按土质类别，压实机具功能，碾压遍数等，经试验确定。但最大松铺厚度，不宜超过 50cm。填筑至路床顶面最后一层的最小压实厚度，不应小于 8cm。

在高填方路堤施工中，应特别注意严格按照设计边坡填筑，为避免路基边沿达不到压实标准或路堤顶面宽度不够，路堤填土宽度比填层设计宽度每侧应超宽 30～50cm，压实宽度不得小于设计宽度，最后削坡。

第九节　路堑的压实方法

《公路工程技术标准》(JTG F10—2006)规定了零填及路堑路槽底面以下 0～30cm 的压实度大于等于 93%(高速公路、一级公路大于等于 96%，二级公路大于等于 95%)，路槽底面以下 30～80cm，二级以上公路的要求同上。

在一些道路上，往往填方地段路基强度和稳定性良好，而挖方(路堑)地段却常发生沉陷、变形、翻浆等病害。余概宁等人通过现场钻探、测试发现，这是由于路堑部分土基强度不足、水稳性差所致。路基在工作过程中，同时受到路面传递下来的行车荷载和路面与路基自重的作用，其应力分布如图 4-42 所示。

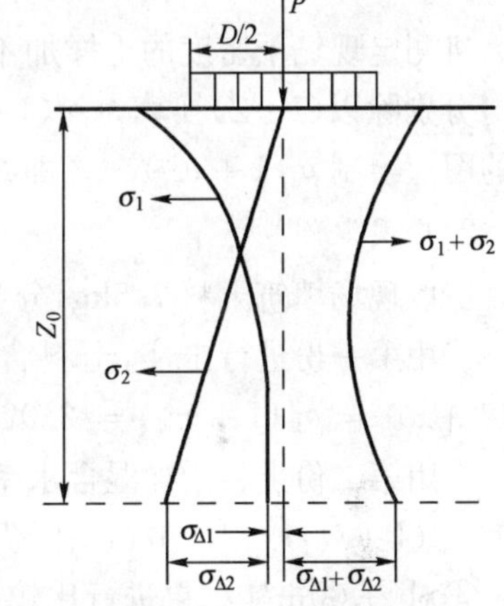

图 4-42　土中应力分布示意图

由图 4-42 可见，行车荷载产生的垂直应力 σ_1 随深度的增加而减小，路基的自重应力 σ_2 则随深度的增加而增大。在某一深度 ZF 处，当行车荷载应力仅为自重应力的 1/5～1/10 时，前者对土基的影响与后者相比可忽略不计，车辆荷载起作用的这一范围，称为应力作用区或路基工作区。

根据试验测试，应力作用区深度对于重型车(如黄河 JD—150 型)约为 190cm；中型车(如解放 CA—140 型)约为 170cm；轻型车(如跃进 NJ—130 型)约为 140cm。对于路堤，当工作区深度大于路基填土高度时，行车荷载不仅作用于路堤，而且还作用于天然地基的上部土层；而对于路堑，行车荷载全部作用于路堑内天然地基之中。因此，尽管行车荷载产生的垂直应力随深度的增加而减小，但仅控制路堑、路槽底面以下 0～30cm 的压实度是不够的。因此，应根据不同路堑地段土基的土质、水文、密度状况测定，采取如下措施：①对土质挖方路堑，在设计时应充分调查论证其地质、水文状况，进行必要的钻探，且钻探深度至少应达到路堑、路槽底面以下 200～300cm，在这一范围内确切掌握路堑土质变化及土类性质，以便针对实际情况而采取必要的技术措施；②对零填及路堑的土基压实度的深度控制要求按路堤的压实度深度要求进行控制。即由 0～30cm 改为 0～80 cm 范围控制路堑(零填)压实度。这样，把路堑(零填)与路堤在一定深度及路基工作区一定范围内的强度统一起来，从而使路堤、零填及路堑路基均匀一致地工作。

第十节　快速测定压实度的方法

常规击实法测最佳含水率和最大干密度需要时间长，不能满足施工要求。在施工中一般采用一些快速或间接的方法来测试最大干密度。目前常用的有三点击实法、西尔夫快速控制法、液限相关法等，在施工现场进行击实。三点击实有以下特点：

(1)不需要测含水率，减少测含水率的工序，只测三个击实点缩短了标准击实试验的时间；

(2)利用现场铺土、碾压的时间，进行击实试验，不影响施工；

(3)用填筑土料进行击实，则压实干密度和击实干密度的土料相同，使压实度控制标准建立在同一土料的基础上，确保测值的准确性。

1. 三点击实原理

压实度：
$$K = \rho_{df}/\rho_{dmax} \tag{4-16}$$

密度比：
$$C = \frac{\rho_{df}}{\rho_{dc}} = \frac{\rho_{df}(1+w_f)}{\rho_{dc}(1+w_f)} \tag{4-17}$$

式中：C——密度比；

ρ_{df}——填土干密度；

ρ_{dc}——击实干密度；

w_f——填土含水率。

因含水率相同，所以湿密度比等于干密度比，若知 $\rho_{dmax}(1+w_f)$，则压实度为：

$$K = \frac{\rho_{df}(1+w_f)}{\rho_{dmax}(1+w_f)} = \frac{\rho_{df}}{\rho_{dmax}} \tag{4-18}$$

将测定现场干密度的土样加不同的湿含水率(Z)，分别进行击实测得击实湿密度 $\rho_d(1+w)$，分别除以$(1+Z)$换算为 $\rho_d(1+w_f)$，将其点在以湿密度和换算湿密度为纵坐标，Z 为横坐标的图上绘制 $\rho_d(1+w_f)$—Z 曲线，曲线最大纵坐标为 $\rho_{dmax}(1+w_f)$，即可求得压实度。

2. 应用举例

①取现场填筑土料 7.5kg，分为三份；

②用第一份进行击实，土料含水率为 w_f，击得 $\rho_{d1}(1+w_f)=2.02\text{g/cm}^3$，因 $Z=0$，则 $\rho_{d1}(1+w)=\rho_{d1}(1+w_f)=2.02\text{g/cm}^3$。

③用第二份土料增加湿含水率 $Z=+2\%$，击实后测得：$\rho_{d2}(1+w)=1.99\text{g/cm}^3$，换算湿密度 $\rho_{d2}(1+w_f)=1.99/(1+2\%)=1.95\text{g/cm}^3$。

④对②、③击实结果进行比较，$\rho_{d2}(1+w_f)\leqslant\rho_{d1}(1+w_f)$，对第三份土料减湿含水率 $Z=-2\%$，击实得 $\rho_{d3}(1+w)=1.97\text{g/cm}^3$，换算湿密度 $\rho_{d3}(1+w_f)=1.97/(1-2\%)=2.01\text{g/cm}^3$。

若 $\rho_{d2}(1+w_f)\geqslant\rho_{d1}(1-w_f)$，则应对第三份土料增加湿含水率 $Z=+4\%$，然后击实求得 $\rho_{d3}(1+w_f)$，这样可确保在击实曲线上求得峰值。

⑤根据三点击实资料绘制 $\rho_d(1+w_f)$—Z 关系曲线见图 4-43，由曲线可求得 $\rho_{dmax}(1+w_f)=2.024\text{g/cm}^3$ 和湿含水最大差值 $Z=-0.35\%$，根据现场取样碾压湿密度测定为 $\rho_{d0}(1+w_f)=$

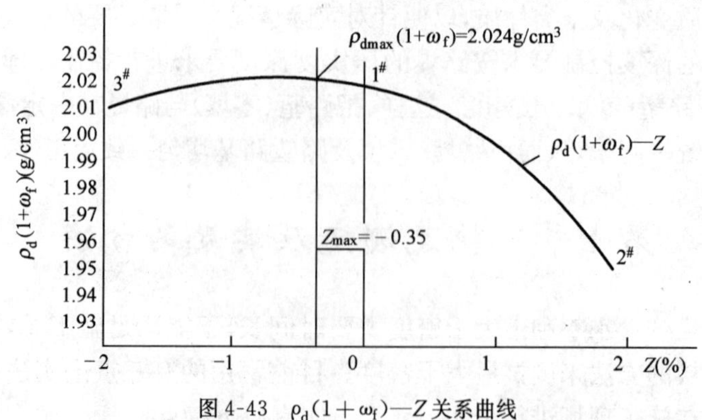

图 4-43　$\rho_d(1+\omega_f)$—Z 关系曲线

$2.06\mathrm{g/cm^3}$，则压实度 $K=\frac{\rho_{d0}(1+w_f)}{\rho_{dmax}(1+w_f)}=\frac{2.06}{2.024}=1.02$。

第十一节 含水率测定方法的选择

现有路基填料含水率的测定方法有：①烘干法；②酒精燃烧法；③比重法；④炒干法；⑤微波炉法；⑥碳化钙气压法六种方法。六种不同含水率的测定方法的优劣情况及适用性分析如下。

一、烘干法

烘干法是目前土石填筑工程采用的最主要的含水率测定方法。它的基本原理为先测定湿土的质量，然后将湿土放入烘箱中烘烤，烘干时间对黏性土不得少于8h，对砂性土不得少于6h，测定烘干土的质量，运用公式(4-19)计算土的含水率。

$$w=\frac{m_s-m_g}{m_g}\times 100 \tag{4-19}$$

式中：w——含水率；

m_s——湿土质量；

m_g——干土质量。

用该方法测定含水率是准确的。但因恒温烘箱体积大、自重大，且烘干的时间长，制约了这一试验项目在现场及时进行。由于土样从地层中取出后，很难做到完全密封及不可能及时送试验室进行试验，土样中水分的损失是不可避免的，从而造成室内试验获得的指标与实际的指标之间存在误差，尤其在高温季节这种误差更大。同时测定时间长，不能适应在路基现场快速确定含水率。

二、酒精燃烧法

酒精燃烧法的试验原理同烘干法相同，该方法是将湿土中的水分用酒精燃烧掉，分别测得湿土与干土质量从而计算出土的含水率。计算公式同 (4-19)式。该方法虽然能适应在路基施工现场快速测定含水率值，但用酒精燃烧有其严重的缺点。由于采用该方法时所取的代表性土样相对较少，只适宜于细粒土，不适宜粉煤灰及含有有机质的填土。且酒精的纯度有一定的限制，所以用该方法测到的含水率值只能表明含水率的相对大小。

三、比重法

比重法的试验原理为通过分析湿土的比重，换算出土的含水率。其关键的试验步骤为：

①取代表性砂性土试样200～300g放入土样盘。

②向玻璃瓶中注入清水至1/3左右，然后用漏斗将土样盘中的试样倒入瓶中，并用玻璃棒搅拌1～2min，直到空气完全排出为止。盖上玻璃片，擦干瓶外壁，称重。

③倒去瓶中混合液，洗净，再向瓶中加清水至全部充满，盖上玻璃片，擦干瓶外壁，称重。

该方法有一定的局限性，只适合用作砂性土的含水率测定，其中土的比重测定也需要一定时间。

四、炒干法

炒干法与烘干法测定含水率的原理相同,通过烘炒将湿土中的水分蒸发掉,得到干土的质量,计算公式同(4-19)式。该方法的试验误差较大,虽然试验时间较短,由于试验人员、试验环境的不同得到的含水率值都有不同,不适宜用作准确测定含水率。

五、微波炉法

微波炉体积小、质量轻,便于携带到施工现场工作,所以施工技术人员尝试用微波炉来替代传统土工试验中用的烘箱测定土的含水率值。可使常规土的物理性质,指标的测定工作在现场完成,从而提高土工试验的工效及其正确性。

微波炉的核心装置是磁控管,通电后可辐射出微波,其性能与太阳光近似,从而在炉腔内形成微波能量场。使土样中被土粒表面电场吸附的及在土粒间孔隙中存在的带极性的水分子,随着正负极性的改变而改变方向,致使水分子之间相互摩擦、撞击,从而产生热量,这就是微波炉加热的原理。当水分子间的摩擦热达 100～105℃ 时,水分气化,从土样中排出,从而使土样烘干。

同济大学和长沙理工大学都曾对微波炉法进行过室内试验,结果表明试验时间的确定不易掌握。因为微波炉加热速度快,如果土质类型不同需要加热的时间不同,对于有机质土如果加热时间长时,会将土中的有机质破坏。因此该方法还应进一步完善。

用微波加热、脱水的工作原理是:微波使物质中的水分在高频振荡下引起水分子之间的相互摩擦而产生热量使得水分子蒸发后排出,所以当采用微波加热物质时,如果加热时间短,则物质中的自由水和部分薄膜水不能完全排出,此时得到的含水率要比标准含水率小;如果加热时间过长,可能使全部的自由水、薄膜水和大部分吸着水排出物质外,此刻得到的含水率比标准含水率大。所以,微波炉的加热时间是试验的关键。另外,根据微波炉的使用特点可知,当采用微波加热烘干物质中的水分时,在一定的时间下,烘干的效果还与一次放入炉内物质的总质量有关,即在达到相同的烘干效果时,一次放入炉内物质的总质量愈重,则需要的加热时间愈长,反之,需要的加热时间愈短。因此,按照土工试验规程的规定,每个试样取 25～30g,每个样品做两组试样,一组用微波炉加热法,一组用烘干法,分别测得其含水率,然后进行比较。

注意用微波炉加热试样时绝对不能用铝盒或其他金属器皿,要用玻璃器皿。用烘干法同时测定同样试样的含水率作为标准含水率。

六、碳化钙气压法

利用碳化钙与水的化学反应将湿土中的水分去掉。测试原理为水与碳化钙化学反应生成气体,根据气体产生气压,不同的气压换算出水的质量。但存在碳化钙与湿土反应不完全的问题,该方法对测定黏性土尤其存在这样的问题,不能准确测定土的含水率。

第五章　掺灰处治湿软土路基填料的方法

第一节　概　述

一、湿软路基填土掺灰处治的意义

在多雨潮湿地区、地表常年潮湿地段、低洼地段、地下水位较高地段、水网发达地区的路基填筑施工中，常常遇到高含水率土料或过湿土料。当路基填筑料和基底含水率较高时，土料中自由水充沛，进行路基碾压的压实荷载大部分由空隙中的自由水承受，土粒有效应力减小，碾压不密实，强行压实会使土体破坏，形成“弹簧土”，达不到设计和规范要求的压实度。

路基的强度和稳定性是保证路面强度和稳定性的先决条件。路基及基底碾压不密实，路基的坚固性和稳定性就会较差。没有坚固、稳定的路基，就没有稳固的路面。因此，在公路路基施工中，当采用湿软土填筑路基时，必须降低路基填料和基底土料的含水率，才能把基底和路基填筑、碾压密实，也才能保证路基的稳定性和坚固性。

影响路基土方填筑密度的主要因素是含水率、压实机械的类型和自重以及分层厚度等。其中压路机自重及分层厚度均可根据具体情况予以选择和确定，属于通过主观努力可以解决的问题。而要解决被压实土的原始含水率过大的问题，则往往说似容易，行之就难的事情，如晾晒需要场地，更需要晴朗的天气，如梅雨季节，气候湿润、雨日多、雨次频、蒸发量低等情况下，采用场地晾晒的办法对工期的影响太大，往往翻晒了几天尚未吹干却又遭雨淋，如在上海地区高速公路的施工经验，土中含水率的蒸发速率为：夏季晴日每天1%，春季每天0.7%。但是一旦遇到降雨，则需要重新晾晒。因此，采用晾晒法很难保证工期。

如果采用放弃临近的湿软土填筑路基，改用对含水率不敏感的土石填筑路基，则需近距离内的理想土料、石料源，并有可供重型运料卡车反复通行的施工道路，这要实现也是相当困难的，诸如运距远，有限的土、石料源宝贵；如采用石料填筑时，单价高，费用大；施工道路承受不了高强度连续负荷等多种因素，故只有放弃换土而改用沿线就地取土，根据施工季节，土源含水率大小和气候条件，进行掺灰处治，就地翻耕晾晒为辅的方案在大多数地区才是行之有效的方法。

掺灰与自然降低含水率处治湿软土相比，自然降低含水率不用或少用外掺剂，但晾晒时间长，翻打次数多，土粒难以粉碎。掺灰可以缩短施工周期，减少翻打次数，土粒容易粉碎，进行处治后的灰土如果降雨等使其含水率增加后，再处治的翻拌、晾晒也容易进行。对于一些类型的土质，还存在一些与水相关的特殊工程特性，以下加以分析。

对于含水率高的过湿黏土，采用其进行路基填筑，具有如下施工特性。

1. 施工周期长，经济效益差

由于土质天然含水率大，与施工控制含水率差距大，夏季需晾晒5～6个晴天，春、秋需6～8个晴天，才能达到施工要求。而在气候多雨，雨期长、降雨频繁，施工日少地区，靠晾晒降低含水率显然不行，有时还未碾压又下雨，只好再等。一层土往往要较长时间才能完成。施工周期拖长，机械台班也大大增加，无疑使工程造价提高。

2. 施工难度大，存在的技术问题多

过湿黏性土塑性指数 I_P 大，土质颗粒细，裹水能力强。因此，当过湿黏土在含水率大时，土块很难破碎，太干时，粉碎碾压又成问题。旋耕机打不碎，压路机压不密，造成压实土有孔洞，压实度达不到要求。有的施工单位苛求低含水率依靠加大压实功达到压实度要求，但在日后使用过程中，会吸收更多的水分才能趋于稳定，造成吸水膨胀，干密度降低，引起工程质量隐患。压实成型的过湿黏土路基，表面极易失水干缩，形成干缩裂缝，一旦有雨水渗入，又会造成压实成型的土路基达不到压实度要求，导致返工。

对于采用含水率高的高液限土填筑路基，常存在以下几种病害：

(1)龟裂：高液限土具有很高的塑性、亲水性和保水性，路基碾压成型后，干燥时随水分的散失，土体将严重干缩龟裂，雨水可通过裂缝直接灌入土体深处，使土体深度膨胀湿软，从而丧失承载能力。

(2)坍塌：高液限土具有极强的亲水性，土体浸水时，体积膨胀，当膨胀受到约束时，土体中会产生膨胀力，当这种膨胀力超过上部荷载或临界荷载时，路基出现严重的崩解，造成路基局部坍塌。

(3)隆起：高液限土保水性好、毛细作用强，在毛细水的作用下，土体体积膨胀向上隆起，引起路面基层破坏，并会造成道路面层的损害。

采用高含水率膨胀土、红土等土料填筑路基，同样也存在与高液限土填筑路基相同的病害问题。

3. 掺灰处治可以改善土体的力学和工程特性

在采用掺灰降低土料含水率的同时，也使土料的弹性模量、强度、水稳性等性质得到改善，土料的塑性指数减小、黏粒含量降低、膨胀性降低。刘富春通过掺灰改良土壤的试验得到如下结论。

(1)在膨胀性土中掺入一定量的熟石灰、生石灰、水泥形成的改良土，其土性都有一定的改善，尤其以生石灰的改良效果较好。

(2)加入掺合料的改良土，塑性指数减小、黏粒含量降低、膨胀性降低、强度提高，尤其是抗水性能有极大的改善。

进行掺灰处治以后，可以使含水率大，或强度低的土料得到利用，可以充分利用公路路堑、隧道开挖的土料填筑路基，节约工程造价和堆放土料、开采填料的土地资源，减少水土流失，缩短施工工期。

利用掺灰处治湿软土，降低土料和基底的含水率，可以大大减少对基底和路基土源的苛刻要求，大幅度地降低工程造价，因此大多数的天然土质都可以采用，并且能够使路基达到满意的强度要求，因而掺灰降低土料的含水率得到青睐，并在大范围内得到使用。

二、掺灰处治路基填料的基本要求及设计方法

掺灰降低过湿填土含水率和提高路基填料强度的方法主要有：生石灰法、熟石灰法、粉煤灰法、NCS 法，以及其他不常用的方法和掺加低含水率土料法等。

1. 在选择掺灰降低路基填料和基底土料含水率及提高路基填料和基底土料强度时，掺灰处治路基填料和基底应满足如下要求

(1)满足公路对路基和基底的强度要求，如 *CBR* 值、弹性模量等；

(2)对环境的影响应在可接受的范围内；

(3)掺灰降低路基填料和基底土料的费用应在公路建设允许的成本范围内；

(4)掺灰原料来源有保障，掺灰处治不影响工期。

2.采用湿软土掺灰处治进行路基填筑，可以按如下方法进行设计

(1)确定路基施工的目标：

①成本最小；

②CBR满足不同公路等级、不同高程路基的要求；

③密实度满足不同公路等级、不同高程路基的要求；

④弹性模量满足不同公路等级的路基要求。

(2)根据路基施工沿线可能的料场，进行土的基本物理力学性质试验和击实试验确定土的液、塑限指标，判断土的类型，得出击实曲线$\rho=f(w)$(式中ρ、w分别为干密度、含水率)。

根据土的击实曲线$\rho=f(w)$，求算标准击实条件下土的最佳含水率w_{op}和最大干密度ρ_{dmax}。按设计要求的压实度K和击实曲线$\rho=f(w)$，得出施工控制含水率范围(w_1、w_2)

$$(w_1,w_2)=\{w \mid f(w)>K\rho_{dmax} \mid\} \tag{5-1}$$

式中：w_1——最小施工控制含水率；

w_2——最大施工控制含水率。

当土的天然含水率$w<w_1$时，说明土过干，需洒水碾压；当土的天然含水率$w>w_2$时，说明土过湿，需要降低含水率，再进行碾压。

(3)当土的天然含水率$w>w_2$时，计算需要降低的含水率，即天然含水率和最大施工控制含水率的差值。

(4)根据可能提供的降低土料含水率的外掺剂，以不同外掺剂的掺量做平行对比试验，找出掺量和含水率降低率的关系，掺量和CBR及弹性模量之间的关系。

设外掺剂的掺量为α，要进行试验确定和掺量有关的降水和改性效果关系曲线：

$$\Delta w=f_1(\alpha), CBR=f_2(\alpha), E_0=f_3(CBR)=g(\alpha) \tag{5-2}$$

在确定以上关系时，要注意：含水率的降低率不仅与外掺剂的剂量有关，也和原土的天然含水率大小，工地气温、湿度等相关，所以在确定$\Delta w=f(\alpha)$时，需要在和工地较接近的气候情况下进行试验。

(5)根据当地情况确定外掺剂的单价。

(6)根据如上(2)～(5)项试验、调查、计算后，在满足路基填筑目标和经济合理的情况下就可以得到外掺剂的种类和掺量。

第二节　掺灰处治湿软土路基填料的理论方法

根据现有常用的掺灰处治软土和降低过湿填土含水率方法，以下主要讨论：生石灰法、熟石灰法、粉煤灰法、NCS法处治路基填料和基底土料的相关理论及其方法。由于生石灰法和熟石灰(又称消石灰)法，只差一个消解过程，因此合并在一起讨论。

一、掺石灰处治湿软土路基填料的理论方法

石灰具有料源广、经济、性能好、适应性广、施工方便等优点。掺石灰处治湿软土填筑料的方法是在料场或填筑场采用磨细后的石灰与粉碎后的湿软土(其团粒不应大于5cm)翻拌均匀

后再分层填筑压实。掺灰的主要作用有：

(1)吸水作用，由于生石灰的含水率都低于湿软土，也低于湿软土与石灰混合的混合料的最佳含水率，所以生石灰与湿软土混合后能吸收湿软土的部分水分，以降低湿软土的含水率。

(2)蒸发作用，生石灰在吸收湿软土的部分水分以后释放热量，释放的热量促使混合土的水分蒸发，又可以降低湿软土的一部分含水率。

(3)离子交换作用，石灰在溶液中电离出来的钙离子(Ca^{++})与土中的 Na^+、H^+、K^+ 等离子产生离子交换，减少了湿软土粒表面的吸附水膜厚度，使土粒相互之间更为接近，分子引力增加，许多个土粒聚合成小团粒，使土的塑性降低，受外来水的影响也减小，提高了水稳定性。交换表达式如下：

土壤微粒 $X^+ + Ca^{++}$—土壤微粒 $Ca^{++} + X^+$ 或土壤微粒 $X^+ + Ca^{++}(OH)_2$—土壤微粒 $Ca^{++} + 2X^+OH$，式中 X^+ 为一价碱金属离子。

通过离子交换又可以消耗掉一部分湿软土的含水率，并使得土粒团粒化。

(4)碳酸化作用

$$Ca(OH)_2 + CO_2 — CaCO_3 + H_2O$$

碳酸钙 $CaCO_3$ 是坚硬的结晶体，它和其他生成的复杂盐类把土胶结起来，使得土颗粒粗粒化。

(5)结晶作用

$$Ca(OH)_2 + H_2O — Ca(OH)_2 . nH_2O$$

$$Ca(OH)_2 + nH_2O + SiO_2 — CaSiO_3 . (n+1)H_2O$$

以上生成的石灰结晶网格和含水碳酸钙结晶都是胶凝物质，具有水硬性并能在固体和水两相环境下发生硬化，就能减少土的渗透性，起到截断毛细管，以阻断毛细水的上升，同时消耗掉一部分湿软土含水率，也使得土颗粒粗粒化。

在掺加生石灰的初期，石灰土发生团聚，随之有凝胶物生成，使黏土胶粒絮凝，随着龄期的增长，棒状及纤维状结晶体生成，胶结物逐渐由凝胶状态向结晶状态转化，并不断生长，构成了结晶体的网架结构，随着龄期的继续增长，胶凝结构层加厚，结晶的网架结构加密，形成了胶凝-结晶的网状混合结构。致使石灰土的刚度不断增大，强度与水稳性不断提高，后期变化主要表现为结晶结构的形成，板体性、*CBR* 值、强度及稳定性提高，使土的性质发生根本性改变。

土中掺入了石灰石烧成的生石灰(CaO)或其水化反应生成物[主要为 $Ca(OH)_2$]后称为石灰土，经粉碎、拌匀、压实等工序后称为石灰稳定土。与水泥稳定土相比，石灰土更适用于含黏性较高的土质中，在砂性类土中应掺入适量水泥和减少石灰用量。一般路基可采用石灰，或加入适量粉煤灰按二灰处治：路面底基层则应再加入 1%～2%的水泥采用三灰土，也可加入炉渣灰及矿粉来进一步促使石灰发生作用。对大多数的黏性土而言，只要掺入石灰就可以了。石灰可使黏性土变脆，使其塑化，最大干密度变小，为施工拌和、碾压提供方便。

根据倪军等人的试验，随着含灰率的增加，石灰土的最大干密度并不是成比例减小的，含灰率在 8%～10%范围内、最大干密度的减少量呈停滞状态，这一特点反映出合理含灰率的确定必须以系统试验资料为基础，盲目地加大或减少石灰的含量，不一定能达到最佳的工程效果。土中掺入石灰后，石灰与土发生强烈的相互作用，由于离子的交换作用，使黏土细颗粒形成团粒结构，土的塑性指数下降。塑性指数的减小主要是由于塑限的提高，所以在黏土中加入一定量的石灰后，塑性显著降低，亲水性大大减弱，工程性质得到改善。

土料中掺加石灰以后，增加了土粒的分散性，同样也减少了封闭于素土中的空气，所以施加压力时，土颗粒易产生相对的位置移动，土中空气很容易被排除，从而使土体得以很快地压实。

高液限土掺加生石灰处治后，砂化速度开始较大，随后逐渐减慢，高液限土转化为高液限粉土，土的韧性由高降低，捻面变粗糙由硬塑变为软塑，容易粉碎。高液限土经过砂化处治后，土的液限降低，塑限提高，塑性指数降低。

石灰的等级越高，即活性 CaO 和 MgO 的含量越高，在同样的石灰剂量下有较多的 CaO 和 MgO 起作用，处治效果越好。石灰细度越大，其比表面积越大，在相同的剂量下与土粒作用越充分，反应进展越快，处治效果越好。

总而言之，在素土掺加生石灰以后，混合土的含水率比原素土的含水率降低，掺灰土的液限降低，塑限提高，塑性指数降低；强度、*CBR* 值和回弹模量提高，自由膨胀率、收缩率也降低；最大干密度降低，最佳含水率提高，击实曲线变缓，施工控制含水率范围变宽。

经过吴富保等的试验，掺灰后石灰土的含水率 w'(%)与掺灰前素土含水率 w(%)正相关，与掺灰量 α(%)成负相关，据此提出如下公式：

$$w' = aw - b\alpha + c \tag{5-3}$$

式中：w'——掺灰土的含水率；

w——掺灰前素土的含水率；

α——掺灰量；

a、b、c——试验常数，为正数。

对掺加石灰处治高含水率填筑土料的研究成果总结，得到如下结论。

1. 石灰对土的压实性影响

掺加石灰后的混合土击实曲线，见图 5-1 和图 5-2，随着石灰的掺入，土的击实曲线有如下变化：①当击实功能一定，击实后的最大干密度 ρ_{dmax} 随着石灰含量的增加而逐渐减小；②最优含水率 w_{op} 逐渐增大，并且最大干密度的减小和最优含水率增大的变化趋势都是随着石灰含量增加而递减的；③击实曲线变得平缓，也即施工控制含水率的范围变宽，这表明能在较大的含水率范围内和较高含水率情况下达到较大的干密度。

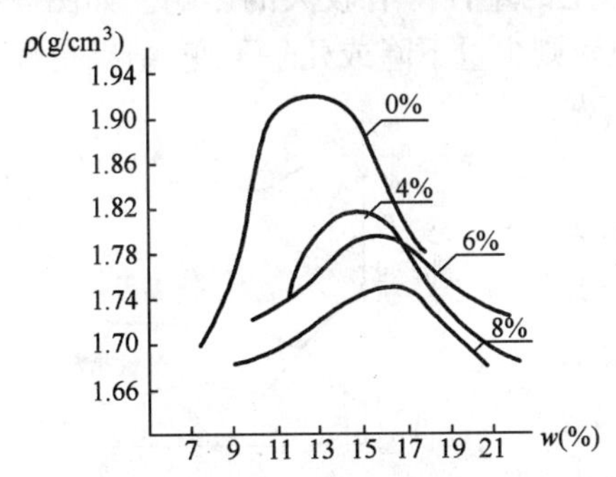

图 5-1　石灰稳定土击实曲线

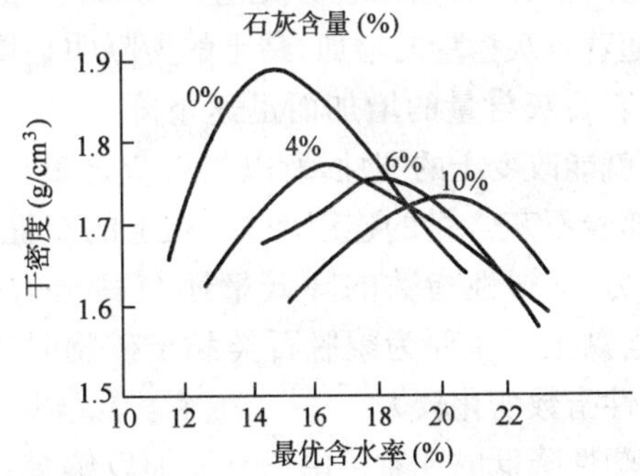

图 5-2　最大干密度及最优含水率与石灰含量的关系

石灰处治土的压实性的变化主要是由于石灰和土中黏粒产生物理化学反应而引起土体性质变化的结果，另外，由于石灰本身的密度较小，石灰土最大干密度也受到一定影响。

根据汤秀英的试验，掺灰后的最佳含水率较掺灰前的最佳含水率高，高出的剂量随石灰剂量的增加而增加。掺灰后的最大干密度减小，且随着石灰剂量的增加逐渐减小。其原因主要有两点：①石灰的比重小，石灰加入后则灰土的比重减小；②当石灰加入土中，由于土的性质的改变及最佳含水率的增大，从而使石灰土的孔隙比增大，石灰剂量越大，其孔隙比亦越大，因此密实度减小。随着石灰剂量的增加，石灰土的最大干密度及最佳含水率(击实曲线)曲率半径逐渐增大，曲线顶点的高度逐渐降低，说明石灰土的施工控制含水率范围比素土大，施工更容易控制。

尤其重要的是，其压实含水率可高于最佳含水率 4～5 个百分点，即使碾压时含水率较高，石灰土仍能很好地压实，不会出现“弹簧”现象，压实度也较易达到重型击实标准。研究还指出，应在可压实的情况下尽可能提高压实含水率，这对路基的稳定性有利。特别是在多雨潮湿地区提高压实含水率对路基的稳定性更有利。

2. 石灰对土的液塑性影响

石灰对土中黏性产生塑化作用，使土塑性指数变小，在石灰作用下，土的塑限增大而液限减小，同时其极限收缩量变小。图 5-3a)、b)是某粉质中液限黏土在掺灰 2%、4%、6%、8%时的塑性表现及极限收缩情况。收缩性的降低随石灰含量增加而提高，并且生石灰比消石灰似乎更有效。在低剂量时，单位掺量的线性收缩降低效果最明显，而随着掺量的增加，单位掺量的线性收缩降低效果降低，见图 5-3b)。

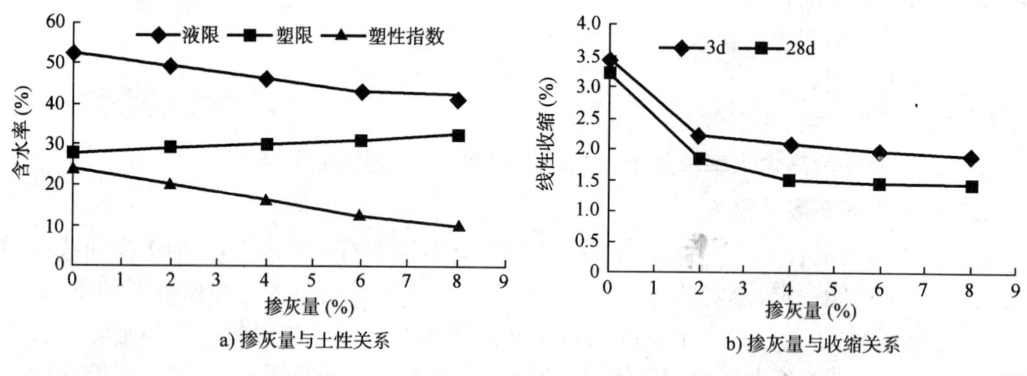

图 5-3　掺灰量与土性及极限收缩关系

林目明的试验也表明，在土中掺加少量的石灰对土的塑性即有较大的影响。如图 5-4 所示，随着石灰掺量的增加，黏土的塑限明显增加，而液限则少量下降或几乎不变，结果是塑性指数随着石灰含量的增加而迅速下降。由于较低的石灰含量就能改变土的塑性，所以当石灰含量达到一定数值后，随着石灰含量的连续增加，黏土的塑性变化就不大了。另外，塑性指数的降低量还与黏土的矿物成分有关，当黏土中主要为蒙脱石类黏土矿物时，石灰处治土的塑性指数变化较大。

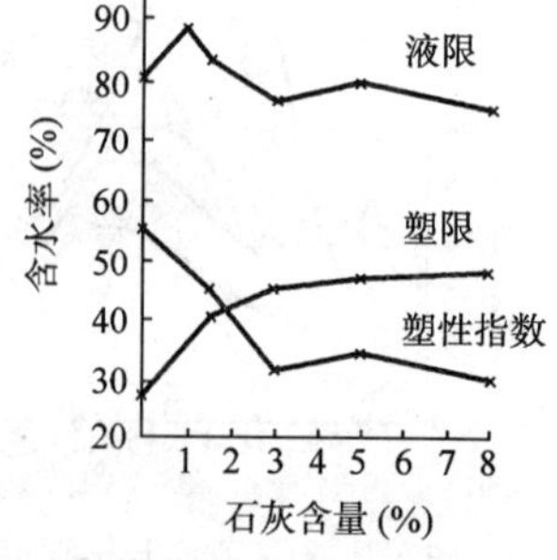

图 5-4　石灰含量与塑性的关系

塑性降低的现象可由三方面加以解释：首先是离子交换，石灰中高价的钙离子交换了土中低价的钾离子或钠离子等。这样黏粒胶体扩散层变薄，塑性降低；其次是石灰处治黏土时黏粒产生团粒化反应，黏粒含量减少，石灰的吸水膨胀作用也使土的含水率降低，结合水膜变薄，塑性降低。

3. 石灰对土的强度影响

在土中掺加石灰，最初随着石灰含量的增加，石灰土的强度也增加，但当石灰含量达到一定值之后，随着石灰含量的继续增大，石灰土的强度几乎不变或反而减小，如图 5-5 所示。石灰土的强度具有最佳石灰含量的问题。最大强度所对应的最佳石灰含量往往与土中黏粒含量及矿物成分有关，普遍认为最佳石灰含量在 5%～8%（石灰重占干土重的百分比）。当采用生石灰时，其对应的最佳石灰含量比采用消石灰时的石灰含量低 1%左右。

石灰土的强度还随着龄期的延长而逐渐增加，最初增加得很快，但随着龄期的延长而逐渐减缓，强度增长与时间对数近似成线性关系，如图 5-6 所示。

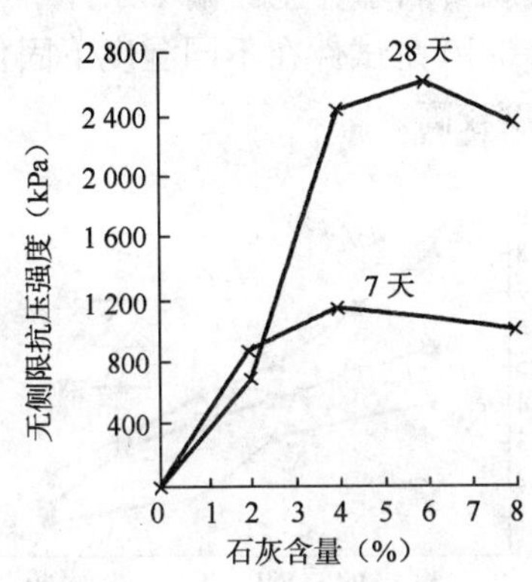

图 5-5 强度与石灰含量的关系

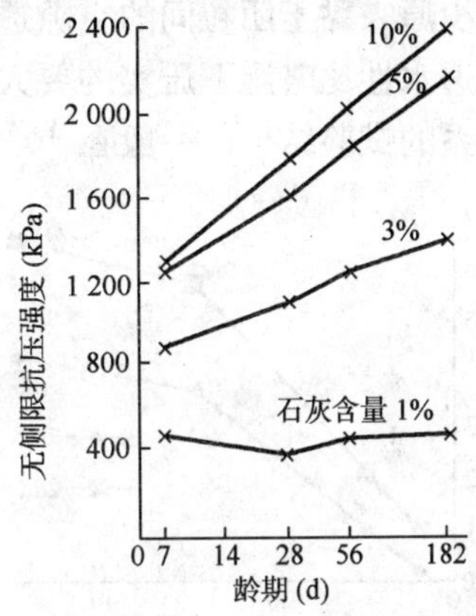

图 5-6 强度与石灰含量及龄期的关系

影响灰土强度的因素主要有：

(1)土的类型和石灰品质、数量。蒙脱土和石灰石烧制的高钙或半水化生石灰掺和的石灰稳定土强度高于白云石类矿烧制石灰掺和的石灰稳定土。高岭土则宜掺入半水化的石灰。品质好的石灰既使较少掺量比品质差掺量多的石灰稳定土强度要增加得快。

(2)强度与石灰掺量不成线性关系。当掺灰量超过最佳反应所需量后，多余的石灰无黏滞性，极低的摩阻能力会使石灰稳定土强度下降。一种土有一个最佳含量，可由试验室通过试验得到。一般情况下土黏性大，这个值就大，图 5-7 是塑性指数为 18 的粉质亚黏土在不同掺灰量下的饱水强度试验结果。

(3)固化时间对强度有影响。当温度不变时强度和时间关系如图 5-8 所示。灰土强度充分表现要几个月后，但是当温度稍高时其固化会加速，强度会较快表现，同时最终强度也较低温固化的灰土强度高。温度低于 4℃，灰土反应迟缓，甚至停止，即所谓"冬眠"。冬季灰土强度增长不大，会遇到循环冻融、干缩增大等问题。因此过冬的灰土路基施工期后其残余强度应仍满足工程完整性、稳定性要求，否则应采取有力保护措施。

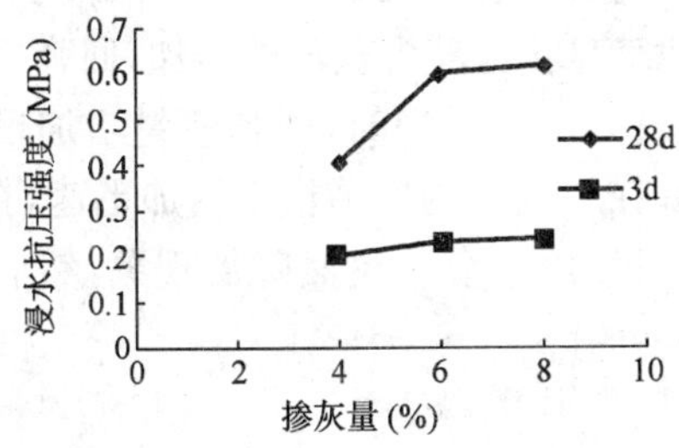

图 5-7 掺灰量与浸水抗压强度关系

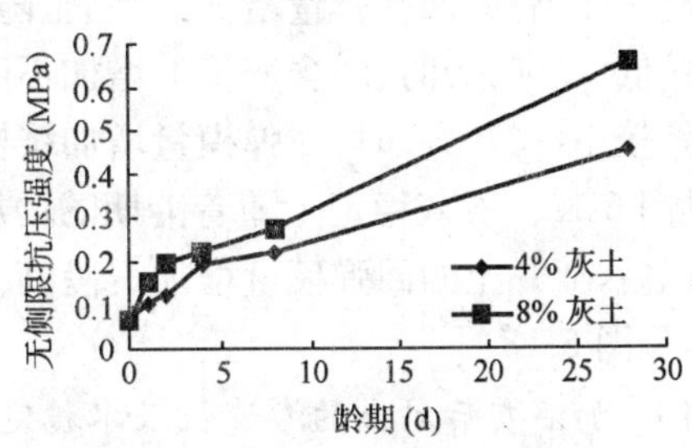

图 5-8 固化时间对强度的影响

薛政群等人试验得出的灰土固化温度与无侧限抗压强度(塑性指数为18的粉质亚黏土)关系,如图5-9所示。

(4)石灰土中含水率会对其强度产生影响。含水太大、太小强度均会降低。对于饱和土掺灰处治几个月后其抗剪强度仍不高。含水率最好略高于最佳含水率(1%~2%),这样的石灰土固化后其强度比低于最佳含水率下压实固化的石灰土最终强度高。比最佳含水率略多点的水使钙成分更易均匀分布到土中,在初压后进行表面适当洒水也能改善其最终固化强度。

(5)养生。灰土中硅、钙在水作用下不断形成一定量的絮状物质,随时间增长,胶凝物最终硬化会减少原来黏土团粒间的空隙透水性,要使反应持续就要洒水养生。偏干条件下压实的石灰土其透水性比略湿下压实的要大,养生更为重要。图5-10是试件在不同湿度下固化与抗剪强度关系的试验结果。一般在40%湿度条件下固化强度较高。

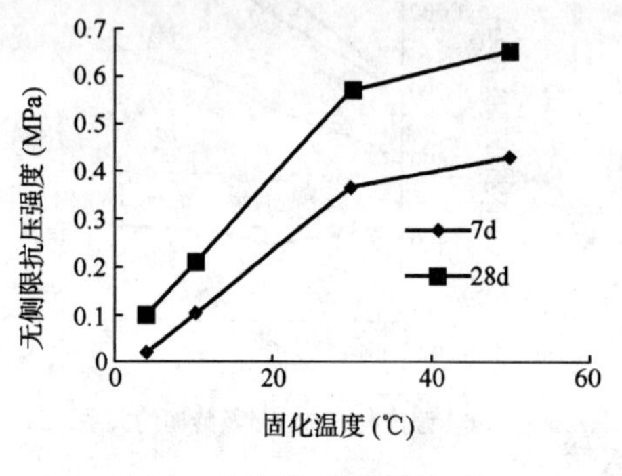

图5-9 固化温度与强度关系

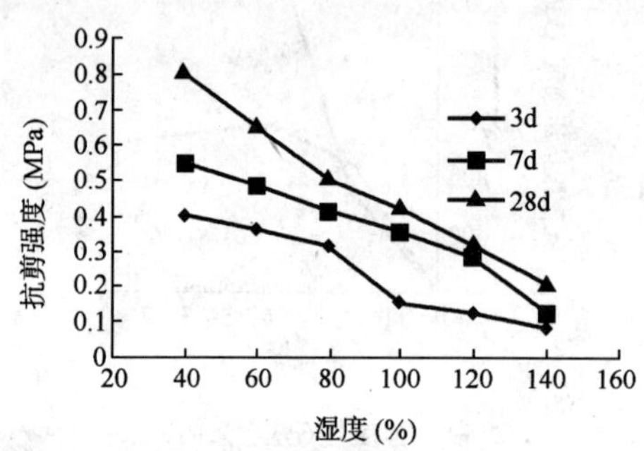

图5-10 固化温度与抗剪强度关系

王保田等对素土及石灰稳定土的弹性模量试验结果如下:

天然土和素填土的回弹模量较低,而且随含水率的增加而迅速降低,见图5-11。

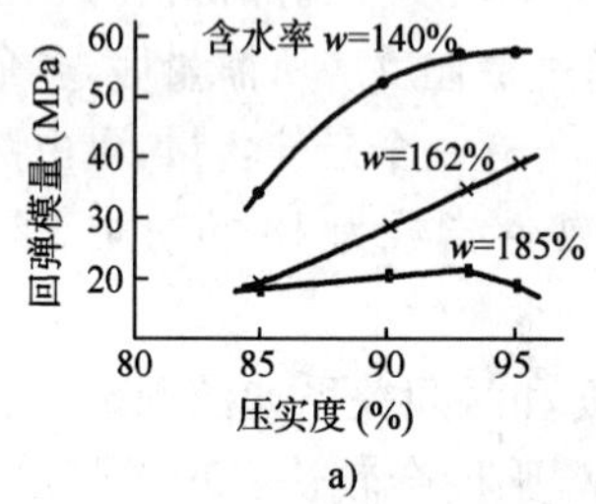

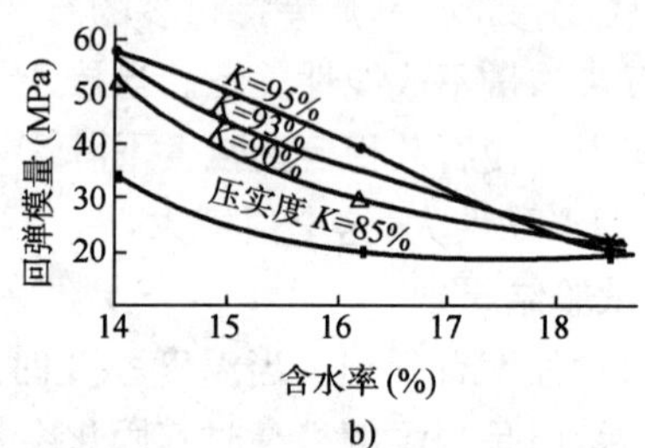

图5-11 亚黏土回弹模量与压实度及含水率的关系

a)回弹模量与压实度的关系;b)回弹模量与含水率的关系

石灰稳定土的回弹模量与石灰含量、含水率、压实度、养护条件、养护龄期等诸多因素有关。压实度增加,回弹模量增加;亚黏土随含灰量的增加缓慢增加,见图5-12;淤泥质土,在压实度较低(<90%)时,随含灰量的增加不明显,而压实度较高时,随含灰量的增加,回弹模量在含灰量较小(<10%)时,回弹模量增加缓慢,当含灰量较大(>10%)时,回弹模量增加迅速增加,见图5-12。石灰稳定土随着龄期的增加,见图5-13;在30d以内回弹模量增加迅速,在30d龄期以后,亚黏土的回弹模量增加缓慢,而淤泥质土的回弹模量会有突然降低现象,然后缓慢降低,见图5-13。

4. 掺加石灰后对土的渗透性及水稳定性的影响

石灰加固土的水稳定性有明显改善。由素土压制成的试样在试验前浸水时往往崩解,而由同样重量石灰土所制成的试样泡在水中时，往往不出现崩解现象，亦不产生裂缝。

石灰土的渗透性增大，相应地，土体的固结系数也增大，有利于排水固结。

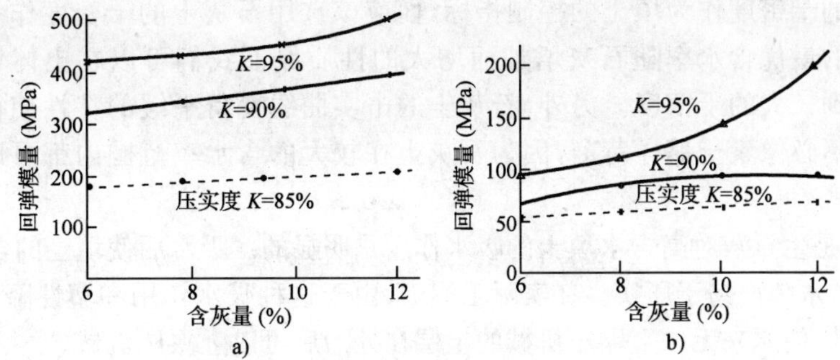

图 5-12　石灰稳定土龄期 90d 弹模量与压实度及石灰含量的关系

a)石灰＋亚黏土回弹模量；b)石灰＋淤泥质土回弹模量

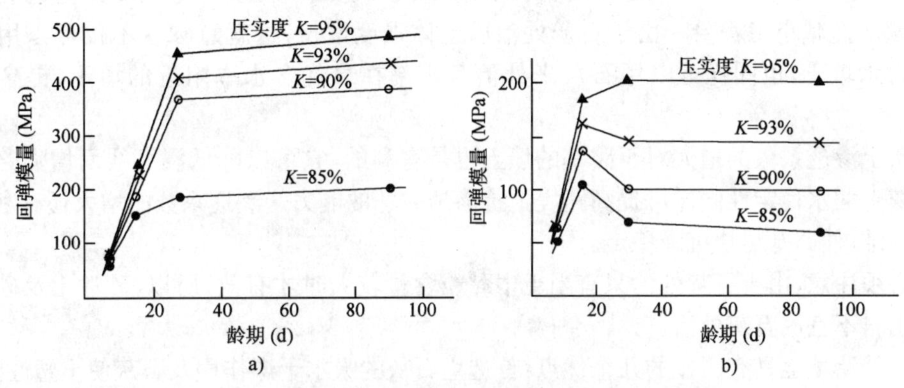

图 5-13　含灰量 12％的石灰稳定土回弹模量与龄期的关系

a)石灰＋亚黏土的回弹模量；b)石灰＋淤泥质土的回弹模量

5. 用石灰处治高含水填土的机理分析

生石灰掺入土中后，石灰和土经过拌和，石灰中的钙、镁离子和土中的钠、钾离子产生互置作用。用手触摸时，土粒有粗糙感，而且土体松散，这种离子交换结合的作用，当土中加入约3％的生石灰后，土的液塑限将有所变化。即液限减小幅度不大，塑限增加较大，塑性指数相对就小了。而随着石灰剂量的逐渐增加，这种变化会变小。压实就是通过外力作用于土体，而排除其中的空气来实现的。若土的含水率超过相应压实功能最佳含水率的 5％，这样的土就很难利用外力压实到施工规范规定的压实度。湿土、湿软土含水率大，现场碾压时压实功能将不能完全作用于土颗粒本身，而把部分压力传递给土粒周围的水上或被其封闭于其中的空气，如此时继续施加外力，也很难改变土颗粒之间的相对位置，不仅不增加强度，反而会出现“软弹”现象。因为水分在土颗粒之间是起润滑作用的，以减小颗粒之间的内摩阻力和黏结力。当含水率增加，土颗粒之间的内摩阻力和黏结力虽仍在减少，但空气已被减少到最低的限度，而水分却不减少，水是难于压缩的，因此在同样的压实功能下，干密度反而小了。但如果掺入生石灰的石灰处治土，因石灰和土产生作用，破坏了土颗粒表面的水膜，减少了水分，增加了土颗粒的分散性，同样也减少了封闭于其间的空气，所以在施以压实功能时，土颗粒易产生相对的位置移动，土中空气很容易被排除掉，从而使土体得以很快的压实。

当石灰和土拌和时，所成石灰土的最大干密度随石灰含量而减小，而最优含水率则随着石灰含量增加而增大。最大干密度的减少不应认为是一个不利因素，因为干密度的减小主要是由石灰土的性质所决定的，并且掺加石灰而获得的强度增长远可以补偿由于最大干密度减小而损失的这部分强度。另外，根据最大干密度减小的特性，当土中掺加石灰时，不应以无石灰土的干密度作为填土的控制指标，而应该选用石灰土的干密度作为填土的控制指标。石灰土的最优含水率随石灰增加而增大的性质保证我们可以在土体含水率较大时进行压实而达到较大的干密度。另外，石灰土的击实曲线变得平缓的特性使得我们对填土含水率的控制不必像素土那样苛刻，因为石灰土在较大的含水率范围内都可以达到较高的压实度。

石灰，尤其是生石灰对高含水填土的吸水作用是明显的。吸水后使填土的含水率降低，达到或接近最优含水率而易于压实。在实际工程中，由于这种吸水作用和塑性降低使得高含水的黏土易于分散，使原来无法上碾压机械的土层在处治后可以上碾压机械。

石灰土强度增长的性质也是人们用石灰来处治填土的另一个重要因素。石灰土强度的提高，压缩性降低使得边坡稳定性增大，沉降量减小，也可以在设计中加陡路基边坡或减小路基宽度从而减小工程量。由于石灰处治后土体强度增长，这就意味着不仅可以用石灰来处治高含水填土，也同样可以用石灰来处治含水率在最优含水率附近的填土，提高土体的强度。

石灰土渗透系数的增大对于路基的填土也是有利的，它可以降低浸润线而增强路基稳定性。石灰土的水稳定性同样可提高路堤抵抗渗透破坏的能力。渗透系数的增大还有利于土体的排水固结，使路基尽快沉降稳定。

但必须注意，由于石灰处治只有当土中黏粒含量较大时才有效，所以，砂性土及砂砾含量很大的土料不宜用石灰处治。

石灰处治填土具有明显的几个优点：首选生石灰的吸水干燥作用及石灰使土塑性降低、强度提高的作用使得原来无法上压路机的土层直接可上压路机压实，且压实后效果良好。其次是石灰处治土在压实后再下雨时不会因泡水而软化，把表面积水排干后即可直接上新土层压实，而未处治土层在降雨浸泡后软化，强度降低，必须翻松晾晒后重新压实，由此造成的返工费用比石灰材料费用高得多，且所筑成路堤的强度不及用石灰处治路堤高。采用生石灰处治大大加快了施工进度。

6. 石灰掺量的理论计算

降低路基填料和基底土料含水率的石灰掺量计算，应考虑石灰与土料和水产生物理化学反应消耗的水量，化学反应产生热量蒸发掉的水量，以及混合料的施工控制含水率与原素土的施工控制含水率不同产生的变化等等。以下介绍几种计算方法，作为参考。

李俊等人对掺生石灰处治湿软土的掺量计算方法如下：

(1)基于石灰粉为干料，土为湿料，干湿掺拌降低土料的含水率，土料含水率降低量为Δw_1：

$$\Delta w_1 = p_c = \alpha p_0 \tag{5-4}$$

式中：p_c——土中干料的增加量即为掺入的生石灰粉质量，g；

α——生石灰粉掺量，$\alpha = p_c/p_0$，%；

p_0——掺入生石灰粉的湿软土中的干土重，g。

(2)氧化钙与水反应降低的含水率Δw_2，有效氧化钙与土中的水分发生化学反应，生成氢氧化钙，反应式如下：

$$CaO + H_2O \rightarrow Ca(OH)_2 + 62.80\text{kJ/mol}$$

上述化学反应为放热反应，在反应过程中，生石灰中有效的氧化钙 CaO 将吸收土中的水分为：

$$\Delta w_2 = 0.32\theta p_c = 0.32\theta\alpha p_0 \tag{5-5}$$

式中：Δw_2——被生石灰吸收的湿软土水分，g；

θ——生石灰中有效钙含量比，g/g；

p_c——湿软土中掺入的磨细生石灰粉重，g。

(3)生石灰中游离氧化钙 CaO 与水发生化学反应，生成氢氧化钙 $Ca(OH)_2$，使固体成分增加，从而使含水率降低。固体成分的增加量即为土中水分的减少量，即 $\Delta p_2 = \Delta w_2 = 0.32\theta p_c = 0.32\theta\alpha p_0$。

(4)石灰土在拌和、闷料过程中水分蒸发引起含水率变化。水分蒸发产生于两个方面的作用：一是拌和、闷料过程中水分的自然蒸发；二是石灰土在化学反应过程中产生的大量热量，加速水分的蒸发，这种蒸发对湿软土含水率的影响更为重要。

假设自生石灰粉掺入湿软土中拌和至碾压期间，水分蒸发量为 Δw_3，蒸发系数为 η（为掺入生石灰引起的水分蒸发与生石灰消解水化反应对水分的吸收量之比）：

$$\Delta w_3 = \eta \cdot \Delta w_2 = 0.32\eta\alpha\theta p_0 \tag{5-6}$$

汇总以上四个因素，设湿软土的水分为 w_0，湿软土中的干土重为 p_0，湿软土的原始含水率 $w_0 = w_0 / p_0$，则掺量为 α 的磨细生石灰，引起湿软土的含水率下降可以按下式计算：

$$\Delta w \approx \alpha w_0 + 0.32\theta\alpha(1 + w_0) + 0.32\eta\theta\alpha = \Delta w_1 + \Delta w_2 + \Delta w_3 \tag{5-7}$$

利用上式，就可以计算生石灰的掺量 α（计算方法为：$\alpha = \Delta w / [w_0 + 0.32\theta(1 + w_0 + \eta)]$），其中 $\Delta w = w_0 - w_{sg}$，式中 w_0、w_{sg} 分别为湿软土的含水率和石灰处治土的施工控制含水率。

刘晓刚等人在测定蒸发系数中发现，石灰土的水分蒸发损失随石灰掺量的增大而增大，且原状土的含水率大，蒸发量也大；蒸发系数随石灰掺量增大而减小。湿软土中掺加生石灰粉后，其水分蒸发在最初 2～3h 内最大，约占所测 20h 蒸发量的 50%以上，见图 5-14。在施工现场，水分蒸发受到空气、湿度、阳光、风力、温度以及施工场地所处的地理位置等的影响。这些因素又是随时变化的，要准确估计水分蒸发或测算蒸发系数是非常困难或不现实的。

申红平根据他人磨细生石灰降低含水率的试验，整理得到如下计算公式：

$$\alpha = \frac{w - w_{op}}{w_{op} + (w_{op} + \eta)0.32\beta} \tag{5-8}$$

式中：α——磨细生石灰的掺量，%；

w——土的天然含水率，%；

η——蒸发系数，1.75～2.40；

w_{op}——α 剂量灰土的最佳含水率，%；

β——生石灰粉的活性氧化钙含量，%。

如果只需要考虑满足压实度的要求，则上式可以变换为：

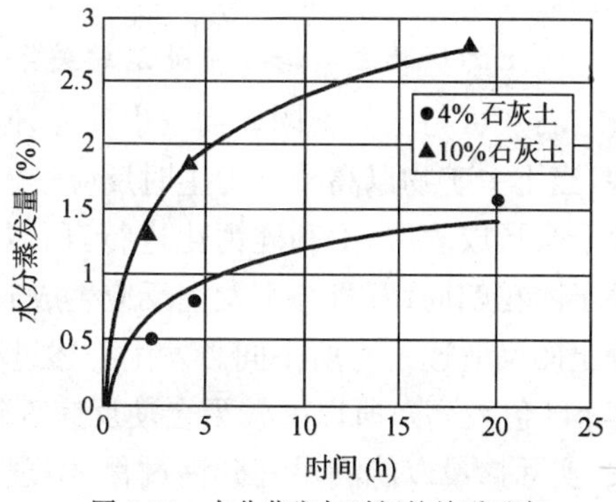

图 5-14　水分蒸发与时间的关系示意

$$\alpha = \frac{w - w_{sg}}{w_{sg} + (w_{sg} + \eta)0.32\beta} \tag{5-9}$$

式中：w_{sg}——掺灰土的最大施工控制含水率，其余符号意义同上。

许多工程的经验是每增加 1 个百分点的生石灰，可降低 1 个百分点的含水率。一般在闷料 24h 后生石灰降低土料含水率的作用基本完成，以后的含水率降低主要与气候有关，石灰掺量次之。更主要的是土料经掺灰处治后变得松散，土中孔隙增多，容易晾晒和自然渗水降低土料的含水率。

以上降低土料含水率的计算方法，由于蒸发系数，石灰化学反应的程度等难以确定，一般只能作为初步估算，作为掺灰试验掺量的参考值。较为准确地确定掺灰量还需要通过室内和现场试验确定。

7. 制样方法对石灰土强度测试结果的影响

由于干法制样使得风干土碾压后与石灰拌和均匀，颗粒接触充分，微团粒间结合紧密；而湿法制样土团表面灰土形成硬壳较慢，团粒初期强度不足，因而试样的无侧限强度较小，石灰干法制样的无侧限强度大于湿法制样的无侧限抗压强度。此现象与 NCS 处治试样相反。但从实际施工情况看，采用湿法制样更符合工程实际。

如果掺灰量较少，则对土的改善作用不大，如果掺灰剂量超过一定范围，过多的石灰在土中则自行结晶，反而使石灰土的强度降低，密度减少。

8. 石灰质量对处治效果的影响

石灰质量对土体的强度影响很大，石灰粉的活性越高，与土粒之间的反应就越强烈，土体的稳定效果就越好。现在对于掺加石灰的石灰质量要求，大多数要求Ⅲ级以上，一般都要求氧化钙和氧化镁的含量应超过 70%。消石灰粉的活性取决于以下几个方面：

(1)石灰的等级越高（CaO+MgO 含量越高），活性就越高，稳定效果越好；

(2)石灰的细度越大，其比表面积越大，在相同剂量下与土粒的作用越充分，因而效果越好；

(3)石灰消解越充分，粉状颗粒就越多，活性就越高；

(4)消石灰粉的存放时间越短越好，存放时间长，石灰的活性就会降低。

生石灰的吸水放热作用，能保证石灰与土中胶粒更好地作用，以及获得多量的胶状氢氧化钙，其降低含水率的效果优于熟石灰，用于稳定湿软土效果特别显著。综合考虑工程造价与进度，应采用 III 级以上磨细生石灰粉，使湿软土在掺灰拌和后，其含水率处于最佳含水率范围之内。

9. 土的矿物成分与掺灰处治的关系

石灰可与土中不同矿物发生反应，但反应速率不同。当土中矿物以蒙脱土为主时反应较快，当土中矿物以高岭土为主时反应较慢。一般固化周期可相差好几周。由于土颗粒之间的离子会形成表层，不利硅钙化进行，所以粉碎土颗粒粒径应小于 15mm 是非常重要的。在细小土团粒四周，石灰与土发生反应生成硅钙胶凝体，能充实一定的土团粒之间的空隙。不同成分土的反应速度有所不同。发生上述过程时要求土的矿体表面有含钙、氢氧根离子的水（这时其 pH 值较高），所以土较干会使反应变慢，干灰和干土就不会固化。石灰掺量与土中成分有关，实际掺量以能满足其硅钙过程，实现合理胶凝固化为标准，一般加入 3%以上就可起到改性作用。

10. *石灰处治对其他性质的影响*

研究表明，经石灰处治后的高液限黏土，其膨胀量和膨胀力都能得到有效的控制，其胀缩对干湿循环已不敏感，有较好的稳定性，强度也有显著提高，既使用低剂量石灰处治，也能满足路基强度和稳定性的要求。

湿软土填料经掺灰处治后，使土的液限减小，塑限增加，塑性指数降低。土质团粒化，土块易于粉碎，小于0.075mm黏粒成分减少，降低了收缩性和膨胀性，提高了土的强度和稳定性，缩短了压实时间，加快了施工进度。过湿黏性土用石灰处治后既可坚持重型压实标准，又可消除日后使用中水稳定性不足的后患，保证了填土路基的压实度和工期，提高了强度和水稳定性。

11. *二次掺石灰的机理*

刘玮在处治淤泥质土的试验证明，第一次掺入少量生石灰粉可起到稳定和“活化”的作用，淤泥质土的塑性、膨胀、吸水量、聚水量减少，土的密度、强度得到稳定。同时，少量生石灰粉能改善湿软土，使干湿材料产生混合作用、生石灰的水化吸水作用、水化热产生的水分蒸发作用都能充分发挥出来。第二次加入适量的石灰，则起到了“砂化”作用，石灰土的吸水量和聚水量骤减，其强度和稳定性得到明显提高。

实验表明，二次掺灰的压实度比一次掺灰提高2%～3%。淤泥质土二次掺灰“砂化”处治施工中应注意施工的时限性。生石灰中有效钙镁含量，对淤泥质土含水率减少起关键性的作用。而有效钙镁含量的散失与时间成正比，如图5-15所示。所以，掌握施工时限，用最快速度、最短的时间来完成“砂化”施工程序是很关键、很重要的问题。实验表明：二次掺灰“砂化”处治工艺为7d左右。

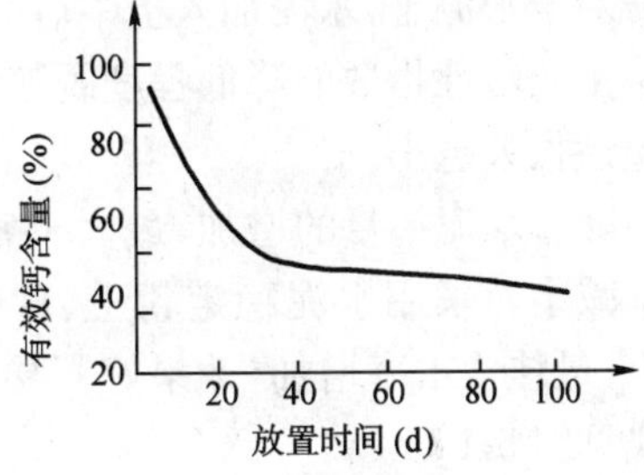

图5-15　有效钙含量的散失与时间关系

石灰改变土的性质是通过石灰与土之间产生的各种物理化学反应来实现的，它对土的作用程度与掺灰率、土灰的粉碎程度、拌和的均匀性、龄期、成型的温度、湿度等因素有关。特别是掺灰率的影响，人们往往会误认为掺灰率越高，处治效果越好。事实上，据国外文献报道[Bell，F. G，Stabilization and treatment of day soils with lime. Ground Engneering，1988，21(1)]，掺灰率在一定的范围内，石灰主要起稳定作用，土的塑性减少，强度增加，超过这一范围，稳定作用反而降低。因此有必要对过湿黏土进行掺灰处治效果的试验，并比较不同掺灰率下土料的物理、力学性质指标，确定合适的掺灰率，以期为湿软土路段的现场施工提供指导依据。

二、掺水泥处治湿软土路基填料的理论方法

一般来说，水泥用量越大，水泥稳定土强度越高，但水泥用量越大越不经济，而且缩裂现象明显，稳定效果并不一定显著。一般水泥用量在4%～8%之间较为合理。在湿软土路基掺加水泥处治时，假定路基填土(素土)的最大干密度ρ'_g、对应的含水率w_o、湿密度ρ_s。掺加q%的水泥，掺加水泥稳定土的最佳含水率w'_o，最大干密度ρ_g，则混合料应加水量为：

$$Q_w=\left(\frac{Q_n}{1+w_o}+\frac{Q_c}{1+w_c}\right)\times w'_o-\frac{Q_n}{1+w_o}w_o-\frac{Q_c}{1+w_c}w_c \tag{5-10}$$

式中：Q_w——混合料中应加的水量，kg；

Q_n——混合料中素土的质量，kg；

Q_c——混合料中水泥的质量，kg，其原始含水率 w_c，%；

w'_o——要求达到的混合料含水率。

水泥的含水率很低，可以忽略不计，$w_c=0$，路基填土厚度为 h 的每平方米路基多余水分 Q_{w1} 按下式计算：

$$Q_{w1}=\left(\frac{Q_{n1}}{1+w_o}+Q_{C1}\right)w'_o-\frac{Q_{n1}}{1+w_o}w_o \tag{5-11}$$

式中：$Q_{c1}=\rho'_g\times10^3\times h\times q/100$

$Q_{n1}=\rho_s\times10^3\times h\times1/100$

当 $Q_{w1}<0$，说明 Q_{w1} 为多余水重，路基施工前应翻开 h 厚的土体进行晾晒，当每平方米路基蒸发 Q_{w1} 的水分后，才能进行水泥稳定土的施工，此时路基土含水率为：

$$w=\frac{[Q_{n1}/(1+w_o)]w_o+Q_{w1}}{Q_{n1}/(1+w_o)}\times100\% \tag{5-12}$$

对于水泥土，水泥加入土中后能大大降低土的塑性。塑性指数的降低也主要是塑限的增加。土的塑性指数的降低程度既随水泥剂量增大而增加，也随时间而变。水泥土的龄期越长，其塑性指数越小。

随着水泥掺量的增加，最大干密度增加，最佳含水率减小。采用水泥稳定粉土、砂砾等塑性指数小的土，最佳含水率增加，效果好。掺加水泥后的击实曲线见图5-16。

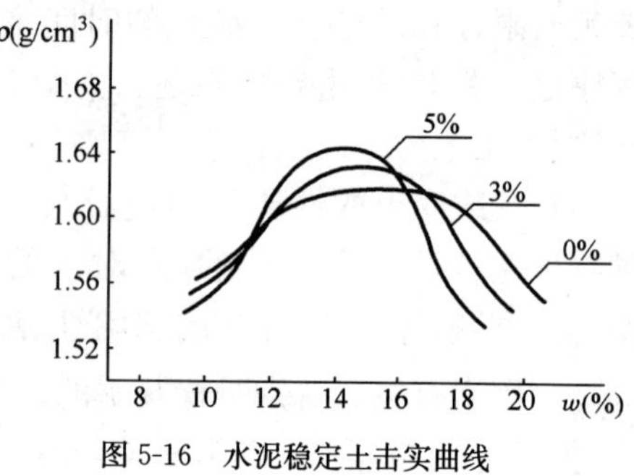

图5-16　水泥稳定土击实曲线

许多试验研究证明，掺加水泥处治湿软土效果没有掺加粉煤灰、石灰、NCS处治湿软土的效果好，一般来说，费用也较高。但掺加水泥后，土体强度提高，水稳性得到改善。

三、掺粉煤灰处治湿软土路基填料的理论方法

在湿软土中掺加粉煤灰，除可以降低土料的含水率外，还可以提高土料的强度，降低土料的膨胀率，减少土料的收缩性。

王义安用天津港南疆地区软土掺加粉煤灰的试验研究表明：高钙粉煤灰加固土的无侧限抗压强度随粉煤灰的掺入比（粉煤灰的掺入比 $\alpha(\%)=$（粉煤灰重/软土重）$\times100\%$ 及养护龄期的增加而增加，并与软土土质、含水率、养护条件、外掺剂等因素有关。具体成果如下。

1. 粉煤灰土的物理性质

由于粉煤灰的密度较小，粉煤灰与素土相互拌和时，粉煤灰土的密度有随粉煤灰掺入比的增加而减少的趋势，表5-1是某天津粉煤灰加固土物理性质试验成果，由表5-1可见，粉煤灰土的密度随其掺入比的增加而减少；体积膨胀率随其掺入量的增加而增加。

粉煤灰加固土的物理性质　　表 5-1

掺入比（%）	粉煤灰土密度（g/cm³）	$\frac{\rho-\rho_0}{\rho}\times100\%$	体积膨胀率 Δ(%)	掺入比（%）	粉煤灰土密度（g/cm³）	$\frac{\rho-\rho_0}{\rho}\times100\%$	体积膨胀率 Δ(%)
18	1.93	13.5	0	54	1.86	9.4	5.49
25	1.92	12.9	1.47	100	1.80	5.9	7.78
33	1.90	11.8	2.47	185	1.75	2.9	15.10
43	1.88	10.6	4.36	300	1.67	−1.8	16.95

2. 粉煤灰土的力学性质

(1)抗压强度

粉煤灰土的强度以无侧限抗压强度表示，其加固土的强度因粉煤灰的品种、掺入比、龄期、软土土质、含水率及养生条件的不同而不同。

①粉煤灰的掺入比

高钙粉煤灰加固土的强度随其掺入量的增加而增加(图 5-17)，当粉煤灰掺入比为 18%～100%时，60d 龄期粉煤灰土的强度为 0.83～5.22MPa，较天然素土的强度提高几十倍至数百倍。

在试验的土料中，当粉煤灰掺入比小于 18%时，粉煤灰与素土的反应较弱，粉煤灰加固土的固化程度低，粉煤灰的掺入量宜大于 18%。

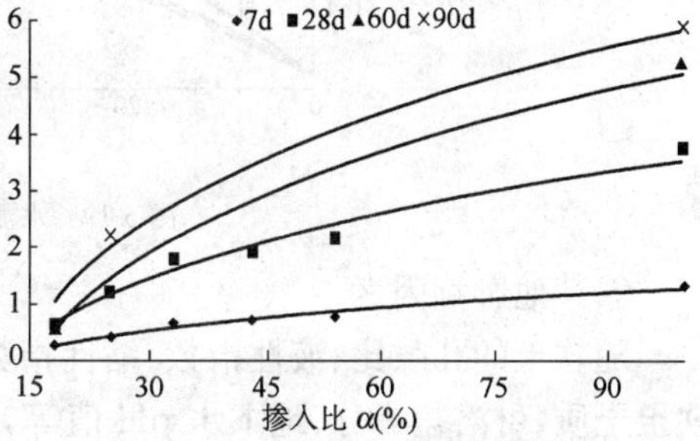

图 5-17　掺入比—抗压强度关系

②龄期

粉煤灰加固土的强度随龄期的增长而增大(图 5-18)，7d 的强度可达 60d 的 20%～30%；28d 的强度可达 60d 的 60%～80%；60d 的强度为 0.8～5.2MPa；一般龄期超过 60d 后仍有增加，90d 的强度是 60d 的 1.2～1.5 倍；1 年龄期的强度是 60d 的 1.4～1.8 倍。一般当龄期超过 6 个月后粉煤灰土的强度增长才减缓。考虑施工工期要求和安全储备，建议以 60d 龄期的强度值作为路基设计计算的依据。

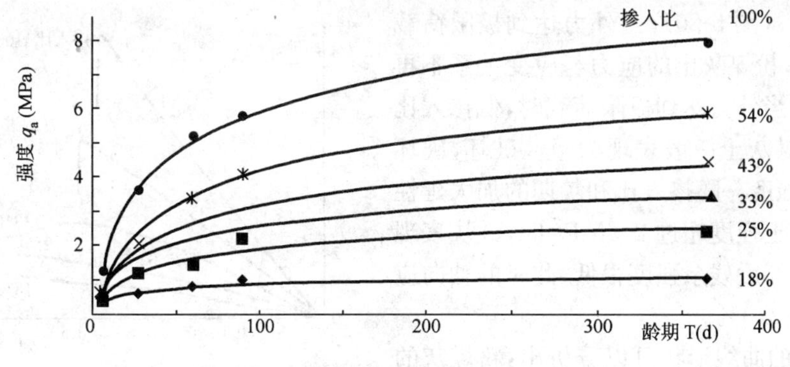

图 5-18　加固土龄期—强度关系

③养生条件

养生环境不同，粉煤灰土的抗压强度有明显的差异。淤泥或水中养生比在潮湿饱和空气中养生强度高，有围压比在没有围压状态下密度大、强度高。

养生滞变也是影响粉煤灰土强度增长的一个因素，当粉煤灰掺入比相同时养护温度低，粉煤灰土达到标准抗压强度的龄期长；相反养护温度高，所需龄期短。如粉煤灰掺入比54％时，夏季自然温度养生7d，粉煤灰土强度平均增长率为0.30MPa/d，60d的强度可达6.7MPa；秋冬季时养生7d，粉煤灰土的强度增长率为0.11MPa/d，60d的强度可达3.42MPa，仅占养护温度较高时强度的一半。

④外掺剂的影响

粉煤灰土中掺入一定量的水泥，可使粉煤灰土的强度有所增加（图5-19），粉煤灰中水泥含量每增加10％，粉煤灰土的强度可提高10％～20％。虽然采用此种混合料能够增加粉煤灰土的强度，提高加固效果，但施工工艺相对较为复杂，费用也较高。

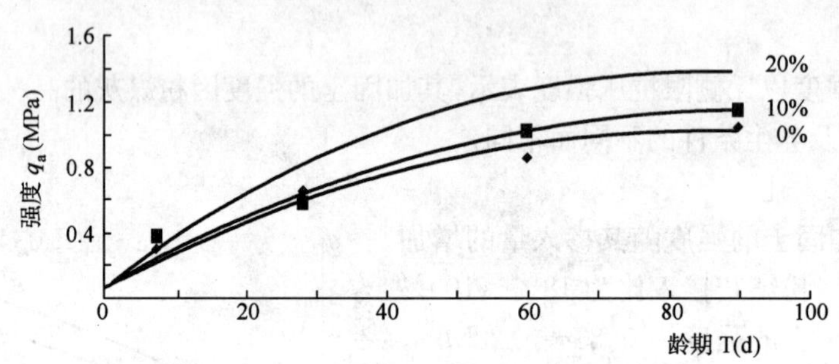

图5-19 水泥含量对粉煤灰土强度的影响

⑤其他影响因素

随软土的孔隙比、液性指数、缩性指数及有机质含量的增加，粉煤灰土的强度降低。另外，软土土质、可溶盐成分、地下水pH值等，均对粉煤灰土的强度产生一定的影响。

(2)抗拉强度

粉煤灰土的抗拉强度随抗压强度的增长而提高，当粉煤灰的掺入比为25％～54％时，粉煤灰土的抗压强度为1.5～3.4MPa，其抗拉强度仅为抗压强度的5％～15％。

(3)粉煤灰土的强度特征

①应力—应变关系

粉煤灰土的变形特征随强度不同介于柔性与刚性之间。粉煤灰土受力开始阶段，应力与应变呈线性关系（图5-20）；当外力达到极限荷载的80％左右时，粉煤灰土的应力与应变关系不再符合虎克定律；当外力达到极限荷载时，低掺入比或短龄期的粉煤灰土一般表现为塑性破坏，破坏后仍有一定的强度。随掺入比和龄期的加大延性变小，当粉煤灰土强度超过2.5MPa时，试块表现为脆性破坏，破坏后残余强度很低，此时的轴向应变约为1.2％～2.0％。

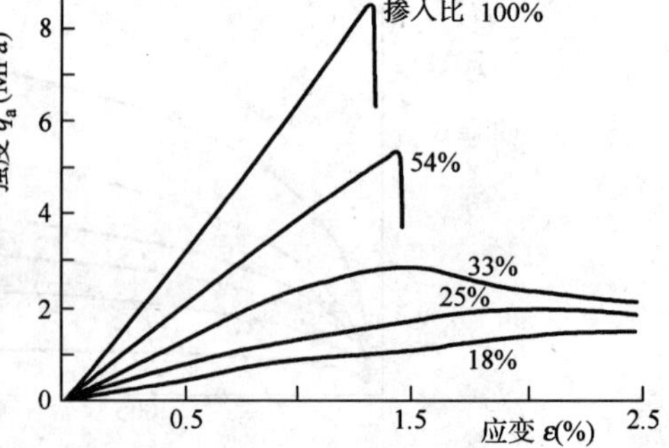

图5-20 粉煤灰土应力—应变关系

由图5-20的曲线形状可以分析出：粉煤灰的掺入比α值越大，加固土的应力—应变曲线的峰值越明显，当$\alpha \geqslant 33\%$时，曲线才出现较明显的峰值。同时还可以分析出：加固土随着掺入比α值的增加其强度明显增大，但强度增长幅度在$\alpha=25\%\sim33\%$时为最大，为接近于$\alpha=18\%\sim25\%$和$\alpha=33\%\sim54\%$段增长幅度的2倍，为$\alpha=54\%\sim100\%$段增长幅度的3倍。

②抗剪强度

粉煤灰土的抗剪强度随抗压强度的增加而提高。当粉煤灰的掺入比为18%～100%时。粉煤灰土的抗压强度为0.8～5.2MPa，其黏聚力C＝260～700kPa，约为抗压强度的5%～25%，其内摩擦角一般变化在20°～30°之间。

③压缩特性

粉煤灰土的变形包括弹性变形和塑性变形两部分，其变形模量(E_{50})随抗压强度的增加而增加(表5-2)。由表5-2可见，当粉煤灰土的抗压强度为1.0～5.0MPa时，其变形模量E_{50}＝100～350MPa，一般为抗压强度的70～100倍。

粉煤灰土的变形模量 表5-2

粉煤灰掺入比(%)	抗压强度(MPa)	破坏应力(%)	变形模量(MPa)
18	1.84	2.89	106.3
25	1.76	2.17	152.9
33	2.47	1.71	218.5
54	4.97	1.24	351.1

用相应于100～400kPa压力范围内的压缩指标评价粉煤灰土，粉煤灰土试件的压缩系数a_{1-4}约为$(4.5\sim9.5)\times10(kPa)^{-1}$，其相应的压缩模量$E_{50}=(50\sim110)$MPa。

此外，粉煤灰需要石灰(而且是熟石灰)才能激发其活性，主要是产生火山灰反应。所以粉煤灰单独掺加对降低土料的含水率和改变土料的性质没有太大的效果，最好与石灰、水泥一起使用，不要单独采用。

由于各地粉煤灰的化学成分、物理力学性质及土料的矿物成分、物理力学性质等都不一样，粉煤灰土的物理力学性质、水稳性、工程特性等也都会随之改变，在具体工程中，应进行相应的试验才能确定相应的关系，掺灰比例也得根据工程要求的物理力学指标与掺灰比的关系，确定一经济合理的掺灰比。

综上所述，粉煤灰土的强度随粉煤灰中CaO及玻璃体的含量、掺入比、龄期、原土重度的增加而增加；随粉煤灰中含碳量及标准稠度需水量、软土含水率、孔隙比、液性指数、塑性指数、有机质含量的增加而降低。另外，软土的土质、可溶盐成分、地下水pH值及养生环境的不同粉煤灰土的强度也不同。考虑施工工期和安全储备，粉煤灰的掺入比一般应比试验结果略大一些，并以60d龄期的强度作为设计的参考值。

四、掺NCS处治湿软土路基填料的理论方法

NCS是在石灰、水泥中添加合成的“SCA”高性能无机增强吸水材料改性而成的复合固化材料。其中生石灰起到吸水和使黏土砂质化，固化后期土粒发生火山灰反应提供后期强度；水泥熟料的作用是提供强度和增强土固体颗粒之间的联结；“SCA”提供早期强度，能强烈吸水，促进土粒砂化，并生成针状矿物，具有“微型加筋”作用。当湿黏土中掺加一定比例的NCS后，NCS即与黏土颗粒发生一系列水化反应，形成带富含结晶水的硫铝酸钙，可使自由水以结晶水形式固定下来，使土中含水率迅速降低。该生成物系针状结晶体，使得土的固相体积在120%以上，并有效地填充颗粒间孔隙，使加固体变得致密起来，显微镜观察发现黏土颗粒被C-S-H凝胶包围，并相互连成一片，加强了颗粒之间的联结，起到增加加固土结构强度的作用。

另外,NCS与粉性土、砂性土混合压实后,即在混合土体中产生造岩作用,通过亲合作用构成火山岩的原子群与其他组分胶结而固化成型。

应用NCS稳定湿软黏土路基,在对外掺剂的管理运输使用和制备混合料等方面,都比常用的消石灰以及生石灰(块)法简便了许多。即其在施工操作程序和施工工艺方面与之虽无多大差异,但由于NCS粉状材料的分散性好和对土的吸水作用快,因此,在路基土掺入NCS后的翻拌粉碎、闷料及整形碾压等一系列工艺流程所需的时间上,亦明显地短于消石灰以及生石灰(块)法。

掺加NCS后土体的液限变化不大,而塑限明显提高,结果塑性降低,可压实性能改善。素土中掺加NCS材料后压实和强度性能都有明显改善,主要表现为:①填土塑性降低;②填土最大干密度减小,而对应的最佳含水率则增加;③无侧限抗压强度明显提高。因此不难得出结论,NCS加固土不仅可以在较高的含水率下碾压达到压实标准,而且整体强度显著提高。

NCS稳定黏性土的浸水强度随干密度加大,龄期增长、剂量增加而提高。

湿软土掺加NCS后降低含水率的几个主要影响因素如下:

1. 土的含水率

土的含水率越大,掺加NCS后的单位掺量含水率降低率呈上升趋势,见图5-21和图5-22。

2. NCS的掺量

NCS的掺量越大,湿软土含水率降低的越多,但是单位掺量含水率降低率呈下降趋势,见图5-21和图5-22。

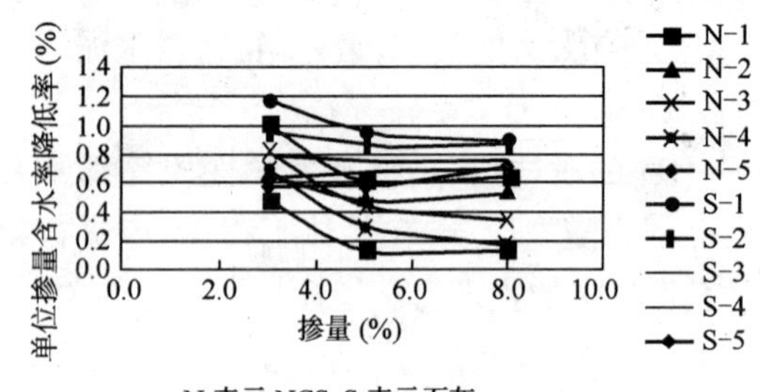

图5-21 单位掺量含水率降低率与掺量的关系

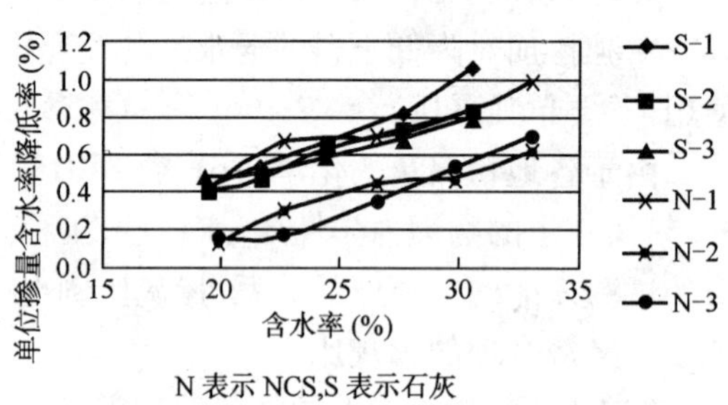

图5-22 单位掺量含水率降低率与含水率的关系

3. 外界的温度和湿度

外界的温度越高,湿度越小,蒸发量越大,湿软土含水率降低得越快越多。实际工程,施工时的温度和湿度对含水率的变化有很大的影响。

注:NCS的掺量有三个水平,分别为3%、5%和8%,含水率有五个水平,以3%递增,分别为18%、21%、24%、27%和30%。图5-21中,N—4表示含水率为第四个水平27%时NCS固化材料(简称N)掺量与单位掺量含水率降低率的关系曲线;图5-22中,N—2表示NCS固化材料掺量为第二个水平5%时含水率与单位掺量含水率降低率的关系曲线,其余曲线以此类推。

同时试验结果也表明,对于过湿性低液限粉土而言,生石灰粉的减水效果稍微比NCS固化材料明显。NCS固化材料的单位掺量含水率降低度为0.26%~1.13%。大量研究证明,有效钙含量对生石灰降低湿软土的含水率有至关重要的影响。掺加NCS后,湿软土的最佳含水率增加,最大干密度降低,适宜压实的含水率范围变大,也即击实的ρ_d—w曲线变缓,击实曲线情况见图5-23和图5-24。根据击实曲线得到的最大干密度ρ_{dmax}和最佳含水率w_{op},如表5-3所示。

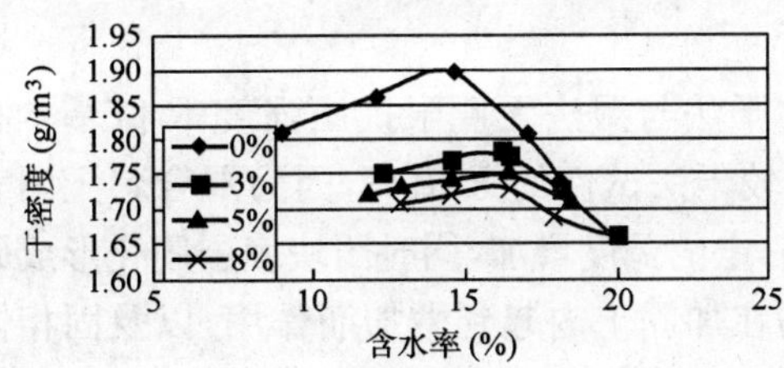

图 5-23 掺加 NCS 固化材料的重型击实曲线

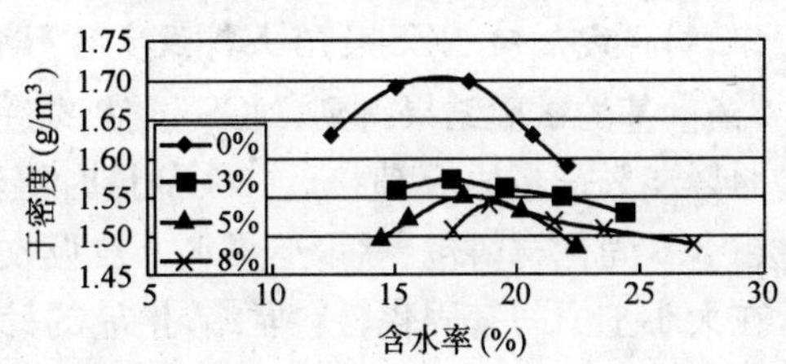

图 5-24 掺加 NCS 固化材料的轻型击实曲线

击实试验结果 表 5-3

土	配合比 生石灰粉	NCS	重型		轻型	
			ρ_{dmax}	w_0	ρ_{dmax}	w_0
100			1.90	13.0	1.71	17.0
100	3		1.81	14.0	1.64	17.2
100	5		1.80	15.1	1.60	17.5
100	8		1.78	16.0	1.60	18.0
100		3	1.78	15.6	1.57	17.3
100		5	1.75	16.1	1.55	18.1
100		8	1.73	10.4	1.54	18.8

NCS处治后的黏土比生石灰处治后的黏土强度大。随着固化剂掺量的增加，塑限增加较多，液限有所减少，塑性指数降低，其中以4%～6%剂量时变化较为明显，改变了土的压实性。

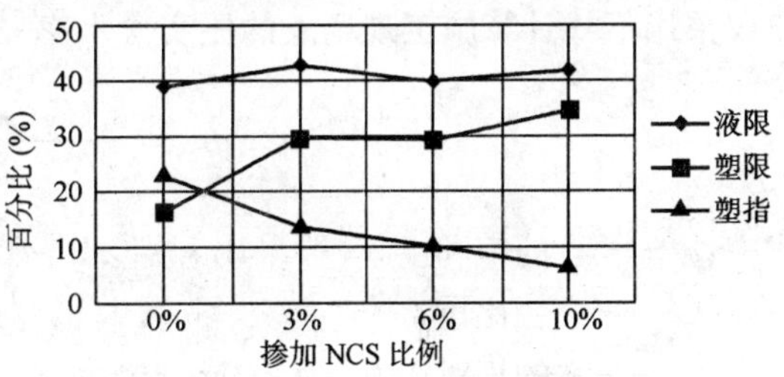

图 5-25 NCS 对土体塑性的影响

王砚桐通过湿黏土掺加NCS固化剂后的试验得到如图5-25、图5-26、图5-27和表5-4，同样也证明了以上试验结论的正确性。

掺加 NCS 后土体液、塑限的变化 表 5-4

项目 NCS掺加比例	土体塑性指标			击实试验结果	
	液限 (%)	塑限 (%)	塑指	最佳含水率 (%)	最大干密度 (g/cm³)
0%	39.1	16.4	22.7	18.7	1.72
3%	42.7	29.0	13.7	21.6	1.64
6%	40.1	29.5	10.6	24.1	1.61
10%	41.6	35.0	6.6	24.8	1.59

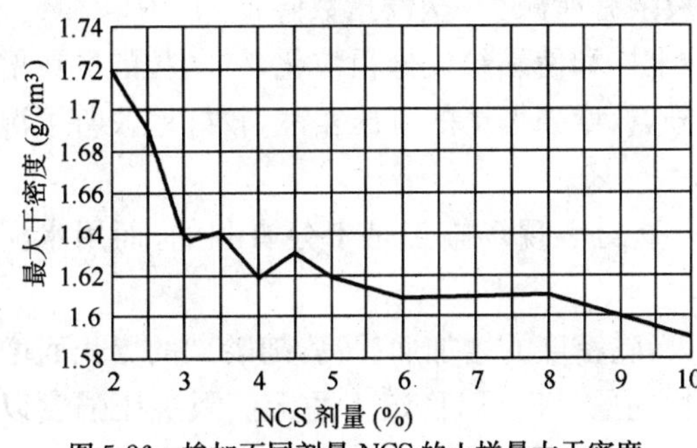

图 5-26 掺加不同剂量 NCS 的土样最大干密度

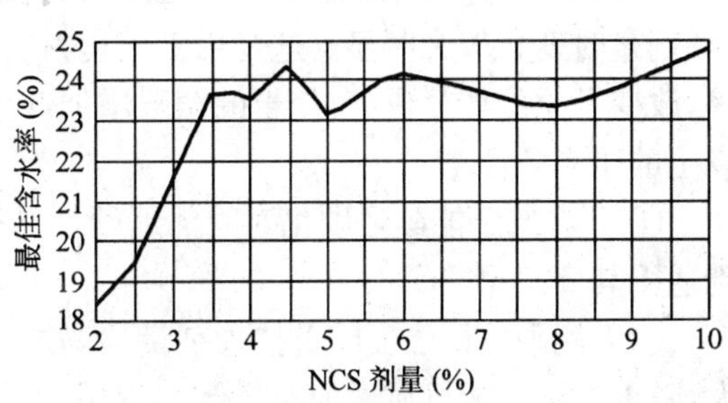

图 5-27 掺加不同剂量 NCS 的土样量佳含水率

4. 制样方法对 NCS 处治土料强度的影响

杨世基的试验结果得到：NCS 试件试验结果的干法与湿法无侧限抗压强度 R 值基本相同。4%、5%剂量的 R 值接近，6%剂量时湿法试件较干法试件的 R 值高，因为混合料土团表面被 NCS 固化材料包裹后，土团水分被吸收而收缩，土的稠度增加，同时团块表层固化形成硬壳，在大小土团间有固化材料联结，生成的针状矿物在加固土内起到微加筋作用，以及固相体积增大，均逐渐使加固土整体强度提高，也是 NCS 使湿黏土粗粒化改善压实性的具体结果。因此，NCS 稳定黏性土时可以减少收缩，作为路面基层使用。

刁开旺等人的试验也得到相同的结果。

5. 掺 NCS 处治湿软土的施工特点

①NCS 的高吸水性和使黏土粗粒化，有效地改善了湿软土的压实条件，能直接就地使用湿软土，易于碾压达到压实度要求；

②易于控制掺加剂量，保证了路基土密实度的均匀性；

③能适应降雨间隙期的施工，NCS 稳定湿软土基本无返工状况，有利于确保工期；

④施工简便，便于现场管理；

⑤对施工操作人员和周围环境的污染影响甚微。

NCS 稳定过湿黏土路基施工时，可以土的可压实含水率作为控制的施工含水率，杨世基建议采用下式计算施工现场土的压实含水率 w_y：

$$w_y = \frac{s_r(G\rho_w - \rho_d)}{G\rho_d} \times 100\% \tag{5-13}$$

式中：s_r——土的饱和度，一般采用 $s_r = 0.9 \sim 0.95$；

G——土粒比重；

ρ_w——水的相对密度，为 1.0g/cm^3；

ρ_d——路基土施工控制密度，$\rho_d = K\rho_{dmax}$（K 为压实度标准，ρ_{dmax} 为混合土的最大干密度）。

在降低湿软土含水率时，确定 NCS 剂量的步骤是：①试验测定素土的 G、ρ_{dmax} 二项物性指标；②按上式计算被处治土的可压实含水率 w_y；③测定掺加 NCS 前湿软土的实际含水率 w_s；④由 w_y 与 w_s 之差和 NCS 的吸水率确定 NCS 的剂量。

杨世基采用 NCS 及其他外加剂处治湿软土的对比性试验成果如下：

①根据要求的强度与密实度结合土质条件与经济性，合理优选配方。

②SCA 中的矿物在形成钙矾石要含 32 个结晶水，其吸水量较生石灰高 78%，较水泥高 141%，NCS 固化材料的吸水性均比生石灰好，水泥最差。

③随着固化材料剂量的增加，塑限增加较多，液限有所减少，塑性指数降低，其中以 4%～6%剂量时变化较为明显。这是由于固化材料与黏土拌和使黏粒成分粗粒化，微团粒的数量增多，改变了土的粒径成分，使土的塑限增加 5 个百分点，增强了土的可压实性，较好地改善了湿黏土的压实条件。

④NCS 属于能延迟硬化时间的迟硬性结合料，这对于现场施工是十分有利的，而用水泥则适得其反。

⑤无侧限抗压强度随着掺加剂量的增加而增大，随密度的增加而提高，随龄期的增长而增大，随着土中的无机质增加而降低，对有机质含量相同的情况下，稳定土的无侧限抗压强度以掺加 NCS 为最高，石灰次之，水泥最低。

⑥用湿黏土填筑路基，可根据填土含水率大小，计算需掺 NCS、石灰的剂量或采用翻拌晾晒，达到压实所要控制的含水率，也可以晾晒湿黏土达到要求后压实。

⑦NCS 用 4%剂量能固化塑性指数 28～32 的湿黏土，土的含水率减少 5.5%～5.8%，比现有石灰、水泥、生石灰的吸水性都好。其轻型标准压实度为 98 时的 7d $R \geqslant 0.5$MPa（R 为无侧限抗压强度），6%剂量重型压实度为 93 时的 7d $R \geqslant 0.8$MPa。NCS 固化材料 4%、6%剂量的 R 值≥石灰 8%，12%剂量的 R 值。当用石灰 8%剂量处治时，轻型标准压实度为 98 的 R 值仅 0.2MPa。而 NCS 为 4%剂量时的 R 值 0.5MPa 已达到稳定土地基及整体强度、稳定性要求。NCS 固化材料具有延迟时间硬化的性能，掺拌后允许在 3d 内压实成型，不影响稳定土强度，尤以第 2～3d 内碾压的强度最高。由于拌和至碾压的时间比较充分，为多次拌和达到压实含水率进行碾压提供方便。而且降低塑性指数，使黏性土粗粒化，较好地改善了湿黏土的压实性。吸水性好与可压实性，适合湿黏土直接掺拌打碎的压实工艺，施工速度较石灰土、晾晒法快 3～10 倍，有效地解决了公路湿软土路基处治与压实问题。

⑧根据黏性土性质、含水率大小情况，结合掺拌石灰、翻晒法，对湿软土路基可以进行综合处治，从而降低了工程造价，提高了工程质量。

⑨通常规定水泥稳定土的塑性指数在 12 以下，石灰稳定土的塑性指数在 20 以下，NCS 稳定土试验路的塑性指数超过 20，而且含水率高，其加固处治效果十分理想，实际上综合扩大了石灰、水泥稳定土的优点，既能使湿黏土快速粗粒化，还具有理想的早期强度与后期强度，较好地解决了湿软土路基的处治与湿黏土路基填筑问题。

⑩NCS 比常用的石灰、水泥材料有更好的吸水性，同时使黏土的塑限增加、液限降低，稠度提高，黏土团块易于粉碎，被材料包裹土团的表层硬化，明显改善了土的压实条件。它的延迟硬化性，可使路基达到最好的压实效果，实现最佳的压实工艺，增强了黏土的可压实性。由于 NCS 稳定土早期水化作用及后期火山灰反应的持续进行，提高了稳定黏性土半刚性材料的早期强度，用它作路面底基层的剂量仅为石灰土剂量的一半，为就地使用湿黏土直接铺筑半刚性基层开拓了新的途径。

在使用 NCS 处治湿软土路基时，由于 NCS 是由水泥、石灰和 SCA 混合磨细加工而成，由于需要把这些材料根据处治土的性质，调整三种材料的配比，然后按比例把三种材料混合磨细加工。因此，NCS 材料的制作较为复杂，影响在工程中的应用。

五、掺石灰—水泥处治湿软土路基填料的理论方法

采用水泥—石灰处治湿软路基土，可以发挥石灰的降水作用和水泥的增强作用，对于雨季施工和缩短工期具有很大的意义。水泥—石灰稳定土早期强度大、弯沉小、回弹模量大，强度随龄期增长而增大；水泥含量高，水泥—石灰土的抗压强度也高；石灰含量高，水泥—石灰土的抗压强度并未增大；水泥量高，水泥—石灰土的抗压强度和抗压回弹模量也高；水泥—石灰土的后期强度增长很缓慢，增幅也不大。

1. 庄少群等人对水泥—石灰处治路用土的研究成果如下

(1)水泥—石灰稳定土早期强度大、弯沉小、回弹模量大，强度随龄期增长而增大。

(2)水泥—石灰土早期强度明显大于石灰土，水泥—石灰土 7d 龄期时的弯沉代表值仅为 2.15mm、回弹模量大于 70MPa，已超过规范规定的 30MPa；石灰土 8d 龄期时弯沉代表值为 5.52mm，7d 龄期时回弹模量为 34MPa；而未经处治的素土弯沉代表值为 10.15mm，回弹模量为 18MPa。

(3)水泥—石灰土后期强度增长速率比石灰土缓慢，增幅也小得多，水泥—石灰土30d龄期时弯沉代表值为1.80mm，回弹模量为100～110MPa；而石灰土23d龄期时弯沉代表值为1.79mm，30d龄期时为1.80mm，30d龄期时回弹模量为140MPa。

(4)含水率对水泥—石灰土的路用性能也有一定影响，含水率上升，弯沉增大，回弹模量减小。

(5)水泥—石灰土具有较好的路用性能，尤其对于雨季施工和缩短工期具有重要意义。

2. 庄少群等人的以上研究结论具体体现在如下几个方面

(1)与石灰土相比，水泥—石灰土的早期强度和模量较高，后期强度和模量增长缓慢，增幅也较小；水泥—石灰土的强度与模量均能充分满足高等级路面的设计要求，且受含水率的影响较小。因此，采用水泥—石灰土对于雨季施工和缩短工期具有重要意义。

(2)上海地区道路工程中石灰土常用掺灰量一般为7%。

(3)掺加2.5%和3.5%水泥的水泥—石灰稳定土(石灰含量都为4%，总灰量分别为6.5%和7.5%)的抗压强度明显高于石灰稳定土(石灰量为7%)；水泥含量高、试件抗压强度也高；石灰含量高，试件抗压强度并未增大。

(4)水泥量高，水泥—石灰土的抗压强度和抗压回弹模量也高；水泥—石灰土的早期强度高，后期强度增长很缓慢，增幅也不大，见图5-28。

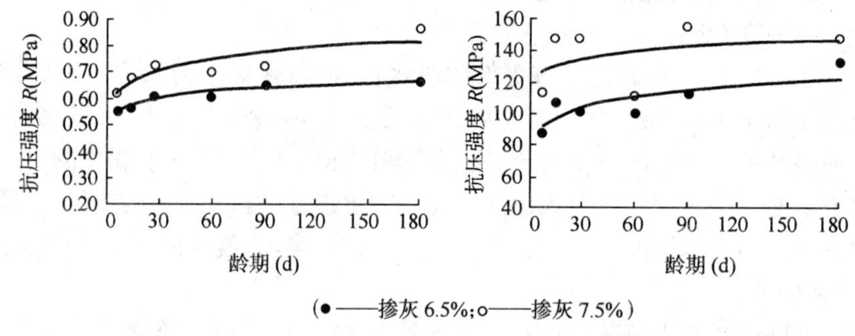

图5-28 水泥—石灰土强度与回弹模量随龄期增长规律

(5)水泥—石灰土、石灰土弯沉都随龄期的增长而减小。水泥—石灰土早期弯沉小，其7d弯沉代表值仅2.15mm，石灰土8d弯沉代表值为5.52mm，而未经处治的素土弯沉代表值为10.15mm，显然，水泥—石灰土的早期弯沉远小于石灰土和素土；由于水泥—石灰土的后期强度增幅有限，因此，水泥—石灰土后期弯沉值接近甚至大于石灰土的弯沉值，如水泥—石灰土30d弯沉代表值为1.80mm，而石灰土23d弯沉代表值为1.79mm，30d时为1.80mm；含水率对水泥—石灰土弯沉值有一定影响，如20d弯沉代表值大于7d弯沉代表值，这与测试时稳定土的含水率差异有关。

(6)水泥—石灰土的回弹模量随龄期的增长而增大，如图5-29所示，其早期回弹模量较大，3d和5d时的回弹模量分别大于60MPa和70MPa，15d的回弹模量一般为80～100MPa；水泥—石灰土早期回弹模量大于石灰土，但后期模量逐步接近甚至低于石灰土，如水泥—石灰土7d龄期时、回弹模量大于70MPa，石灰土为34MPa；水泥—石灰土30d龄期时、回弹模量为100～110MPa。水泥—石灰土含水率与回弹模量的关系见图5-30，可见，含水率对水泥—石灰土的回弹模量具有一定的影响，含水率越高，现场回弹模量越小，但其随含水率的变化幅度不大。

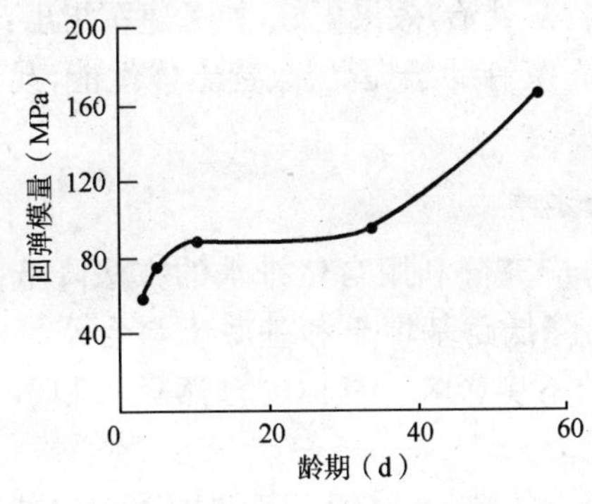

图 5-29　水泥—石灰土路基回弹模量随龄期变化规律

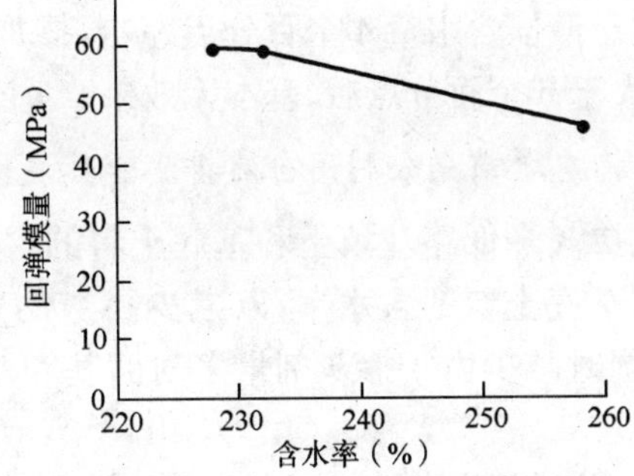

图 5-30　水泥—石灰土路基含水率与回弹模量对照图

六、掺石灰—粉煤灰处治湿软土路基填料的理论方法

粉煤灰需要石灰(而且是熟石灰)才能激发其活性,主要是产生火山灰反应。所以粉煤灰单独掺加对降低土料的含水率和改变土料的性质没有太大的效果,最好与石灰、水泥一起使用,不要单独采用。采用石灰—粉煤灰可以充分发挥石灰的降水作用,并激发粉煤灰的活性,使二者的降水和增加土料的性能得到很好的利用。

湿软土掺加二灰(石灰、粉煤灰)后,含水率大幅度降低,随着生石灰剂量增加及闷料时间的延长,混合料的含水率逐渐减少,大约每增加 1%的生石灰,可降低 1%的含水率。

采用先加生石灰,然后加粉煤灰处治湿软土、高液限土的二灰土,湿软土、高液限土经砂化 3d 堆放闷灰后,原土质捻面光滑,硬塑改性为粉团状,大的土块已分解成小团块,容易打碎,工程性质良好。土的含水率降低,而且大土块分解成小块,容易翻晒,作业时间缩短。

掺加二灰(石灰、粉煤灰)后,高液限土的液、塑变化规律为:①对高液限土先掺生石灰(粉)砂化,使土的液限、塑限、塑性指数明显改变;②土的液限经砂化 1d、4d 略有降低;塑限提高,塑性指数降低,改变了土的基本性能。砂化 1d 衰减较大,为原剂量的 47%～60%;砂化 4d 衰减为原剂量的 60%～68%。

土的物理力学指标的变化,由高液限土转化为高液限粉土。土的韧性由高降低,以粒料为主且稍黏,由硬塑变软塑,容易粉碎,解决了施工的难题。

对改善土而言,二灰的剂量可视降水需要无限制增加,由于石灰—粉煤灰对湿软土有很强的砂化作用,有减少土基开裂的性能。

贾江立的试验表明,掺入 2%熟石灰加 6%粉煤灰,基本可以达到与石灰同等效果;掺入 10%的纯粉煤灰,其降低含水率的效果相当于掺 4%的生石灰的效果,但水化作用不显著。

采用石灰—粉煤灰处治湿软土,可以降低湿软土的含水率,增强湿软土的强度。但是,石灰—粉煤灰处治湿软土的施工较复杂。

七、各种掺灰处治湿软土填料方法的比较

并非全部湿软土路基填料都需要掺灰,在气温较高或气候干燥的施工季节,以及填料含水率略低或塑性指数较低时,亦可仅进行粉碎翻晒而不掺灰或少掺灰。掺灰不能在较大的含水

率情况下进行，宜先采用排水降低填料含水率后进行掺灰处治，效果更好，如王建军指出：当含水率大于最佳含水量4个百分点左右，掺加5%左右石灰有助于提高、改善土体性能，易于碾压；但大于6个百分点后，基本无效果。

1.掺灰之前充分利用自然排水和蒸发降低土的含水率

在掺灰降低路基填土和基底土料的含水率之前，应充分利用自然排水的方法降低路基填土和基底土料的含水率，以减少掺灰的剂量，节约降低路基填土和基底土料含水率的费用，也同时减少由于掺灰剂量多对路基和基底产生的不良影响。具体的自然降水和蒸发措施如下：

(1)做好截防水措施　在路基填料取土之前，在取土的料场、路堑等料源场地周边预先做好截水设施，如截水沟、截水渗沟等，隔断周边地表水和地下水对料源场地的补给，并排除料源场地的地表水和一部分料源场地的地下水。在多雨季节和地区，采取一些防雨措施，如覆盖防雨布、抹砂浆等，减少降雨入渗增加土料的含水率。

(2)沟渠、井点降水法　具体做法是在取土的料场、路堑等料源场地和路基基底，采用沟渠、井点，利用土的透水性能，降低地下水位和土的含水率，以利掺灰或压实。

(3)翻耕晾晒法　非雨季施工时，对土质优、含水率较小的土质，可结合翻耕晾晒以降低含水率，满足碾压或掺灰的要求。

2.掺灰后最大干容重和最佳含水率的变化

对于石灰土、二灰土，混合料的最大干密度随掺入料剂量的增大而减少，最佳含水率随掺入料剂量的增大而增加。而水泥土的最大干容重和最佳含水率随掺入料剂量的变化不大。其原因为：一旦将石灰与土拌和，基于细小颗粒的凝絮和絮聚，使得土结构即刻发生变化，黏土颗粒就形成了粗颗粒状的较大颗粒，这种变化影响了压实性能。由于石灰与土的水化反应消耗掉土中的一部分水分，因此石灰的加入不会降低颗粒间的摩阻力。

3.掺灰降低土料含水率的比较

对于过湿性低液限粉土而言，生石灰粉的减水效果稍微比NCS固化材料明显，生石灰的单位掺量含水率降低率为0.45%～1.37%，NCS固化材料的单位掺量含水率降低度为0.26%～1.13%。但杨世基的试验又表明，NCS的降水效果比生石灰的效果好。

降水效果大小排序基本上是：生石灰、NCS→消石灰→石灰—粉煤灰→石灰—水泥→粉煤灰→水泥。

(1)石灰　用生石灰粉处治湿软土效果较好，因为它能吸收较多的水分，此外，生石灰粉消解时放出的大量水化热能促使较多的水分蒸发，同时，土中掺入生石灰粉，促进土粒的重新排列。

(2)水泥　采用水泥进行湿软土的处治，水泥中的多种成分与土中的水分发生强烈的水解和水化反应，同时也促进土粒重新排列。

(3)NCS　NCS是在水泥、石灰中增加添加剂SCA而成的复合固化材料，它具有石灰、水泥等的优点。

(4)水泥—石灰土的水稳性能优于石灰土，水泥—石灰土路基对雨季快速施工或高地下水位条件具有良好的适应性，而石灰土在高含水率条件下强度形成较为困难，难以适应雨季快速施工。

4.成本及施工情况比较

一般情况下，造价对比是：水泥、NCS固化剂土＞二灰土＞消石灰土＞生石灰土＞粉煤灰土。

NCS虽然性能较好，但造价相对较高，而且需要把石灰、水泥和SCA无机材料一起混合磨细，加工生产比较复杂，不如生石灰获取方便，可以就近购买，同时，NCS对施工质量要求严格。

粉煤灰需要石灰（而且是熟石灰）才能激发其活性，主要是产生火山灰反应。所以粉煤灰单独掺加对降低土料的含水率和改变土料性质的效果不太理想，最好与石灰、水泥一起使用，一般不要单独采用。

二灰土虽然在造价上相对便宜，但处治效果不如生石灰，而且由于需要加二次灰，准备两种材料，施工较复杂。

生石灰降低土料含水率的效果很好，对路基施工速度快，质量容易得到保证。为了让生石灰充分发挥效率，以及避免路基填筑完成后，未消解完的块状生石灰在遇水时吸水膨胀对路基产生不利影响，应尽量采用磨细生石灰。

掺加消石灰与掺加生石灰比较，掺加消石灰需要场地进行堆放熟化，并且在生石灰熟化过程中，如果遇到晴天，风吹产生扬灰，对周围环境产生很大影响，恶化周边环境。另外，掺加生石灰降低土料的含水率效果比消石灰的效果好，所以，掺加石灰一般以掺加生石灰为好，生石灰用量比用消石灰可节省60%左右。

5.掺灰后的性能比较

水泥—石灰土的强度和回弹模量明显高于石灰土，水泥—石灰土与石灰土路基比较，水泥—石灰土路基的早期弯沉值要小得多，两种处治土路基后期弯沉较为接近，但两种处治土的强度都是随着龄期的增长而显著增长。两种处治土的早期强度和模量均较高，但后期增长缓慢，幅度小。吸水和浸水使两种土的含水率增大，并导致强度和模量大幅下降。

上海浦东国际机场进场道路掺加6%的生石灰，其弯沉值普遍低于同三国道金山段路基所采用消石灰的路基，且施工完成后合格率大于同三国道。

张荣堂等采用NCS固化剂、生石灰粉、二灰（4%消石灰＋16%粉煤灰）处治湿软土，对路基整体强度（回弹弯沉值、回弹摸量和*CBR*）、稳定土强度等进行比较，得到如下结论：①以NCS固化剂处治湿软土的性能最好，它不仅具有较好的力学性能，且具有较高的吸水性、施工延迟性，对改善路基土的压实条件，加快施工进度具有积极的作用；②用二灰处治湿软土的强度也高，但改善施工进度和压实条件效果不太明显，尤其是在拌和均匀性方面给施工带来较大麻烦，但造价低；③生石灰粉处治湿软土效果居于NCS和二灰土之间，与消石灰相比，不仅灰量可以严格控制，还发挥了吸水量大的优点，而且价格低廉。

外掺水泥与外掺石灰比较，由于掺加生石灰降低土料含水率的效果比掺加水泥降低土料含水率的效果好，掺加水泥的比例要高，而且水泥的价格昂贵，掺加水泥只适用于石灰不容易购买，处治量不大的情况下才能采用。

在京沪高速铁路蚌埠至上海段第四系黏土掺加熟石灰、生石灰、水泥试验，得到如下结果：

加入掺合料后，土的塑性指数、自由膨胀率、无荷膨胀量都有不同程度的减小，其中加入生石灰减小最多，而加入水泥减小最少。塑性指数的减小主要是由于塑限提高较多，大约提高50%以上，而且，随着掺合料配合比的增大，塑限有逐步提高的规律。加入熟石灰和生石灰以后，自由膨胀率降低近一半，无荷膨胀量几乎为零。由此可见，在膨胀性土中，只要掺合3%的石灰，即有明显的改良效果，水泥的改良效果较差。

不同养护龄期塑性指数变化，一昼夜内变化较大，一昼夜后则变化不大，说明一昼夜内土灰反应即完成。

加入掺合料后，土发生了颗粒粗化的现象，最突出的是黏粒(<0.005mm)明显降低。特别是当熟石灰和生石灰的含量在5%以上，水泥含量在7%以上时，黏粒含量降低60%以上。说明5%的石灰含量是一个转折点，它足够将土中的黏粒大部分粗化为非黏粒，从而使土的物理力学性质有很大的改变。

加入掺合料后，无侧限抗压强度有一定程度的提高，转折点在5%的配合比。相对于3%含灰量的强度，含灰量5%的强度提高了一倍以上，而含灰量7%的强度反而有所降低，至少说明了强度变化趋于平缓。而5%的配合比仍然是饱和无侧限抗压强度的转折点，饱和无侧限抗压强度提高10倍以上。原状土在浸水2h左右崩解量即达100%，没有加掺合料的人工制备样品，72h崩解量为50%。而所有加了掺合料的人工制备样品，不管掺合料是石灰还是水泥，只要配合比大于3%，在水中均不发生崩解。说明加入外掺剂后使其抗水性能有较大改善。

含水率偏离最佳点时，强度多有所降低，配合比越大，强度降低得越明显。

申红平等就上海地区湿软土几种外掺剂的处治效果对比试验结果如下：

(1)熟石灰的吸水能力较弱，不能快速有效地降低湿软土的含水率，常规处治剂量达不到规定的压实度要求，且剂量不易准确掌握，导致拌和不均匀，所以路基的强度、均匀稳定性不能得到保证。

(2)磨细生石灰吸水能力较强，掺量也容易控制，是一种较好的外掺剂，用于处治过湿黏土路基的效果良好。

(3)水泥吸水能力比磨细生石灰要弱，处治高塑性指数 $I_P \geqslant 20$ 的湿软土路基效果有限，且成本高，对施工作业时间有较严格的要求，处治高塑性指数的黏性土时，其强度效果也不如石灰处治。

几种外掺剂降低含水率的试验结果见表5-5。

几种外掺剂降低含水率的试验结果 表5-5

处治类型	液限 w_L (%)	塑限 w_P (%)	塑指 I_P (%)	最大干密度 (g/cm³)		最佳含水率 (%)		施工控制最大含水率 (%)	
				轻型	重型	轻型	重型	轻型	重型
素土	59.8	26.5	33.3	1.62	1.75	21.5	15.23	25.0	21.0
掺4%磨细生石灰	49.1	30.4	18.7	1.58	1.68	22.0	17.23	27.0	22.0
掺3%425号水泥	53.2	28.1	25.1	1.62	1.72	20.58	15.62	26.0	21.0
掺3%NCS固化剂	58.9	31.0	27.9	1.58	1.70	22.0	17.23	27.0	22.0
掺10%磨细生石灰	59.1	32.1	27.0	1.55	1.66	22.0	18.12	27.0	23.0
掺7%425号水泥	56.0	28.2	27.9	1.61	1.71	22.43	15.26	27.0	21.0
掺6%NCS固化剂	57.1	34.6	22.5	1.56	1.68	22.4	17.56	27.0	22.0

从表5-5可以看出，素土中加入外掺剂后，或多或少地改变了原状土样的物理力学性质，具体表现在液限下降，塑限上升，塑性指数降低，增加了可压实性。比较而言，磨细生石灰和

NCS 固化剂改性的效果相对较好。同时可以看出，外掺剂有一定的限度，不是越多越好，如掺4%的磨细生石灰较掺10%磨细生石灰效果要好得多。

不同掺灰剂量下各种掺灰类型在塑料布覆盖和室内静置24h闷料的湿软土料含水率降低情况见表5-6和表5-7。

湿软土掺外加剂降低含水率试验结果(用塑料布覆盖24h闷料)　　表5-6

外加剂名称	磨细生石灰								425号水泥	
外加剂掺量(%)	4				8	10			3	7
原状土含水率(%)	23.68	23.77	27.26	29.83	23.68	23.77	27.26	29.83	23.66	23.68
掺外加剂后含水率(%)	20.96	21.50	24.74	27.76	18.99	19.19	22.27	26.90	22.47	21.34
含水率降低值(%)	2.72	2.27	2.52	2.07	4.69	4.58	4.59	2.93	1.19	2.34
每掺1%外加剂含水率降低率	0.68	0.57	0.63	0.52	0.59	0.46	0.50	0.30	0.4	0.33
外加剂名称	NCS 固化剂									
外加剂掺量(%)	3					6				
原状土含水率(%)	23.68	30.36	23.77	27.26	29.83	23.68	30.36	23.77	27.26	29.83
掺外加剂后含水率(%)	22.14	28.34	22.60	26.20	28.35	20.92	27.21	21.65	24.89	27.63
含水率降低值(%)	1.54	2.02	1.17	1.06	1.48	2.76	3.15	2.12	2.37	2.2
每掺1%外加剂含水率降低率	0.51	0.67	0.39	0.35	0.49	0.46	0.53	0.35	0.40	0.37

湿软土掺外加剂降低含水率试验结果(室内自然状态静置24h，室温10～12℃)　　表5-7

外加剂名称	磨细生石灰										
外加剂掺量(%)	3			4			6			8	
原状土含水率(%)	23.72	29.38	34.03	25.63	30.32	35.48	23.72	29.38	34.03	25.63	30.32
掺外加剂后含水率(%)	19.26	23.62	28.07	19.59	23.84	28.52	16.95	22.17	25.02	17.69	22.10
含水率降低值(%)	4.46	5.76	5.96	6.04	6.48	6.96	6.77	7.21	9.01	7.94	8.22
每掺1%外加剂含水率降低率	1.49	1.92	1.99	1.51	1.62	1.76	1.13	1.20	1.50	0.99	1.03
外加剂名称	石灰	高钙灰									NCS
外加剂掺量(%)	8	3			6			10			3
原状土含水率(%)	35.48	25.63	30.32	35.48	25.63	30.32	35.48	23.72	29.38	34.03	23.72
掺外加剂后含水率(%)	26.80	23.97	28.49	32.94	22.73	27.12	31.58	19.79	22.70	26.88	20.82
含水率降低值(%)	8.68	1.66	1.83	2.54	2.9	3.2	3.9	3.93	6.68	7.15	2.90
每掺1%外加剂含水率降低率	1.90	0.55	0.61	0.85	0.48	0.53	0.65	0.39	0.67	0.72	0.97
外加剂名称	NCS 固化剂										
外加剂掺量(%)	3		4			6			8		
原状土含水率(%)	29.38	34.03	25.63	30.32	35.48	23.72	29.38	34.03	25.63	30.32	35.48
掺外加剂后含水率(%)	24.60	28.17	21.21	24.66	29.10	18.9	23.15	27.09	21.42	23.40	27.69
含水率降低值(%)	4.78	5.86	4.42	5.66	6.38	4.82	6.23	6.94	4.21	6.92	7.79
每掺1%外加剂含水率降低率	1.59	1.95	1.11	1.42	1.59	0.80	1.04	1.16	0.53	0.87	0.97

从表 5-6 和表 5-7 看出：

(1)掺外加剂后的含水率降低率的大小主要取决于以下几个因素：①外掺剂的品种；②土的天然含水率；③外掺剂的掺量；④外界温度和湿度(决定蒸发速度的大小)。

(2)对于不同的外掺剂，对湿软土掺外加剂降低含水率，磨细生石灰效果最好，其他依次为NCS 固化剂、水泥和高钙袋装粉煤灰。每掺 1％的外加剂，可降低湿软土中的含水率，磨细生石灰为 1.5％～2％；NCS 固化剂为 1％～1.5％；水泥为 1％；高钙灰为 0.6％。对磨细生石灰来说，CaO＋MgO 的含量对降低含水率有至关重要的影响。

(3)对于土的天然含水率来说，土的含水率越大，掺外加剂后的含水率降低率越高。

(4)就掺外加剂的掺量来说，掺量越大，含水率降低得越多，但是随着掺量的增加，单位掺量的含水率降低率减小。对特定的土和特定的含水率而言，存在一个最佳掺量，使得掺外加剂后的单位掺量的含水率降低率最大。

(5)对于外界的温度和湿度而言，外界的温度越高，湿度越小，蒸发量越大，含水率降低得越快越大。

罗艳芳在进行掺加水泥—石灰和石灰处治湿软基土试验研究后得到如下结论：

(1)2 种处治土的早期强度和回弹模量均较高，但后期增长缓慢，增幅小；2 种处治土路基的弯沉随龄期增长而减小，14d 龄期后减小幅度不明显。吸水和浸水使石灰土和水泥—石灰土的含水率增大，并进一步导致强度和回弹模量大幅下降。干湿循环会导致石灰土和水泥—石灰土的回弹模量下降，而且对石灰土的影响较水泥—石灰土更为显著。

(2)与石灰土相比，水泥—石灰土的早期强度和回弹模量较高。与石灰土路基相比，水泥—石灰土路基早期弯沉小，回弹模量高，后期弯沉值和回弹模量与石灰土路基相接近。

(3)水泥—石灰土的水稳性显著优于石灰土。

(4)与石灰土相比，水泥—石灰土的早期强度和回弹模量高，水稳性好，而且高含水率和低温环境对其强度形成影响甚小。

各改良土的强度随掺入料剂量的增大而增加。水泥剂量对水泥土强度影响显著。石灰的含量较低时，石灰主要起稳定作用，使土的塑性、膨胀性降低，初步具有水稳性，密实度和强度得到稳定；随着剂量的增大，强度和稳定性均提高；但石灰的含量超过一定数量后，过多的石灰将沉积在土中孔隙而不参加反应，会导致石灰土强度的降低。因此，对于石灰改良土，存在一最佳石灰剂量，石灰土在最佳石灰剂量处石灰土的强度存在一最大值。水泥土和二灰土不存在此现象。施工时石灰、水泥剂量应比试验时提高 0.5％～1.0％，采用集中厂拌法施工时，可只增加 0.5％；采用路拌法施工时，宜增加 1％。

更多外掺剂处治湿软土的效果见附录一到附录六。

6.高液限土常用处治方案的比较

(1)换土

换土是采用性质较好、质量可靠的土料替代高液限土填筑路基，这种方法是简单易行的，但在资源上、工期上和经济上却有其局限性。

(2)翻晒

选择在旱季进行翻晒，雨季到来之前做好封闭。翻晒前在路堑地段挖排水沟，截断外来地下水，排走路堑或料场的地面水和地下水。

将高液限土翻晒后直接填筑路基，其最大优点是经济价廉，缺点是质量难以保证。其次，此方案需要较长的工期，所以这种方案只能在特定条件下局部使用。

(3)掺料改良土

①掺消石灰，掺拌石灰改良土质是可行的，但施工上困难较大。需要设石灰消解场地，如果安排在路堑挖方上消解，会影响路堑的开挖施工。租借场地消解，又会增加造价。其次，石灰质量不稳定，施工质量难以控制。

②掺拌生石灰，优点是生石灰掺入土中后，发生水化反应，产生热量蒸发掉一部分水分，可以降低高液限土的含水率。缺点是生石灰运到工地往往已受潮消解，有时不能满足生产，难以保证质量。

③掺砂或石，当高液限土本身粗颗粒含量较少时，需要砂量太大，料源有时不足，其次，有些地区的砂含水率较大，掺入高液限土后反而会增加含水率。在阳江—茂名高速公路掺30%的砂，下漳高速公路掺20%～40%的砂，程国忠等建议掺砂比例为30%～50%。

也可以采用土石混填，石料含量应超过50%以上，建议石料含量60%～70%。但是石料块径不得超过压实厚度的2/3，超过的石块应予以清除，以有利于压实均匀。

④掺水泥，用水泥改良土施工方便，具有质量稳定可靠、料源广、供应及时、存取方便、施工质量容易控制等优点。但是，存在水泥成本较高，工程投资较大等缺点。

⑤掺土壤稳定剂，掺加“康耐”、NCS等土壤稳定剂改良高液限土，具有施工方便，质量稳定可靠、存取方便、施工质量容易控制等优点。但是，存在“康耐”、NCS等土壤稳定剂成本较高，供应点少，购置、存取不方便，工程投资大等缺点。

⑥为了防止毛细水从地面上升，针对高液限土水稳性差的特点，在原地面铺设50cm或更厚的砂垫层，隔断毛细水的上升，也是一种改善高液限土的方法。

第三节 掺灰处治湿软路基填土的施工方法

在路基施工中，并非全部湿软土路基填料都需要掺灰，在气温较高或气候干燥的施工季节，以及填料含水率略高或塑性指数较低时，亦可仅进行粉碎翻晒而不掺灰或少掺灰。可按“不误工期掺灰，晴天勤翻晒，雨天多覆盖”的原则方法进行路基填筑。

掺灰不能在较大的含水率情况下进行，宜先采用排水或蒸发的方法降低填料含水率后进行掺灰处治，效果更好。

过湿黏土路基施工，关键在于如何快速、有效地降低土中的含水率至塑限以下，使之具有可压实性。为此，通过室内试验确定施工控制指标，在施工中采取相应的技术对策。

(1)路基开挖尽量在冬季来临前完成

开挖后的土经过冻胀，使土质变疏松易于破碎，另外，冬季地下水位低，路基土中的多余水分容易下渗，疏干填土，有利于降低土的含水率便于施工。

(2)采用合适的施工方法

对土质含水率较小($w_C>1$)的路段，采用就地晾晒。施工方式上，采用先回填一层土进行施工，同时对路槽外的积土进行破碎翻晒，增加土的晾晒面积，缩短晾晒时间。另外，通过减薄回填厚度，以利于旋耕机工作的深度为宜，便于旋耕机操作，避免素土夹层。这样，原来较长时间回填一层可减少到较短时间，提高工作效率，也有利于减少阴雨天对路基施工的影响。

(3)控制粉碎和碾压的含水率

对粉碎土的含水率掌握在接近或略小于塑限。否则会由于土体内部水分迁移速度不及表面蒸发的速度快，易在土体表面形成干燥的硬壳，阻止内部水分蒸发，使土体形成表面干硬、内部湿软的土块，致使旋耕机无法打碎。碾压后，干湿土嵌挤在一起，含水率分布极不均匀，无法压实。对现场土压实含水率掌握是：①可根据击实曲线按压实度确定施工含水率范围；②通过理论计算和试验结合确定，现场可压实含水率 $w_{可}$ 计算如下：

$$\omega_{可}=\frac{G_S\rho_w-K\rho_{dm}}{G_SK\rho_{dm}}S_r\times100\% \tag{5-14}$$

式中：G_S——土粒比重；

ρ_w——水的相对密度；

ρ_{dm}——土的最大干密度；

K——压实度标准；

S_r——土的饱和度，一般可取 0.9～0.95。

现场土的可压实含水率，主要取决于土颗粒的密度 G_S 和施工控制密度（$K\rho_{dm}$），确定土的可压实含水率，使之处于塑性状态，得到有效碾压，达到压实度标准。

(4)用外掺剂改善过湿黏土的工程性质，根据土质外掺剂供应情况，选取合适的外掺剂进行掺灰处治，进行室内重型击实及无侧限抗压强度的试验比较，用外掺剂处治湿软土对最大干密度及最佳含水率有显著影响。最佳含水率比素土有所提高，有利于施工。外掺剂使土粒表面的结合水膜厚度减薄，互相靠近形成团粒，使土壤砂化，从而降低塑性指数，使土容易粉碎，且减薄的水膜受外界水分影响变化不大，故路基的水稳定性和承载力都将明显提高。

一、晾晒法处治湿软路基填料的施工方法

1.料场的防排水

采用截排水的方法降低料场土料的含水率和减少降雨及周边地表水、地下水增加料场土料的含水率，减少后续降低路基填料含水率的工作和费用。

2.料场的处治

在料场里的地下水位比较高，土的含水率特别大时，为了降低土的含水率，先在取土坑周围开沟防水，再用推土机将土推成土堆，进行晾晒和沥水，等含水率降低到一定程度，可以掺加降水剂或达到碾压含水率时，可以直接运输到路基上使用。如果雨水比较多，土场又比较泥泞，为保证雨后能正常运输，进出土场的便道也要精心修整。

3.料场开采

先从取土坑外侧取土，同时在外侧挖排水沟，采用大流量抽水机分段排水，引入附近沟渠及河塘，以降低地下水位，避免水中捞土。同时利用挖掘机取土，在取土坑范围内先行晾晒，以降低路基填料的含水率。

翻晒晾土，即将路基填筑料、路基基底或料场填料进行翻挖，翻挖深度根据使用的翻挖设备确定，翻挖后粉碎，利用自然蒸发水分，反复翻挖、粉碎几次降低含水率，以达到施工控制含水率或达到合适掺灰的含水率。翻挖可采用重型犁铧、重型缺口圆盘耙直接将土翻松、粉碎至颗粒在 50mm 以下。

利用翻晒晾土需要有合适的天气，如连续的晴天等，如果是连续阴雨天气，采用翻晒晾土就很难达到预期的效果。

在碾压现场进行晾晒时，先将路基填土用推土机推平后，用犁铧从两边向中间深翻一遍，同时旋耕机随后进行粉碎，如此反复深翻、破碎，直至土颗粒粉碎均匀，粒径和含水率符合要求。

对于遇雨抢压，未来得及使用防雨布覆盖的路段，雨停以后用耕地机(犁铧)翻耕、晾晒，再配以旋耕机粉碎均匀，使路基填土达到最佳含水率，便于压实。

4. 翻晒法的施工工艺及要点

(1)翻晒法的施工工序见图 5-31。

(2)施工要点

①通过现场直观判断土的含砂量，是否适宜翻晒；

②挖方两侧挖排水沟，深度应可达 2～3m；

③每层翻晒钩松深度不宜大于 0.5m；

④如挖方翻晒含水率合格摊铺后可直接碾压，不再晾晒；

⑤如经过上述工序仍无法达到压实度，不宜再进行翻晒，可直接进行路拌掺灰处治。

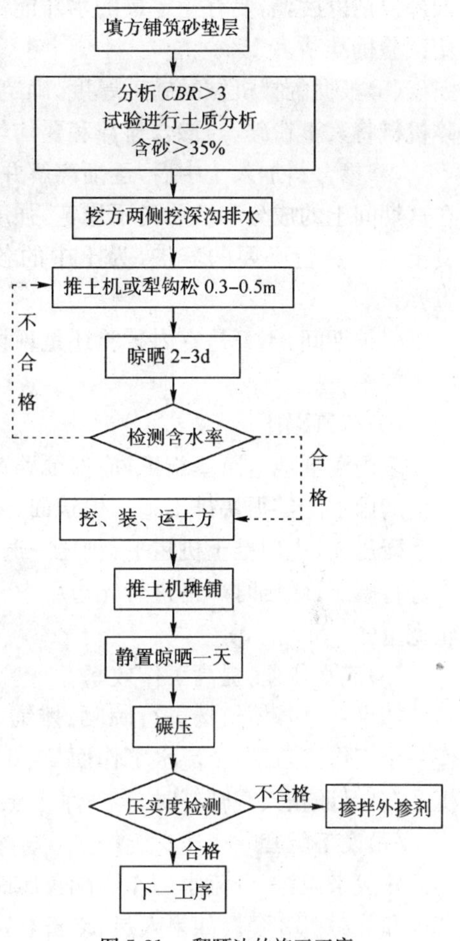

图 5-31　翻晒法的施工工序

二、掺低含水率土料处治湿软路基填料的施工方法

掺低含水率土料处治湿软土填料的方法是采用含水率较低的土料与湿软土混合，通过含水率较低土料吸收湿软土料的水分，降低湿软土的含水率，具体方法有：立采、拌和等。

当同一料场有不同含水率的土料分层现象时，如地表有浸水(注水)现象，或有不同层位、不同土质、不同含水率的土料时，可以在填料开采时采用立采的方法，不同层位(不同含水率)的土料同时开挖，同时装车，同时在填筑现场进行摊铺、碾压，使含水率较低的土料与含水率较高的土料混合，以达到施工控制含水率(两种或两种以上土料混合的混合料的施工控制含水率)。

当低含水率土料与湿软土料不在同一料场，或者在同一料场而相距较远时，应采用低含水率填土土料和湿软土土料分别开采，然后在填筑场地或拌和场地进行拌和，使含水率较低的土料与含水率较高的土料混合，达到混合土的施工控制含水率后，再摊铺、碾压。

三、掺灰处治湿软路基填料的施工方法

1. 掺灰处治湿软土施工的基本要点

(1)掺灰最优配合比的选择与工程实际要求、土质情况、掺合料的种类及质量有关，在施工之前应进行室内配合比设计及试验确定掺灰最优配合比。

(2)填筑前对土料的含水率必须严格控制。含水率太小不但压实度难以保证，而且影响到掺合料与土料的物理化学反应；含水率太大则改良土的强度将大幅度地降低。但是考虑在掺

入外掺剂以后，需要有一定量的水才能使外掺剂反应彻底，因此，一般混合土的实际含水率应比试验标准略多1%。

(3)根据翻拌机械的施工厚度，确定每次填筑层的厚度，一般在20～30cm左右，并采用粉碎机械将素土粉碎，与掺合料拌和要均匀。在翻拌过程中不得留有夹层。

(4)掺合料加入土中后，逐渐离解并发生离子交换等一系列物理化学反应需要一段时间，在这期间土的成分和性质尚不稳定，强度也还不高，并正逐渐增长。因此，刚刚填筑完成的改良土需要进行必要的养护，为土中的各类物理化学反应创造条件，这对确保改良效果非常重要。

养护期间，不管是室内试验还是现场施工，都需进行必要的洒水、保湿养护，切勿任其暴露在大气中自然干燥。

(5)填筑碾压

多雨潮湿地区路基施工，应保证路基有一定的拱度，横坡不小于4%，以利于降落到填筑面上的雨水能够很快排出施工填筑面，避免雨水增加填筑土料的含水率。

碾压前，先用推土机粗平，预压一遍，平地机随后由边到中刮平。刮平后用压路机由边到中进行碾压，碾压时严格遵行先边后中、先轻后重、先慢后快的原则，保证轮与轮之间有1/3的轮宽重叠。

(6)流水作业、提高工作效率

如果在路基填筑场进行晾晒、摊铺、碾压时，不能把施工场地安排过大，一般200～300m作一个工作面，每一个流水工作面5～6个作业点，固定压路机2台，推土机1台，犁铧和旋耕机2套，保证在天气晴好时，有一个上土作业点，一个压实作业点，3～4个翻晒、拌和作业点。

(7)设备配套

一般来说，一个流水工作面配置压路机2台，推土机1台，如采用犁铧和旋耕机翻拌，配备犁铧和旋耕机2套。如果人员、设备有富余，再多增加几个流水工作面。

(8)注意天气预报，加强与气象部门的联系，除掌握中、长期天气预报外，还应注意收听、收看短期天气预报，做到心中有数，及时调整施工安排。

2.灰土含水率、压实遍数与压实度的关系

灰土含水率与要求的压实度有直接关系，一般实际含水率应比试验标准略多1%，以防止灰土反应过程中出现脱溶现象。含水率太小，灰土很难固化成型。灰与土一定要粉碎，拌和均匀，使其充分接触结合，有利于反应进行。由于石灰长期放在大气中会发生碳化反应而减少其有效钙含量，所以生石灰撒灰时应在24h内及时翻拌。

韩跃军建议：在路基掺灰降低土料含水率的施工中，对于天然含水率较大，超过45%以上的湿软土弃之不用；土的塑性指数一般应控制在12%～21%范围内，过高则增加干缩裂缝，过低则难以成型。

陈友富等人对黄土灰土的碾压试验，得到碾压次数与压实干密度的关系见图5-32，由图5-32可以看出，在同样含水率下，压实遍数由1次增加到2次时，土体干密度增加很大，对提高压实质量效果很显著，当压实次数由2遍增加到3遍时，压实干密度增加很缓慢，说明对提高

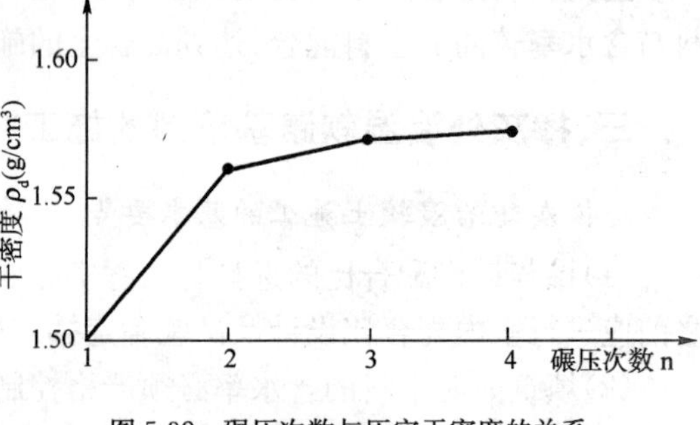

图5-32 碾压次数与压实干密度的关系

压实效果作用不大。分析其原因,当压实次数由 1 次增加为 2 次时,不但提高了压实功能,同时压实 1 次后灰土毛细管形成,在与第 2 次碾压之间的空歇时间内土体中水分在毛细作用下运动,使水分均匀,增加了土体的可塑性,使得第 2 次压实效果特别好,当第 2 次碾压后土体密实度已相当大,加之第 2 次之后整个土体空歇时间增大,水分在自然温度下损失较大,使得压实效果不大,所以为了充分利用水分毛细作用,压实 1 次到 2 次之间间歇的时间应根据自然气温而相应确定其长短,冬季最好为0.5～1h,春夏季最好控制在 0.5h 内。也可以根据当地的情况,试验探索合适的间歇时间。

3.掺灰处治湿软路基基底的施工

路基基底掺灰处治基本可按下列施工工艺:清表→翻耕机翻耕→旋耕机粉碎土团→晾晒至合适的掺灰含水率→人工摊铺外掺剂→翻耕机先翻 1～2 遍,然后用旋耕机拌和均匀→静压 1～2 遍进行闷料→含水率降至最佳含水率附近时,用旋耕机翻拌 1～2 遍后,马上碾压至规定压实度。

对路基基底的掺灰处治施工方法如下:

(1)清除原地表,在路基纵面两侧挖好 50cm×60cm 的临时排水沟,或开挖临时排水井降低地下水位,进行晾晒。

在原地面去除耕植土后,对湿软土基底,在地表下 30cm 进行掺灰处治或换填处治,使其达到三轮压路机(或二轮)碾压无明显轮迹。这样做不仅保证了以后各层填土的施工进度和质量,而且也使路基基底处于良好的水稳定状态。如遇老河塘、沟、鱼塘等,必须彻底翻挖,清除淤泥,填筑部分碎石土,用重型压路机从河(塘)底层层压实处治。对某些土质较差含水率过大的路段,采用三轮压路机将路基压至翻浆,将下层含水率很大的土层翻至表面,挤出土中多余的水分再晾晒,经多次反复,再用间断碾压法进行施工。

(2)现场测定原状土天然含水率。

(3)翻耕:使用翻耕,翻耕深度为 20～30cm。

(4)粉碎土块:使用旋耕机反复粉碎,直至土质均匀,无明显土块为止。

(5)晾晒:根据天气情况,每天翻耕 1～2 遍进行晾晒,并及时检测含水率,当土的含水率降至合适掺灰时,马上进行掺灰处治。

(6)摊铺外掺剂:外掺剂用量以干灰重与干土重之比计算,掺灰量用下式计算:

$$G_{灰} = \alpha A H \rho_{土} \tag{5-15}$$

式中:$G_{灰}$——石灰掺加量,kg;

A——处治面积,m^2;

H——处治深度,平均处治深度为 0.2～0.3m;

$\rho_{土}$——处治段土的天然干密度,g/m^3;

α——石灰掺量百分比,%。

(7)翻拌:铺灰整平后,先用翻耕机翻一遍,然后用旋耕机翻拌,使土和石灰充分拌和均匀为止。

(8)压实:翻拌均匀后用推土机推平,压路机静压 1 遍、使石灰与土紧密接触进行闷料,闷料过程中要根据天气情况随时测定其含水率。当含水率接近施工控制含水率时,马上用翻耕机翻搅一遍,使表层灰土与里层含水率均匀一致,然后用压路机先静压 2 遍,再振动碾压 3 遍(因灰土下面是天然黏土层,碾压遍数过多反而出现反弹现象)。

4. 掺灰处治湿软土路基的施工

处治湿软土路基施工的几个基本要点：

①认真做好路基基底处治，为整个路基打好基础。

②正确测试土质的最大干密度和最佳含水率，测试素土和掺灰土的最大干密度和最佳含水率。

③掌握好处治含水率、翻晒、粉碎与碾压的关系。

在施工中要抓住晴天尽量翻晒，雨前抢压成一个淌水面，雨后耕开翻晒(或任其蒸发)。如为黏土，在出现干裂前逐步复压，一般能达到规定的压实度。

刚上的土块由于空隙大，中间通风，蒸发量相对较大。在天气好的情况下，不宜急于粉碎翻晒，待其蒸发到一定程度再粉碎翻晒为宜。一般在冬季蒸发量为每天1%，夏季能达到10%以下，对施工极为有利，在含水率适当的基础上，土块粉碎越细，压实度越好；反之，由于土块没有充分粉碎，压实度就差。

掺灰处治湿软土路基填料的施工可以按照如下施工工序和施工方法进行：

(1)灰量计算

在料场或摊铺现场进行拌和时，根据开挖或摊铺的土量(厚度、宽度、密度)和需要掺灰的剂量，可采用掺灰厚度控制，计算公式如下：

$$\alpha HB\rho_{素土} = hB\rho_{灰} \tag{5-16}$$

式中：α——灰粉掺量，%；

H——开挖深度或摊铺厚度，m；

$\rho_{素土}$——素土天然干密度或摊铺土干密度，g/cm^3；

h——摊铺灰粉的厚度，m；

B——挖宽或摊铺宽度，m；

$\rho_{灰}$——外掺灰粉的干密度，g/cm^3。

掺灰也可以现场打方格控制，计量以换算成包数、斗数、或车数。

(2)拌和

掺外掺剂的施工有路拌法和集中拌和法两种工艺。

①路拌法

外掺剂与土混合可以采用路拌机、旋耕机、犁铧等机械进行拌和。旋耕机、犁铧等机械拌和又称为路拌法施工，路拌法施工工序见图5-33。工艺要点如下：

a)由于室内试验配合比是以土方压实紧密的体积计量，而现场只能以松散计量配外掺剂，所以要以松散系数换算成施工配合比。应以试验段压实效果与室内试验效果进行对比，来调整松散系数。

b)每层施工厚度在20～30cm内，松铺厚度应根据不同土质而确定。

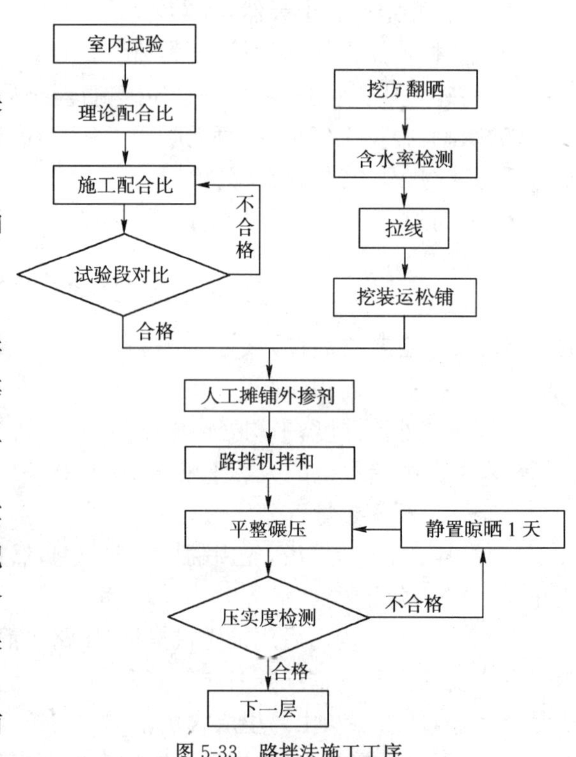

图5-33 路拌法施工工序

c)用路拌机拌和到颜色均匀一致时方可整平碾压,若出现花面要进行补拌。

d)密实度检测合格后宜在24h内进行下一层作业,以防止机械扰动。

②集中拌和法

施工工序,集中拌和法施工工序见图5-34。工艺要点如下:

a)路拌法工艺要点a)、b)、c)、d)均适用,另外,还应注意以下几点。

b)装载机翻晒拌和时要将装满拌和土的斗举到尽可能高的位置,然后让土缓缓倾倒,使土块摔碎。

c)翻拌时每堆土不宜太多,否则拌和不均匀。

d)运至填方摊铺时,松铺系数的掌握有别于路拌法,因路拌法是运至填方现场再拌和,而装载机拌和法摊铺时推土机已在其上推压一遍。

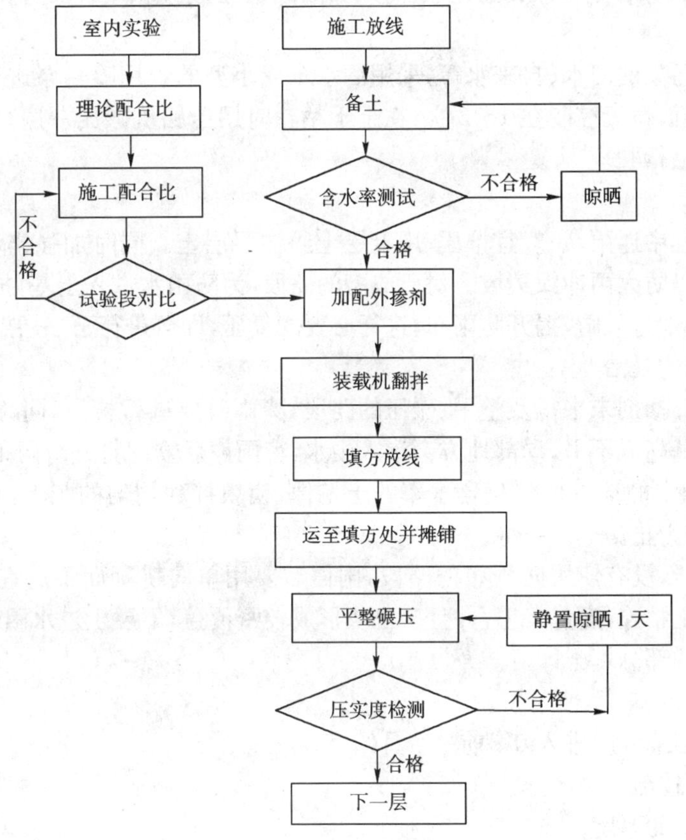

图5-34 集中拌和法施工工序

③路拌法施工的其他要点

路拌法施工前用平地机刮平预铺土并检查其厚度以保证用土的准确,为了方便施工,采用打方格铺灰法,先由不同灰土标准击实的最大干密度、外掺剂的松散密度等计算出每延米应放外掺剂的质量(或袋数),放好后再拆袋撒灰,使外掺剂粉撒铺更均匀。然后用旋耕机、犁铧等拌和机械进行拌和1~2遍后,再次整平,准备压实。

采用铧犁翻拌,摊铺厚度不大于15cm,翻拌次数不少于5~6遍,直至土块成为含水率合适的细小颗粒。

土块粉碎时，应选择合适的土料含水率，此含水率下容易粉碎和拌和。如果含水率过高，拌和时土块多为条片状；含水率过低，土块成硬土粒，不宜粉碎拌和。

(3)压实成型

成型时间对处治效果有着重要的影响。成型过早，由于生成的水化热过多而使土体胀松，使路基密实度变小；成型过晚，则水化热不能得到充分利用，亦会影响其加固效果。一般在生石灰为外掺剂的拌和闷料 3h 左右压实成型可取得较好的效果。其他外掺剂的闷料时间见相关内容和附录。

在路基现场降低土料含水率，初步拌和后进行整平和初压(轻压)，以加速闷料效果，闷料以后还要进行拌和，之后进行整平并形成路拱，再进行正式的碾压。

(4)养生

稳定土要重视初期养护，保证灰土表面处于潮湿状况，禁止干晒，以防在不利季节产生温缩和干缩裂隙。

可以用未经污染的河水、自来水等，采用洒水车或小型的农用喷药泵进行养生，洒水以表面湿润不流淌为宜，每天控制在 1～2 次，在土不粘轮时用压路机碾压一遍。在养护期间严禁各种车辆在路面上行驶。

(5)防雨

如果施工过程中遇雨，一般宜抢压，用上层土封住下层土。同时加强排水功能，在路基边坡做临时急流槽以防大雨冲毁边坡。对已成型的路段，为防雨水进入土基，抢在下雨之前用防雨布整体覆盖，待雨过天晴，揭开防雨布，进行必要的复压，即可进行下一层施工。

(6)特殊情况的处治

对于已掺入外掺剂未来得及整平、碾压的路段，降雨时要进行抢压，同时也要用防雨布进行覆盖。由于路基高低不平，局部地方会渗入雨水，待雨停后立即打开防雨布，进行局部翻晒，粉碎处治，个别积水的地方可将超含水率的土挖掉，换填拌和均匀的灰土，然后进行整平、碾压、至压实度合格为止。

对于遇雨抢压，没有使用防雨布的路段，雨停后要用单向耕翻而不适宜直接用旋耕机粉碎、晾晒，因为湿土粘连，裹包旋刀，并且碎土块形成较密覆盖，下层土进水困难，而用拖拉机犁刀耕翻含水率高的部分填土即可。

(7)低温施工

稳定土要在当地温度进入 0℃前一个月结束。

(8)其他施工技巧

①掺灰处治土的厚度

由于在路基土方施工中不同层位要求达到的压实度不尽相同，且每处治一层，均受其下承层基土的含水率和压实度影响，因此低层位要求达到的压实度较小，高层位要达到的压实度较大，下承层含水率越大，其所允许的承载力越低，因而要求掺灰处治的灰土厚度应随路基下层含水率和相应压实度调整其填筑厚度。根据经验每层处治土的厚度在 20～30cm 为宜。

②铺灰和拌和

采用路拌法，施工前对预铺土应做厚度检查且需用平地机刮平，以保证配合比中用土量的准确，铺灰厚度应根据采用的不同外掺剂所做的灰土标准击实的最大干密度、外掺剂的松散密度等数据计算该灰土外掺剂剂量的铺灰厚度，进行打方格铺灰方法，不应采用不分外掺剂等级，不分土类，而相同铺灰厚度的习惯做法，以确保要求的外掺剂剂量。拌和时应先犁后耙，当然最好应优先使用稳定土拌和机拌和，增加拌和的均匀度。

③碾压

正确选择碾压机械和碾压方式是石灰处治土施工中关键环节之一。压路机选择和碾压参数的调整参看压路机选择章节。

路基底面第一层处治土不应上过重的压路机，宜使用光面静态压路机，压实遍数也不应过多。随后进人其上各层施工时，因下承层已形成了一个外掺剂处治层，整个土基的承载力已有了提高，此时可使用重型压实机械，如振动压路机或胶轮压路机。但仍要根据层位压实度的要求，匹配机种、调整机型，增加碾压遍数，做到施工碾压工艺合理。随着处治层厚度的不断增加，要确保不发生“软弹”现象，以便路基坚实。

④路基填筑

路基是公路的重要组成部分，是路面的基础，它的质量好坏，直接影响到整个公路质量。实践证明，没有坚固、稳定的路基，就不能有稳定的路面。所以，在填筑工作过程中需要采取必要的措施。

a)分层填筑

当灰土运到路基上时，其含水率控制在施工控制含水率范围内，适于路基填筑。在卸土时，按体积法计量，预控卸土数量，严格控制摊铺厚度。分层的最大摊铺厚度不应超过规定的摊铺厚度，但也不能太薄，分层太薄时，虽然保证了最佳压实效果，但是造成了机械、人员的浪费，也影响工程进度。分层太厚时，由于填筑材料为掺灰处治过的填土，其含水率可能有时还偏大，所以在碾压时，将形成“弹簧”状，路基无法稳定。

b)翻松晾晒

当灰土经摊铺后，若其含水率仍然偏大，或在填筑过程中遇到雨水时，应采取翻松晾晒措施，即将土翻松晾晒，翻松次数根据其含水率而定，但最少不能少于三遍。只有翻松达到一定的遍数，经晾晒后，其含水率才能有效的降低，并能保证灰土颗粒满足填筑要求。

c)掺灰翻松

如果灰土在填筑时，经翻松晾晒，其含水率仍然不能达到最佳含水率时，可采取掺灰措施。即在其上洒铺一定数量的外掺剂，再经多次翻松晾晒，拌和均匀，基本能降低其含水率，满足碾压要求。但是如所撒铺的是石灰，必须充分消解，以防石灰遇雨继续消解，引起局部胀松鼓包，影响路基的强度。

d)路床填筑

路基施工规范规定，路基顶以下 0～80cm 范围之内压实度要求大于 96％、95％、94％(分别对应相应的公路等级)。当路基填筑到路床时，因其施工压实度要求高，必须对灰土有更进一步的要求，除了采用以上填筑措施对其填筑厚度和含水率进行控制之外，并确保灰土最大颗粒不大于 2cm，这样能使路床压实度更进一步提高，以达到设计要求。

5.湿软土挖方段掺灰处治的施工方法

在路堑开挖的湿软土要利用作为路基填筑时，可以按照如下要点进行施工。

(1)开挖方式确定

本着保路畅，便交通的原则，考虑到土方需掺灰利用，为了尽快开通路堑，加快路基填筑，并有利于外掺剂的充分水化及掺配。可采取通道纵挖和坡面横挖混合式开挖法，即沿路线纵向分层开挖，层层贯穿挖出一条通道，直至槽底，然后开挖两侧边坡。此种开挖方式，既保证了机械通行，运输便利，又加快了施工进度。

(2)做好防排水措施

在路堑施工前，应首先形成截水沟(天沟)，拦截路堑开挖施工和以后运行期路界外的地表水，避免增加路堑土料的含水率。在开挖到每个路堑台阶时，应尽快形成台阶排水沟，截流路堑坡面的雨水和流出坡体的地下水。在开挖施工的最低台阶上，要利用临时排水沟排除雨水和渗出的地下水。

(3)通道开挖

土方开挖的快慢决定了路基填筑的快慢。因为开挖土方含水率过大或强度不足，需经掺灰处治方可用于路基的填筑，所以土方的开挖过程，也就是土方的掺灰拌和过程。开挖，拌和过程的合理与否，不但影响路堑的开通，而且直接影响路基的填筑，从而影响工程的总体进度。

鉴于开挖与填筑两者之间相互制约关系，可采用掺灰开挖工艺：掺灰→挖拌→闷放→拌装。

①掺灰

按实验室提供的配比，根据预定的每次挖深在其上撒布一定厚度的外掺剂粉，计量尽量精确，厚度尽量均匀。

如果掺配外掺剂粉必须在挖方段现场进行，既不影响土方的开挖，又能保证路基填筑。在由机械清理废弃表层腐殖土之后，考虑每层土方开挖深度和宽度，按内掺比重公式剂量：

$$\alpha HB\rho_{素土} = h_{厚} B\rho_{灰} \tag{5-17}$$

式中：α——外掺剂剂量，%；

$\rho_{素土}$——素土的干密度，g/cm^3；

$\rho_{灰}$——外掺剂灰粉的干密度，g/cm^3；

H——挖深，m；

B——挖宽，m；

$h_{厚}$——摊铺生石灰粉的厚度，m。

预控每层配灰厚度，即在一定开挖深度下，根据每平方米需要多少掺灰能达到α的剂量来布灰，亦即把外掺剂粉直接卸于待挖土方上，用推土机将其在一定范围内大致推平并控制厚度，以备机械开挖。如采用生石灰，配灰时间必须控制在开挖前1～2天，目的是防水，生石灰中有效钙镁含量因受空气和雨水浸蚀而损失，达不到降低含水率的目的。

②挖拌

由一台反铲挖掘机从一端开始，沿路中线倒退开挖。在一定宽度的情况下，先从一侧下铲在预定挖深处开挖，然后伸臂将土和外掺剂在一定高度下倾倒在前方，在倾倒过程中保持每次都从土堆顶处倾倒，这样土和灰在下滑过程中有了一次很好的掺和。若有外掺剂集中的地方，就重新挖起倾倒，在开挖前进一定的工作距离后，由另一台挖掘机对已开挖掺灰土方重新开挖拌和，经过两次这样的翻倒，保证了湿软土进一步拌和的均匀性。

③闷放

土方开挖后，闷放一定时间，基本上使外掺剂粉对湿软土有了一定程度的改善作用，即干湿材料的混合作用，如生石灰的水化作用，水化作用产生的水分蒸发作用，阳光照晒蒸发作用。基本上降低了湿软土中大部分水分，初步具备了填筑路基的要求。

④拌装

当闷放的灰土已具备填筑路基的要求后，另用一台反铲挖掘机停放在闷放的灰土上，倒退挖土装车，用自卸汽车运输，在装车过程中又完成了一次简单的拌和，灰土基本松散，再经汽车倾到，摊铺等工序，及晾晒作用，灰土含水率可达到路基填筑材料的规定要求。

(4)路槽开挖

①开挖

在通道开挖最后一层时，即为路槽开挖。路槽开挖要求比较严格，不但要完成灰土的开挖，还得保持基底的平整，在挖拌过程中由测量员跟踪控制挖深，不得超挖和大面积的欠挖。挖宽必须能保证路面宽度，并防止中线出现较大偏移，在灰土装运后，用一台推土机清理路槽，并达到设计要求，为下垫层回填做好准备。

②回填

当设计要求潮湿开挖段设置砂、砾石下垫层，为了防止新开挖路槽受雨水等因素的浸蚀破坏，施工中可采用边清槽边回填的措施，回填厚度达到规定厚度的要求，并能保证载重汽车通行。在路槽开挖和垫层回填两个施工过程中二者之间基本没有多大的影响，回填为灰土运输提供了便利条件，也增加了工效。

6.低洼、稻田地段的施工方法

稻田、低洼地段应尽量避开雨季施工，旱季时稻田、低洼地段应认真挖好网状排水沟，进行排水晾干后铲除表层腐殖物，进行原地面压实或翻挖回填压实，并利用旱季突击填筑土石方。

基底有地下水时，采取拦截或排除至路基范围外。如果处治有困难时采用片石、碎石、渗透性强的土至少填筑 1m。为了防止基坑被雨水浸泡和暴露时间过长，基坑挖好后应立即铺筑一层圬工，或用厚 3cm 的砂浆封闭。

低洼填筑路基地段，必须先完成涵洞工程，做好排水、防洪和防水工作。严禁在雨季或连绵雨天填筑路基。路堤每一压实层面均应做成不小于 4%的横坡，以利排水，每填筑一层及时修理边坡并拍实，不留凹坑。每一填土层应在收工前平整、碾压完毕。

7.料场掺灰处治湿软土的施工

在料场进行外掺剂的掺拌施工，可以采取如下工序和方法：

(1)掺灰方式

在每一层开挖的深度范围内，根据每平方米需要的外掺剂剂量，把外掺剂直接卸在待开挖的土方上，用推土机在开挖范围内控制厚度并大致推平。配灰时间必须控制在开挖前一定时间，防止外掺剂中的有效钙镁因空气和雨水的浸蚀而损失，达不到降低含水率的目的。

(2)填料的开采

在料场开挖的同时，进行掺灰的施工工艺可采用“掺灰(铺灰)—挖拌—闷料—拌装”，具体的施工方法如下：

①掺灰(铺灰)，在要开挖填料的部位根据掺灰比例，按式(5-16)计算铺灰厚度在表面铺灰，铺灰范围为 1～2d 的开挖面积，根据挖机的开挖深度计算铺灰厚度进行铺灰。

②挖拌，在已铺灰的要开挖填料之上，使用挖机从一端开始，沿开挖场地倒退开挖，按①项计算铺灰厚度采用的开挖深度进行开挖。开挖料堆放在不受雨水影响的位置，或在堆放位置采取排水、防水措施。挖机开挖的外掺剂和土在一定高度下倾倒在前方，在倾倒过程中保持每次都从土堆顶部倾倒，这样土和外掺剂在从堆顶下滑、滚动过程中进行一次料的拌和。若有外掺剂集中的地方，重新挖起倾倒。在堆料形成一定规模后，由另外的挖机或采用本台挖机进行重新挖拌，直到均匀为止。

③闷料，土方开挖、拌和以后，闷料一定时间后基本上使外掺剂对湿软土有了一定程度的改善作用，初步具备路基填料的要求。

④拌装，当闷放的灰土已具备路堤填筑要求后，采用挖机停放在料堆上，倒退挖土装车。在装车、卸料、摊铺过程中灰土又可以得到进一步的拌和及晾晒。但是在这过程中，如果有降雨和地下水影响时，要注意防雨和排水，开挖、运输、摊铺、填筑等过程都要修建好排水沟，装备防雨布。

在掺灰之前，或掺灰过程中，要将土料团粉碎，使外掺剂和土拌和均匀，便于土料与外掺剂充分反应。

8. 掺灰处治湿软土应注意的问题

(1)石灰处治湿软土应注意的问题

①现场用掺加生石灰处治湿软土底基层和路基时，应保证闷料一定时间，使石灰充分反应，以防止填料产生不利变形或爆裂。具体的闷料时间参考石灰的消解量试验确定，也可参照附录和前面章节的相关内容确定，一般在 4h～1d。

在拌和闷料后再压实，因为石灰在水化反应时散发出大量的热，温度升高而有利于水分蒸发，另外，石灰和土相互作用的强度随时间而增长，只有经过一段时间后才能有较大的强度增长以保证压路机不下陷。同时，最初只用轻型压路机压 1～2 遍，经过闷料之后再用重型压路机碾压。如果最初即用重型压路机碾压或轻型压路机压实后随即就用重型压路机碾压，由于石灰和土的反应不充分，石灰土的强度不高而容易造成压路机下陷。

②施工人员的保护

撒布石灰粉时注意粉尘对环境的污染，宜选择无风或小风天气施工。在掺石灰的施工过程中，施工人员必须戴好风镜，穿好防护衣裤，防止石灰对人体皮肤的灼伤，撒布时要注意风向，尽量少扬灰。

③生石灰一定要磨细，最大粒径不能超过 0.5mm，过 0.075mm 筛于为 15%以下，严禁其间夹有生石灰块，否则因粒径较大在土中不能充分消解，在压实后再吸水膨胀使原压实土鼓包，破坏路基。路基成型后生石灰块遇水分解，造成路基土松散，影响路基质量。

生石灰粉由于吸水能力很强，必须用塑料袋包装，并在填土表面打开后随即撒上。石灰在撒开时必须均匀，如果堆积在一起，用农用潜耕机很难将其分散，这样石灰堆积处的强度反而低。

④施工时做好防排水措施，防止水浸石灰土，影响处治效果。

⑤施工中根据湿软土含水率大小调整生石灰粉掺入剂量，以达到最佳效果。

⑥当天拌和的料当天压实成型，否则未经压实的混合料会吸收下卧湿土中的水分或受雨而变湿，给施工带来困难。

⑦以减少土的含水率为目的的石灰处治，在施工时可参考由石灰的活性氧化钙和氧化镁合计含量决定的石灰等级，并通过室内击实试验和现场碾压试验确定。

石灰的有效 CaO+MgO 含量应为 70%以上，达到Ⅲ级质量，施工前 1～2d 运至工地。石灰的含钙量测定，可以采用化学方法进行测试，也可以用直读式测钙仪测定含钙量。

⑧熟石灰处治湿软土应注意的事项

a)石灰堆放时间不宜太长，特别在没有覆盖的情况下，其有效钙镁的含量会大幅度下降，原先质量符合要求的石灰在无覆盖情况下堆放几个月，可使其质量降为等外石灰。

b)石灰在使用前必须充分消解和严格过筛，使用消解不充分的石灰处治路基，碾压成型后，遇雨过程中，未充分消解的石灰继续消解，会引起局部胀松鼓包，形成蘑菇状，影响路基的强度和平整度。

c)掺熟石灰处治湿软土填料的施工工艺流程如下：

生石灰消解→测定天然土的含水率→计算熟石灰的掺灰量→分层备土和灰→拌和→闷料→运输→摊铺→整平→碾压。

⑨养生

石灰稳定土要重视初期养护，保证石灰土表面处于潮湿状况，禁止干晒，以防在不利季节产生温缩和干缩裂隙。

(2)水泥处治湿软土应注意的问题

①掺拌水泥改良土时，主要是水泥与土发生反应改变土性，它不同于路面底基层水泥土的凝硬过程，故压实以后不一定要封闭交通。但应尽量避免在刚填筑的层面上通行重型车辆。

②水泥土的拌和，必须拌和均匀，可以采用装载机强固齿翻松一遍，再用拌和机拌和，随时检查拌和厚度，严禁在拌和料底留有素土。拌和次数应以拌和均匀为准。

③水泥稳定土整平。稳定土混合料拌和均匀后，紧接着用推土机排压、平地机整平和整型，直线段上平地机由两侧向路中心刮平，在平曲线上平地机由外侧向内侧刮平。整完后，用振动压路机快速静压一遍，以消除局部不平，再用平地机配合人工进行精平。在整平过程中检查混合料的松铺厚度，按设计坡度和路拱施工成型。整个成型过程一般应在1h内完成。

④碾压，混合料完成精平成型后，当混合料处于施工控制含水率范围内时，即可进行碾压，碾压过程采取先慢后快，先轻后重的原则进行。整个碾压过程必须在1.5h内完成。

⑤接缝的处理，前后作业的两个施工段衔接处采取搭接拌和，前一段空出2m不进行拌和和碾压，与下一段一起加水泥拌和施工。当不连续施工时，碾压结束后，在末端做斜坡，第二天开始摊铺新料时，将末端斜坡挖除，并挖成一横向(与路中心垂直)铅直向下的断面。

⑥养生，水泥稳定土施工完毕需进行湿法养生，以满足水泥水化形成强度的需要。一般养生7d，每天用洒水养护，养生温度愈高，强度增长愈快，因此要保证养生的温度和湿度条件。

⑦防雨

如果施工过程中遇雨，一般宜抢压，用上层土封住下层土。同时加强排水功能，在路基边坡做临时急流槽以防大雨冲毁边坡。对已成型的路段，为防雨水进入土基，抢在下雨之前用防雨布整体覆盖，待雨过天晴，揭开防雨布，进行必要的复压，即可进行下一层施工。

⑧水泥稳定土要在当地温度进入0℃前一个月结束。

(3)掺粉煤灰处治湿软土填料应注意的问题

①如果粉煤灰为湿灰，应堆高沥水，含水率控制在30%以下，以粉煤灰不污染环境为宜。

②如果粉煤灰为干灰，在运输过程中应加盖，防止风吹扬灰造成对环境的污染。

③在采用粉煤灰之前，要测定粉煤灰的放射性，确定路基掺加粉煤灰后放射性是否在国家允许的范围内。

④粉煤灰与素土拌和以后，应保证闷料一定时间，使粉煤灰充分反应，以防止填料产生不利变形或爆裂。

⑤天气预报降雨，应用防雨布(如彩条布、塑料膜等)覆盖粉煤灰。

(4)掺NCS处治湿软土填料应注意的问题

掺NCS处治湿软土施工基本与石灰处治湿软土施工相同，所不同的是由于NCS中有水泥的成分存在，故有一定的水硬性质，所以撒布、拌和、碾压时间尽可能缩短，闷料时间控制在5～6h。

(5)掺石灰—粉煤灰二灰土处治湿软土填料应注意的问题

①如果粉煤灰为湿灰，应堆高沥水，含水率控制在30%以下，以粉煤灰不污染环境为宜。

②如果粉煤灰为干灰，在运输过程中应加盖，防止风吹扬灰造成对环境的污染。

③在采用粉煤灰之前，要测定粉煤灰的放射性，确定路基掺加粉煤灰后放射性是否在国家允许的范围内。

④天气预报降雨，应用防雨布(如彩条布、塑料膜等)覆盖粉煤灰。

⑤生石灰消解，以消石灰含水率4%为宜。控制消解生石灰用水量，一般1t生石灰用水600kg左右。

9. 二次掺石灰的施工方法

在施工过程中，变常规的一次掺灰为二次掺灰。首先直接将取土坑，或取土场或路堑中的素土中掺入2%左右的石灰，闷灰消解3d，然后将消解的灰土运至路基摊铺，再打格掺3%～6%的石灰，经犁、旋、闷料、机械分层碾压至规定的压实度。每一层的填筑均通过压实度试验来检测压实度、灰剂量和含水率，以确保工程质量。

10. 掺灰处治湿软土的施工实例

实例1：用生石灰粉处治大郎公路软土路基的施工方法

(1)准备生石灰粉

选用三级钙质生石灰，用球磨机磨成粉末状，最大粒径不得大于0.5mm，然后装入编织袋，每袋40kg。

(2)试配生石灰粉掺入剂量

以改善湿土压实性为目的的生石灰粉使用剂量，一般为4%～10%。在正式施工前，以外掺法按几种剂量进行试配，如4%，5%，6%，7%，8%，测得合适的掺入剂量，遂按合适的剂量掺入。

(3)软土开挖

首先清除地表杂物，然后进行湿软土开挖，采用挖掘机和推土机互相配合作业，开挖的湿软土堆积在两侧备用。

(4)底层处治

在开挖面上用石灰粉纵横打出格子线，依据掺拌剂量计算出每格所用灰量，然后按比例均匀撒布生石灰粉，用旋耕机拌和2～3遍(拌和深度为20cm)，使其拌和均匀，闷料4～5h后，现场取土样测定含水率，在接近最佳含水率或小于施工控制的临界最大含水率时，用推土机将土推平。由于下层为湿软土，不稳定，不能用重型或振动压实机械，只能先用带式推土机稳压2遍后，再用8t两轮静压压路机碾压2遍。

(5)第2层处治

在底层压实成型24h后，可以进行本层施工，用挖掘机或其他机具将堆积在两侧的湿软土调回到工作面上，松铺厚度为30cm(松铺系数为1.2)，初步整平后打出格子线，均匀撒铺生石灰粉，用旋耕机拌和2～3遍使其拌和均匀后进行闷料，闷料4～5h取土样测定含水率，含水率在适宜碾压范围内时就将土整平，用推土机稳压2遍后再用两轮8t压路机碾压4～5遍。

(6)第3层及以上处治

在第2层成形24h后才可以进行本层施工，按照1.25松铺系数即32cm厚度调土、整平，划格子线撒铺生石灰粉后用旋耕机拌和均匀，闷料4～5h后测定含水率，满足要求即可以将土推平，先用压路机静压2遍，再进行重压，直至达到所需的压实度为止。

第3层以上均可按第3层的施工方法进行施工，直至路基设计高程。

实例 2:江苏沿江地区石灰处治(或稳定)土路基

(1)在塑性指数为 13～18 的粉性亚黏土中的应用。一般掺入 5%～6%石灰分层碾压。根据土、灰中含水率进行控制(略高于最佳含水率 1%),初拌轻压、减少有效钙碳化、挥发,闷 24h,使水分趋于均匀,初始反应后再次拌和、粉碎 2～3 遍,减弱脆性并减小颗粒粒径。整平、压实并达到规定密度(二次拌和,整平后尽快碾压)。如果土较干,补水后,含水率一旦合适就尽快碾压,减少有效钙流失(碳酸化)。同时,达到要求的灰土不应长期裸露,应注意表面洒水、轻压,并尽快进入下层施工,以减少夏天炎热失水和冬季表面冻害。有些区段当塑性指数小于 12 时,采用 4%左右的石灰加 1%～2%的水泥,按二灰稳定土施工工艺处治,拌和整平后在水泥初凝前尽快完成碾压。

(2)在塑性指数为 18～25 的黏土,根据土的特性,采用 6%～8%石灰稳定土填筑,施工方法与上面基本相同。当路基通过过湿地段或填土料过湿时,也可先加入一些生石灰。前者一次掺灰 8%以上,使其和土中水发生较快水化反应生成 $Ca(OH)_2$,并释放大量热量,加快土的水分消散,使土变干。调节含水率,便于压实。后者可先在土料中掺入 2%～3%的石灰对其进行改性,增塑以利团粒解体,同时也调节含水率,便于摊铺、粉碎,在改性土中再掺入 4%～5%的石灰拌和碾压,可提高路基整体质量。对于局部过湿已形成“弹簧”地段,小面积可挖除换填,大面积可采用石灰桩处治。桩体内的石灰量大,放热大,水化反应膨胀量大,既使周围土干燥,又使四周土体挤密。从而大大改善路基工程性质。以上方法均在苏南沿江高速公路工程路基施工中成功应用。

实例 3:无锡东段工地某段

无锡东段工地某段地下水位高,开挖后地下水易浸入,土的含水率大,常规方法施工未能完成。当采用 NCS—4 处治地基,在基底下 20cm 用农耕犁翻开后,立即按 4%的剂量均匀撒料,用旋耕机打碎,连续犁翻打碎两遍,NCS 被强制翻拌,同时与湿黏土发生物理化学反应,对土产生砂化分散作用,黏土块碎裂分散成 5～10cm 以下的团块,土团表面被固化材料包裹后,团块的水分被材料吸收呈固体状,变成粗粒状土团大小不等的混合土,土的塑性指数减小,塑限提高,湿黏土稠度由 0.75 提高到 1.27,立即用 12t 压路机碾压,从地基翻开掺拌到压实完成,历时 4h。该段天然原状土平均含水率 30.2%,干密度 1.47g/m^3。素土含水率平均为 30.1%,经翻打压实后稳定土平均含水率降到 24.1%,干密度增到 1.55g/m^3,重型击实标准的压实度达到 86%,第二层 20cm 经 NCS 稳定土压实后,平均含水率 21.2%,重型击实标准的压实度为 93%。

实例 4:黑龙江前哨农场水泥混凝土路面地基为湿软地基,属有机质黏性土,其稠度为 0.6～0.7,下挖 50cm,施工拌和工艺仍采用旋耕机拌和。分三层以 4%NCS 固化材料进行稳定处治,施工拌和工艺仍采用旋耕机拌和。第一层混合土经推土机稳压后,用 12t 静碾压一遍。第二层混合土经推土机稳定压后,12t 压路机静碾压二遍。第三层混合土 12t 压路机碾压 4～5 遍,经检测压实度达到重型击实标准 93%～95%。

实例 5:324 国道无锡东段的路基底采用 NCS-4 处治的施工方法

在基底 20cm 用农耕梨翻开后,立即按 4%的剂量均匀撒料,用旋耕机打碎,连续梨翻打碎两遍,NCS 被强制翻拌,同时与湿黏土发生物理化学反应,对土产生砂化分散作用,黏土块分散成 5～10cm 以下的团块,土团表面被固化材料包裹后,团块的水分被材料吸收呈固体状,变成粗粒状土团大小不等的混合土,土的塑性指数减小,塑限提高,湿黏土稠度提高。立即用压路机碾压,从地基翻开掺拌到碾压完成,历时 4h。

四、各种掺灰施工方法的比较

1.外掺剂使用的比较

(1)路基填料掺加石灰,会对周围产生污染,对施工人员的身体健康影响较大。

(2)掺生石灰粉的效果优于掺消石灰的效果,因为生石灰粉与土的作用能力强,掺生石灰粉受气温和雨期影响较小,此外,生石灰粉撒布拌和易均匀,返工率小,而且能节省投资。但生石灰粉法失效快,储运时间不能长。

NCS的降水效果与生石灰的效果相当,是最好的降低路基土料含水率的外掺剂之一,但生产比较复杂,需要生产的原材料较多。

水泥的吸水能力较差,对于塑性较强(塑性指数大于20)的过湿黏土来说,其效果较差;砂和粉煤灰在很多地区缺乏,难以选用;石灰是人们常常采用的一种外掺剂。

(3)在利用石灰处治高含水填土时,尚应在如下方面进行改进,生石灰粉的生产并不困难,价格也便宜。但必须在包装,运输及贮存等方面采取和水泥一样的措施,以利于批量生产和应用。生石灰粉的人工分撒造成尘土飞扬而对工人身体不利,有待制造专门的施工机械,拌和机械也应专门化,农用犁及潜耕机只是权宜之计。

2.施工机械的比较

(1)采用带旋耕犁拖拉机施工时,施工程序比较多,外掺剂粉撒布均匀度也存在一定的困难。采用路拌机施工,无论质量还是速度都可以得到有效的保证。

(2)无论采用什么机械拌和,摊铺的松方厚度应控制在拌和机械的最大拌和深度内。

拌和机械应根据施工条件和拌和深度、拌和能力选型。目前拌和机械的类型和使用条件如下:

①专用路拌式稳定土拌和机,拌和松方的深度最大达到40cm;

②农用旋耕犁配合重型铧犁进行拌和,旋耕机拌和松方深度只有12cm,负责粉碎和拌和,重型铧犁负责将下部的土体翻上来,将拌好的灰土翻下去,拌和效果不如拌和机;

③国外有的挖掘旋转式灰土拌和机,拌和深度可达1m。

3.施工时应注意的主要事项

(1)外加剂的掺量应根据湿软土的含水率、外掺剂的吸水率、不同压实度要求时施工控制的最大含水率及天气情况,由试验确定。

(2)施工过程中应采取措施,尽可能减少外掺剂扬尘对环境和施工人员的危害;

(3)第一遍拌和后一定要轻压闷料,轻压有两个作用,一是使外掺剂与湿软土紧密接触,降低湿软土的含水率,二是轻压后防止闷料过程中降雨时雨水过多浸入灰土层。闷料的作用是让外掺剂在水化热过程中,体积发生膨胀,让磨细生石灰有个充分消解的过程,防止因体积膨胀影响压实密度,室内做击实试验时,其试样要闷料后再进行击实,闷料时间以过夜为宜。

(4)拌和遍数因土质、含水率和拌和设备而定。一般第一次拌和3～4遍即可。以将外掺剂与湿软土拌和均匀为宜,闷料后第二次也拌和3～4遍,以将土壤粉碎到最大粒径以下为宜。

(5)碾压时的含水率应控制在施工控制含水率的范围内,如含水率过大,应增加外加剂用量或增加拌和遍数和闷料时间,含水率过低,则应减少外加剂用量和适当洒水碾压。外掺剂处治湿软土后,其表面容易产生干缩、开裂、松散,应适当洒水养生或尽快进行上层施工。

(6)雨天对湿软土施工的影响很大,拌和好的灰土一旦被雨水浸透饱和,则很难处治。故一定要坚持当天拌和当天碾压完毕,并适当增大横向路拱,以利排水。

第四节 掺灰处治湿软路基填土的施工质量控制方法

一、晾晒法处治湿软土填料的施工质量控制方法

晾晒法处治湿软土填料的施工质量控制方法如下。

(1)由于湿软土的天然含水率较高,遇雨后其含水率还会增加,在高温季节施工时,湿软土外表面很快晾干,而里面土的含水率仍然很高,应当使用旋耕机翻晒,粉碎里面土时,外层的土也随之一起晒干,含水率会小于最佳含水率,不容易压到规定密实度。所以,应当在回填土之前进行翻晒、粉碎至含水率均匀,且在施工控制含水率范围再回填或整平、碾压,这样可以少掺灰或不掺灰。

(2)湿软土的含水率较大,填筑时厚度一定要严格控制,过薄工序增多,浪费人工和机械台班,也影响工期。过厚下层土翻晒不到,旋耕机更难粉碎到位,当上层土翻晒、粉碎到规定程度时,下层土的水分还没有散失,即使再如何碾压也无法满足压实度要求,采用重型压路机反复碾压时,路基将形成“弹簧”状态,使路基无法稳定,也无法继续施工。最终还是要返工。

(3)在路基上进行翻晒处治时,应注意深翻彻底,在翻晒过程中要随时检查,杜绝留有夹层。

(4)如果晾晒以后还要进行掺灰处治,应尽量利用高温、晴好天气下掺灰,在碾压场地之外翻晒处治以后再上路摊铺、碾压,可以节省掺灰费用和时间。

(5)在填料含水率产生变化时,应根据填料含水率的不同确定掺加剂的剂量,不能一概用同一个掺灰剂量。

二、掺生石灰处治湿软土填料的施工质量控制方法

掺生石灰处治湿软土路基填料的施工质量控制方法如下。

(1)因采用生石灰处治路基填料的位置或气候比较潮湿,应注意生石灰的存放。尽量不让生石灰粉在工地堆放时间过长,以免与空气中或地下水中的 CO_2 反应,降低有效钙镁的含量,从而影响使用效果。

(2)生石灰,必须经过磨细处治,以防在填料拌和、闷料过程中消解、拌和不充分,造成路堤填筑之后遇水继续消解,引起局部松胀鼓包,影响路基强度和平整度。

(3)对湿软土中的草皮、树根以及腐殖质土应清理干净,以防有机物质延缓或阻止石灰与土中矿物之间的反应。

(4)拌和时要检查是否拌和均匀。在施工前和施工过程中,作业面内严禁用重型压路机碾压,禁止重型车辆通行。

(5)在掺灰之前,或掺灰过程中,要将土料团粉碎,使石灰和土拌和均匀,便于土料与石灰充分反应。

(6)各地的石灰有效钙含量不同,土质也不相同,应根据当地采用的石灰和土质进行不同比例的掺灰试验,试验内容根据使用的层位确定,一般需要进行 *CBR* 值试验(如果素土已达到要求,就可以不试验此项内容)、击实试验(确定最佳含水率和最大干密度)、以确定不同的掺灰

比例。路基施工完成以后还要进行回弹试验或弯沉试验，以确定压实密度和材料是否满足公路要求。

在生石灰土试样制样时，采用静压法制样比击实法制样好，且与现场碾压过程更相似。

(7)在进行质量检测时，应注意灰土的最大干密度比素土(未处治土)的最大干密度小，最佳含水率比素土的最佳含水率大，应采用灰土的击实试验确定的最佳含水率和最大干密度进行路基填筑施工质量检验的质量控制。

灰土最大干密度的降低是与活性钙、镁离子和土中的阳离子发生反应，土中的石灰剂量降低相关的，而这种反应和石灰剂量的降低也是随时间延长不断进行的。因此在路堤密实度检测时，应注意灰土的密度与闷料时间的关系，最好配合路堤施工，在试验室进行闷料后最大密实度与时间的关系曲线试验，以此曲线确定密度和检测时间的关系，修正密实度的计算。

(8)雨后必须排干地表水，待太阳晒干后再施工作业。

(9)当灰土摊铺后，路堤填料含水率仍然较高，或者在灰土摊铺后遇到降雨时，采取翻松晾晒措施，如果翻晒后含水率还不能满足碾压要求时，可采取进一步掺灰的方法，但是所掺的石灰必须充分消解，以防将来石灰遇水继续消解，引起局部松胀鼓包，影响路基强度和平整度。

(10)压实完成后，应进行养生，养生期间禁止车辆通行，特别是重型车辆通行。

(11)尽量避免在不利季节施工，最好在第一次冰冻期来临一个半月前结束施工。

三、掺熟石灰处治湿软土填料的施工质量控制方法

掺熟石灰处治湿软土路基填料的施工质量控制方法如下。

(1)因采用熟石灰处治路基填料的位置或气候比较潮湿，应注意石灰的存放，防雨防潮。尽量不让熟石灰粉在工地堆放时间过长，以免与空气中或地下水中的 CO_2 反应，降低有效钙镁的含量，从而影响使用效果。

(2)石灰在使用前必须充分消解和严格过筛。使用消解不充分的石灰处治路基，碾压成型后遇雨过程中，未充分消解的石灰会继续消解，引起局部松胀鼓包，影响路基的强度和平整度。

生石灰中常含有过火石灰。在石灰稳定土成型后，过火颗粒才逐渐消解，体积膨胀，引起成型后的石灰土层隆起，为消除这种病害，通常将生石灰提前 10～12d 运进施工现场，并进行充分消解；对于镁质石灰，由于难消解，则需提前 12～15d 进行消解，且加水速度不易过快、过急，以便于镁质石灰能够充分得以消解。

(3)土块要粉碎，且拌和要充分均匀，拌和时要检查是否拌和均匀。

(4)控制好原材料(土、石灰)及混合料含水率，拌和好的混合料含水率宜大于最佳含水率 1%左右，且要拌和均匀。

灰土最后一次拌和前，试验人员应及时检测含水率，在春季及夏季施工时由于风大，气温较高，灰土含水率一般控制在比最佳含水率高 1～3 个百分点，在雨季期间由于空气潮湿，一般控制在最佳含水率的上下 1 个百分点之间，含水率不够应及时洒水补充，然后拌和均匀，含水率过大则晾晒，在施工控制含水率范围内再进行碾压。

(5)碾压时，压路机应遵从“先轻后重”，“先边后中”，“先慢后快”的原则连续不断地碾压至规定压实度。

(6)碾压过程中，石灰稳定土表面应始终保持湿润。在养护期内让灰土暴露在保湿养生的条件是至关重要的。

(7)灰土压实度的影响因素控制。

①同一土场不同层次的土，或不同土场的土，由于土质的差别其最大干密度随时有变化，因此，在同一施工段落最好选用同一种土质，否则将导致局部地段很容易达到压实度，而有的地段超遍数碾压也难达到标准。遇到这种情况时，如果排除了含水率方面的因素，石灰剂量合格，碾压工艺没有问题，那么，主要是土质发生了变化，对原土样应重新取样做最大干密度试验，待试验结果出来后再作评定。

②石灰剂量的变化对压实度影响较大，如果施工布灰出现随意性则将导致压实度出问题。此外，虽然按设计布灰但布灰不均匀或拌和不匀，形成局部灰多，局部灰少的情况，那么也将导致灰少的路段压实度偏高，而灰多的路段压实度不够的"假象"，因此，施工必须控制石灰剂量和灰土拌和的均匀性。

③石灰质量的控制一般是试验人员取样试验合格后才允许使用。

(8)压实完成后，作业面内严禁用重型压路机碾压，禁止重型车辆通行。

(9)尽量避免在不利季节施工，最好在第一次冰冻期来临一个半月前结束施工。

四、掺水泥处治湿软土填料的施工质量控制方法

掺水泥处治湿软土路基填料的施工质量控制方法如下。

(1)因采用水泥处治路基填料的位置或气候比较潮湿，应注意水泥的存放。注意防水、防潮，尽量不让水泥在工地堆放时间过长，以免与空气水分或地下水、地表水反应，从而影响使用效果。

(2)拌和时要检查是否拌和均匀。在施工前和施工过程中，作业面内严禁用重型压路机碾压，禁止重型车辆通行。

(3)对湿软土中的草皮、树根以及腐殖质土应清理干净，以防有机物质延缓或阻止水泥与土中矿物之间的反应。

(4)在掺灰之前，或掺灰过程中，要将土料团粉碎，使水泥和土拌和均匀，便于土料与水泥充分反应。拌和之后应在4h之内将水泥土碾压到规定的密实度。

(5)在进行质量检测时，应注意灰土的最大干密度较素土(未处治土)发生变化，应采用水泥土的击实试验确定的最佳含水率和最大干密度进行路基填筑施工质量检验的质量控制。

(6)应根据当地采用的水泥和土质进行不同比例的掺灰试验，试验内容根据使用的层位确定，一般需要进行*CBR*值试验(如果素土已达到要求，就可以不试验此项内容)、击实试验(确定最佳含水率和最大干密度)、以确定不同的掺灰比例。路基施工完成以后还要进行回弹试验或弯沉试验，以确定压实密度和材料是否满足公路要求。

在水泥土试样制样时，采用静压法制样比击实法制样好，且与现场碾压过程更相似。

(7)雨后必须排干地表水，待太阳晒干后再施工作业。

(8)当水泥土摊铺后，路堤填料含水率仍然较高，或者在灰土摊铺后遇到降雨时，采取翻松晾晒措施，如果翻晒后含水率还不能满足碾压要求时，可采取进一步掺灰的方法。

(9)压实完成后，应进行养生，养生期间禁止车辆通行，特别是重型车辆通行。

(10)尽量避免在不利季节施工，最好在第一次冰冻期来临一个半月前结束施工。

五、掺粉煤灰处治湿软土填料的施工质量控制方法

掺粉煤灰处治湿软土路基填料的施工质量控制方法如下。

(1)因采用粉煤灰处治路基填料的位置或气候比较潮湿，应注意粉煤灰的存放。尽量不让

粉煤灰在工地堆放时间过长，以免与空气中的水分或地下水、地表水反应，降低有效钙镁的含量，从而影响使用效果。

(2)在掺灰之前，或掺灰过程中，要将土料团粉碎，使粉煤灰和土拌和均匀，便于土料与粉煤灰充分反应，拌和时要检查是否拌和均匀。

(3)对湿软土中的草皮、树根以及腐殖质土应清理干净。

(4)当灰土摊铺后，路堤填料含水率仍然较高，或者在灰土摊铺后遇到降雨时，采取翻松晾晒措施，如果翻晒后含水率还不能满足碾压要求时，可采取进一步掺灰的方法。

(5)压实完成后，应进行养生，养生期间禁止车辆通行，特别是重型车辆通行。

(6)在进行质量检测时，应注意灰土的最大干密度比素土(未处治土)的最大干密度小，最佳含水率比素土的最佳含水率大，应采用相应配比的灰土击实试验确定的最佳含水率和最大干密度进行路基填筑施工质量检验。

灰土最大干密度的降低是与活性钙、镁离子和土中的阳离子发生反应，土中的粉煤灰剂量降低相关的，而这种反应和粉煤灰剂量的降低也是随时间延长不断进行的。因此在路堤密实度检测时，应注意灰土的密度与闷料时间的关系，最好配合路基施工，在试验室进行闷料后最大密实度与时间的关系曲线试验，以此曲线确定密度和检测时间的关系，修正密实度的计算。

(7)各地的粉煤灰有效钙含量不同，土质也不相同，应根据当地采用的粉煤灰和土质进行不同比例的掺灰试验，试验内容根据使用的层位确定，一般需要进行 *CBR* 值试验、击实试验(确定最佳含水率和最大干密度)、以确定不同的掺灰比例。路基施工完成以后还要进行回弹试验或弯沉试验，以确定压实密度和材料是否满足公路要求。

在粉煤灰灰土试样制样时，采用静压法制样比击实法制样好，且与现场碾压过程更相似。

(8)雨后必须排干地表水，待太阳晒干后再施工作业。

六、掺 NCS 处治湿软土填料的施工质量控制方法

掺 NCS 处治湿软土路基填料的施工质量控制方法如下。

(1)因采用 NCS 处治路基填料的位置或气候比较潮湿，应注意 NCS 的存放。注意防水防潮，以免与空气中的水分或地下水、地表水反应，影响使用效果。

(2)对湿软土中的草皮、树根以及腐殖质土应清理干净，以防有机物质延缓或阻止 NCS 与土中矿物之间的反应。

(3)拌和时要检查是否拌和均匀。在施工前和施工过程中，作业面内严禁用重型压路机碾压，禁止重型车辆通行。

(4)在掺灰之前，或掺灰过程中，要将土料团粉碎，使 NCS 和土拌和均匀，便于土料与 NCS 充分反应。

(5)应根据当地采用的土质进行不同比例的掺灰试验，试验内容根据使用的层位确定，一般需要进行 *CBR* 值试验(如果素土已达到要求，就可以不试验此项内容)、击实试验(确定最佳含水率和最大干密度)、以确定不同的掺灰比例。路基施工完成以后还要进行回弹试验或弯沉试验，以确定压实密度和材料是否满足公路要求。

(6)在进行质量检测时，应注意灰土的最大干密度比素土(未处治土)的最大干密度小，最佳含水率比素土的最佳含水率大，应采用灰土的击实试验确定的最佳含水率和最大干密度进行路基填筑施工质量检验的质量控制。

(7)当灰土摊铺后，路堤填料含水率仍然较高，或者在灰土摊铺后遇到降雨时，采取翻松晾

晒措施，如果翻晒后含水率还不能满足碾压要求时，可采取进一步掺灰的方法进行处治。

(8)雨后必须排干地表水，待太阳晒干后再施工作业。

(9)压实完成后，应进行养生，养生期间禁止车辆通行，特别是重型车辆通行。

(10)尽量避免在不利季节施工，最好在第一次冰冻期来临一个半月前结束施工。

七、压实均匀度的控制方法

在确定的配合比情况下，道路压实度给我们一个综合的定量控制指标，它以室内或现场的标准实验为基础，而在施工中实际存在着压实程度的不均匀，又可用压实度的偏差来判别。

压实度的减小充分反映在试件的水稳定性上，由于渗透系数和毛细水上升高度的变化而影响路基路面的工作性态，不均匀的压实度形成路基路面材料不同的物理力学指标，加之在道路结构工作寿命期间发生其向不良状态发展的动态变化，往往导致了各类道路病害现象，这反映出道路结构的稳定性与耐久性受压实度大小控制的规律。由压实与毛细水上升高度试验分析表明：对路基顶面以下 50cm 深度以上范围必须严格进行压实度的控制，而其中最小压实度控制，是检验压实工作有效性的限度。即要求不均匀的压实度均不能低于最小压实标准。欲获得均匀满意的压实度，只有依赖于均匀合适的压实含水率以及科学的拌和方法、碾压方法等的控制。

路基施工中极可能出现处治土在拌和、摊铺、压实工序上混合料剂量及均匀性方面的问题，要求我们必须十分注意处治土施工的均匀度，从而保证压实度真正具有“有效性”。

控制压实均匀性可以从如下几个方面进行：

1. 控制路基压实含水率的均匀性

控制路基压实含水率是保证压实度及其均匀性的前提条件，压实含水率的控制必须在上碾前做现场抽样测定，一般可偏大一些控制，以考虑施工中的水分蒸发。而且在多雨潮湿地区，路基填土的可能含水率大于最佳含水率，用大于最佳压实含水率 ω_{op}，即偏大地控制施工压实含水率，有利于处治土的压实和稳定。

2. 控制路基填土拌和的均匀性

不同掺量稳定土的对照试验结果表明：外掺料所含比例的变化，对稳定土的物理力学性能有很大的影响。施工中可用单位面积定量上应当足以保证大致均匀。特别是利用拖拉机牵引犁铧及圆盘耙多次翻拌时，其强制破碎拌和作用以及大面积连续作业，可使均匀度达到很高的水平。施工中不均匀度的产生，一般存在两种可能；一是犁深不够，这样使不同的犁深留下了素土底；二是第一层稳定土犁深过大，使应有的素土层之外的土料拌入而相对降低了外掺料剂量。这两种情况中以前者的危害性大，因为素土夹层完全不具备稳定土的水稳性，并形成结构层中的一个薄弱层，回弹变形能力很难达到规定残留值标准，这就使道路结构总体形变模量上很难均匀一致，在控制犁拌深度时必须遵循“宁深勿浅”的原则。

3. 路基配比均匀性

施工中产生外掺剂量的浮动，一般对于压实含水率不会突破其允许值范围，因此，原则上不会影响可达到的压实标准。但在路基处治混合料中，土与外掺料密度上有较大差异，当土的含量增大时，压实后混合料的干密度会有较大上升，这种与标准击实时的土含量有差值的因素，形成压实度虚涨的假象。施工中如果机械地在现场测定干密度，而不相应控制拌和后的混合料比例，容易造成虽达到了标准击实下压实度值。但现场混合料压实的实际效果并未达到实际应有的压实标准，因而如何抽查压实前的外掺料剂量应引起足够的重视。一般可以留出标准击实时混合料土样，并做出不同剂量变化的前后几个样本，用现场“比色法”加以粗略控制。再由定性的观点看，现场抽查混合料的活性氧化物含量也是必要的，这样可在控制混合料配比均匀度的同时，也控制了材料的物理化学性质。因此，应严格控制混合料拌和的均匀性。

4. 轻重型击实标准对压实均匀度的影响

由轻型击实与重型击实对同一配比试件试验结果表明：试件的物理性能与强度指标随击实标准不同而大幅度变化，试件的压缩模量前者低 20%～45%，水稳性也相应变化，由此可理解为在重复交通荷载情况下，轻型击实会造成较大残留变形的条件，同时，相应工程中压实功能和遍数的不均匀易形成不同的压实效果，导致道路结构工作寿命缩短，可能出现严重的不平整度的变化是必然的，反之，若以重型击实标准控制压实度，可将此类影响降低到最小限度。

5. 控制路基厚度与宽度均匀性

关于道路压实度与宽度的均匀性，应由压实效果及其产生的影响来评价。只有具备相当理想的压实度后才得以稳定，才能实现对地表水的防渗封闭和对地下水的隔断作用，否则，某一局部强度不足，将扩至一片到整个道路结构产生破坏。因而在宽度上必须具有足够的余地，以保证整个道路断面工作状态正常。并且要做到路面与路肩的良好衔接。起到全断面对水分的隔离封闭作用，为确保路缘部分的压实度，决定其偏差标准为±20mm 是可行的。

第五节　掺灰处治湿软土的室内试验方法

为了考核掺灰处治的湿软土是否达到路基填筑的要求，需要进行一些现场和室内试验，一般需要进行界限含水率、承载比(CBR)、比重、粒度分析、击实、湿化、无侧限(不浸水、饱和)抗压强度、压缩、各种膨胀性项目、化学分析等，部分试验方法如下，其他试验方法见《公路土工试验规程》。

一、制样的技术要求

1. 为了增加拌和效果和适应各种试验项目的制样要求，扰动样均采取风干后碾碎过 0.5mm 筛，再制成各种试件。

2. 熟石灰在使用前进行洒水崩解成粉状，过 0.5mm 筛后保存备用。

3. 配合比是指所掺灰料的质量与素土质量之比，以百分数表示。掺合料采用烘干样，土宜采用风干状样品(根据所需干土重和风干含水率，计算应称取的风干土重)。

4. 无侧限和三轴试验的试样制备采用压样法。

(1)如果掺合料是熟石灰、水泥，粉煤灰，则按以下步骤制样：

①称取一定质量的风干土，平铺于搪瓷盘内。

②根据最佳含水率计算所需加水量，均匀地喷洒在样品上(如样品数量多，应分层喷洒)。在保湿状态下浸润一昼夜。

③将样品充分拌匀，测定浸润后试样的含水率，若与计算含水率差值超过 1%时应适当增减土中水分。

④按比例称取一定质量的掺合料，并与湿土充分拌匀。

⑤根据重塑筒的体积，最大干密度和试样含水率，计算并称取一定量的湿土样。

⑥将称出的湿土全部、均匀地分层压入(或锤入)重塑筒内，层与层之间应刮毛，使其连接

紧密。去掉重塑筒后，称取质量，计算密度。

⑦试样制备的数量应比规定的数量多2个。一组试样的密度、含水率与制备标准之差值应不大于0.03g/cm³ 和1%，且各试样之间的差值也应满足这一要求。

(2)如果掺合料是生石灰，则按以下步骤进行：

①称取一定质量的风干土并加适量的水湿润，浸润一昼夜。

②按比例称取一定质量的生石灰，并与湿土充分拌匀。

③根据最佳含水率计算所需增加的水量，均匀地喷洒在样品上，在保湿状态下再浸润一昼夜。

④将样品充分拌匀，测定浸润后试样的含水率，若与计算含水率差值超过1%时应适当增减土中水分。

第⑤步以后同前。

5.其他项目的试样制备采用击实法

前④个步骤同无侧限的试样制备。

⑤采用重型和轻型击实法进行击实。

⑥根据各种试验项目的不同要求，在击实样上制取各种试件。

⑦制样的数量和精度要求同无侧限强度和三轴强度试验。

6.计算

①按下式计算干土质量：

$$m_s = \frac{m}{1+w} \tag{5-18}$$

②按下式计算土样制备含水率所需加水量：

$$m_w = \frac{m}{1+w}(w' - w) \tag{5-19}$$

③按下式计算制备试样所需湿土质量：

$$m' = (1+w')\rho_d V \tag{5-20}$$

式中：m_s——干土质量，g；

m——风干土质量，g；

w——风干土含水率，%；

m_w——土样所需加水量，g；

w'——土样要求的含水率，%；

m'——制备试样所需湿土质量，g；

ρ_d——要求的干密度，g/cm³；

V——击实土样或压样器容积，cm³。

二、样品养护的技术要求

养护条件、湿度是影响灰土性质的重要因素，特别对其膨胀、收缩及抗水性能有决定性的作用。养护原则上是维持试样的含水率不发生变化。样品养护前后通过称量计算其含水率，养护后的含水率与养护前相比，变化应小于2%。

1.将木屑洒上足够的水，拧干后放一边备用。

2.将制好的试件放入保湿器内，注意标识。

3. 将准备好的木屑放入试件周围，全部覆盖。

4. 将保湿器放在阴凉、潮湿处，至规定的养护天数。

三、灰土击实试验方法

1. 灰土击实试验预估最佳含水率的确定

击实试验预估最佳含水率是确定各击实控制点所需含水率的关键，它直接影响到试验是否一次成功，一般黏性土的素土击实试验，以塑限 w_p 含水率作为预估含水率的标准，上下以2%的含水率递增、递减，确定5个含水率，配制5盘土样，按规程操作求其最佳含水率与最大干密度。土的塑限含水率 w_p 是黏性土在可塑状态下的最小含水率，它的大小间接地标明土的组成与矿物成分，w_p 愈高，说明土的颗粒愈细，土样中黏粒含量愈多，最佳含水率愈大。灰土是在黏性土中按一定比例加入外掺剂的混合土料，外掺剂的加入，必然会引起最佳含水率与最大干密度的变化，灰土的最佳含水率均大于塑限，且随着加入外掺剂剂量的增大而增大。

2. 影响击实效果的因素

(1)加水拌和均匀后的静置

素土击实，加水拌和均匀后需静置24h，待土样充分湿润后方可进行试验，图5-35是所做的几组3∶7灰土对比试验结果。两条曲线各击实点均匀加入同等所需水分，其中曲线1是加水拌和均匀后立即进行击实的；曲线2是加水并经24h静置后进行击实的，从两条曲线的形态和结果看，经静置24h的各击实点的含水率比未静置的值均偏大，曲线较平缓，最大干密度比未静置小，可见经充分湿润静置24h后，土样中所含水分增大，影响土样密度的增大，因而干密度相应降低，即灰土拌和均匀后应立即进行击实效果较为理想，也比较符合施工现场实际情况。

(2)击实功能大小

黏性土轻型击实试验，分3层击实，王希玲进行不同分层击数的击实试验，结果见图5-36。从图5-36看出，30击所提供指标比较符合现场情况。

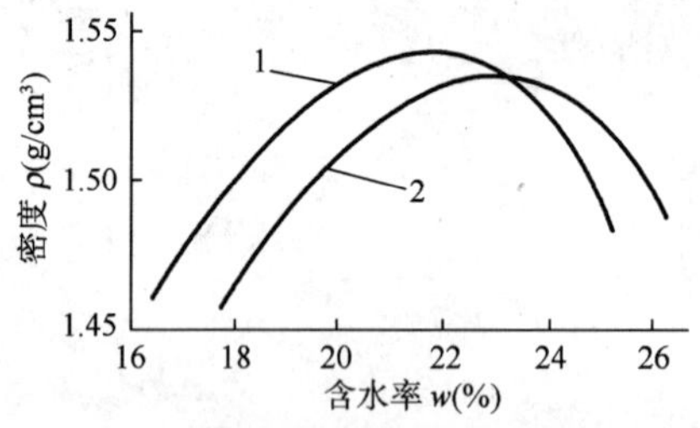

图5-35 3∶7灰土30击静置时间不同的击实曲线

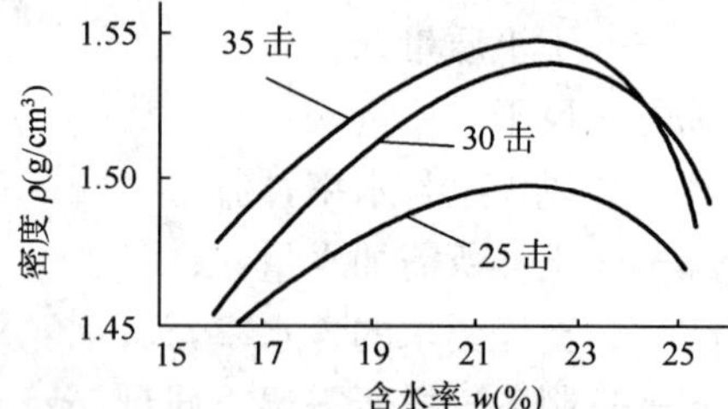

图5-36 3∶7灰土不同击实功能击实曲线

(3)土料、掺灰的质量

灰土中土料的选用、掺灰质量优劣，对干密度及强度有着直接的影响，不同土料，相同的击实功能，其最大干密度与最佳含水率不同，一般来说，I_p 值大的土，可压实的含水率界限宽，压实性好，施工容易掌握。I_p 值小的土，可压实的含水率界限窄，压实性差，实验证明 $I_p<10$ 的土可压实性和可加固性都较差，不宜选用。如掺加石灰，石灰质量的优劣，在灰土中主要看石灰中活性氧化物的剂量，而活性氧化物取决于 CaO 和 MgO 的含量，活性氧化物的含量越高，其胶结性越好。胶结性越好，其强度越高，活性氧化物在室外暴露的时间越久，就越易吸收空气中的 CO_2 而变成 $CaCO_3$，变成 $CaCO_3$ 就丧失了活性，所以应尽量选用新出窑的石灰，石灰

等级不应低于 3 级，即石灰中活性氧化物含量不低于 60%。

3. 施工质量检测时应注意的问题

现场是大面积施工，灰与土的比例一般是石灰含量偏低，拌和也不均匀，而检验往往是灰土中石灰含量偏低，其干密度越高越容易达到所规定的压实系数的要求，而抗压强度却偏低，不能达到设计标准。为此，用压实系数作为检验施工质量的标准时，应进一步采用化学方法测定石灰的主要活性氧化物（CaO 和 MgO）的剂量，以确保灰土路基的质量。

四、各种试验项目的技术要求

（1）试验技术要求除特别规定者外，按《公路土工试验规程》标准执行。

（2）人工制备样品的各项试验均在最佳含水率、最大干密度、确定的标准龄期下进行。

（3）塑液限、颗分、自由膨胀率应在确定的标准龄期下进行。

（4）常规化学分析项目包括烧失量、二氧化硅、三氧化二物、三氧化二铁、三氧化二铝、氧化钙、氧化镁。

（5）击实试验根据公路等级的要求，采用轻型击实或重型击实法，应同时测定加掺合料之前和之后的含水率。

（6）胀限下无侧限试验、固结试验、三轴试验均应在标准龄期下养护后，进行饱和，然后再试验。

附录

附录 5.1　掺生石灰处治路基填土的实例

某些工程的掺加生石灰降低路基填土含水率的试验结果见附表 5-1。

掺生石灰的试验结果参考表　　附表 5-1

序号	工程名称	土质情况	素土最优含水率（%）	掺灰比例（%）	混合料最优含水率（%）	备注
1	南宁快速环道	冲洪积亚黏土，天然含水率 38%左右	15～16	4～6		
2	某试验	过湿粉土，含水率 24.2%，液限 32.0%，塑限 10.0%	13	3～8	最优含水率增加 0.6～2	
3	宁夏 101 线	过湿粉土，含水率 24.3%，液限 32.9%，塑限 19.9%，密度 1.89g/cm^3，*CBR*3.8%	12.6	5	15.0	混合土，含水率24.3%，液限 31.0%，塑限 22.0%，密度 1.83g/cm^3，*CBR*21%
4	哈绥线	中液限黏土、少量高液限黏土，含水率表层 1～3m17%～20%，3～5m20%～30%		每添加 0.5%，含水率降低 1%		
5	黑龙江绥北线	过湿黏土，含水率 27.0%，液限 39.8%，塑限 22.3%	15.1	6	16.5	

续上表

序号	工程名称	土质情况	素土最优含水率(%)	掺灰比例(%)	混合料最优含水率(%)	备注
6	随岳高速公路	软塑状低液限黏性土，含水率24.3%～38.3%	12.5～15.7	路基5 路床6	20.3～14.4 20.1～15.7	
7	沪杭高速公路HH03标	过湿黏土，液限59.8%，塑限26.5%，最大干密度1.75g/cm³	15.23	路床4	17.23	混合土，液限49.1%，塑限30.4%，最大干密度1.68g/cm³
8	吉首市人民南路	过湿黏土，液限44.4%～54.5%，塑性指数23.8%～27.6%，最大干密度1.99g/cm³，含水率35.18%	12	5 8	18	掺灰5%，含水率变为26.37%，最大干密度1.91g/cm³；掺灰8%，含水率变为25.76%
9	张罗公路	过湿土，液限29.5%～51.2%，塑限25.0%～25.2%，最大干密度1.99～1.96g/cm³，含水率23.9%～22.8%	13.4～18.4	4～6		
10	沪杭高速公路	过湿黏土，液限34.0%～47.7%，塑限20.7%～24.2%，含水率25.8%～34.03%，最大干密度1.6～1.69g/cm³(轻型)、1.73～1.78g/cm³(重型)	19～22(轻型)、15～18(重型)	4	16～19	95区施工控制含水率20%～23%。
11	沪宁高速公路常州段	掺5%石灰土，素土最佳含水率为12.6%，灰土为14.4%；最大临界含水率素土为15%，灰土为18.4%；素土最佳含水率为15.7%，灰土为17.1%，最大临界含水率素土为17.7%，灰土为20.4%。掺10%石灰土，灰土的最佳含水率与最大临界含水率比素土平均分别高出2.5个百分点和5个百分点。如素土最佳含水率15.5%，灰土为17.1%，最大临界含水率：素土19.8%，灰土为22.4%；素土最佳含水率为15.1%，灰土为16.4%，最大临界含水率素土为19%，灰土为20.1%				
12	成都北编组场	塑限25.9%，液限52.6%，天然含水率22%～30%，最大干密度1.67g/cm³，最佳含水率17%	17	6		掺6%生石灰，天然含水率降低到26%时

1.**实例1.1** 某试验工程为过湿粉土，含水率24.2%，液限32.0%，塑限10.0%，掺加生石灰(生石灰的活性成分为：66.65%的CaO，3.38%的MgO)前后的击实试验的结果见附表5-2。

击实试验结果 附表5-2

配合比		重型击实		轻型击实	
土	生石灰	ρ_{dmax} (g/cm³)	w_{op} (%)	ρ_{dmax} (g/cm³)	w_{op} (%)
100	0	1.90	13.0	1.71	17.0
100	3	1.81	14.0	1.64	17.2
100	5	1.80	15.1	1.60	17.5
100	8	1.78	16.0	1.60	18.0

2. **实例 1.2** 随岳高速公路南段，软塑状低液限黏性土，含水率 24.3%～38.3%，湿密度主要在 1.80～1.98g/cm³。不同料场掺灰后的含水率试验结果见附表 5-3。掺加 5%生石灰后的综合试验结果见附表 5-4。

含水率试验结果 附表 5-3

土质分类	含水率关系（石灰土的含水率(%)w'、掺灰前素土含水率(%)w、掺灰量(%)α）	相关系数
$w_L=34.0$、$w_P=19.8$、$I_P=14.2$	$w'=0.847w-0.508\alpha+4.054$	0.999
$w_L=38.7$、$w_P=22.8$、$I_P=15.9$	$w'=0.865w-0.693\alpha+3.962$	0.998
$w_L=37.0$、$w_P=21.2$、$I_P=20.0$	$w'=0.867w-0.662\alpha+2.762$	0.999
$w_L=41.2$、$w_P=21.2$、$I_P=20.0$	$w'=0.815w-0.749\alpha+5.141$	0.997
$w_L=47.2$、$w_P=20.0$、$I_P=27.2$	$w'=0.864w-0.738\alpha+3.595$	0.999

掺加 5%生石灰后的综合试验结果 附表 5-4

试验项目		素土	掺加 5%生石灰混合土
液塑限试验	液限(%)	23.0～49.1	37.1～50.1
	塑限(%)	15.2～24.3	26.4～32.0
	塑性指数	7.8～27.0	7.1～18.1
击实试验	最大干密度(g/cm³)	1.74～1.86	1.64～1.80
	最佳含水率(%)	12.5～15.7	14.4～20.3
100%压实度状态下回弹模量(MPa)		30～285	296～390
CBR 试验	*CBR*(%)	5～15	45～115
	吸水量(g)	224～430	23～302
	膨胀量(%)	0.6～4.6	0.1～0.4
	自由膨胀率	3～26	4～10

3. **实例 1.3** 薛战国提供的经验资料见附表 5-5。

薛战国提供的掺灰经验参数 附表 5-5

素土含水率超过最佳含水率的百分值	2	3	4	5	6	7	8	9	10	11	12
生石灰粉剂量（石灰占混合土总重的百分数）	3	4	5	6	7	8	9	10	11	12	13

4. **实例 1.4** 某公路路基填筑过湿土 *CBR*2.87%，含水率 31%，掺 21%生石灰，抗压强度提高到 1.88MPa，掺 15%生石灰，抗压强度提高到 1.57 MPa。

5. **实例 1.5** 京秦高速公路玉田段，处治过湿土的试验结果见附表 5-6。

掺生石灰处治过湿土的结果 附表 5-6

土的类型	含水率 ω(%)	液限 ω_L(%)	塑限 ω_P(%)	塑性指数 I_P	稠度 W_C(%)
天然土	31.4	52.2	25.2	27.0	0.79
12%生石灰	29.1	60.3	40.22	20.1	1.55

6. **实例 1.6** 成都北编组场，塑限 25.9%，液限 52.6%，塑性指数 26.7%，天然重度 20.2kN/m³，天然密度 2.747g/cm³，天然含水率 22%～30%，最大干重度 16.7kN/m³，最佳含水率 17%。掺灰比例为：3%、6%、10%、14%，最佳含水率和最大干密度随掺灰率的变化见附图 5-1。

掺加石灰后，最大干密度在掺灰率为3%～7%之间存在一个峰值，最佳含水率随含灰率增加而下降。未改良土样的有压膨胀率为7%，掺灰3%时土样的有压膨胀性基本消失。不浸水强度还是浸水强度，都以10%含灰率时最大，即一般存在一个经济含灰率，见附图5-2。施工程序为：旋耕机将25cm的土破碎、整平，当天然含水率小于26%时，按松铺土长10m、宽10m划分网格撒铺石灰，把掺灰剂量6%分3次(每次掺拌1/3)掺拌，接着静压2遍，微振2遍，重振4～10遍，最后静压1遍。

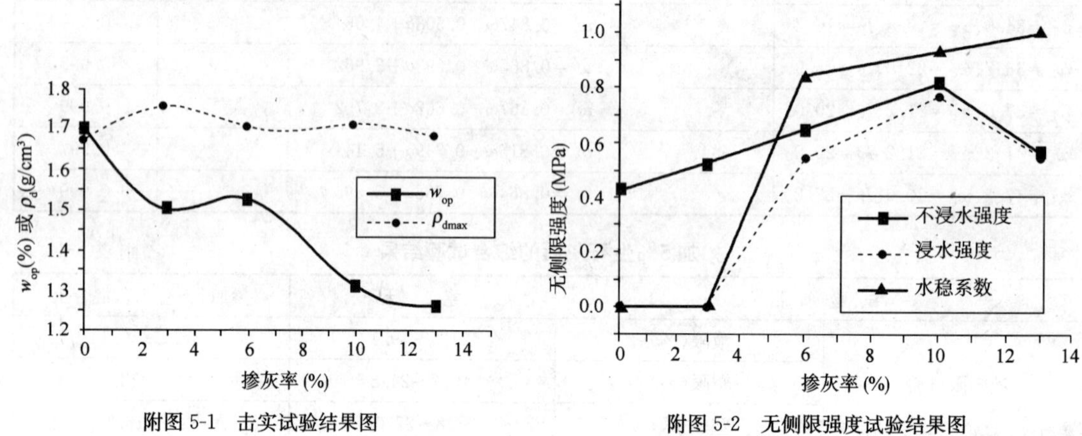

附图5-1　击实试验结果图

附图5-2　无侧限强度试验结果图

7. **实例1.7**　采用掺灰方法改善路基填土，具体做法是：在压实度要求达95%的路基上部(路床深度范围内)消石灰掺量控制在10%范围内，而在压实度要求达90%的部分(路床底面以下)，掺灰量控制在5%范围内。

天气晴爽而干燥，土源含水率并不太高时，用一次掺灰法，即先在取土坑内用重型铧犁翻晒，降低部分含水率，然后再用装载机装车运往路基，掺灰粉碎，再次降低含水率以接近最佳含水率。

当取土坑土源含水率偏大或临近取土坑底部时，改用掺入生石灰块(或粉)的处治方法。对于取土坑较深、湿度很大的土料，采用二次掺灰处治，即将挖出的土先在土场掺入3%～4%的消石灰(必要时也可用生石灰块或粉，其用量约为消石灰的2/3)，以降低土的塑性指数，以便少粉碎。闷料时间和翻拌次数以及水平推移的距离都会影响砂化效果。施工单位认为挖掘机翻拌两次，推土机水平推移50m，堆料5～10d后上路，其砂化程度比较理想，此时5cm以上粒径的含量仅为8%左右，然后第二次掺灰，其用量控制在二次总掺灰量为10%左右。

当素土的塑性指数为24时，掺入8%、6%、5%、4%的石灰后塑性指数大致可降低为15.7、16.8、18.2、19.5，土质团粒化，土块易于粉碎，小于0.075mm黏粒成分减少，降低了收缩性和膨胀性，提高了土的强度和稳定性，缩短了压实时间。

8. **实例1.8**　锡太一级公路淤泥质土二次掺灰，素土的最佳含水率在12.2%～15.1%之间，最大干密度为1.728～1.867g/cm³，*CBR*值2%～5%。不同掺灰的试验结果为：①二次掺灰即第一次掺2%，第二次掺3%，总计掺入5%的石灰后，灰土最佳含水率从12.2%～15.1%上升至17.8%，最大干密度稳定在1.744g/cm³，压实度达到93%。②掺入6%的石灰(两次分别为2%和4%)，当最大干密度为1.72g/cm³，最佳含水率为17.9%时，压实度可达90%。③掺8%的石灰(两次分别为2%和6%)，最大干密度为1.69g/cm³，最佳含水率为19.1%，压实度高达95%。④同时通过土工击实试验表明*CBR*值增至10倍以上。

9. **实例 1.9** 105 国道单县北段，采用生石灰粉处治高含水率土(生石灰粉就是用块状生石灰经粉碎研磨加工而成的粉状生石灰)。路基施工中针对不同土质和不同含水率，做了掺加不同剂量生石灰粉的试验。首先现场测得土层指定位置的含水率，再分别加入 1%～5%的生石灰粉拌和均匀，闷料 12～24h 后再拌和一遍，测定原位置土的含水率。附表 5-7 是一组亚黏土的测量结果。

亚黏土的测量结果 附表 5-7

土起始含水率(%)	生石灰粉剂量(%)	土二次拌和后含水率(%)	土含水率减少率(%)
20	1	17.6	2.4
	3	16.0	4.0
	5	13.8	6.2
21	1	18.4	2.6
	3	16.7	4.3
	5	14.6	6.4
23	1	20.2	2.8
	3	18.4	4.6
	5	16.5	6.5

注：各含水率均为按试验规程测得的含水率平均值。

对其他土质所做的试验也有相近的比例关系，通过反复试验得到的结论是：

掺加 1%生石灰粉约使素土含水率减小 2.6%左右；

掺加 2%生石灰粉约使素土含水率减小 3.5%左右；

掺加 3%生石灰粉约使素土含水率减小 4.3%左右；

掺加 5%生石灰粉约使素土含水率减小 6.3%左右。

10. **实例 1.10** 经验参数：生石灰掺加 1%、3%、5%时可使含水率分别降低为 2.6%、3.9%、6.0%。

附录 5.2 掺熟石灰处治路基填土的实例

1. **实例 2.1** 黑龙江绥北线，过湿黏土，含水率 27.0%，液限 39.8%，塑限 22.3%，掺加熟石灰，试验结果见附表 5-8。

击实试验结果 附表 5-8

石灰剂量(%)	干密度(g/cm³)	最佳含水率(%)	石灰剂量(%)	干密度(g/cm³)	最佳含水率(%)
2	1.75	15.4	8	1.66	17.5
4	1.73	15.9	10	1.64	18.6
6	1.69	16.5			

2. **实例 2.2** 龙甘公路过湿黏土，含水率 30.0%，最大击实干密度为 1.9g/cm³，液限 47%，塑性指数 24，掺加熟石灰，试验结果见附表 5-9。掺加 5%的石灰闷料 24～48h 后，最大击实干密度为 1.83g/cm³。

击实试验结果 附表 5-9

石灰剂量(%)	干密度(g/cm³)	最佳含水率(%)	石灰剂量(%)	干密度(g/cm³)	最佳含水率(%)
2	1.75	15.4	8	1.66	17.5
4	1.73	15.9	10	1.64	18.6
6	1.69	16.5			

3. **实例 2.3** 过湿土 *CBR*2.87%，含水率 31%，掺 6%消石灰，*CBR* 提高到 12.07%，膨胀率由 5.83%降低到 0.03%。

4. **实例 2.4** 过湿红黏土，红黏土的性质及加灰后的性质见附表 5-10，击实曲线见附图 5-3～附图 5-7。试验还得到：①压实度和含水率两参数都对回弹模量有影响，对同一种土，通常随着压实度的增加，回弹模量值增大；随着含水率的增大，回弹模量减小。②石灰掺入红土后，土基回弹模量达到 30MPa。③随着石灰剂量的增加，掺灰红土的回弹模量反而减小，说明一味增加石灰量不一定提高石灰土的强度。

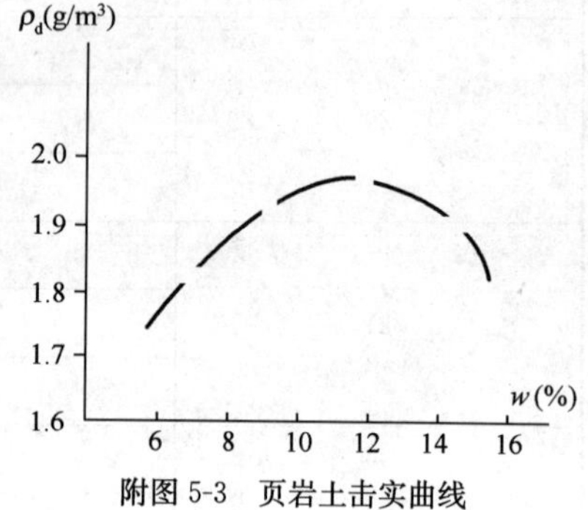

附图 5-3 页岩土击实曲线

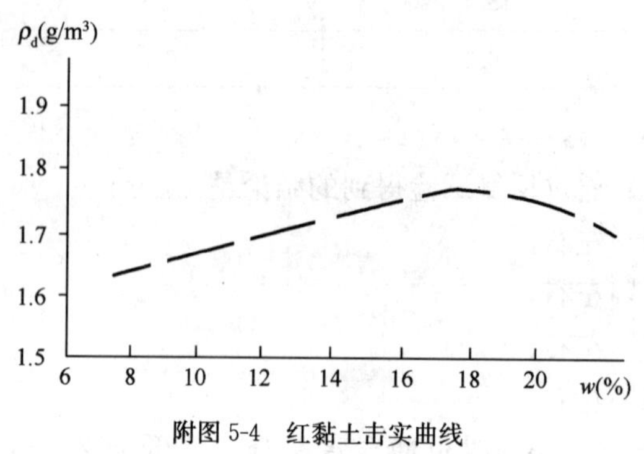

附图 5-4 红黏土击实曲线

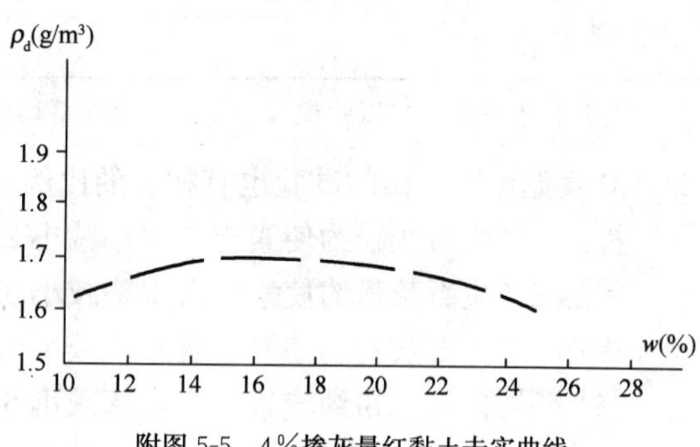

附图 5-5 4%掺灰量红黏土击实曲线

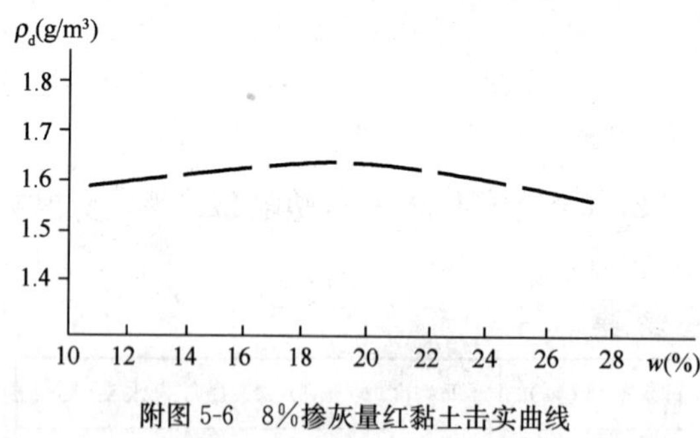

附图 5-6 8%掺灰量红黏土击实曲线

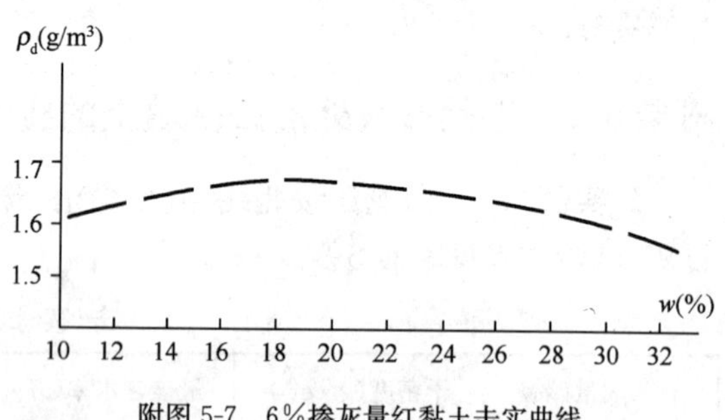

附图 5-7 6%掺灰量红黏土击实曲线

红黏土的性质及加灰后的性质 附表 5-10

土 名	液限(%)	塑限(%)	塑性指数	最大干密度(g/cm³)	最佳含水率(%)
红黏土	80	33.2	46.8	1.77	17.0
掺灰 4%				1.702	17.2
掺灰 6%				1.670	17.9
掺灰 8%				1.630	20.0

5. **实例 2.5** 在京沪高速铁路蚌埠至上海段第四系黏土掺加熟石灰、生石灰、水泥试验，塑性及膨胀变化见附表 5-11；级配变化见附表 5-12；配比与强度的关系见附表 5-13；强度与龄期的关系附表 5-14。

塑性及膨胀性变化表 附表 5-11

掺合料	配合比%	龄期(d)	液限(%)	塑限(%)	塑限指数	自由膨胀率(%)	无荷膨胀量(%)
无			34.1	16.8	17.3	26	2.2
熟石灰	3	14	38.8	24.7	14.1	12	0.19
	5	14	42.9	27.9	15	13	0.06
	7	14	42.4	28.0	14.4	14	0
生石灰	3	14	38.3	24.9	13.4	16	0.03
	5	14	41.5	27.4	14.1	17	0
	7	14	40.3	28.0	12.3	13	0
325 号水泥	3	14	38.2	21.5	16.7	23	0.89
	5	14	39.2	22.3	16.9	20	0.86
	7	14	38.9	23.2	15.7	21	0.8

级配变化表 附表 5-12

掺合料	配合比(%)	龄期(d)	级配%(mm)		
			0.1～0.05	0.05～0.005	<0.005
无			9.7	55.0	35.5
熟石灰	3	14	9.2	68.4	22.4
	5	14	25.1	61.4	13.5
	7	14	26.8	62.6	10.6
生石灰	3	14	13.5	66.3	20.2
	5	14	19.0	65.5	15.5
	7	14	25.9	62.8	11.3
325 号水泥	3	14	7.2	65.3	27.5
	5	14	11.6	66.9	21.5
	7	14	26.0	59.9	14.1

强度变化表 附表 5-13

状态	掺合料	配合比	龄期(d)	无侧限抗压强度(kPa)	饱和无侧限抗压强度(kPa)	最佳点前 4% 含水率时的 q_0(kPa)	最佳点后 4% 含水率时的 q_0(kPa)
原状				524	48		
人工制备	无			263	19		
	熟石灰	3%	14	490	291	604	184
		5%	14	1 193	783	656	423
		7%	14	1 074	810	479	442
	生石灰	3%	14	263	217	345	166
		5%	14	735	544	385	197
		7%	14	530	493	367	226
	325 号水泥	3%	14	490	267	469	336
		5%	14	1 180	410	492	359
		7%	14	958	579	656	624

强度与龄期的关系　　附表 5-14

状态	掺合料	配合比	龄期(d)	无侧限抗压强度(kPa)	饱和无侧限抗压强度(kPa)
原状				524	48
人工制备	无			263	19
	生石灰	7%	3	251	244
			7	344	321
			14	530	493
			21	704	525
			28	1 036	588
	325 号水泥	7%	3	554	471.0
			7	768	514
			14	958	579
			21	976	682
			28	1 034	870

6. **实例 2.6**　沪宁高速公路苏州段 A 标，过湿黏土：液限 56.7%，塑限 28.3%，含水率 29.7%；掺加 6%消石灰后，混合土：液限 55.7%，塑限 29.6%，含水率 24.9%。

7. **实例 2.7**　过湿黏土，掺加消石灰，掺量试验对强度的影响见附表 5-15，液塑限试验结果见附表 5-16。

掺不同外加剂对无侧限抗压强度的影响　　附表 5-15

土 的 类 型	最佳含水率(%)	最大干密度(g/cm³)	无侧限抗压强度(MPa)
素　　土	16.3	1.84	0.48(压实度 90%)～0.68(压实度 95%)
4%消石灰	17.5	1.78	2.50
6%消石灰	19.0	1.74	3.24
3%消石灰、15%粉煤灰	21.1	1.66	2.14

掺 6%石灰与素土液塑限试验结果对比　　附表 5-16

土 的 类 型	含水率 ω(%)	液限 ω_L(%)	塑限 ω_P(%)	塑性指数 I_P	稠度 W_c(%)
素　　土	29.2	51	26	25	0.87
掺 6%消石灰	25.3	50	27	23	1.07

8. **实例 2.8**　淮江高速公路江都段，过湿土的物理性质及掺灰对过湿黏土塑性的影响见附表 5-17，素土与掺灰压缩试验见附表 5-18，无侧限抗压强度结果见附表 5-19。未掺灰土样的天然稠度 W_c=0.83，I_P=23。掺灰后土样的塑性指数由 23 降为 19，线缩率和收缩系数降低到原来的 1/4 至 1/3，线缩率由 3.8%降为 0.8%，收缩系数由 0.290 降为0.085。掺灰后土样的压缩模量增加到原来的 4～5 倍。不掺灰时饱和土样的无侧限抗压强度远远小于非饱和土样的无侧限抗压强度；掺灰后 7d 龄期的非饱和土样的无侧限抗压强度改变不大，但饱和土样的无侧限抗压强度增长很多(约为原来的 5 倍)，超过了非饱和土样的无侧限抗压强度。同一掺灰率下，随龄期的增加，压缩模量和无侧限抗压强度均能增加到 1 倍左右。

土料的物理性质 附表 5-17

土样情况	天然含水率 w(%)	液限 w_L(%)	塑限 w_P(%)	塑性指数 I_P	稠度 W_C	颗粒大小分布(%)			
						0.250～0.075mm	0.075～0.005mm	<5μm	<2μm
不掺灰	27.5	46.7	24.0	23	0.83	1	69	30	20
掺灰 4%		44.1	25.2	19					

素土与掺灰压缩试验结果 附表 5-18

土样情况		饱和土				非饱和土			
		压缩系数 α_{1-2} (MPa^{-1})	压缩模量 E_{1-2} (MPa)	压缩指数 C	前期固结压力 P (kPa)	压缩系数 α_{1-2} (MPa^{-1})	压缩模量 E_{1-2} (MPa)	压缩指数 C	前期固结压力 P (kPa)
不掺灰		0.120	7.7	0.169	200	0.27	5.7	0.176	190
掺灰 4%	龄期 7d	0.030	38.7	0.020	203	0.07	21.6	0.042	220
	龄期 28d	0.025	61.0	0.017	222	0.04	43.6	0.031	250

无侧限抗压强度结果 附表 5-19

土样情况		饱和土 q(kPa)	非饱和土 q(kPa)
不掺灰		178	746
掺灰 4%	龄期 7d	877	678
	龄期 28d	1 301	1 126

当掺灰率由 0%→4%→6%→8%时,相应的塑性指数分别为 23→19→18→17,最大干密度分别为 1.92g/cm³→1.88g/cm³→1.85g/cm³→1.85g/cm³,收缩系数分别为 0.290→0.085→0.073→0.077。压缩模量、无侧限抗压强度随掺灰率的增加,在一定限度内,保持增长,达到某一值以后,甚至有减小的趋势,见附图 5-8、附图 5-9。不同掺灰率(4%→6%→8%)下室内制备土样 7d 龄期的最大线缩率(分别为 3.8%→0.8%→0.75%→0.95%)。

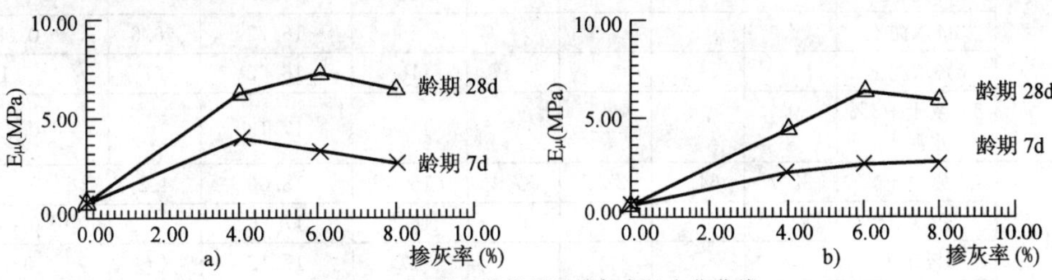

附图 5-8 土样压缩模量随掺灰率的变化曲线

a)饱和土;b)非饱和土

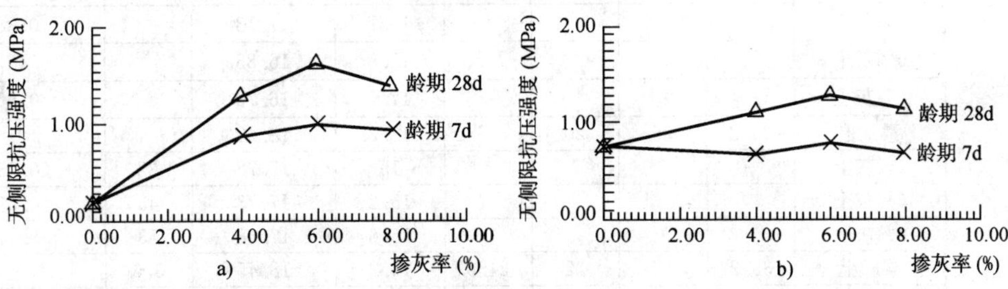

附图 5-9 土样无侧限抗压强度随掺灰率的变化曲线

a)饱和土;b)非饱和土

附录 5.3 掺水泥处治路基填土的实例

1. **实例 3.1** 过湿土 CBR2.87%，含水率 31%，掺 15%水泥，抗压强度提高到 1.50MPa。

2. **实例 3.2** 沂怀江高速公路过湿土，其土料和掺灰土物理性质见附表 5-20。

沂怀江高速公路部分土料物理试验结果表 附表 5-20

标 段	土 质	含水率(%)	液限(%)	塑限(%)	塑性指数	最佳含水率(%)	最大干重度(kN/m³)	CBR(%)	无侧限抗压强度(MPa)
F—1	素 土	22.3	40	20.3	19.7	10.2	19.7		
	5%水泥土					10.6	19.53		
F—2	素 土	23	36.2	20.1	16.1	12.3	19.06	3	
	5%石灰+3%水泥土					13.2	18.23		1.02
	5%灰土					12.1	18.16	0.65	
	7%灰土					14	18.11		0.71
G—1	素 土	30.6	38.4	20.7	17.7	17	17.2		
	6%灰土					19	16.21		0.51
	5%水泥土					18.2	17.03		
G—2	素 土	33.1	34.1	18.7	15.4	14	17.63		
	5%水泥土					14.6	17.79		0.66
H—1	素 土	29.1	37.2	19.4	17.8	17.5	16.90	1.5	
	5%石灰+3%水泥土					19.8	16.64	52	
H—2	素 土	38	35.5	19.4	16.1	14.6	18.05		
	6%灰土					16.5	17.44	26	
I—1	素 土	32.9	36.2	19.2	17	16.5	16.15	4.9	
	4%灰土					16	16.18		
	6%灰土					16.5	16.50	25.8	
	8%灰土					16	16.65		
	3%水泥土					16	16.72	46.6	0.09
	5%水泥土					16	16.62	57	0.1
	8%灰土+3%水泥土					15.4	17.13		0.31
J—1	素 土	32.7	64.6	27.2	37.4	15.9	18.06	4.2	
	3%灰土					16.5	17.66		0.67
	5%灰土					17	17.12		0.7
	7%灰土					17.1	16.70		0.73
K—1	素 土	31.8	54.7	24.7	30	15.6	18.13	5.5	
	3%灰土					15.7	17.13		0.38
	5%灰土					17.8	16.85		46
	7%灰土					17.5	16.70		0.52
L—1	素 土	25.2	36	20	16	13.2	18.29	4	
	4%灰土					15	17.78	32	0.25
	6%灰土					15.2	17.73	45	0.35
	8%灰土					15.6	17.68	53	0.41
L—2	素 土	35.2	47	22	24.8	14.2	18.45	3.6	
	4%灰土					14.5	17.50	43.5	0.39
	6%灰土					15.8	17.44	50	0.42

附录5.4　掺石灰—粉煤灰处治路基填土的实例

1. **实例4.1**　过湿土CBR2.87%，含水率31%，掺10%二灰(石灰∶粉煤灰=1∶4)，*CBR*提高到11.85%，膨胀率由5.83%降低到0.06%；掺30%二灰(石灰:粉煤灰=1∶3)，抗压强度提高，达到1.19MPa。

2. **实例4.2**　广东沿海某公路，高液限土，含水率24.0%～28.0%，液限39.9%～51.3%，塑限19.2%～25.0%。采用二灰土(石灰—粉煤灰)按石灰∶粉煤灰∶素土分别为：8∶24∶68、9∶27∶64、10∶30∶60，粉煤灰化学成分见附表5-21，试验结果见附表5-22。石灰烧失量：6.069，比表面积>2 500cm^2/g，90%通过0.3mm筛孔，70%通过0.075mm筛孔；含水率30%～56%；掺3%生石灰后塑性指数变化情况见附表5-23。试验证明，过湿土、高液限土掺加3%生石灰砂化后，经过3d堆放闷料后，土的含水率由原来的24%～28%降低为20%～23%、32%降低为27%，而且大块分解为小块，容易翻晒。

粉煤灰化学成分　　附表5-21

成　分	含量(%)	成　分	含量(%)
SiO_2	54.16	CaO	3.1
Fe_2O_3	6.10	MgO	2.00
Al_2O_3	60.2	其他	4.44

广东沿海某公路二灰土(石灰—粉煤灰)试验结果　　附表5-22

区段号	8∶24∶68			9∶27∶64			10∶30∶60		
	最佳含水率(%)	最大干密度(g/cm^3)	无侧限抗压强度(MPa)	最佳含水率(%)	最大干密度(g/cm^3)	无侧限抗压强度(MPa)	最佳含水率(%)	最大干密度(g/cm^3)	无侧限抗压强度(MPa)
1	19.5	1.57	0.72	21.2	1.55	0.60	22.0	1.53	0.68
2	18.9	1.57	0.75	19.9	1.55	0.60	21.5	1.53	0.76
3	19.5	1.57	1.09	20.0	1.54	0.97	21.5	1.53	0.95
4	20.1	1.55	0.79	21.0	1.52	0.74	21.9	1.50	0.73
5	19.1	1.57	0.76	20.9	1.54	0.68	21.9	1.52	0.66
6	18.9	1.57	0.62	20.2	1.53	0.54	21.4	1.51	0.52
7	18.6	1.57	1.02	19.0	1.55	1.13	20.4	1.53	0.90
8	20.5	1.57	0.64	21.0	1.54	0.56	21.4	1.51	0.60

掺3%生石灰后塑性指数变化情况　　附表5-23

位置编号	素　土			掺灰1d			掺灰2d			掺灰3d			掺灰4d		
	液限	塑限	塑指	液限	塑限	塑指	液限	塑限	塑指	液限	塑限	塑指	液限	塑限	塑指
1	46.5	23	23.5	42.8	27.5	15.3			41	32	14	41.0	31.0	13.0	
2	46.2	21.2	25.0	43.1	27.5	15.5							41.0	29.0	12.1
3	47.5	21.2	26.3	41.0	27.0	14.0	45.0	32.0	13.0	45	32.5	12.5	38.6	27.6	11.0
4	47.0	25.0	22.0	41.4	29.0	12.4	41.0	29.0	12.1	43.5	30.5	12	39.3	28.4	10.9
5	46.8	25.2	21.6	41.5	29.3	12.3				41.3	29	12.3	39.3	29.2	1.1
6	46.8	25.2	21.6	46.8	29	17.8							41.3	28.3	13.0
7	48.5	21.5	27.0	41.0	27	14.0							39.1	27.6	11.6
8	46.2	24.8	21.4	41.9	31.4	10.5							41.3	31.7	9.6

3. **实例 4. 3** 320 国道嘉兴国境，黏土，比重 2. 74，含水率 36. 5%，液限 48. 8%，塑限 27. 5%，最大干密度 1. 83g/cm³，最佳含水率 15. 8%，*CBR*1. 0%。配合比试验结果见附表 5-24。

配合比试验结果 附表 5-24

配比(石灰∶粉煤灰∶土)	含水率(%)	比重	液限(%)	塑限(%)	最大干密度(g/cm³)	最佳含水率(%)
纯土	36.5	2.74	48.8	27.8	1.83	15.8
6∶9∶85	29.1	2.66	49.9	35.4	1.64	18.0
5∶10∶85	29.3	2.65	53.9	35.7	1.71	16.1
7∶8∶85	28.9	2.67	53.0	38.4	1.66	18.9
6∶14∶80	28.5	2.65	52.4	36.1	1.67	19.2
6∶19∶85	27.9	2.57	50.4	34.7	1.62	19.5

附录 5. 5 掺 NCS 处治路基填土的实例

一些工程掺 NCS 后土料含水率及其性质的变化见附表 5-25 和附表 5-26。

含水率随时间变化规律 附表 5-25

土料天然含水率(%)	25			30			35			40		
闷料时间(h)	24	48	72	24	48	72	24	48	72	24	48	72
3∶9∶88	22.0	21.1	20.6	27.5	27.1	26.4	32.0	31.0	28.6	37.0	36.2	35.7
4∶9∶87	21.1	20.2	19.3	26.6	26.2	25.4	31.1	30.0	27.1	35.9	34.9	34.1
5∶9∶86	20.3	19.4	18.0	25.8	25.4	24.6	30.1	28.9	26.5	35.1	34.2	33.5
6∶9∶85	19.5	18.4	17.0	25.0	24.6	23.8	29.2	28.0	25.8	34.3	33.6	33.0
7∶9∶84	18.8	18.0	16.8	24.3	24.0	23.1	27.9	27.0	25.1	33.1	32.3	31.6
8∶9∶83	18.0	17.1	16.0	23.7	23.5	22.6	26.8	26.2	24.4	32.2	31.5	31.0
9∶9∶82	17.2	16.3	15.5	23.0	22.7	22.0	25.5	24.9	23.7	31.0	30.8	29.3

掺 NCS 的试验结果参考表 附表 5-26

序号	工程名称	土质情况	素土最优含水率(%)	掺灰比例(%)	混合料最优含水率(%)	备注
1	某试验	过湿粉土，含水率 24.2%，液限 32.0%，塑限 10.0%	13	3～8	最优含水率增加 1.6～2.4	
2	沪杭高速公路 HH03 标	过湿黏土，液限 59.8%，塑限 26.5%，最大干密度 1.75g/cm³	15.23	路床 3	15.63	混合土，液限 58.9%，塑限 31.0%，最大干密度 1.7g/cm³
3	沪杭高速公路 HH03 标	过湿黏土，液限 59.8%，塑限 26.5%，最大干密度 1.75g/cm³	15.23	路床 6	17.56	混合土，液限 57.1%，塑限 34.6%，最大干密度 1.68g/cm³
4	沂怀江高速公路	过湿土，含水率 32.7%，26. 5%，液限 57.1%，塑限 28.3%，塑性指数 28.8		3		含水率 26.9%，液限 55.0%，塑限 31.0%，塑性指数 24.0

续上表

序号	工程名称	土质情况	素土最优含水率(%)	掺灰比例(%)	混合料最优含水率(%)	备注
5	沪杭高速公路	过湿黏土,液限 34.0%~47.7%,塑限 20.7%~24.2%,含水率 25.8%~34.03%,最大干密度 1.6~1.69g/cm³(轻型)、1.73~1.78g/cm³(重型)	19~22(轻型)、15~18(重型)	3	16~19	95 区施工控制含水率 20%~23%
6	沪宁高速公路苏州段 A 标	过湿黏土,液限 56.7%,塑限 28.3%,含水率 29.7%		3		混合土,液限 54.2%,塑限 30.8%,含水率 24.6%

1. **实例 5.1** 某试验工程为过湿粉土,含水率 24.2%,液限 32.0%,塑限 10.0%,掺加 NCS 前后的击实试验的结果见附表 5-27。

击实试验结果 附表 5-27

配合比		重型击实		轻型击实	
土	NCS	ρ_{dmax}(g/cm³)	w_{op}(%)	ρ_{dmax}(g/cm³)	w_{op}(%)
100	0	1.90	13.0	1.71	17.0
100	3	1.78	15.6	1.57	17.3
100	5	1.75	16.1	1.55	18.1
100	8	1.73	16.4	1.54	18.8

2. **实例 5.2** 过湿黏土,上海沪嘉高速公路经验,土中含水率的蒸发速率为:夏季晴日每天 1%,春秋季 0.7%。沪宁高速公路苏州段 A 标采用不同掺料进行降低黏土含水率的试验结果见附表 5-28,采用 NCS—1 作掺料的液塑限变化见附表 5-29,NCS 稳定土最佳含水率随剂量变化的 ρ_{dm}—ω 曲线见附图 5-10。

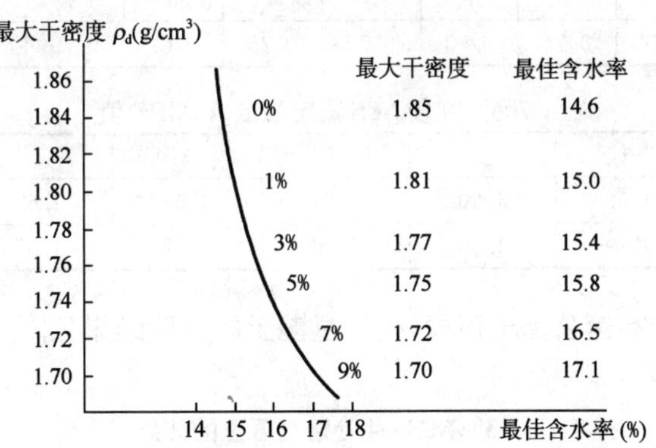

附图 5-10 NCS 稳定土最佳含水率随剂量变化的 ρ_{dm}—ω_{op} 曲线

土掺拌无机结合料后含水率降低情况 附表 5-28

结合材料名称	消石灰 4%	生石灰 4%	石灰 2% 水泥 2%	石灰 3% 粉煤灰 15%	NCS—2 4%	NCS—II 4%
含水率降低值(%)	3.1	4.8	2.7	2.5	5.9	6.0
每 1%外掺剂吸水影响量(%)	0.775	1.20	0.675	0.83	1.475	1.50

土随 NCS 不同剂量时的 ω_L、ω_P、I_P 变化情况　附表 5-29

NCS—1 剂量(%)	0	3	4	5	6	7	9
液限 ω_L(%)	47.0	44.4	42.8	44	44	42	42
塑限 ω_P(%)	23.0	27.2	27.8	30	31	30.5	31.3
塑性指数 I_P	24	17.2	15	14	13	11.5	10.7

3. **实例 5.3**　沪宁公路，大多为中液限、高液黏土、粉质中液限黏土，含少量的细砂夹层，土呈硬塑、软塑或流塑状态，地下水位高，地基强度低。含水率 28.0%～35.1%，承载比 *CBR* 为 2%～3%。其他物理力学指标为；比重 2.73～2.76，干重度 14.1～14.9kN/m³。液限 50%～57%，塑性指数 28～32，稠度 0.72～0.75，饱和度 94%～97%。现场施工掺入 4%结合料后，经过反复耕梨翻拌打碎，土体减少的含水率见附表 5-30，不同 NCS 掺量液塑限变化见附表 5-31，7d 4%剂量 NCS 稳定土强度 R(MPa)值见附表 5-32，7d 6%剂量 NCS 稳定强度 R(MPa)值见附表 5-33。

各种无机结合料掺拌合后土的含水率减少情况　附表 5-30

结合料名称	消石灰	生石灰	石灰水泥	石灰粉煤灰	NCS—2	NCS—Ⅱ
掺拌前土的平均 ω(%)	28.6	28.0	24.0	31.6	28.1	30.1
拌料后的平均 ω(%)	25.5	23.2	21.3	29.1	22.2	24.1
ω 减少的百分点	3.1	4.8	2.7	2.5	6.9	6.0

NCS—1 固化材料不同剂量时的液塑限变化　附表 5-31

NCS—1 剂量(%)	0	3	4	5	6	12
液限 ω_L(%)	57.0	55.5	55.1	54.5	54.0	51.0
塑限 ω_P(%)	26.0	29.5	30.6	30.8	31.0	28.2
塑性指数 I_P	21.0	26.0	24.5	23.7	23.0	25.9

7d4%剂量 NCS 稳定土强度 *R*(MPa)值　附表 5-32

延时制件小时(h)	0	1	2	3	4	6	8	10	24	24 扰动后
NCS—1(Kb90)	0.82	0.75	0.70	0.72	0.76	0.82	0.79	0.79	0.74	0.77

7d6%剂量 NCS 稳定强度 *R*(MPa)值　附表 5-33

延时制件天数(d)	0	1	2	3	4	5	6
NCS—7(Kb93)	1.59	1.90	1.92	1.54	1.69	1.56	1.64
NCS—8(Kb93)	1.79	1.86	1.50	1.57	1.57	1.53	1.60

4. **实例 5.4**　京秦高速公路玉田段，处治过湿土的试验结果见附表 5-34，不同掺灰的降低含水率值见附表 5-35。

3%NCS—4 处治过湿土的结果　附表 5-34

土的类型	含水率 ω(%)	液限 ω_L(%)	塑限 ω_P(%)	塑性指数 I_P(%)	稠度 W_C(%)
天然土	31.0	52.2	25.2	27.0	0.79
3%NCS—4	26.2	57.0	37.0	20.0	1.54

不同比例 NCS—4 处治过湿土的含水率降低结果　附表 5-35

NCS—4 掺量%	3	4	5	6	8	10	12
含水率降低值%	5.0	6.9	6.2	6.2	1.5	1.3	2.3

附录 5.6 掺灰路基的施工参数实例表(见附表 5-36)

附表 5-36

工程名称	拌和施工机械	闷料时间	摊铺层厚度(cm)	拌和遍数	拌和场地	备注
宁夏 101 线	路拌	3h	25±3cm	1～2	路基	掺石灰
哈绥线	犁铧	2d	15	5～6	料场	掺石灰
龙甘路	犁铧	1～2d	30	4～6	路基	先掺 2/3 的消石灰，翻拌 4～6 遍，压路机全面碾压一遍，闷料 24～48h后，再翻拌、粉碎至土颗粒小于 50mm 以下，用重型压路机碾压到规定的密实度
某工程	犁铧	4h	20～25	2	路基	先平整，再铺石灰，后犁一遍耙一遍，闷料 4h 后再拌和一遍
沪杭高速公路 HH03 标	旋转耕犁	24h	15	3～4	路床	生石灰处置路床，撒铺石灰摊平后，翻拌 3～4 遍，压路机静压一遍，闷料 24h，然后又推成堆，再进行平铺碾压。闷料期间如果含水率较低，可以洒一点水，利于石灰水解和结晶。养护 2～3d
沪杭高速公路 HH03 标	路拌机	24h	30	3～4	路床	生石灰处置路床，撒铺石灰摊平后，翻拌 3～4 遍，压路机静压一遍，闷料 24h，然后又推成堆，再进行平铺碾压。闷料期间如果含水率较低，可以洒一点水，利于石灰水解和结晶。养护 2～3d
沪杭高速公路 HH03 标	与上两项同	5～6h	同上两项	同上两项	同上两项	掺 NCS
吉首市人民南路	铲车、挖机	4～8h	打堆	>2	料场	掺消石灰
320 国道嘉兴国境	路拌机	24～48h	压实后 20	3	路基	二灰(石灰、粉煤灰)，先路拌 1 遍，轻压 2 遍，闷料 24～48h 后路拌 2 遍进行正式摊铺和碾压
哈同公路	挖机	1～3d		>2	料场	先在要开挖的料场上摊铺石灰，再挖料、装料和摊铺过程中拌和石灰土
苏嘉杭高速公路	挖机	2～3d		>2	料场	先在要开挖的料场上摊铺石灰，再挖料、装料和摊铺过程中拌和石灰土
沪杭高速公路	路拌机	24h		6～8	路基	第一次拌 3～4 遍(闷料前)，第二次 3～4 遍(闷料后，碾压前)
沪宁高速公路常州段	路拌	4h	0～25		路基	先拌 1 遍，闷料 4h，再拌和
沪宁路无锡段	犁铧+缺口圆耙	24～28h	30	5～6	路基	先粉碎 1～2 遍到 50mm 以下，5～6 遍

续上表

工 程 名 称	拌和施工机械	闷料时间	摊铺层厚度(cm)	拌和遍数	拌和场地	备 注
广东省善江一级公路路基基底	犁铧＋旋耕机		30	灰土均匀为止	基底	先晾晒到25%～27%含水率,铺灰后翻耕一遍,旋耕均匀后闷料到最佳含水率,翻搅一遍后碾压
成都北遍组场	旋耕机	无	25	3	站场	旋耕机将土破碎、整平,把掺灰剂量按3次掺拌,接着静压2遍,微振2遍,重振4～10遍,最后静压1遍
绥北公路(2)海北段A4合同段	挖掘机	24h		拌匀为止	路基	(1)备土:先备一层土,然后再在土上按比例要求备一层灰,依次进行 (2)倒土:把分层备在一起的白灰和黏土,用挖掘机倒一遍,边倒边用挖掘机把土和石灰拌匀 (3)闷土:至少闷土一昼夜,使石灰和土充分发生离子交换和结晶等化学作用 (4)碾压:采用振动式压路机碾压,第1遍不加振,第2遍开始加振碾压4遍,压实度达到74.8%;碾压第5遍压实度达到80.1%;碾压第6遍压实度达到85.6%;碾压第7遍压实度达到90.3%;碾压第8遍压实度达到92.1%;碾压第9遍压实度达到92.2%;碾压第10遍压实度达到92.2%
大(足)邮(亭)高等级公路	旋耕机	4～5h	30	2～3	路基	底层处治:在开挖面上用石灰粉纵横打出格子线,依据掺拌剂量计算出每格所用灰量,然后按比例均匀撒布生石灰粉,用旋耕机拌和2～3遍(拌和深度为20cm),使其拌和均匀,闷料4～5h后,现场取土样测定含水率,在接近最佳含水率或小于施工控制最大含水率时,用推土机将土推平。由于下层为湿软土,不稳定,不能用重型或振动压实机械,只能先用带式推土机稳压2遍后,再用8t两轮静压压路机碾压2遍 第2层处治:在底层压实成型24h后,才进行本层施工,用挖掘机或其他机具将堆积在两侧的湿软土调回到工作面上,松铺厚度为30cm(松铺系数为1.2),初步整平后打出格子线,均匀撒铺生石灰粉,用旋耕机拌和2～3遍使其拌和均匀后进行闷料,闷料4～5h取土样测定含水率,含水率在适宜范围内时就将土整平,用推土机稳压2遍后再用两轮8t压路机碾压4～5遍

第六章　采用粉煤灰填筑路基的施工方法

我国目前粉煤灰年排放量已超过7 000万t，而其利用尚不足30%，占用大量耕地，严重污染环境，已成为一大公害。

粉煤灰填筑路堤，能够减少对环境的污染，节省热电厂用于储存粉煤灰的费用，降低公路成本，同时也大大减少填筑料场和粉煤灰堆积场地的征地费用，缓解用地紧张的困难，并且粉煤灰填筑的路基质量可靠，具有良好的物理、力学性、水稳性和渗透性，以及较宽的施工控制含水率范围。这同时也造就了粉煤灰可以作为多雨潮湿地区路基的良好填料，为多雨潮湿地区不能利用天然土料作为路基填料时有一种可替代的填料。

第一节　粉煤灰的种类及工程特性

粉煤灰按其排放系统的不同，可分为干排灰、湿排灰和调湿灰三种。按含钙量多少分为高钙灰（CaO含量≥10%）和低钙灰（CaO含量＜10%）两种。大多数粉煤灰按土工规范分类属于砂质粉土，粉煤灰具有如下工程特性。

1. 自重轻

由于粉煤灰具有相当数量的空心玻璃珠，因此粉煤灰相对密度比黏性土小得多，一般松散重度为6～7kN/m^3，经轻型击实试验击实后干重度为9.2～13.5kN/m^3。粉煤灰自重轻给回填土工程带来有利的一面，可降低对下卧土层的压力，减少沉降。

2. 击实性能好

粉煤灰的颗粒组成使它具有振实或碾压的条件，击实试验曲线比较平缓，具有相对宽的施工控制含水率区间。粉煤灰的施工控制含水率的范围远较一般黏性土大，扬州电厂粉煤灰的重型击实标准为28%～40%，轻型击实标准为35%～50%；最大干密度较小，重型击实标准为1.0～1.25g/cm^3，轻型击实标准为0.9～1.05g/cm^3。扬州电厂粉煤灰重型击实曲线见图6-1，青岛热电厂粉煤灰的击实曲线见图6-2。

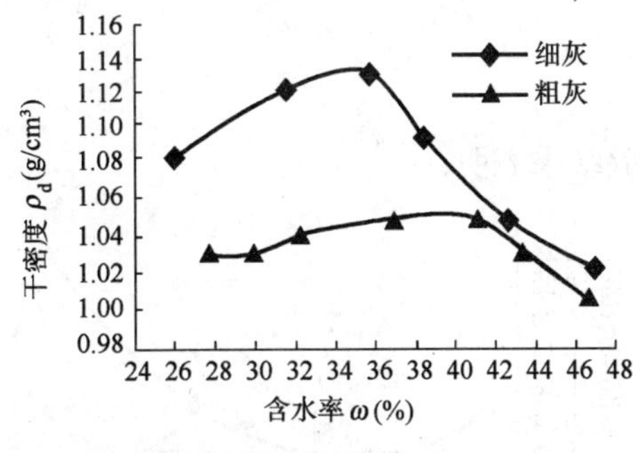

图6-1　粉煤灰重型击实曲线

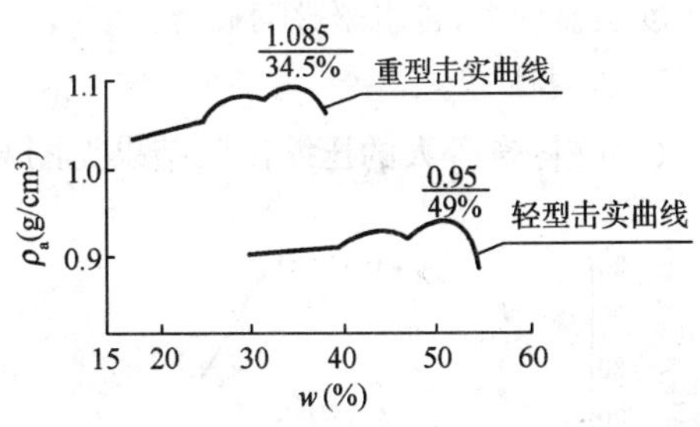

图6-2　粉煤灰的击实曲线

粉煤灰的击实特性与细粒土有相似之处，在含水率较低时，干密度随含水率增加而增加，曲线出现峰值后，干密度随含水率增加而减小。但它也有自己的特征，在达到最大干密度之前，含水率变化对干密度的影响较小，曲线呈平缓上升趋势；而达到最大干密度之后，含水率对干密度的影响较大，曲线迅速下降。更为重要的是，粉煤灰的最佳含水率相当大，这与它均匀颗粒形成的大孔隙度有关。青岛热电厂粉煤灰的轻型击实最佳含水率达 49%左右，比一般黏性土高出约 30 个百分点；重型击实最佳含水率在 35%左右，重型击实比轻型击实的最佳含水率约小 14 个百分点。带孔隙的颗粒结构和较大的比表面积使其具有较高的吸水性和较好的水稳性，因此，峰值前的干密度受含水率的影响并不太明显。当含水率超过最佳值以后，已接近于饱和，便产生孔隙水压力，抵消了部分击实功能，使击实效果锐减。

从击实曲线前半支的变化率可知，当粉煤灰的含水率相当于最佳含水率的一半时，击实密度已达到最佳密度的 90%左右。说明粉煤灰的可击实含水率区域较广，这给现场施工带来很大方便。

从图 6-1 和图 6-2 可以看出，粉煤灰的击实曲线有以下特点：

(1)粉煤灰的可击实含水率范围较宽，在较大的含水率范围内能达到较高的压实系数。

(2)在含水率小于最佳含水率的情况下，含水率的变化对干密度值影响较小，曲线呈平缓的上升趋势，而达到最佳含水率后，含水率的变化对干密度值影响较大，曲线下降较快。

3. 抗剪强度

氧化钙、氧化钠或氧化钾含量高的粉煤灰，遇水后会发生火山灰反应，产生自身硬化，这种自硬性对粉煤灰的某些物理及工程性能有明显的改善作用，如抗剪强度、压缩性能、承载能力、渗透性和冻敏性等。当压实系数为 0.9～0.95 时，黏聚力为 5～30kPa，内摩擦角 23°～30°，与黏性土的抗剪强度相比，内摩擦角值大 30%～50%，黏聚力约小 30%～50%。

扬州电厂粉煤灰的试验结果表明：在重型标准击实的条件下，当含水率在($w_{op}-10\%$)～($w_{op}+8\%$)范围变化时，粉煤灰抗剪强度指标基本稳定，含水率变化的影响不显著。

扬州电厂粉煤灰($w_{op}=39.5\%$)按重型标准击实后制样的无侧限抗压强度与含水率的关系曲线见图 6-3。试验结果表明，击实粉煤灰的无侧限抗压强度与试样含水率关系密切。当 w 小于 w_{op} 时，无侧限抗压强度随含水率增加而缓慢增加；当 w 大于 w_{op} 后，无侧限抗压强度随含水率增加而急剧减小，含水率对无侧限抗压强度 q 影响显著。

4. 动强度特性

粉煤灰在动荷载(特别是地震荷载)作用下的强度试验结果表明，在振次 $n=12$～30 之间时，不同含水率粉煤灰的动强度指标相比静强度指标都有一定衰减。当含水率在($w_{op}-10\%$)～w_{op} 范围时，动强度指标基本保持稳定，含水率的影响不明显；而当含水率取 $w_{op}+10\%$ 后，动强度衰减幅度明显加大，含水率影响显著。

5. 压缩性

(1)陈仕奇等人的压缩试验结果见图 6-4，其试验结果表明：

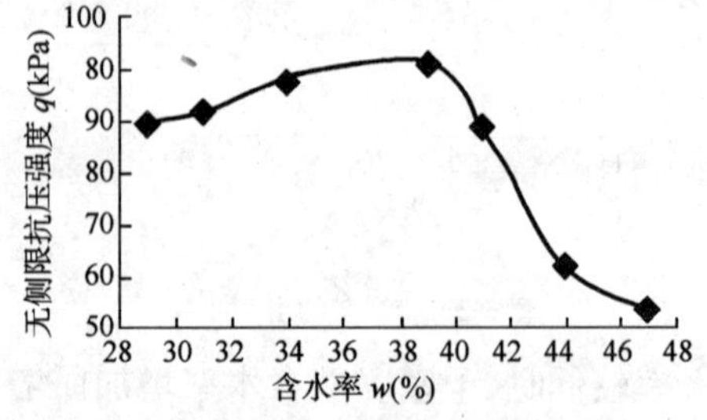

图 6-3　无侧限抗压强度—含水率关系曲线图

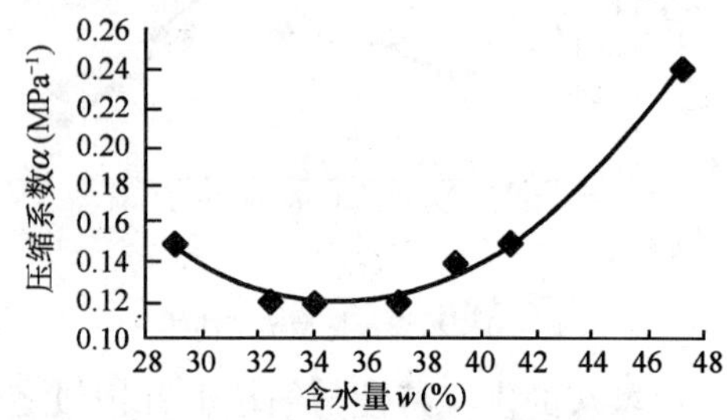

图 6-4　压缩系数—含水率关系曲线图

①粉煤灰按重型标准击实后属中等偏低压缩性或低压缩性土。

②采用重型标准击实后，含水率在($w_{op}-10\%\sim w_{op}+2\%$)较大范围内，压实系数及压缩模量比较稳定，变化较小；当含水率大于 $w_{op}+2\%$后，含水率对压缩系数影响较为明显，随含水率增加，压缩系数增长较快。

(2)粉煤灰在路基工程上的特点

①粉煤灰击实后压缩系数较小，压缩模量较大，加之自重轻，粉煤灰路堤自身压缩变形优于土质路堤。

②击实粉煤灰含水率在($w_{op}-10\%\sim w_{op}+2\%$)较大的范围内压缩系数及压缩模量变化不大，结合粉煤灰可击实含水率区域较宽的特点，粉煤灰路堤施工可考虑在($w_{op}-10\%\sim w_{op}+2\%$)的含水率范围内压实。

青岛热电厂粉煤灰和青岛地区砂黏土的压缩试验结果见表 6-1 和图 6-5。

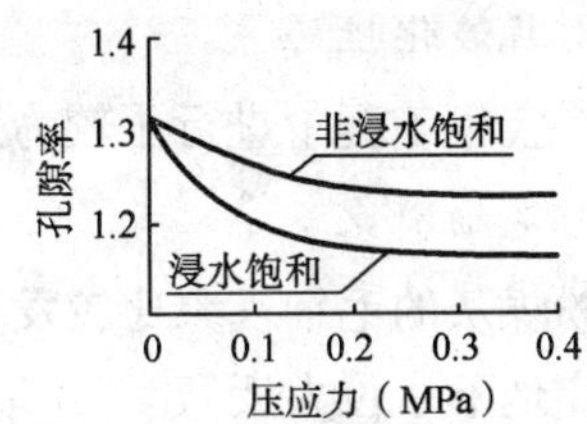

图 6-5 粉煤灰压缩曲线

饱和后压缩系数提高 18%左右，而砂黏土则提高了约 34%，再次说明粉煤灰的水稳性比砂黏土为好。由试验结果知，击实至最佳密度时，粉煤灰属中等压缩性材料。

粉煤灰和砂黏土压缩性指标 表 6-1

土 类	非 饱 和		饱 和	
	$\alpha_{0.1-0.2}$(MPa^{-1})	E_S(MPa)	$\alpha_{0.1-0.2}$(MPa^{-1})	E_S(MPa)
粉煤灰	0.205	11.17	0.250	9.35
砂黏土	0.195	7.50	0.295	4.79

6. 粉煤灰的水稳性

粉煤灰的强度随密度的增大而增大，其抗剪强度比一般黏性土高。粉煤灰的饱和前后降低约 6%，砂黏土降低 36%左右，见表 6-2。由此可见，粉煤灰不但强度比砂黏土高，而且水稳性也比较好。

粉煤灰和砂黏土轻型击实后抗剪强度指标 表 6-2

土 类	非 饱 和		饱 和		休止角(°)	备 注
	φ_u(°)	c_u(kPa)	φ_u(°)	c_u(kPa)		
粉煤灰	32～34	39～41	30～32	36～38	28～30	浸水 72h
砂黏土	19～20	90～110	12～13	65～80		

粉煤灰无塑限，干燥时没有黏聚力，但当它具有一定含水率时，从试验结果看有一定的黏聚力。这是由于粉煤灰的凝硬作用形成的黏聚力，并会随时间的增长而增大。烘干的粉煤灰呈散粒状，无黏聚力，天然休止角为 28°～30°，粉煤灰的黏聚力随含水率而变化。粉煤灰抗剪强度与含水率的变化见图 6-6。

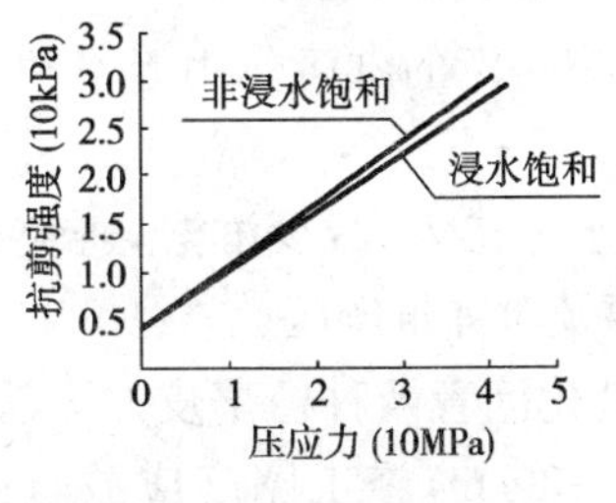

图 6-6 粉煤灰抗剪强度曲线

7. 渗透性

由于粉煤灰的颗粒组成近似砂质粉土，压实过程与压实初期都具有较大的渗透系数，但随着龄期的增加，渗透性逐渐减弱。渗透性比黏性土大很多，良好的渗透性能给多雨地区的施工带来方便，并且由于透水性好，孔隙水压力消散很快。

粉煤灰还具有较强的龄期效应，处于松散状态下的细颗粒并有水存在时，会在常温下与氢氧化钙产生化学反应，形成具有胶凝能力的化合物，即火山反应。这种反应的产物有效充填了孔隙，从而使强度和抗渗性能得到改善，抗剪强度和承载能力随着龄期的提高。这一特性还能使垫层在后期形成一块具有隔水性能的板块，其强度和刚度均较好，这就大大地改善了路基的承载能力。

8. 抗液化性

在宝钢工程中进行了较为系统的分析，通过标准贯入试验证明不会发生液化。

9. 毛细现象

粉煤灰的毛细现象比较发达，不利于粉煤灰填筑体的稳定及防止冻胀。因此，粉煤灰路堤不宜离地下水位太近，建议在地下水与粉煤灰之间设置砂垫层或黏性土、防渗土工布等作为隔离层，以阻隔毛细水侵入粉煤灰路堤。

10. 对环境的影响

粉煤灰是一种碱性材料，遇水后由于碱性可溶物的析出使 pH 值升高，如宝钢粉煤灰 pH 值可达 10～12，同时粉煤灰中还有一定的微量有害元素和放射性元素，因此粉煤灰在填筑过程中能否在路基上应用，在很大程度上取决于是否能满足我国现行的有关环境保护方面的要求。

但通过大量实践表明，粉煤灰的 pH 值及硼、微量有害元素、放射性元素等的含量一般能满足有关环境保护的要求。

由于粉煤灰渗透系数大，雨后 1～2h 内即可继续施工，雨季施工的优越性特别明显。粉煤灰路堤施工与一般土路堤施工基本相同，但也有特殊之处。

第二节　粉煤灰路基结构

根据试验分析，粉煤灰属于粗粒土填料，从强度、压缩性来看，用作路堤填料是可行的，能满足路基设计规范的要求。粉煤灰为轻质材料，用在软弱地基上填筑路堤尤其具有优越性。粉煤灰路基可参照一般路基设计规范进行，由于粉煤灰有其自身的特点，因此在施工时，应采取相应的技术措施。

由于粉煤灰暴露风干后具有飞扬性、淋溶性及抗冲刷性差等缺点，故采用粉煤灰填筑路堤基床表层以下的堤心部分，外包用适于作路基填料的砂黏土作防护层。防护层的厚度应根据路基基床表层最小厚度、深度、暴雨强度及施工方法等因素综合考虑，路堤边坡坡度：当堤高小于 8m 时为 1∶1.5，当堤高大于 8m 时为 1∶1.75。边坡坡度为 1∶1.5 或 1∶1.75。

根据粉煤灰具有黏聚力小，渗透系数大，毛细现象比较严重，有一定的淋溶作用等不利条件，路堤结构型式可设计为图 6-7 的断面结构。

在路基顶面或路床的底面应有 15～20cm 填土，并压实防止水分渗入，减少淋溶，避免飞扬，利于施工机械的行驶。也可以用石灰粉煤灰垫层代替，但需要及时铺筑碾压。

路堤边坡需要采取保护措施，以防止冲刷和风蚀，也有用洒乳化沥青及种植草皮的方法。但在多雨潮湿地区还是采用护土的方法较好，护土尽宽不小于 100cm，施工宽度应放宽到 150cm 左右，以保证修整后能满足净宽要求。也可以结合当地情况，用白灰土包边效果更好。

包边土必须平整、密实并保证足够的宽度来承受侧向的压力，见图 6-7。护土的压实与粉煤灰路堤的相同。

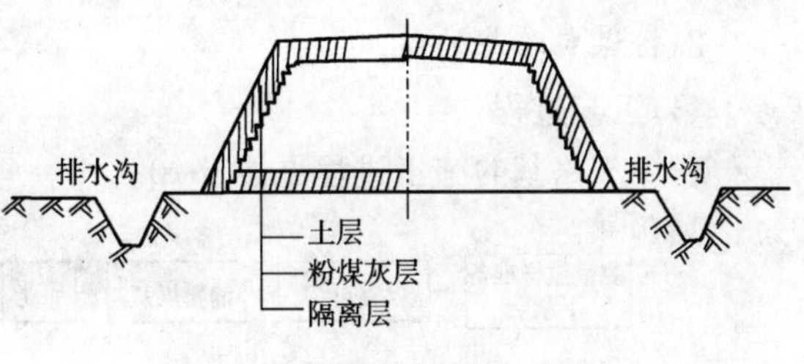

图 6-7 粉煤灰路堤的结构示意图

粉煤灰路堤底部与地下水或地面长期积水要有一定的距离，以防毛细水上升，保证路堤的稳定。砾石砂是良好的隔离层，粗的炉底灰亦是较好的隔离层材料。

因粉煤灰施工中需要洒水碾压，水分在重力作用下都沉降到路基底部，浸泡包边土，在侧向压力作用下易造成路基边坡塌陷、滑动。并且大量水分存在于路基底部，冬季容易引起路基冻胀破坏。因此，为有利于排水，需要在路基基底设置盲渗沟，渗沟应该用具有级配性的透水材料填充并带有反滤结构（如包裹碎石、砂等），见图 6-8a）。

路基排水也可以采用在包边上设置排水孔或排水渗沟，排水孔可以采用 PVC 管施作，排水渗沟可以采用碎石施作，排水孔或排水渗沟呈梅花形布置，间距为 1.0～1.5m，排水孔直径一般为 PVC 管的直径，约为 70～130mm，排水渗沟的断面尺寸约为 30cm×30cm～40cm×40cm。即在包边土施工时，按 1.0～1.5m 的间距布置排水孔或排水渗沟，在排水孔或排水渗沟的进水口必须设置反滤结构，反滤结构可以用土工布或集料施作，以反滤土工布为好，见图 6-8b）。

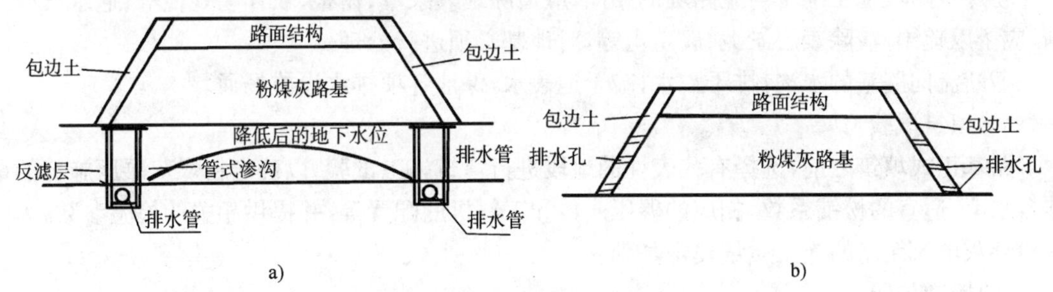

图 6-8 粉煤灰路堤防水的排水示意图

a）在路基基底设置排水渗沟；b）在路基边坡设置排水孔

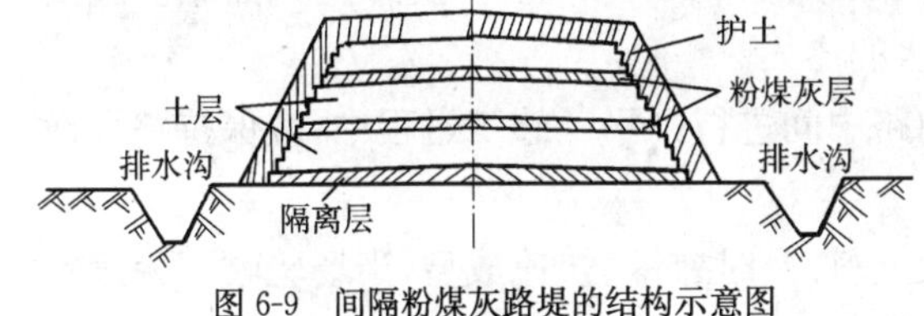

图 6-9 间隔粉煤灰路堤的结构示意图

在多雨潮湿地区采用过湿土填筑路基，也可以利用粉煤灰的渗透性，把粉煤灰与过湿土之间分层填筑的结构形式，见图 6-9。尽快排出过湿土中的水分，加速路基的沉降稳定。

第三节 粉煤灰路基的填筑施工

1. 粉煤灰的原材料控制

在选择原材料时，应选择纯净无杂质的粉煤灰，尽量选用偏粗的粉煤灰，碾压时的含水率应接近或略大于最佳含水率，含水率偏小时，表层易起壳松散，在碾压过程中粉煤灰在轮压下有推移现象，影响压实效果。并按路基检测的频率对粉煤灰进行检测，如在路基填筑之前进行击实试验，在路基填筑过程中检测含水率等，确保不合格的原材料不能进场使用，在运输过程中应用苫布加以覆盖，防止水分散失和污染环境。

2. 粉煤灰路基的施工

(1)工艺过程

粉煤灰路基的施工过程见图 6-10。

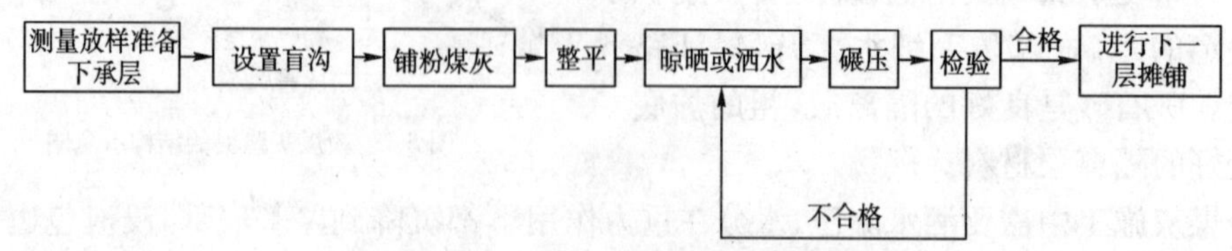

图 6-10　粉煤灰路基施工过程框图

(2)粉煤灰储运

湿排粉煤灰从池中取出后,宜先在场地上堆高沥干,待接近或略高于最佳含水率时,再运送到工地,以利于压实。调湿灰可随用随运,运输过程中要防止飞扬和洒落。

粉煤灰的最大干密度和最佳含水率如有明显区别时,则应分别堆放,并分层铺筑,以保证施工质量。在粉煤灰堆场应注意建好排水设施,防止重复污染。

(3)施工前准备

粉煤灰路堤施工准备与土路堤的相同,应清除地表杂草、树根、农作物残根等;遇水田或水塘,应予以疏干,清除表层淤泥、腐殖土等,对地基必须进行处理。

截断流向路基的水沟,排干贮水,疏干地表水,保证各项排水设施畅通。

(4)填筑试验

路基正式填筑之前,选择有代表性的地段进行填筑施工试验,以确定粉煤灰碾压施工的最佳含水率、适宜的松铺系数,相应的碾压遍数和工料机的配置等,并提供相关的检验参数,为保证粉煤灰填筑路基的施工质量奠定基础。

(5)摊铺与碾压

粉煤灰应分层摊铺与碾压。先铺筑路堤两侧的路肩护土,然后再铺中间的粉煤灰。外包土须与粉煤灰同步分层填压。填土压实应采用汽胎或履带式压路机,不宜采用光面碾。施工时要及时摊铺,及时碾压,以防水分的蒸发和雨水的渗入。

在采用机械方法施工时,摊铺时应从两侧向路中间进行刮平。施工过程中,应保持路堤横坡坡度不小于 4%,以利于排水。

粉煤灰摊铺后必须及时整平碾压,做到小段上料,及时摊铺,快速成型,当场验收。一般宜当天填筑,当天压实。防止水分散发而影响压实效果,碾压时应使粉煤灰处于施工控制含水率范围内。

粉煤灰路堤分层碾压,宜采用振动压路机碾压,压实厚度根据压实机械的种类及压实功能而定。事先进行碾压试验,一般 20～30t 的压路机,每层压实厚度不大于 20cm;40～50t 的压路机或中型振动羊足碾,每层厚度不大于 30cm。

碾压在路堤全宽范围内(包括路肩护土)进行。粉煤灰碾压应遵行先轻后重、先低后高的原则。在直线段,由两侧路肩向路中心碾压,在超高段,由内侧路肩向外侧路肩碾压。碾压时,双轮压路机轮迹应重叠 30cm,三轮压路机后轮应重叠 1/2 的轮宽。在搭接段碾压必须超过两段的搭接缝。碾压一直进行到要求的密实度为止。

对狭窄场地施工可采用人工分层摊铺,在整平后用平板振动器或蛙式打夯机进行夯实。施工时应一板压 1/2～1/3 板往复压实，由外围向中间进行，直至达到设计密实度要求为止。

为防止粉煤灰含有大量冰晶影响压实效果和工程质量，粉煤灰路堤的施工温度应在 0℃以上。

(6)含水率的控制

在粉煤灰的摊铺和碾压过程中，含水率的大小直接影响压实效果。因此，含水率的控制对粉煤灰路基施工至关重要。在粉煤灰摊铺和碾压前必须测定其含水率，含水率的大小可以通过在灰场和施工路段进行调节。

为了更好地排水，路基底层应填筑较粗的粉煤灰，并使含水率稍低于最优含水率。碾压时出现粉煤灰含水率过高，则可采用暂缓碾压，并开槽晾晒、换灰等方法处理。如碾压时粉煤灰过干，为保证压实含水率的均匀和良好的压实效果，在摊铺前，宜隔天先在料堆上加水湿润至最佳含水率，闷过夜后再进行碾压。

粉煤灰的最佳含水率最好在灰场调节，在灰场调节粉煤灰的含水率可以提高工作效率，过湿的粉煤灰应堆高沥干。过干的粉煤灰应在摊铺前 1～2d 在堆料场洒水闷料，视运输距离和气候条件将含水率调节到略高于最佳含水率范围。

施工路段含水率调节一般用洒水车或在路旁打井抽水洒水，已摊铺的粉煤灰因故造成过湿或过干，应采用翻松晾晒或喷洒水的方式调节含水率。

(7)养护与封层

在已达到验收要求的粉煤灰层上进行下道工序施工时，卸料车不得在已成型的路段上调头、高速行驶和急刹车，以免破坏下承层，同时应对表层进行洒水重新碾压。如不能立即进行下道工序施工，应禁止或限制车辆行驶并适量洒水湿润，防止表层干燥松散；当粉煤灰路堤较长时间不能继续施工时，应进行表层覆土封闭并碾压密实，做好路拱横坡以利于表面排水。

距路基顶面 40cm 应采用黏土封层，按公路等级要求进行压实，也可以采用白灰土或碎石土封层效果会更好。

第四节　粉煤灰填筑路基的施工质量检验和试验控制

粉煤灰施工的相关试验检测项目：放射性检测、化学成分分析、标准击实试验、压实度试验和含水率试验。

放射性检测、化学成分分析需要在施工前就进行试验，以了解粉煤灰的可使用性，如果放射性较强，甚至超标就不能使用。

标准击实试验、必须在碾压施工前进行，标准击实试验作为指导施工的检验标准。

含水率试验必须在碾压摊铺前进行，以确定含水率是否在施工控制含水率的范围内，如果低于施工控制含水率就应采取洒水增加含水率，如果高于施工控制含水率，就应采取翻晒等减水措施。

压实度试验是检验碾压以后是否满足设计和规范要求的标准，如果不满足压实度要求，就应增加碾压遍数或夯实遍数，或者减薄碾压层厚，或者换成使用重型碾压或夯实设备，以及填筑的粉煤灰是否在施工控制含水率范围。

对粉煤灰路基的压实度进行含水率的测定时，应注意如下事项。

(1)用粉煤灰填筑路基时,每个作业面的循环周期比用土作填料时长;并且在进行上层粉煤灰填筑时,由于放置时间较长,粉煤灰表层有缺水现象,有时还要补水后才能填筑。

(2)对于用粉煤灰填筑路基,检测路基压实度、测定其含水率时不能用酒精燃烧法,因为粉煤灰有烧失量,且不是一个常数,所以只能用《公路土工试验规程》规定的标准方法——烘干法测定其含水率,用此种方法的缺点是需要时间太长,对工程进度影响较大;对于工期紧、工程量大、工作面小的实际情况来说,用此种方法测定粉煤灰的含水率无疑是影响工程进度的关键工序。

除进行上述内容的试验外,还应符合相应公路等级的施工质量标准。

第七章　多雨潮湿地区路堤填筑施工及防护技术

第一节　多雨潮湿地区路堤填筑施工及道路运行存在的问题

在潮湿多雨地区，尤其是在特殊潮湿地区，土的原始含水率往往过大，有时可能超过最佳含水率很多。如在平原地区，在地下水位较高的情况下，取土达到一定深度后，就会遇到含水率过大的土；在稻田地区、水系发达、水网密布，平坦低洼地，取土达一定深度后，也会遇到含水率过大的土。在潮湿多雨地区，特别在雨季，由于雨量充沛，地表难于排泄，地下水位较高，地表细粒土常年处于过饱和状态，即使在高地取土，也可能遇到含水率过大的土。在这些地区修建公路，有时不得不采用高含水率土料填筑路堤，或采用掺灰或其他降低填筑土料含水率的措施。

在过湿土壤上直接修筑路基或采用过湿土填筑路基，会影响公路路基和路面的强度和稳定，并难于满足路基压实度的规范要求，故必须对过湿土路基底基层进行有效的综合处理，才能确保路面在今后营运过程中的强度和稳定性，满足公路的设计与施工规范要求。

在多雨潮湿地区除了路基填料含水率较高，碾压难以达到路基要求的密度外，即使采取措施降低填料含水率按要求的密度填筑后，由于路基地下水位高或降雨量大，路基填料的含水率也会发生变化(含水率增大)。由于含水率增大，填料可能发生膨胀，密度会降低，强度也可能会降低。因此，在多雨潮湿地区采取措施降低路基的地下水位和含水率是很有必要的。

在情况允许时让路堤填土或路基基底土料自然风干，使之达到最佳或接近最佳含水率的办法最为经济，但此法所需时间太长，在多雨地区也不可能晾晒风干，往往达不到工期要求。

采用各种添加剂，使土中过剩游离水化合、蒸发加快土的固结过程是常用的方法。也可使用真空法、热干燥法、电渗透法、焙烧法等来降低土的含水率，加快土的固结。但这些处治方法需要大量能量和特殊设备，只能在有限范围和不得已时使用。

有时不得不采用过湿土直接填筑路基，或在过湿土基底上直接填筑路基路面，也有些工程直接采用过湿土填筑路基和在过湿土基底上直接填筑路基成功的实例。但采用过湿土填筑路基，填料过剩水分排出后，会产生沉降和压实等问题。

一、采用过湿土填筑路基可能存在的问题

采用过湿土填筑路基可能存在如下问题：

1.路基碾压不密实，强度低

在施工中常见到高含水率土在碾压过程中，当其达到某一密实度(即临界密实度)后，如继续用重型压路机碾压，将使土体内部产生裂缝和剪切破坏，发生“弹簧”现象，形成“橡皮土”，从而使土的强度降低，因此高含水率填土很难压(夯)实到规定的密实度。

2.路基沉降大，不均匀沉降也大

高含水率土如不采取降低含水率的措施直接用来铺筑路基易产生形变和裂缝。因路基筑好后，随着土体内部的水分蒸发或排出，土体将产生收缩和形变，土的密实度逐渐增加，但由于路基含水率降低的不同步，收(压)缩变形也就不同步，导致路基逐渐产生纵、横向收缩裂缝。

而且黏性土的塑性指数越大，收缩越严重，裂缝产生也就越严重。

高含水率土路堤，特别是高路堤体内土含水率的蒸发是很不均匀的，通常靠近边坡暴露面的那部分土的含水率蒸发得快，而靠近中间土体的水分蒸发得慢或很慢。因此，靠边部土体的收缩形变和固结形变都会明显大于中间部分的土体，其结果可能导致较高路堤上路面边部(离路基边缘 1～2m)产生纵向裂缝

3. 容易导致冻胀破坏

土的含水率增加会导致冻胀增加，试验表明，当含水率为最佳含水率的 1.2～1.3 倍时，冻胀值要比最佳含水率时的冻胀值增加 1～2 倍。

4. 路基承载力小，容易导致相关破坏

因过湿土的含水率超过最佳含水率甚多，不利压实稳定，容易产生由路基沉降进而发展到路面破坏。由于过湿土的工程性质差，承载能力低，又受到潮湿多雨的不利气候条件影响，要达到路基的技术要求十分困难，路基处理与压实费工费时，经常耽误工期。当填土路堤高度超过地基所承受的承载力后，产生路堤滑动；过湿土地基还具有一定的胀缩性，由于土层含水率纵向横向变化较大，路基纵横向产生不同的压缩沉降，导致路面变形破坏，涵洞弯沉变形，路堤与桥台接合部沉降错台，以及边坡溜塌等严重病害，影响公路的交通安全和使用寿命，给公路的维修养护带来了较大的困难，造成较大的经济损失。

此外，高含水率土路堤的承载能力明显小于正常含水率的土路堤。

二、过湿土路基存在问题的机理分析

用高含水率的黏性土填筑路基时，土主要是由大小不同的土块和土团组成。在单个土块和土团之间有很多孔隙。用不同压实机械进行碾压时，只能使单个分离的土块和土团互相靠近，缩小相互间的间隙。因此，碾压后得到的密实度实际上与土的天然密实度无多大差别，也就是说很难压实。如进行初步碾压，使单个土块和土团互相靠近后，再续继碾压，非但不会明显增加土的密实度，反而会使土体内部产生剪切破坏，导致“弹簧”现象，而且压路机愈重，碾压遍数愈多，“弹簧”现象也就愈严重。这种情况下，并不是碾压的遍数越多越密实，而只能是适得其反。因此，一般情况下，不应直接采用这种高含水率土填筑路堤，以免工后产生沉陷形变和裂缝等病害。

当采用含水率较高的过湿土填筑路基时，由于含水率高，很难填筑达到规定的密实度，而且由于土料含水率高力学强度低，弹模值小，在上部路基、路面和车辆荷载的作用下，产生很大的压缩变形，导致路面开裂变形，甚至路基出现滑坍、滑溜等现象。路面产生开裂变形以后，路面上的雨水会更为顺利地向路基漏渗，使路基的变形破坏更为严重。由于路基的压实度与含水率有关，因此，降低路基填筑料的含水率是一种有效措施。

如果路基填筑碾压或夯实不密实，一般情况下，由于公路建设工期短，经历的固结沉降期短，路基自然固结的密实度低，达不到稳定要求，造成路基工后沉降增加，影响到公路及路面的使用性能。如深圳市机荷高速公路东段 K27＋628～＋668 段 40m 路基，施工时未分层填筑，分层碾压密实，一段时间后路基固结产生沉降。路面施工时正值雨季，路基的沉降低洼处被水浸泡，并有大量雨水渗入路基内，导致路基内土体强度降低，路基软化而沉陷，沉陷范围长约 30m，宽约 28m，面积约 800m^2，最大沉陷深度达数十厘米。

又如，在 213 国道西安—蓝田二级公路马河桥桥头路堤处理中，该路堤在施工时由于土方含水率偏高达到 19%以上，过湿系数 1.3，当时因资金和工期的原因，对填土未采取措施处理，

致使路提沉陷达2.5%以上。沉陷引起桥台钢筋混凝土搭板断裂，影响行车，经过3年时间，路基才得以逐步稳定下来。

虽然用过湿土填筑路基会有很多的工程问题，但经过适当的技术处理后也是可以利用的。

三、高液限土填筑路基存在的问题

高液限土具有透水性差，毛细现象显著，亲水性强，浸水后能较长时间保持水分，孔隙率大，干密度小，有较大的可塑性和膨胀性等特征。因此，压实干密度越大，其遇水膨胀率也越大，变形大，脱水后干缩率低，变形小。由于高液限黏土在多雨潮湿地区常处于较高含水率状态，其天然含水率往往是最佳含水率的1.5倍左右。在南方风化残积黏性土、亚黏土、粉土分布广泛，这类土即使是在干旱季节的坡地地表以下1m左右，其稠度往往也在1.0～1.1之间，不晾晒很难压实，雨季无法作业。如果作为弃土处理，会增加工程成本、占地以及影响环境等问题。

高液限土不同于其他土质，其强度和水稳定性不能同时达最优，采用轻型击实标准控制施工的路基，高液限黏土的土体含水率较高，土体饱和度较大，较少向外界吸收水分，但由于强度处于较低水平，不能满足路基要求。

与轻型击实标准相比，采用重型击实标准控制施工的路基，最大干密度平均提高9.9%，最佳含水率平均降低3.5%，同时，采用重型击实标准后，土路基压实度可以增加6%以上，强度提高32%。对于高液限黏土路基而言，这种强度极不稳定，主要是因为高液限黏土液限大，土体具有强烈的亲水性，遇水即丧失高强度。

现行规范根据公路等级和路基土所处深度(路面底面以下深度)分别提出了压实度指标，并强调采用重型击实标准，其指导思想是路基密度越大，强度就越高。然而由于高液限黏土的强亲水性，按重型击实标准控制压实，虽可以获得较大的密度和较高的强度，但这一强度并不稳定，因为在正常使用期，路基土不可避免地吸收周围的水分而使强度大大降低；另外，高液限黏土的天然含水率一般均远大于重型击实的最佳含水率，工程实践中将其晾晒以降低含水率接近最佳含水率是很困难的。

高液限黏土填筑路堤易出现的稳定性问题：高液限黏土在压实完成后易出现开裂现象，开裂的主要原因是分层碾压后，路基表面处在开放的环境中，在空气、阳光等自然因素作用下，含水率逐渐减小、而高液限黏土在含水率降低时的体积会出现很大的干缩，因而导致了碾压后干缩裂缝的产生。这些裂缝往往开展深度较大，在路堤高度较高的情况下，裂缝的开展会危及路堤稳定性，所以对高液限黏土填筑路堤要防止干缩裂缝的产生，如果已经产生，要及时采取补救措施。

四、过湿土的定义

1.过湿土定义的现状

一般认为，过湿土在稠度(W_C)小于一基本允许值后，必须采取相应的技术措施加以处治才能达到路堤填筑的技术指标。可以按黏土的稠度指标$\left(W_C=\frac{w_L-w}{I_P}\right)$，式中$w_L$为液限；$w$为土料的天然含水率；$I_P$为塑性指数，$I_P=w_L-w_P$；$w_P$为塑限)划分，采用不同的处治方法，具体如下：

(1)当$W_C<0.5$时，土料呈极软塑状，不能直接用作填筑材料；

(2)当 $0.5<W_C<0.75$ 时，土料呈软塑状，属于需要处治的湿土，可掺入无机结合料，视情况晾晒拌和后压实；

(3)当 $W_C>0.75\sim0.9$ 时，需要晾晒的时间较长，并需要掺入小剂量的结合料拌和后压实；

(4)当 $W_C>1.0$ 时，土呈半固体状，属正常填料，可直接用重型机械碾压。

陈惠民对过湿土的划分，采用如下标准：以 $W_C=0.5$ 及 $W_C=1.0$ 作为划分过湿土的上下限。当 $W_C<0.5$ 时，土已不符合路基填土要求；$W_C>1.0$ 时，填土处于干燥状态。一般通过碾压可以达到规定的压实度。对于 $W_C=0.5\sim1.0$ 的路基填土，根据情况区别对待。

根据交通部规范，当土壤天然稠度小于 1.1 时，为过湿土。

土的轻型击实标准最佳含水率时稠度 W_C 在 $1\sim1.25$ 范围之间，重型击实标准最佳含水率的稠度 $W_C>1.25$。W_C 在 $0.5\sim0.75$ 之间时，属潮湿状态。这时土的天然含水率比轻型击实标准最佳含水率要高出 6～14 个百分点左右，处于软塑状态，作为路基土需采取处治措施才能满足施工压实要求。

罗国梁研究了土基压实最佳含水率与稠度值的关系，其研究结果如下：

采用轻型击实标准时，最佳含水率为 $W_C=1\sim1.25$；

采用重型击实标准时，最佳含水率为 $W_C=1.25$。

所谓过湿土(或称高含水率土)是相应于规定的压实度而言的。含水率超过某一最大容许值后，就不可能压实到规定的密实度，含水率大于此容许值的土称之为过湿土，或高含水率土。土的最大容许含水率 w_m 可用公式计算得出：

$$w_m = 100\rho_w\left(\frac{1-V_a}{\rho_d}-\frac{1}{\rho_s}\right) \tag{7-1}$$

式中：ρ_w——水的密度，通常可取为 lg/cm³；

ρ_s——土粒的密度，g/cm³；

V_a——土中残留的密闭空气率，对于黏性土，通常约为 2%，粉土约为 3%，砂性土可达 6%～9.5%；

ρ_d——要求达到的干密度，g/cm³，$\rho_d=K\rho_{dmax}$；

K——规定达到的压实度，%；

ρ_{dmax}——土的最大干密度，g/cm³。

如土的含水率超过此最大容许含水率，就不可能压(夯)实达到规定的压实度，超过此含水率的土称之为高含水率土或过湿含水率土(简称过湿土)。

实例：某风化残积亚黏土的最大干密度为 1.82g/cm³，最佳含水率为 15.2%，土粒密度为 2.60g/cm³，它在不同压实度下的最大施工容许含水率(用 $V_a=2\%$ 计算，括号内的 w_{op} 为该土的最佳含水率)见表 7-1。

不同压实度下的最大施工容许含水率 表 7-1

压实度(%)	最大施工容许含水率(%)	压实度(%)	最大施工容许含水率(%)
87	23.45(1.54w_{op})	93	19.42(1.28w_{op})
90	21.37(1.41w_{op})	95	18.22(1.20w_{op})

因此，对这种土来说，规定的压实度是 93%，则当土的含水率超过 19.42%时，该土就属于过湿土、或高含水率土。

在该实例中，土的压实度与最大容许含水率的关系见图 7-1。图 7-1 表明，如该种土的含水率高达 24.89%，在不采取任何措施的情况下，可能达到的压实度就只有 85%。因此，在不采取任何措施降低土的含水率的情况下，对某一高含水率土来说，在施工现场所能够达到的干密度是一定的。当其达到某一密实度后，如继续碾压，将使土体内部发生裂缝和剪切破坏，也即发生"弹簧"现象，从而使土的强度降低。

2.过湿土的定义

就路基的填筑施工而言，过湿土的定义应该为路基基底和路基的填筑碾压是否能达到规定的压实度，而压实是否合格，是以击实或压实曲线为标准，才能准确确定土料含水率是否能达到路基压实的要求。为此，过湿土的定义应为：在路基填料或路基基底土料的击实曲线（或压实曲线）上，根据公路的等级、层位对压实度的要求，计算要求的密度作平行于横轴（含水率轴）的直线与击实曲线（或压实曲线）相交于两点，对应为施工控制最小含水率和施工控制最大含水率，如果路基填料的含水率超过施工控制最大含水率即为过湿土，路基填料的含水率低于施工控制最小含水率即为过干土，见图 7-2。

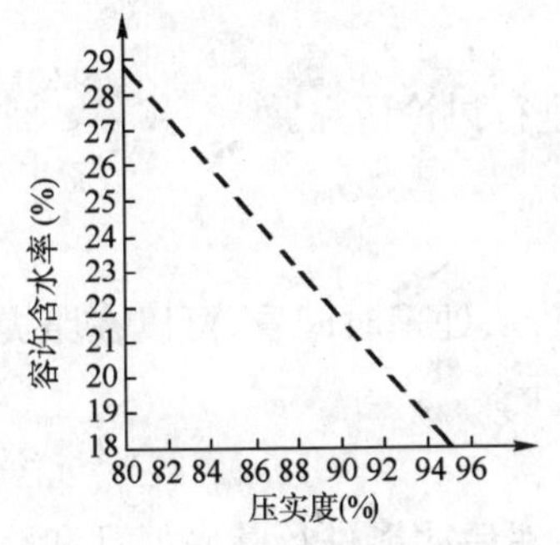

图 7-1　压实度与最大容许含水率的关系

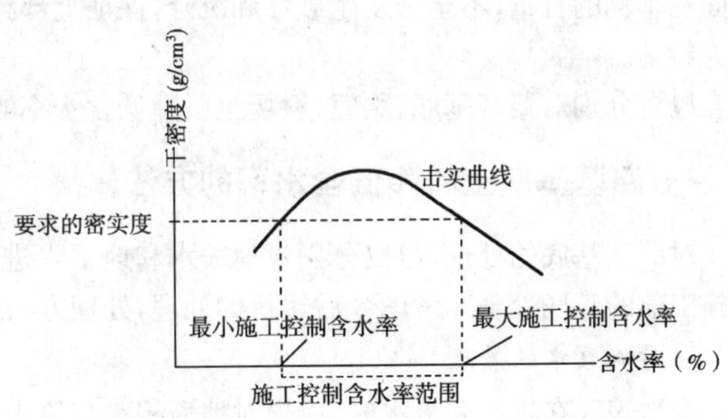

图 7-2　过湿(干)土的定义示意图

五、多雨潮湿地区道路的病害

在多雨潮湿地区，由于降雨量大、雨次频繁，造成路基的地下水位高，雨水会增加路基填料的含水率和对路基的冲刷影响比较严重。

地下水位高，填土又低，大部分路堤、路槽底至地下水位的高度不能满足使路基保持中湿状态的临界高度要求时，路基建成后，毛细水容易上升至路基工作区，在行车荷载作用下，易产生液化、沉陷变形，导致路面开裂、翻浆冒泥、断块等病害。

在降雨量大、持续时间长的地区，雨水会冲刷路基坡面，产生沟槽、坍滑破坏；雨水渗透到路基中，降低路基土体的强度和弹性模量，使路基的沉降过大，如果路基含水率不均匀时，沉降变形也就不均匀，导致路面的不均匀沉降，使路面产生开裂等破坏；路基强度降低，就容易产生滑坍、滑坡等破坏。

综合上述，对于一般的细粒及高液限土体（除块石、碎石、砂等粗颗粒材料外），如果在高含水率的情况下进行碾压是很难达到规定的密实度，而且即使填筑能够达到规定的密实度，在潮湿环境、或存在地表水、或地下水位很高的情况下，碾压达到规定的密实度也可能产生不良的道路病害。为此，以下分别对如何降低填筑土料的含水率，用过湿土料填筑路基和过湿土基底填筑路基的措施，以及多雨潮湿地区路基的防护等方面的内容进行分析。

第二节　料场和路基基底路界内排水降低土料含水率的技术方法

料场土料的含水率是否满足路基填筑对填料的要求，直接影响到是否可以作为料场，或需采取处治措施后才能作为料场。在料场进行含水率的处治比在填筑场地进行含水率的处治方便得多。为此，研究在料场降低填料的含水率措施很有必要。

路基基底是在路基建成之后作为路基的底部结构，也是路基的一个组成部分，如果不能承担上部路基、路面和车辆的自重也会发生破坏和沉降，影响路基的正常使用，一般情况下需要就地处理或置换处理。降低基底含水率后直接压实或翻晒、掺加降水外加剂降低含水率后压实作为路基基底都是处理方法。路堑需要进行开挖和处理，路堑开挖的土料符合路基填料要求时，也可以把路堑开挖料作为路基填料进行路基填筑；在路堑开挖到位以后，如果不能满足承载路面的要求和车辆运行的要求，需要进行就地处治或置换处理，以满足能承担上部路基、路面和车辆的自重，不至于发生破坏和沉降，保证上部路基、路面对基底的要求，因此路堑也可视为料场。

以下分别对路基基底、路堑、料场土料降低含水率的方法进行讨论研究。

一、路基基底土料降低含水率的方法

对路基基底的处理，可以分别对地表水和地下水进行处理，从处理时间看，可以在路堤填筑施工前的基底处理和考虑今后运行的处理，处理方法叙述如下。

1. 对地表水的处理

当地表存在积水和流水时，应先对地表积水和流水进行处理后才能进行基底处理和路堤填筑施工，其处理方法是：先设置排水沟或桥梁、涵洞，把流水从基底范围及上游导往排水沟或桥梁、涵洞，通过排水沟或桥梁、涵洞把水规整导往水流的下游。最后，采用排水沟把基底范围内的积水疏导排出，使基底范围的地表积水全部疏干。从基底范围排出的地表水应进入周围的天然排水沟渠。

在基底处理之前，应防止基底范围之外的地表水流入基底范围，可以设置地表挡水结构或截水沟，阻断地表水流向基底范围。在平原、坝子地段的排水、截水方式见图 7-3。

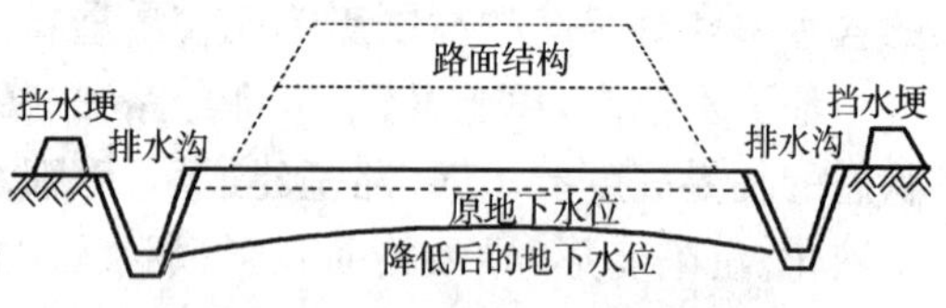

图 7-3　开挖排水沟示意图

2. 对地下水的处理

路基基底的土料含水率不能太高，否则会由于基底土料的含水率过高，土料软弱而降低基底和上部路基的稳定性，以及基底的沉降量过大而造成路基和路面沉降大，使路面产生破坏。

对于地下水位较低，具有疏排水条件的路段，可采用挖沟排水，疏干路基范围内的浅层地下水，通过晾晒，达到降低过湿基底的含水率，提高基底土料的强度。挖排水沟应根据路段内地形、地质、水文和施工情况，结合农田排水沟渠进行挖沟，将水疏排到路基范围以外。一般情况下在路基填方坡脚处两侧设排水沟，见图 7-3，其沟深一般为 80～100cm，纵横向挖沟的沟底纵坡应不小于 0.3%，挖出的土壤应堆置在沟边顶部，充分利用日光暴晒，待降低含水率后进行基底的碾压。

如果路基基底较宽，两侧的排水沟无法满足排除路基基底范围内的地表水和降低基底范围内土体的含水率达到路基基底的要求时，还可以在基底范围内增加设置纵向、横向排水沟或增设排水井，采用自然流动排水或采用抽水设备排水。排水沟可以在路基基底范围采用方格网布置，方格网尽量采用正方形；也可以采用抽水井排水，抽水井采用梅花形布置，以尽可能使每个抽水井控制范围周边到抽水井的距离相等，抽水井可以采用人工开挖、机械开挖或用钻机钻孔的方法进行，人工或机械开挖的井径要大一些，采用钻机钻孔的方法孔径可以小一些。排水沟（抽水井）之间的间距和排水沟（抽水井）的深度根据开挖料的渗透系数和路基要求确定，渗透性强的基底排水沟（抽水井）的间距可以大一些，在路基基底范围内设置的排水沟、井的深度比要处理的路基基底底面深一些。为了保持土基能处于一个较好的水文条件，在原地面碾压前，对纵横向开挖的排水沟可采用砂砾等透水性材料回填，作为疏水盲渗沟。

如果水网发育、地表水位高，表层土下为透水性好的砂土时，地表水将倒流形成含水层，开挖的排水沟不易将地下水排出路基范围外。此时可封闭地表排水沟，拦截路基两侧的地表水，以利于地基排水、地面碾压，保证路面的强度。

在开挖路基两侧的排水沟时，开挖的土料堆积在排水沟的外侧并形成土埂，或者采用其他土料形成土埂，防止路界范围以外的雨水、积水或流水对路基及基底产生不良影响。为防止沟帮坍塌，两侧沟帮坡度一般不大于1∶0.75，也可以片石铺砌加固。但靠近路基一侧的沟帮上部最好采用透水反滤结构以便排出基底上部的内部水。

3.降低基底土料含水率的方法

采用沟渠、井点降低地下水位和土料的含水率以后，如果含水率还是没有达到施工控制含水率，可以堆置沥水蒸发和就地翻晒降低基底土料含水率。堆置沥水蒸发是将基底土挖出先堆放在取土坑附近，堆高2～3m，使土中的游离水自由下渗和向上蒸发，而且将下层含水率特大、不易粉碎的土堆放在堆顶，在堆置沥水蒸发3～4d后用挖掘机翻一遍，将土破碎，以利于水分蒸发，降低土料的含水率。

就地翻晒是当排水沟、井中无明显水流时，翻耕需要处理层厚的土料，并随时测试填土的含水率，采用翻晒降低基底土的含水率直接用作路基基底填料时，翻晒的填土含水率应降低到施工控制含水率范围内。

如果采用堆置沥水和翻晒的方法不能把基底土体含水率降低到施工控制含水率时，应考虑掺灰（掺加石灰、粉煤灰、NCS、水泥等）处理或采用电渗等排水方法处理；如果采用掺灰的方法处理路基基底土料时，翻晒的土料含水率应降低到适宜掺灰的含水率后，才能进行掺灰处理。

二、料场排水降低土料含水率的方法

料场选定以后，进行料场的开采设计时，应注意料场地势的走向，确定开挖的先后顺序以及汽车通道的位置安排。原则是既要有利于施工生产工序的安排，又要注意排水顺畅。一般从以下几个方面着手避免地表水和地下水增加料场土料的含水率，以及通过降低地下水位和疏干料场土料的含水来降低土料的含水率。具体方法和措施有：①利用开采顺序和设置料场内排水设施疏排地下水和地表水；②采取排水措施降低料场的地下水位和要开采土料的含水率；③截断流入料场的地表和地下水；④防止降雨增加要开挖或已开挖土料的含水率。详细方法和措施如下。

1.利用开采规划和设置料场内排水设施疏排地下水及地表水

(1)搞好料场开采规划

应根据料场的含水率和施工季节进行规划，含水率高的土料在旱季开采上路填筑，含水率低的土料在雨季开采上路填筑；也可以采用块石填料、砂砾石等在碾压时对含水率不敏感的填料在雨季填筑，黏土等含量高且在碾压时对含水率敏感的细粒填料在旱季填筑。

也可以考虑在旱季储备足够数量的合格土料，加以防雨布覆盖、修建排截水沟等防雨、防水措施保护，保证各施工季节有合格的土料能及时供应路基填筑。

(2)规划料场开采顺序和搞好料场排水

料场开采前，应疏干料场内的地表积水，截断、疏导、改道流入料场内的地表流水，避免在料场取土开采期间，料场内的地表积水和流入料场内的地表流水增加土料的含水率。

料场开采一般应从地势较低的位置开始，从低处向高处开挖，有利于料场地下水的排除和降低要开采土料的含水率，同时应在开挖料场中修建排水沟，把周围未开采和将要开采地面向开挖工作面和运输道路汇集的地表雨水和地下水排走。

加强料场内的排水可以减少因料场工作面的地表面积水而增加填料的含水率，也可以为料场施工和土料运输提供良好的工作条件。在开挖工作面两侧修建临时排水沟，在中间修建排水渗沟等，并把临时排水沟或渗沟排出的水排入周边天然排水沟渠。

在路堑的填料开采中，路堑开挖应尽量从下游向上游开挖，以便更好地进行开挖工作面的排水，如果从上游往下游开挖，应尽量开通上游通往下游的通道，或修建通往施工工作面的临时排水设施，便于降低要开挖填料的含水率和排除施工工作面的积水。

如果土料含水率高，渗透性强，可以把开挖的土料进行堆放沥水和蒸发，自然降低土料的含水率，也可以直接掺灰降低土料含水率，或采用电渗等物理化学方法降低土料的含水率。

2. 截排流入料场的地表水和地下水

采用截水沟截断流入料场开采范围内的地表水，并用排水沟导往周边天然排水沟。如果路基填料为路堑开挖料，在路堑开挖前，必须先形成天沟，然后才能进行路堑开挖。同样，采用专用料场时，也必须先形成截水沟，然后才能进行料场的开采，见图 7-4。

当有地下水流向料场或路堑时，而且在地下水渗流土层距地表较近的情况下，可以把地表截水沟加深截断地下水渗流土层，或采用截水渗沟截断地下水渗流土层，见图 7-5。如果有必要，地下水渗流进入料场的土层又较深时，可以采用截水墙、注浆截水等措施截断渗流进入料场或路堑的地下水。

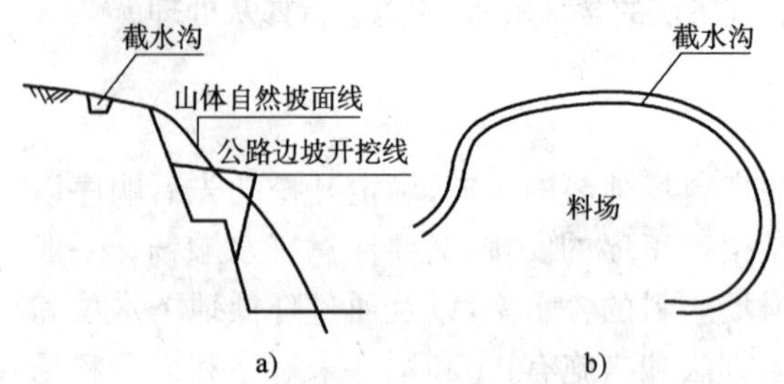

图 7-4　路堑、料场周边地表截排水措施示意图

a)路堑周边地表截水；b)料场周边地表截水

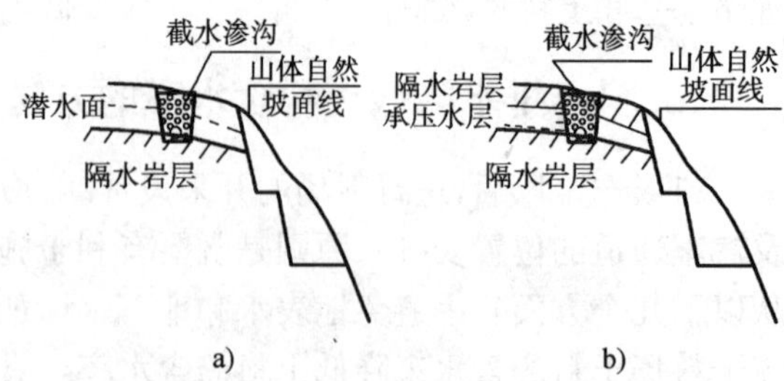

图 7-5　料场截水渗沟布置图

a)渗流为潜水的截水渗沟示意图；b)渗流为承压水的截水渗沟布置图

3. 降低料场内的地下水位和土料的含水率

(1)料场内的地下水位和土料含水率的降低

降低料场内的地下水位和疏干土料的天然含水率。在专用料场的周边或中间部位设置排

水沟或(和)抽水井,采用抽水或利用自然水流降低料场的地下水位和疏干要开挖填料的自由水。排水沟的布置可以采取沿料场开采作业面的周边或路堑两侧或一侧布置,如果料场或路堑较宽,可以在料场或路堑范围采用方格网水沟布置,方格网水沟尽量形成正方形;如果采用抽水井排水,可以采用梅花形布置抽水井,以便每个抽水井控制范围周边到抽水井的距离相等。排水沟(抽水井)之间的间距和排水沟(抽水井)的深度根据开挖料的渗透系数和料场开采深度确定,渗透性强的料场排水沟(抽水井)的间距可以大一些,深度浅些;反之则间距小一些,深度大一些。在设计要开采料场的范围和四周开挖排水沟和集水井,或用排水沟将取土坑划小,并沟通水系,排水沟、排水井的深度比设计取土坑底面深,并及时将水排出,保持排水沟、排水井内和取土坑内无积水,以降低料场的地下水位和要开采土料的含水率。

采用沟渠、井点降低料场土料的含水率特别适用于渗透性较强的土层,如砂土、粉砂土、砾石土等,表 7-2 为沂怀江高速公路采用井点间距 10m,降水时间为 4d,地下水位为 1m 的降水效果。

沂怀江高速公路井点降水试验结果　　表 7-2

层底深度(m)	土质	天然含水率(%)	降水后的含水率(%)	层底深度(m)	土质	天然含水率(%)	降水后的含水率(%)
1～1.0	粉砂	28	18	3.0～4.0	粉砂	34	25
1.0～2.0	亚黏土	34	27	4.0～5.0	黏土	37	32
2.0～3.0	亚黏土混砂	38	28				

(2)路堑地下水位和土料含水率的降低

利用路堑开挖料作为路堤填料时,在路堑开挖时,尽量采用先纵向切槽开挖。然后再横向开挖的方法把路堑开挖料的地下水提前降低和提前疏干要开挖填料的含水率。

路堑施工中主要考虑地下水位及降雨、地表径流对路基顶面的影响,同时合理安排路堑施工工艺并对路基顶面进行技术处理。

①人工降低地下水位

根据路堑开挖深度、地下水位高低、地下水涌水量及沿线其他地质水文情况决定采取人工降低地下水位的措施,一般开挖纵横向渗水沟即可解决。沟深 0.5m,下口宽 0.3m,上口可适当放坡。渗水沟纵向布置于路基边线外 0.5m,横向每 50m 或 100m 设一道贯穿全幅路基,每隔 200m 设一集水井将渗流汇集的地下水排出路基以外。当路基外有河流(池塘)时,可在靠近河流(或池塘)一侧用单斗深挖截水沟,并视土质情况做好防渗工作,沟深 1.5～3m,宽 1～1.5m。为取得良好降水、截水效果,截水沟最迟应在路堑开挖前 7d 完成,以堵截河流(或池塘)向路基渗水,渗水沟随路堑开挖,依施工进度布设。

②排除地面水

在路堑外纵向设拦水坝、截水沟以堵截、疏导地面来水,尤其是雨后地表径流,排水沟每隔 200m 设一开口断面与路堑连通,以备排除路堑雨后积水。雨季施工或因故中断施工时,必须将施工层表面及时修理平整并压实;分层开挖路堑施工中,各层顶面的纵、横坡度应根据路堑横断面形状、路线纵坡大小、路堑施工断面长度和施工方法等因素确定,以确保在施工过程中能及时将雨水排走。雨后及时组织人力刮除或用水泵抽除路堑内积水,防止雨后积水在路堑内浸泡、漫延、积渗。

③对路堑顶面进行技术处理

当路堑位于含水率较多的土层时,应换填透水性良好的材料(如碎石等),换填深度应满足设计要求,并整平凹槽底面,设置渗沟将地下水引出路外,再分层回填压实。路堑经排、降水处理后仍无法满足要求时,可掺加适当剂量的外掺剂(15~18cm 厚)原槽翻拌,翻拌后及时用压实机械稳压以封闭地下水,避免毛细水上升,提高路基强度及稳定性。

④合理安排路堑施工工艺

科学、合理的施工工艺可加快工程进度,节省工程投资。路堑施工工艺关键在路堑开挖、排水及碾压作业的合理安排组合。首先根据路堑深度和纵向长度确定开挖方式。对深而短的路堑可采用横向全宽挖掘法;对较长、较深的路堑可采用分层纵挖法或通道纵挖法;对路堑过长、开挖土运距过远的傍山路堑可采用分段纵挖法。无论采取何种方式,在开挖过程中必须做好临时排水工作,以利于碾压作业的及时开展。碾压通常在开挖完成且排、降水 2~3d 后进行。对路堑土方含水率适宜的路段,可直接按常规用振动或其他重型碾压设备进行作业。对路堑土方含水率过大的路段,可在排降水或翻晾土 2~3d 后先用压实机械稳压两遍后封闭工段 2d,封闭工段期间严禁任何重型设备对路堑的扰动以加速土体排水固结。两天后再用压实机械稳压两遍,视情况决定是否再次封闭,若不需要封闭可用三轮压路机错轮碾压至压实度合格。值得注意的是,路堑土方含水率过大尤其是地下水位高的路段不宜使用振动压路机进行振压。因为经振动后土体颗粒重新排列,下部密实,上部松散,不利于水分排出。

为保证碾压作业顺利进行,必须合理安排施工顺序。路堑开挖及排、降水应提前进行,为碾压准备足够的作业面。施工现场要做好临时排水设施,必要时准备塑料布、蛇皮布等防雨设施以备覆盖开挖成型的路堑,防止雨水冲刷浸泡。

采用截排水措施及沟渠、井点降低含水率以后,如果含水率还是没有达到施工控制含水率,可以将土料挖出先堆放在取土坑附近,堆高 2~3m,使土中的游离水自由下渗和向上蒸发,而且将下层含水率特大、不易粉碎的土堆放在堆顶,在 3~4d 后用挖掘机翻一遍,将土破碎,以利于水分蒸发,降低土料的含水率。也可以采用掺拌降水剂(如粉煤灰、石灰、水泥、NCS 等)或电渗的方法降低土料的含水率。

4.防止雨水增加填料的含水率

防止雨水增加填料的含水率,在料场开挖填料之前,先清除填料之上的腐殖土,采用防水布、或土工布、或砂浆抹面的方法把要开挖料场顶面覆盖,以防止雨水降落在料场表面下渗后进入将要开采的填料,增加要开挖土料的含水率。

在料场或路堑的每个开挖平台面上,靠近永久边坡或料场规划线的一侧尽早修建临时排水沟,截断永久边坡坡面的径流并排出开挖的坡面。同时,在每个平台上修整向坡外倾斜的平台(倾斜坡度大于 4%),在平台面上避免出现坑塘、凹面等积水现象,尽快排除降落在平台上的雨水,并采用防雨布覆盖以防止雨水增加开挖填料的含水率,见图 7-6、图 7-7。当遇到晴天时,应揭开防雨布,让要开挖的土料接受阳光的照射,蒸发土料的水分,降低土料的含水率。但

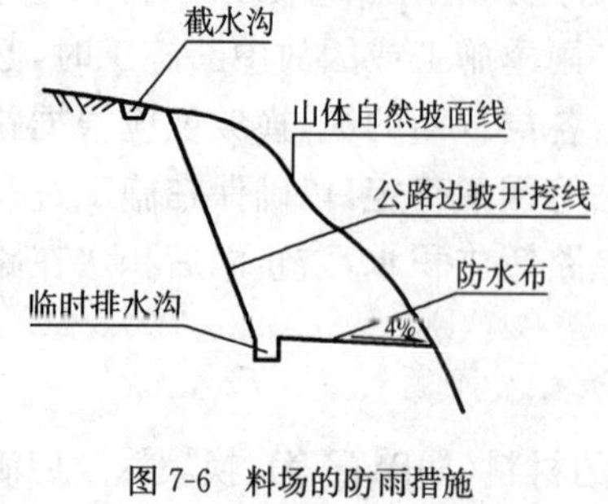

图 7-6　料场的防雨措施

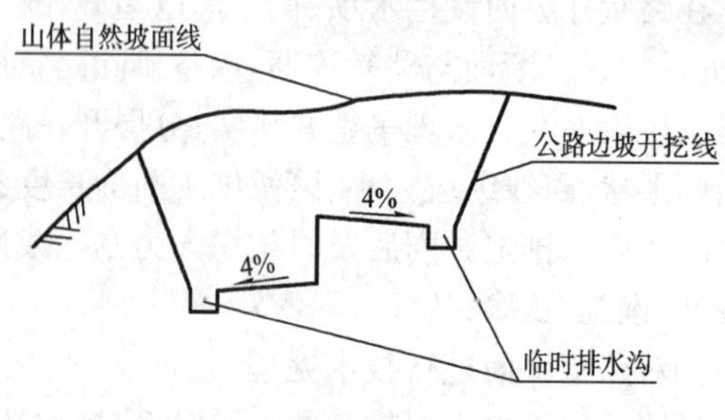

图 7-7　路堑内部表面排水措施

应注意天气的变化，在降雨前及时把防雨布盖住要开挖的土料场，避免降雨增加要开挖土料的含水率。

填料开挖时，采用立面开挖的方法，减少开挖过程中的受雨面积，减少增加含水率的因素。

三、降低已开挖土料含水率的方法

1. 堆料沥水降低土料的含水率

当已开挖的土料含水率较高时，降低已开挖土料含水率的方法之一是采用堆料的方法，此类方法主要适用于砂性土、砂土、砂砾石土和（或）粉土等渗透性强的土，黏土等渗透性弱的土建议采用其他方法降低填料的含水率，如掺灰、电渗等方法。

堆料之前，应选择合适的堆料场地（面积大小、平整程度、距离远近等合适），也可以利用开采料场本身的场地进行堆放，把堆料场地平整，并搞好堆料场的防排水设施，避免雨水增加堆料的含水率。

如果料场允许，可以采用推土机将土推成大堆，进行晾晒沥水降低土料的含水率，在堆料沥水降低土料含水率的过程中，应进行必要的翻拌。降低土料的含水率后再运至摊铺场地进行路基填筑。如果料场没有合适的沥水晾晒场地，可以在路基填筑场地旁选择合适的场地进行晾晒沥水降低土料的含水率。

堆料时，应把土料堆成牛堆，并用防水布进行很好的覆盖，以防止雨水降落在堆料上，增加堆料的含水率，见图 7-8。但是，如果在旱季、连续晴天较长的情况下，揭开防雨布，让堆料暴露在大气中，使其接受阳光照晒，产生蒸发降低填筑料的含水率。

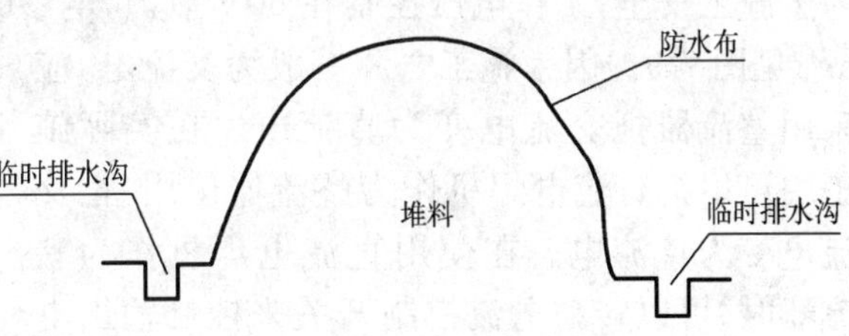

图 7-8 堆料方法降低土料的含水率

堆料时间和方式的确定，应根据不同类型的土料和不同的含水率进行堆料降低含水率试验，根据不同类型的土料、不同土堆高度和不同的含水率堆料试验，由试验确定进行不同时段含水率降低的关系曲线，采用施工控制含水率（根据击实曲线和路基填筑的压实度要求）作为控制标准，确定堆料时间。也可以根据施工要求，在堆料沥水一定时间后，进行翻晒和掺灰（石灰、粉煤灰和 NCS 等）降低填筑料的含水率。

2. 翻晒降低土料的含水率

当天气晴朗，或降雨较少的时候（如旱季）或连续晴天较长的地段，如果填料含水率较高，可以采用翻晒的方法降低土料的含水率，晾晒土层不宜太厚，一般为 30～50cm，并进行粉碎后晾晒或晾晒到合适的含水率后粉碎再继续晾晒。一般采用铧梨或旋耕机破碎和翻晒的方法进行，一般 1～2h 翻耙一次，根据大气温度、湿度确定。并在翻晒过程中根据气温和湿度等，隔一定时间抽验填料的含水率，一旦达到可以压实的施工控制含水率就立即进行路基的填筑碾压，或达到合适的掺灰含水率时进行掺灰处治降低土料的含水率。

3. 采用低含水率土料拌和降低高含水率土料的含水率

在旱季有些料场含水率较低（低于填筑要求的施工控制含水率），有些料场含水率较高（高于填筑要求的施工控制含水率），可以采用高含水率与低含水率不同的填料相互拌和，使高含水率的土料含水率降低，混合料的含水率达到混合料的施工控制含水率就可以进行路基填筑。

掺拌低含水率土料降低高含水率土料的计算方法：如高含水率的土料干重为 m_1、含水率

为 w_1；低含水率土料的干重为 m_2、含水率为 w_2，其掺加的比例应满足：

$$w_{sg} = \frac{w_1 m_1 + w_2 m_2}{m_1 + m_2} \tag{7-2}$$

得到掺加比例 B：

$$B = \frac{m_1}{m_2} = \frac{w_{sg} - w_2}{w_1 - w_{sg}} \tag{7-3}$$

式中：w_{sg}——混合料的施工控制含水率。

在公式(7-3)的理论指导下，通过拌和试验确定合适的干湿料拌和比例。

4. 掺降水外加剂降低土料的含水率

采用在土料中掺降水外加剂(如石灰、粉煤灰、NCS、水泥等)降低填筑土料的含水率是一种较好的方法，并且还可以改善土料的物理力学性质。具体方法参见掺灰处理过湿土的章节。

5. 电渗方法降低土料的含水率

在堆料之前，在料堆底面放置阴极电极，底面的阴极之间的距离为 2m 左右，阴极采用包裹过滤布的带孔铁管或钢管制作，并向土堆外倾斜；在堆料 1.5m 高度左右放置阳极，阳极采用 Φ16mm 左右的钢筋或采用铁丝网制作；把阴极和阳极分别用电缆与直流电源连接。为了施工安全，工作电压控制在 60V 以内，电渗时堆料中通电的电流密度宜为 0.5～1.0A/m^2，见图 7-9。因为施工电源一般为交流电，应采用整流器把交流电变为直流电。在实际施工中可以把直流电焊机作为整流器使用，把交流电变为直流电。在使用直流电焊机作为整流器时，可以转动电流控制开关来控制输出电流的大小。

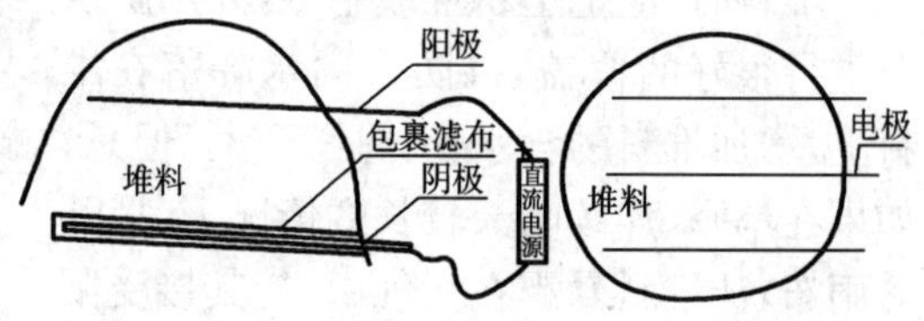

图 7-9 电渗法降低土料含水率示意图

由于电渗排水是阳极附近土料的水向阴极渗流，电渗排水一段时间后，阳极附近土料的含水率较低，阴极附近的含水率较高，含水率不均匀。在电渗后取土填筑路基时，应采用垂直开挖取土和进行适当的拌和，含水率均匀以后再把土运至路基填筑场地进行路基填筑，或在填筑场地进行拌和均匀后进行路基摊铺填筑。

在电渗排水降低土料的含水率时，在阴极与阳极之间应清除无关的金属和其他导电物，避免短路。

第三节 多雨潮湿地区过湿土路基基底的处治

在多雨潮湿地区，路基基底土含水率大、地基碾压困难，难以达到压实标准规定的要求，基底强度低、压缩性大，容易产生地基失稳、沉陷和不均匀沉降等破坏。为保证路堤稳定和正常填筑施工，加快土体固结，改善软弱地基的应力场，减小不均匀沉降，在这种条件下需提高地基强度，改善地基压实条件，进行必要的路基基底处理，为路基路面施工质量提供作业条件。

路基施工前，必须对原地面的耕植土一律清除，在路基基底排水降低含水率处理后效果达不到上部路基路面要求的情况下，可以采用设置碎石垫层处理、掺灰处理、加载预压、开挖置换、深层处理等方法进行，具体方法详叙如下。

一、设置碎石垫层

1. 碎石垫层处治的作用及适用条件

(1)垫层的主要作用

①提高地基承载力,一般来说,地基中的剪切破坏是从基础底面开始的,并随着应力的增大逐渐向纵深发展。因此,若以强度较大的垫层材料代替可能产生剪切破坏的软弱土,就可避免地基的破坏。

②应力扩散作用,扩散堤底承受的荷载,减少堤底的应力和变形。

③减少地基沉降量,一般情况下浅层地基的沉降量在总沉降中所占的比例较大,由于垫层对应力的扩散作用,作用在下卧土层的压力较小,这样也会相应减少下卧土层的沉降量。

④排水作用,加速堤基排水固结。

⑤切断毛细水路径,使地下水不得浸入路堤,即使浸入,路堤内的地表水(如降雨等)也能顺利排除到路堤以外。

⑥施工中具有良好的重型机械通行性。

(2)适用条件

①路堤高度小于两倍极限高度,软弱土表面无透水性低的硬壳。

②过湿土层及软弱土层不是很厚,但具有两面排水条件。

③当地有较丰富的砂、石材料,且运距不太远。

④施工期限不甚紧迫。

2. 碎石垫层的设计要求

(1)对碎石垫层的基本要求

①具有良好的排水能力,渗透系数足够大;

②在荷载作用下强度不降低,渗透性不减弱;

③颗粒在水的作用下不产生大的流失。

一般来说,碎石(砾石)优于砂,粗砂优于中细砂。

(2)材料的选备

除了公路施工技术规范内对砂、石材料的要求外,可以参考表 7-3 的设计要求。

材料性能要求 表 7-3

材料性质	74μm 通过率 P(%)	使用条件
透水性高 $K \geqslant 1\times10^{-2}$(cm/s)	$P \leqslant 3$	一般可单独使用于排除地下水;排水过长段与地下排水工程并用
透水性较高 $K \geqslant 1\times10^{-3}$(cm/s)	$3 < P \leqslant 15$	与地下排水工程(5～20m 的间隔管道)并用
透水性较低 $K \leqslant 1\times10^{-4}$(cm/s)	$15 < P \leqslant 25$	使用排水体处理软基时一般不采用

(3)垫层厚度计算

确定碎石垫层厚度应从地基承载力和垫层排水量两方面考虑。

从地基承载力方面考虑,确定碎石垫层厚度有两种方法。一是把地基土看成是匀质的半无限弹性体,用直线变形体理论来计算,即用分层总和法计算地基土沉降的应力图那样,在某一深度处,其上的自重应力和附加应力的总和应小于软弱地基的允许承载力;另一种方法是假

定应力通过填土按 ϕ 角向下扩散，在碎石垫层底面处呈梯形分布(见图 7-10)。对于后者应满足：

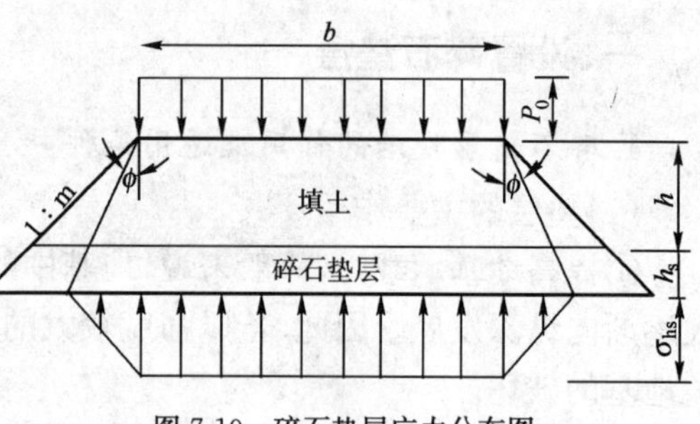

图 7-10　碎石垫层应力分布图

$$\sigma_h \leqslant [\sigma]h + h_s \tag{7-4}$$

式中：$\sigma_h = rh + r_s h_s + \sigma_{hs}$，其中，$r$、$h$、$r_s$、$h_s$、$\sigma_{hs}$ 分别为基底以上填土的重度，填土高度，碎石垫层的重度及厚度，碎石垫层底面的附加应力。$[\sigma]h + h_s$ 为地基的允许承载力。σ_{hs} 的计算根据是：从力的平衡条件出发，作用于碎石垫层表面的附加应力 P_0 必等于碎石垫层底面梯形分布压应力的总和，即：

$$bP_0 = [b + (h + h_s)\tan\phi]\sigma_{hs}$$

整理后得到：

$$\sigma_{hs} = \frac{bp_0}{b + (h + h_s)\tan\phi} \tag{7-5}$$

上式可以近似按下式计算：

$$\sigma_{hs} = \frac{bP_0}{b + (h + h_s)m} \tag{7-6}$$

式中：m——碎石垫层边坡坡率。

当地基表层处于很差的状态或路堤较高时，为使重型机械行驶，从增加软弱地基承载力考虑可采用表 7-4 所列砂(碎石)石层厚度。

砂(碎石)垫层最小厚度　　表 7-4

砂(碎石)垫层材料	不同地基垫层最小厚度(cm)	
	软土	过湿土
砂填料	⩾50	⩾40
碎石填料	⩾30	⩾25

上面单纯从承载力方面确定碎石垫层厚度。若土基层情况较好，不铺碎石垫层也能使机械通行，这时往往应当考虑的是以排水为主的设计方法，尽量减薄碎石垫层的厚度，这对缺砂少石地区，降低工程造价具有重要意义。

碎石垫层最小厚度的确定，分以下两种情况：

①单侧排水：

$$h = B\sqrt{s/K} \tag{7-7}$$

②双侧排水：

$$h = B\sqrt{S/(2K)} \tag{7-8}$$

式中：B——碎石垫层宽度；

s——平均沉降速度；

K——碎石垫层的渗透系数。

(4)垫层拱度设计

如碎石垫层铺成水平，则随路堤的沉降，形成下弯曲线。因弯曲部分就会积水，不能向外排水，而长期受水浸泡，对水稳性差的路堤将造成威胁。

考虑到路堤底部沉降后的形状，碎石垫层施工时应事先设置一定拱度，如图 7-11 所示。如条件允许，可比路堤施工时拱度稍大，对预计沉降量比较大的路段，只要施工机械允许，拱度可更大一些，以保证路提沉降稳定后，碎石垫层表面仍有 2%左右的横坡。

垫层铺完后必须进行厚度检验，合格后才能进行下道工序。当遇到雨天，便道上的泥浆易随车轮带入摊铺碎石垫层(特别是便道入口)，因此施工结束后，应进行污染和渗水效果检查，并作相应的换料处理。

为了避免沉降过大使碎石垫层形成“锅底”而影响排水效果，路基拱度应根据沉降量确定，用填土和调整碎石垫层厚度设计路拱(如图 7-11 所示)，填土宜用砂性土，其厚度(路堤边缘外)不宜大于 50cm,填土的密实度不低于其原状土的密实度。

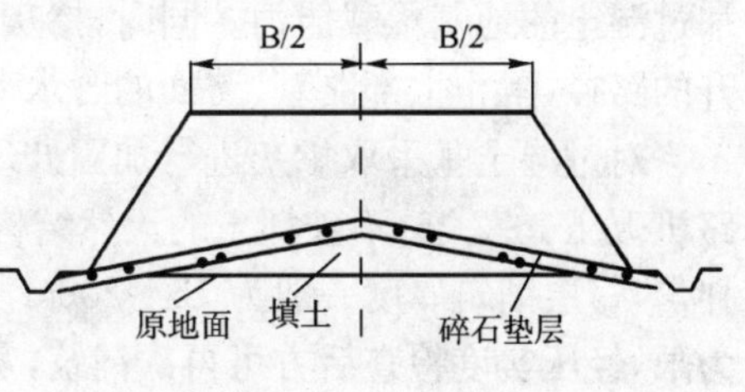

图 7-11 碎石垫层路堤横断面

3. 碎石垫层的施工及质量控制

(1)碎石垫层的施工要求

施工前应清除原地面的耕植土,并整平场地后进行地基压实。碎石垫层施工时应注意以下几点:

①垫层材料必须具有良好的压实性,垫层材料宜采用颗粒级配良好、质地坚硬的中砂、粗砂、砂砾、卵石和碎石(石子粒径不大于 50 mm),其小于 0.075 mm 的细颗粒含量不宜大于 3%。在缺少中、粗砂和砂砾的地区,经试验也可采用细砂或石屑,但宜同时掺入一定数最的卵石和碎石,以保证垫层的密实和稳定。

②碎石垫层施工关键是如何将碎石加密到设计要求的密实度。加密方法可选用振实、夯实或压实的方法,常用的有平振法、插振法、水撼法、夯实法和碾压法等。这些方法要求在坑内分层铺筑砂石,逐层振密或压实,分层的厚度视振动力的大小而定,一般为 20～25cm。

③排水垫层每层铺筑厚度 20～30cm,压实度以碾压遍数和轮迹双重控制,即碾压 4～6 遍且无显著轮迹。为防止地表土受水浸入后污染排水垫层,应尽量加快施工速度。

④垫层底面宜铺设在同一标高上。分段施工时,接头处应做成斜坡,各分层的搭接位置应错开 0.5～1.0m 的距离。

⑤为防止碎石垫层边缘部位砂石的流失和保证碎石垫层排水路径的畅通,在碎石垫层两侧应堆放砂包。

(2)质量检查

碎石垫层施工特点是:量大、线长、点多、分散,且车队又昼夜不停,施工前期便道又未全部到位,管理分散,因此,必须加强质量控制。

①碎石垫层压实质量的控制方法一般可用压路机的压实遍数与有无明显轮迹判断(注意压路机的吨位)。

②用灌砂法实侧的压实度一般偏高,甚至超过 100%,其原因主要是碎石垫层的标准击实试验不易测准,使得垫层的密度比标准试验的密度还要大。因此,可以认为,碎石(砂砾)不适宜做标准击实试验。只可采用分层填筑、分层压实、控制每层的压实遍数和无明显轮迹的方法来进行质量标准检验,也可以采用相对密度进行控制。

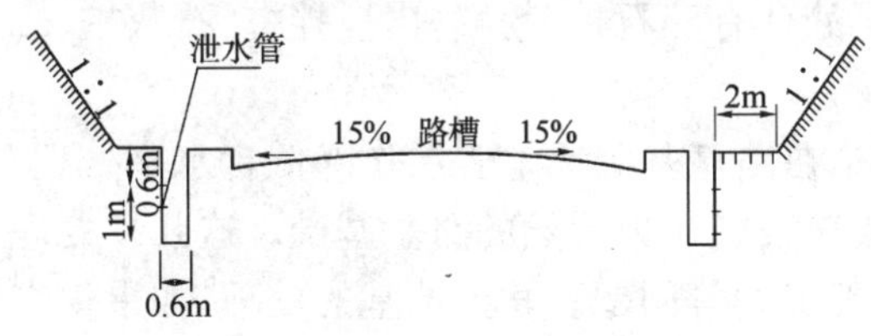

图 7-12 加深排水沟法处治软湿土地基

对于挖方段软湿土地基的处理:可以作换填中粗砂处理或加深路堑两边排水沟,隔断地下水,不让其渗入路基,以保持路基稳定,见图 7-12。采用加深路堑两边排水沟,切断地下水,通过排水沟将汇聚的地下水排出路基以外,降低路基的地下水位,确保路基的强度和稳定,使其承载力达到设计要求。

二、掺灰加固

对直接作为路面底基层以下的过湿土地基,如挖方或零填路段,在过湿土中掺干灰,产生了水化吸水蒸发效应,减少过湿土的含水率,促使基底土的工程性质发生显著变化,压实处治后的土由微粒结构变成团粒骨架结构,彼此胶结在一起,不断提高其强度、水稳定性,显著地增加过湿土的地基承载能力。同时，掺灰处治的湿软土固化以后形成板块，能起到隔断毛细水上升的路径，阻止上部路基、路面的含水率增加和强度降低的作用。

对过湿土基采取掺灰进行加固处理时，应先清除场地和挖除表土，在原地基上采用轻型压路机碾压1～2遍，不破坏土的天然结构，将已备好适当晾晒的土中掺入灰粉，采用路拌法打碎拌匀，每层铺筑厚度一般为15～20cm，机械碾压时应先轻后重的原则碾压，以不破坏土壤结构为限，经压实度检查后方可再次铺筑，灰土的处理厚度与层次都应达到路基要求的压实度。掺灰法处理路基基底的方法详见掺灰处治湿软土的章节。

三、加载预压

利用填筑路堤的自重采用逐级填筑加载预压，使地基的固结沉降基本完成，这是处理过湿土的一种较经济方法。但因加载预压需要足够时间，仅适用于满足施工工期的路堤。加载预压应根据当地的地质水文条件，通过计算确定逐级加载的填土厚度和时间。为了加速压缩过程，减少路基的工后沉降，可采用超载预压和真空预压的方法，待地基在超载预压或真空预压下所完成的沉降量已达到设计要求后，才能卸除超载部分或卸除真空。施工中应严格控制填筑加荷的速率，应采用沉降速率控制填筑速度，一般每填筑一层应进行一次监测，控制标准为：路堤中心线地面沉降速率每昼夜不大于1.0cm；坡脚水平位移速率每昼夜不大于0.5cm。不要急于求成，以保证路堤填筑在各级荷载作用下的地基稳定性，避免因填筑过速而造成对地基土的扰动和破坏。

四、开挖置换

以透水性好的填料置换地基过湿土成为复合地基，达到提高地基承载力，减少压缩量的目的。适用于过湿土层厚度小于3m的路段。挖除后的过湿土需有地方堆放，可结合公路绿化工程和农田平整土地综合处理。在置换过程中应注意先截排地表水，改善排水条件，为施工创造良好的条件。开挖置换应视过湿土地基工程地质和水文条件，将基底下一定深度或全部挖除，然后回填较好的土石料，例如：砂土、碎石土、片石、石渣等置换填筑材料，并采用分层碾压作为基底持力层。

五、深层处理

以上处理方法是浅层处理，如果基底软土层较厚，路基的高度较高和车辆运行影响范围超过以上浅层处理的深度时，应进行深层处理。深层处理有碎石桩、粉喷桩、搅拌桩、石灰桩、二灰桩等处理方法，具体参见地基处理的相关资料。

除开挖置换法外，以上处理方法的共同特点，是在路基基础原地表层作降低含水率处理，处理的对象都没有离开自然地表层，也就是把自然地表层视为天然的路基基础。这几种处理方法存在着增加工程投资、复杂施工程序、延长施工工期等问题。软土地基的处理，如果仅在原自然地表层上下功夫，自然构成的地表层作为路基基础，固然有它天然形成、多年沉积压实程度较高的特点，但这个天然形成是相对变化而不是绝对的。当公路建设时所通过的带状地面是农田时，这些农田耕作土层都发生了人为的挖掘换填，经堆弃、平整，已经不再是自然构成的原状土层，不适合作为路基的天然基础。所以，在自然地表层上，采用开挖置换法由人工填筑一定厚度的路基，以满足路基的技术要求，即在原自然表层上用填筑材料方法做出新的路基基础，同样能够达到预期效果。

公路经过过湿土路段应进行路基路面的综合设计，针对所在区域内的工程地质和水文条件，采取相应有效的结构处治措施，并注重因地制宜，就地取材，以最省的工程造价，合理的处理方案，达到过湿土地基处理的目的。

第四节　采用过湿土填筑路基的施工方法

我国的《公路路基施工技术规范》(JTJ 033—95)中规定"细粒土、砂类土和砾石土无论采用何种压实机械，均应在该种土的最佳含水率±2%以内压实"，但在《公路工程质量检验评定标准》(JTJ 071—94)中的土方路基的验收项目中并没有对含水率提出具体要求，亦即路基验收时只要路基的压实度及弯沉等合乎要求，不论含水率大小，均认为合格。由于气候条件、掺灰条件等因素的影响，有时不得不采用过湿土进行路基的填筑，在采用过湿土填筑路基时，其机理和技术措施方法如下：

一、细粒土填筑工程采用空气率控制的方法

路基处在复杂多变的条件下，除受行车荷载等的作用外，还不可避免地受到雨水、地面水及地下水的作用，因此除应重视路基成型过程中的含水率外，还应考虑道路在使用过程中水对路基稳定性的影响。

1. 含水率对不同土质路基的影响

试验证明，细粒成分含量少的土(如砂性土和塑性指数不大的砂砾土、碎石土)，在施工碾压时，其密度对含水率不敏感，可以放宽对含水率的控制。在投入使用后水的浸入不会使土体发生明显膨胀，含水率减小，土体也不会明显收缩。这类土的水稳定性好，是较好的筑路材料。由于这类土的压实状态受水的影响较小，用压实度法控制压实质量是合适的。

细粒成分多的土(如黏性土，特别是塑性指数大的黏土)，水的浸入使土体含水率增加，体积发生明显膨胀，且膨胀率和初始含水率有关，初始含水率越小，膨胀率越大；相反，土体含水率变小，体积发生明显收缩，引起土体开裂。水的浸入使单位体积内颗粒的含量减少(即干密度减小)，使土的承载能力降低。因此在道路使用期间路基可能浸入水的情况下，对于细粒成分多的土，不宜在含水率小的情况下压实。

压实度法不能正确反映黏性土遇水的这一特性。在图7-13的击实曲线中，干密度ρ_n对应两个含水率w_1、w_2，在w_1、w_2下的压实度相同，所以压实度指标不能反映哪个含水率对路基的水稳定性更有利。而在孔隙率法中，不同的含水率w_1、w_2所计算得的孔隙率$v_{a2} < v_{a1}$，也就是说在含水率大时更有利于路基的水稳定性。因此，对细粒成分含量多的土质用孔隙率法控制更趋合理。

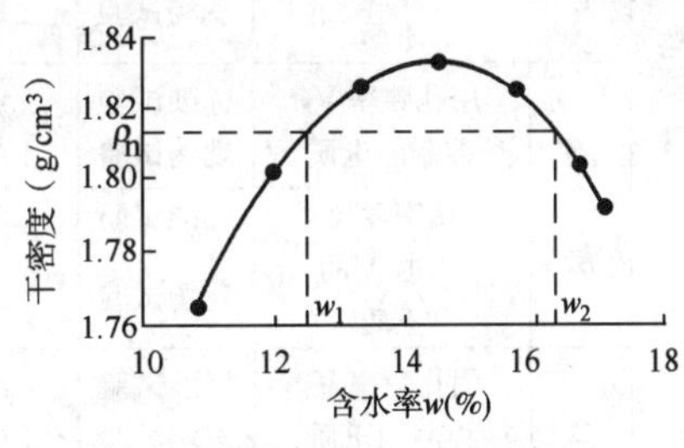

图7-13　砂质黏土击实曲线

2. 土的稳定密实度和含水率

大量试验表明，凡是压实不足的土，不论其初始密度如何，饱水后都会趋于同一含水率和同一密实度(其数值与土质及土体所受的荷载太小有关)，相应的密实度称为稳定密实度。压实到稳定密实度的土，受到水作用时其稳定密实度不变，既不发生沉陷，也不出现膨胀，在这种情况下，土的水稳性最好，这也是原状土比扰动土稳定的原因之一。路基成型时的含水率和密实度对路基达到或接近稳定密实度具有相当重要的作用，因此仅强调密实度而淡化路基成型

时的含水率对稳定性的影响显然不够全面。

3.压(夯)实的控制方法

(1)如果路基填料是黏性土等细粒成分含量多的土质,由于这种材料遇水的不稳定程度与初始含水率有关,在路基压实时不宜在含水率小的情况下压实,为保持路基土体的长期稳定,控制含水率与控制密实度同样重要。

(2)由于不同土质的水稳性不同,在路基施工时应把水稳性好的砂性土和塑性指数不大的砂砾土、碎石土等材料调配到路床及上层路堤,把黏性土等不良土质调配到填方下部,以减小路面水对路基稳定的影响,以及利用上部路基、路面的重力抑制下部细粒土路基的吸水膨胀变形。

(3)细粒土的压实控制

这里借鉴日本的细粒土压实控制方法,首先根据 75μm 筛的通过量将土进行分类,对不同的土质采用不同的控制方法。对 75μm 筛通过量大于 20% 的土(相当于黏性土和粉性土),只能用孔隙率法控制,而不用压实度法控制;对 75μm 筛通过量小于 20% 的土(相当于砂性土)才能用密度比法(压实度法)控制。详细规定见表 7-5。表中的密度比 D_c 与我国的压实度 K 试验方法相同。孔隙率的计算公式如下:

$$V_a = \rho_w[100 - \rho_d/\rho_w \times (100/G_s + w)] \times \% \tag{7-9}$$

式中:V_a——孔隙率,%;

ρ_d——现场两次测得干密度的平均值;

w——现场土的含水率,%;

G_s——现场土的颗粒密度;

ρ_w——水的密度。

标准试验、现场管理试验方法和标准 表 7-5

方位		类别	实验项目		标准值	
					压实度	施工含水率
路床	路床上层	用孔隙率 V_a 控制的土质	标准试验	细粒土的比重试验	$-75\mu m \geqslant 50\%$时 $V_a \leqslant 8\%$	满足规定沉降量的含水率
			现场试验	土的密度和含水率试验	$50\% > -75\mu m \geqslant 20\%$时 $V_a \leqslant 13\%$	
		用密度比 D_c 控制的土质	标准试验	土的击实标准试验	$-75\mu m < 20\%$时,	
			现场试验	土的密度和含水率试验	$D_c \geqslant 92\%$	
	路床下层	用孔隙率 V_a 控制的土质	标准试验	细粒土的比重试验	$-75\mu m \geqslant 50\%$时 $V_a \leqslant 8\%$	
			现场试验	土的密度和含水率试验	$50\% > -75\mu m \geqslant 20\%$时 $V_a \leqslant 13\%$	
		用密度比 D_c 控制的土质	标准试验	土的击实标准试验	$-75\mu m < 20\%$时,	
			现场试验	土的密度和含水率试验	$D_c \geqslant 92\%$	
路堤	路堤上层	用孔隙率 V_a 控制的土质	标准试验	细粒土的比重试验	$-75\mu m \geqslant 50\%$时 $V_a \leqslant 8\%$	能确保天然含水率或施工机械可通行的含水率
			现场试验	土的密度和含水率试验	$50\% > -75\mu m \geqslant 20\%$时 $V_a \leqslant 13\%$	
		用密度比 D_c 控制的土质	标准试验	土的击实标准试验	$-75\mu m < 20\%$时,	
			现场试验	土的密度和含水率试验	$D_c \geqslant 92\%$	
	路堤下层	用孔隙率 V_a 控制的土质	标准试验	细粒土的比重试验	$-75\mu m \geqslant 50\%$时 $V_a \leqslant 8\%$	
			现场试验	土的密度和含水率试验	$50\% > -75\mu m \geqslant 20\%$时 $V_a \leqslant 13\%$	
		用密度比 D_c 控制的土质	标准试验	土的击实标准试验	$-75\mu m < 20\%$时,	
			现场试验	土的密度和含水率试验	$D_c \geqslant 92\%$	

注:表中 $-75\mu m$ 表示通过 75μm 筛孔的成分。

由(7-9)式可知，孔隙率不仅与土的干密度有关，而且与土的含水率有关，干密度和含水率越大，孔隙率就越小。

用孔隙率法控制 75μm 筛通过量大于 20%的土质，不需要像密度比法那样先做标准击实试验，而是做土的颗粒比重试验确定土的颗粒密度 G_s，再测出现场土的干密度和含水率即计算出土的孔隙率。

4.用空气率控制过湿细粒土压实的方法

通过碾压的方法把细粒土压实，其目的是使土的力学性能得到改善。但是，如果碾压不当，就会得到相反的结果。因此，对含水率过大的细粒土，施工前应对土的性质进行检测分析，并通过现场所使用的碾压设备进行试验和观察，从中找出压密的最适当的碾压方法，作为现场施工控制的方法，以免造成过碾现象。

根据现场土样检测数据，计算出土壤能达到的最大压实度，并用空气率含量指标对软土或高含水率的细粒土进行碾压功能的控制。通过碾压，可使土壤所含空气率有所降低。一般情况下，土中含空气率在 2%以下时，就不可能依靠碾压功能将高含水率的细粒土压密。如果加大碾压功，最终只能是过碾，从而使土壤的力学性质恶化。因此，按照高含水率细粒土本身的性质和实际情况，确定其可能得到的最佳干密度，以空气率大小作为施工控制指标是比较现实的。空气率应该通过现场试验确定。

现场土壤的空气率可按计算公式(7-9)求得，再按要求的空气率，推算其可能达到的干密度，并在现场验证的情况下，进一步调整规定的空气率，以便在实际施工中予以控制。表 7-6 为用空气率控制压实功能汇总表，是以现场土样的检测数据资料为依据，并通过大量现场试验验证情况下总结出来的。

用空气率控制压实功能 表 7-6

空气率(%)	压 实 功 能	压 实 效 果	空气率(%)	压 实 功 能	压 实 效 果
<2	无论任何碾压	难以压密	5～10	略加碾压	可提高密实度及强度
2～5	轻型碾压	可压条件	>10	大碾压功能	低于最佳含水率可压密，但水稳性很差(注意过碾)

表 7-6 表明，当空气率<2%时，高含水率细粒土是难以压实的。这时，可在表层进行换填处理，以提高土基的强度。填筑材料宜使用水稳性良好的土壤。换填时，应采用由近及远方式，使运载汽车的车轮不与换填的土接触，以保持原状土不被扰动。采用推土机进行初平。在初平的基础上，用平地机整平碾压。第一层的回填材料一般以 40cm 厚为宜。先用轻型推土机在第一层上进行平整(其接地压力一般不大于 0.049 MPa)。之后，用中型平地机整平，可按轻、中、重型的碾压形式安排碾压设备。每 15～20cm 分一层进行碾压。当填筑层厚度达到 60cm 时，可采用强力振动设备进行碾压，反复碾压 3～5 遍，达到要求压实度。

二、从水稳定性方面考虑含水率的控制和填土类型的选择

1.美国依阿华州交通局的土分类

土的体积变化是土的最不利的工程性质之一，它直接影响到路堤的稳定和路面的质量。除土的压缩外，土的体积变化主要取决于土的膨胀潜势和冻融敏感性。若将膨胀潜势和冻融敏感性高的土填筑于易浸水区或冻融影响范围内，在一定的条件下(如遇水、降温

等)，土体会发生体积膨胀变形或冻融破坏。研究表明，土的膨胀潜势和冻融敏感性与土的液限(w_L)、塑性指数(I_p)以及细粒含量有关。因此，若根据液限、塑性指数和细粒含量对土进行分类，则可区分出易膨胀和易冻融的土类，在设计和施工中就可避免将其填筑在浸水区或冻融影响区。

美国的依阿华州交通局提出了基于液限、塑性指数和细粒含量的填土分类标准，将填土划分为"优选的"、"适合的"与"不适合的"3类，其中无黏性土(过75μm筛的含量少于16%)划入"优选的"一类，中间粒级的土(过75μm筛的含量在16%～35%之间)为"适合的"填土，黏性土(过75μm筛的含量超过35%)则需要进行更详细的分类，见表7-7。

美国依阿华州细粒及粗粒塑性填土分类标准 表7-7

填土初步分类	填土最终分类及标准		
	"优选的"	"适合的"	"不适合的"
低塑性黏土	F75μm≤45且F425μm≤70	46≤F75μm≤70	F75μm>70
低/中塑性无机黏土	F75μm<60	60≤F75μm≤70	F75μm>70
中塑性无机黏土	F75μm≤FDN	F75μm>FDN	—
高塑性无机黏土	—	F75μm≤FDN	F75μm>FDN
中压缩性无机粉土	—	—	这一范围内所有的土
高压缩性无机粉土和高塑性无机黏土	—	—	这一范围内所有的土

注：F75μm为过75μm筛的百分比；F425μm为过425μm筛的百分比；FDN为细度标志数(见图7-14)。

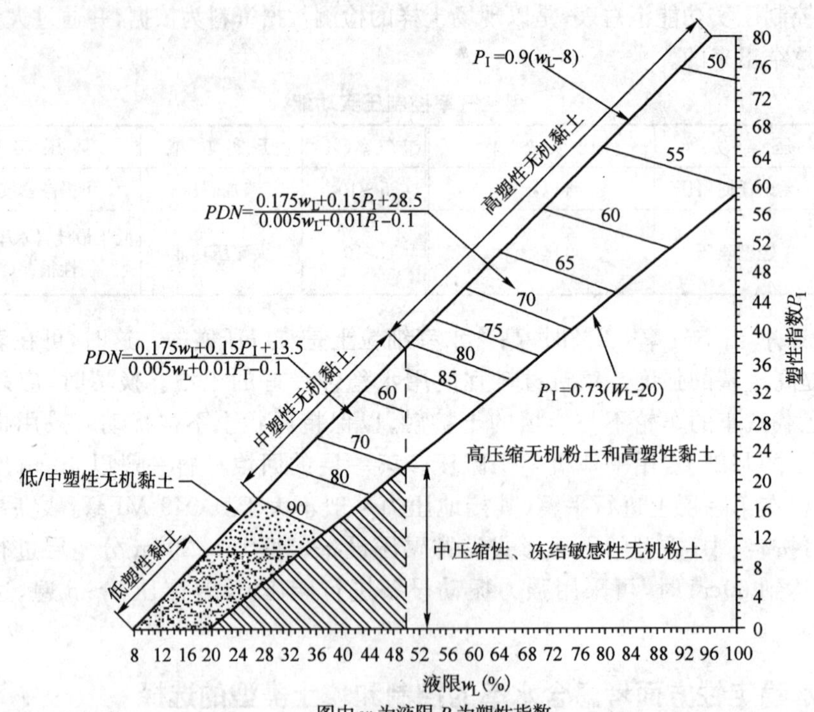

图7-14 依阿华州黏性土性能分类

在美国依阿华州，"优选的"填土因其可提供充分的体积稳定性、低冻融敏感性以及良好的承载力，因此将其直接填筑于路面结构之下0～0.6m以内；"适合的"一类填于路面结构下0.6～1.5m的范围内，这一范围通常为冻融循环区和干湿反复变化区；"不适合的"一般为高塑性黏土或高压缩性、易冻融的粉土，将其填于“适合的”土以下（路基顶面下 1.0～1.5m），使其避免于季节性水分变化和冻融变化，同时上部的积土压力有利于约束该类土。在美国宾夕法尼亚州和新泽西州，路堤填筑后在其侧面（表面）常需要覆盖 1 层黏性土，作用是防止雨水侵蚀路堤和利于植被。

2.从水稳定性方面进行路基压实的含水率控制

在最优含水率的干侧还是湿侧压实填土一直是土方工程中有争议的问题之一，实际上合理的压实含水率应根据填土的类型和要获得的工程性能以及实用性来选择。一般认为含水率对无黏性土的压实性能影响不大，对黏性土的压实性能产生很大的影响，表 7-8 描述了黏性路堤土的工程性能与普氏最优含水率的关系。但无黏性土的压实存在着与含水率相关的湿胀问题，在湿胀含水率处，无论施加多大的能量，都不能使无黏性土压实到 80％或以上的相对密度。虽然无黏性土在湿胀含水率处压实密度低。

黏性填土性能与含水率变化的关系 表 7-8

土的性能	最优含水率干侧	最优含水率湿侧	土的性能	最优含水率干侧	最优含水率湿侧
强度 颗粒排列	高 不规则性强	低 不规则性弱	孔隙压力 应力-应变模量	低 高	高 低
渗透性	高	低	膨胀性 冻融效应	高 高	低 低
压缩性 固结	高 快	低 相对较慢	灵敏性	灵敏	相对灵敏性低

但压实土体表面上可能会表现出“明显”的稳定性，然而这种稳定性只是暂时的，一旦有水进入土体，土颗粒间的表面水张力会减小，在外荷载作用下颗粒更容易移动，引起土体沉降。因此，无黏性土压实时，应避免在湿胀含水率处进行。可见，无论是黏性填土还是无黏性填土在压实操作过程中进行含水率控制都是十分必要的。

从水稳定性方面考虑，美国依阿华州交通局的规定是可以借鉴的。2001 年 2 月颁布施行的《依阿华州交通局土方工程质量管理特别规定》中补充规定施工中采用含水率施工图，见图 7-15 和图 7-16。图 7-15 为无黏性土的含水率控制图，为避免无黏性土中的湿胀现象，应确定湿胀含水率范围，在填筑时避开，湿胀含水率范围为 80％相对密度对应的 2 个含水率之间的范围，同时为防止填土过湿造成压实后稳定性降低，应控制含水率上限 $w_{上}$、$w_{上}$ 的计算方法为：$w_{上}$＝[800/最大干密度(g/cm^3)－0.3]×100％。图 7-16 为黏性土的含水率控制图，含水率的范围根据标准普氏最优含水率试验结果确定，因“优选的”或“适合的”填土铺在路堤的上部，其含水率控制以减小膨胀潜势、提高均匀性和承载稳定性为目的，因此控制范围确定为最优含水率的－1％～＋3％；对于“不适合的”填土，最优含水率为 20％或以上时，含水率控制范围稍宽一些（在最优含水率的－2％～＋4％），最优含水率低于 20％时，控制范围稍窄（上限为 1.2 倍的最优含水率，下限为 0.9 倍的最优含水率，最窄界限为－1％～＋3％，根据各种土的普氏压实曲线形状与最优含水率的关系可知，这种含水率控制方法有利于提高填土压实的均匀性。

3.考虑不同土质的水稳定性进行路基填筑

看一个路基是否压实不能只看 ρ_d 与 ρ_{dmax} 之间的比值即压实度，还要看干密度 ρ_d 和标准干密度 ρ_{dmax}，这就牵涉到土的性质问题。

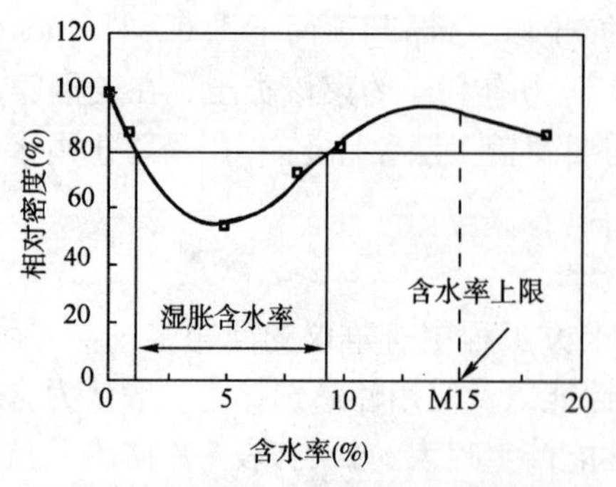

图 7-15　依阿华州无黏性土含水率控制

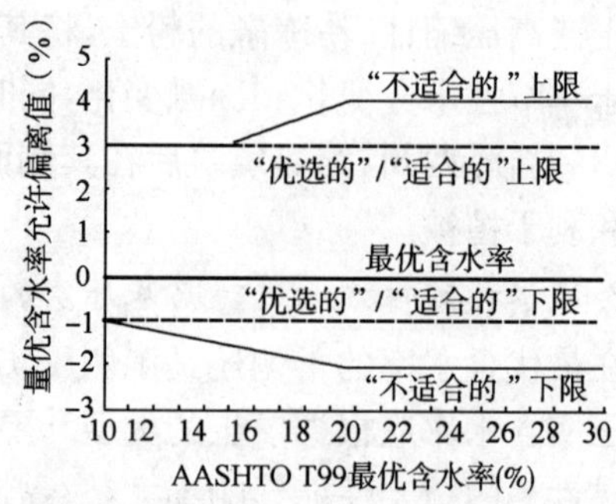

图 7-16　依阿华州黏性土含水率控制

在路基用土中使用 ρ_{dmax} 比较高的土作填料比较好。我国常用路基填料砂土、砂性土、黏性土、粉性土中，砂土、砂性土标准干密度最大，填筑路基较好。有试验说明，标准干密度愈大，含水率较小，回弹模量愈大(即强度愈高)，同时稳定性愈好。当一般的汽车荷载作用于路基上时，路基工作区深度为1.0～2.0m，因此路基上层对土的强度要求比较高，下层则比较低。一般来说，在路基上面几层选择砂土、砂性土较好，而将黏土和粉性土置于路基的下部。若路基处于地下水比较丰富的地区或者容易冻胀的地区，则路基最下层用砂土或砂性土，其上用黏土和重黏土。因为砂土或砂性土可起透水和固结地基之用，而黏土和重黏土经充分压实后可以阻止地下毛细水的上升，成为一个不透水，不吸水的土体，能起到隔离作用，对其上面的路基稳定有很好的效果。当然黏土或重黏土，必须是在最佳含水率下经充分压实后才可以的。假如该种土未在最佳含水率下也未经充分压实，则未必能起隔离层作用。毛细水上升高度与毛细管直径(即土的粒径)成反比，未经压实的黏土孔隙多，毛细水上升高度大，而黏土、重黏土液限高、塑性又大，长时间吸水，又能保持水，这样随着水的增多，黏土的强度变低，就会发生压缩变形，路基失稳。尤其是黏性土、粉性土，若处于该种水文条件，处在冻冰地区，则会出现冻土现象，情况更为严重。如果直接在含水率丰富的地面填筑黏性土、重黏土和粉性土，则不易压实。且路基容易产生不均匀下沉，这是不允许的。砂土、砂性土、黏土、重黏土和粉土，不仅标准干密度不同，而且达到同一压实度时，对压实功能的需求也不同。砂土和砂性土透水性强，含水率易控制，容易压实，而黏土、重黏土和粉性土由于含水率难以控制，碾压时较为困难。含水率小，土的抗力较大，压实功能需要很大，才能达到要求的压实度；含水率大则易起"弹簧"，甚至压实功能愈大，"弹簧"现象愈严重。故此，在路基填土选料时，首选砂性土、砂土，其次是黏性土、重黏土，最后是粉性土。

三、过湿土的压实分析

1.对过湿黏性土压实的力学分析

一般来说，土是由固相(土壤颗粒)、液相(土壤中所含的各种水分)及气相(土壤空隙中的空气及其他气体)三者结合而构成。在最佳含水率的情况下，一般土壤通过碾压可排除气相中的大部分气体，从而使土壤颗粒之间重新排列，减小孔隙，增加土壤的密实度，提高强度。

对饱和含水率的黏性土，当其受到外力作用时，一部分压力由土的骨架来承担，另一部分压力由水来承担。骨架承担的压力称有效压力，它使土颗粒靠拢，空隙减小，而使土体产生沉降，如一般土的压实。水所承担的压力为孔隙水压(超静水压)，会使水压力增加，但不能使土粒骨架受力变形。随着时间的延续，孔隙水压促使水分不断外流，孔隙水压降低，有效压力不断增长，直到最后外部压力全部变为有效压力，土体的沉降即告完成。孔隙水在一定时间内受外力作用而渗透外流，土体积逐渐压缩而紧密，这就是土的压实固结过程。

2. 控制压实含水率的原因

由于黏性土的特性不同于其他类土，它受水的影响很大。在含水率很低的条件下，采用高夯实功能可得到较高的干密度，但这种土在饱水后，再遇大量水分就会膨胀崩解而使强度下降。当土饱和之时，不可能通过碾压而使水从土壤中消逝。在这种情况下，若对饱和的软黏性土加强压实功，只能使软黏土更加发软，并最终形成液化现象，所谓过碾现象就是这样形成的。当形成这种状况时，其本身强度反比原始强度为低。因此，在施工中，必须对高含水率黏性土的压实进行控制。

3. 过湿土压实不足的原因分析

不同压实机具压实土料时，由于作用是很短时间的荷载或振动荷载，只能通过将土体中的空气排挤出来起到压实的作用，采用不同的击实功进行击实试验时，得到的最佳含水率和最大干密度都不相同，但在最大干密度时土中的空气体积却几乎是相同的，对于黏性土一般都在4%左右，土中始终保留一定的空气体积。要想通过碾压使土中的空气体积为零实际上是不可能的。即使在高含水率的情况下经过压实的土中仍保持2%左右的孔隙。因此对于空气体积率在5%以下的特高含水率土，使用碾压的方法实际上是不可能明显增大单个土体(土块和土团)内部的密实度的。用这种高含水率的黏性土填筑路堤时，单个土块和土团之间会有很多孔隙，用不同的压实机械进行碾压，只能使单个分离的土块和土团相互靠近，缩小相互之间的孔隙。因此碾压得到的密实度实际上与土的原始密实度无多大差别。

进行初步碾压使单个土块和土团相互靠近到一定程度后，再继续碾压非但不会增加土的密实度，反而会使土体内部产生剪切破坏，导致“弹簧”现象发生。而且压路机越重，碾压遍数越多，对土体的剪切破坏也越严重。

4. 某些高含水率过湿土也能压实及压实方法

现有路基施工规范规定，碾压时填筑料的含水率必须在最佳含水率±2%的范围以内，但是由于有些土料的击实(压实)曲线比较平缓，施工控制含水率范围较宽，也就是说，在填料含水率超过最佳含水率±2%的范围也能够达到规定的压实度，如天荒坪水电站的上水库土坝四种土料天然含水率大于最优含水率2%～10%，碾压试验的压实度见表7-9。

天荒坪水电站上水库土坝碾压试验结果 表7-9

土料类型	标准击实		填土		$w-w_{op}$	压实度K	碾压遍数
	最大干密度ρ_d (g/cm^3)	最佳含水率 w_{op}(%)	干密度ρ_d (g/cm^3)	含水率w(%)			
红色残积土	1.34	34.5	1.29	43.9	9.1	0.96	6
紫红色残积土	1.43	29.5	1.25	39.1	9.6	0.87	6
灰白色残积土	1.46	27.3	1.42	28.4	1.1	0.97	8
黄色残积土	1.51	25.8	1.29	36.2	10.4	0.85	8

从表7-9可以看出，红色残积土在天然含水率较高的情况下使用常规的碾压机具仍能取得令人满意的效果，但在碾压过程中粘碾现象非常严重，振动碾每行驶25min左右需要人工清理碾子上的黏土一次，严重影响振动碾的工作效率，不利于高强度填筑施工。灰白色残积土因在开挖过程中掺入大量强风化岩块，降低了全料的含水率，其碾压过程中可以比较正常，碾压效果也最理想。黄色残积土黏度小，土体承载能力大，在含水率高出最佳含水率10%仍然

可用常规机械铺筑碾压,碾压中无粘碾现象,碾压后自卸汽车可在表面行驶,这种类型的土料可以作为路基要求低的地段使用,或者待含水率降至合适值再碾压。紫红色残积土黏粒含量多,土体承载能力差,碾压过程中粘碾现象严重,碾压后 15t 自卸汽车在上面陷车无法通行,这种土不但碾压性能差同时也影响正常的施工,在路基中也是不能采用的。

5.各类土质对压实度的影响分析

不同类型土的压实性能是不一样的。就填筑路堤而言,最合适的土是砂砾土、砂土及亚黏土。这些土容易压实,有足够的稳定性,遇水不致过分泡软;用这些土填筑的路堤,沉陷可能最小,而且可以作为路面的优良基础。在沼泽地以及受水浸泡的低洼地,用砂砾填筑路堤最合适。除颗粒均匀的砂之外,这些土的特点在于密度大,塑性很小;粉质土和细亚砂土稍差些,这些低黏性土也比较容易压实,在饱水情况下,这些土容易变成流动态,并失去承载力。用这种土填筑的路堤的边坡,在良好的水文地质条件下是足够稳定的。但是,如不作相应加固,容易受水冲刷。压实不足时,会由于过分饱水而失去稳定性。在不利的水文地质和气候条件(冰冻地区)下,这些土容易发生冻胀;亚黏土和重亚黏土的压实困难较多,但与粉质土相比,它们仍是比较有利的土,这些土具有较高的黏性和透水性;最难于压实的土是黏土,在潮湿状态,这种土不稳定,并容易发生剪切。黏土的特点是液限大、最佳含水率大而最大干密度小,压实的黏土具有良好的不透水性。

6.考虑填料矿物成分与工程特性控制高含水率黏土的压实

高含水率黏土内含水率常年基本稳定,且接近饱和状态,母岩风化后的残余结构保存完整,土内多孔隙中的水分及游离氧化物(以氧化铁为主)与土粒的电化学作用较强,使土粒疏松,含水率较大,原残积土具有整体结构强度。

通过对高含水率土的物理力学、矿物成分、组织结构试验,试验结果表明:对于含铁氧化物较多的红色高含水土,其原状土可直接修筑挖方路基;当控制填方压实路基的含水率小于塑限时,填方路基的强度和稳定性较好。由于高含水的土多孔隙,接近饱和状态,即使在反复重型压实作用下,土的密实度亦很少增加,只能使土体内团粒状集合体的分散性增加,使土的残余结构破坏较多,土的触变液化现象加剧,其强度值有所减少。因此,填方路基质量应以强度(承载比值)指标结合压实度要求进行控制。对于含铝、硅氧化物较多的灰白色高含水土,由于土的稠度小,黏聚性差,强度较低,易于松软液化,与软土类似,不能作填方路基材料使用。

7.击实试验方法与击实标准的确定

(1)采用湿法击实试验的必要性

过湿土填筑路基,经晾晒后土内含水率可减少一点,但不会发生土的干湿循环现象,含水率仍较大。因此击实试验的制件应从天然含水率开始逐渐减少水分进行击实,即湿土减水击实试验法较符合路基现场施工状态,湿法与通常干土加水击实法的物理力学性有显著差异。表 7-10 列出某高含水土重型击实干法和湿法的承载比、重型击实及力学试验的结果,同一种土的含水率相同时,干法重型击实所得干密度比湿法的大,其重型击实后的强度值干法较湿法为小,而压缩系数则干法比湿法的数值大,液限、塑限按风干过筛土加水制件试验与天然土样直接试验所得数值前者较后者为小。这是由于干土的组织结构发生变化,游离氧化物脱水干燥再加水,性质有所改变,这种过程是不可逆的。从施工现场的气候,土质条件出发,以湿法制件进行试验比较适合路基的实际情况及土的现场状态。

高含水土重型击实干法与湿法对比试验 表 7-10

类别	最大干密度 ρ_{dmax}	最佳含水率 ω_{op}	承载比 CBR	内磨擦角 ϕ	黏结力 c	压缩系数 a_{1-2}	压缩系数 a_{2-3}	液限 w_L	塑限 w_P
干法	1.237	45.7	1.5	6.9	0.02	0.058	0.044	65.0	36.8
湿法	1.179	46.5	6.6	16.7	0.50	0.042	0.036	82.7	47.5

(2)击实标准的对比试验

高含水率黏土的液限较高，但塑性指数一般不大，经对细粒土液塑限的回归计算，相关方程式为：

$$I_P = 0.65w_L - 19.25 \tag{7-10}$$

式中：I_p——塑性指数，范围 $w_L=45\sim85$。

黏土的液限变化较大，土类复杂，分别对细粒土及含粗砂粒较多的粗粒土进行重型、轻型标准击实试验，其最大干密度的比值并不是一个常数，而是随液限值加大呈线性变化，试验结果如表 7-10，回归计算的相关方程为：

$$\alpha = -0.0026I_P + 0.0045w_L + 0.956 \tag{7-11}$$

式中：α——重型与轻型标准击实最大干密度的比值，若只按 w_L 因子考虑，则：

$$\alpha = 0.003w_L + 0.992 \tag{7-12}$$

轻重型标准击实的 ρ_{dmax} 大小与 w_L 相关方程为：

重型：

$$\rho_{dmax} = 1.792 - 0.00335w_L \tag{7-13}$$

轻型：

$$\rho_{dmax} = 1.691 - 0.00553w_L \tag{7-14}$$

从表 7-10 中可知：塑限与最佳含水率的差值，轻型法平均为 5%，重型法平均为 14.1%；天然含水率接近塑限，填方路基分层碾压过程中土的含水率可减少一些，大体接近轻型最佳含水率；同时除粗粒土外，由于土的含水率高，经分层晾晒也不能保证能达到重型击实标准的最佳含水率。因此，从高含水黏土的物理状态、气候因素、施工条件，宜采用轻型击实标准。据水利部门资料，用红黏土修筑土坝采用轻型击实标准，坝建成后，经长期观测证明是稳定安全的，表明其强度与稳定性是较好的。

8.过湿土路基的压实强度及质量控制

根据高含水土的特性，采用轻型到重型击实功，当稠度在 1～1.4 时，某一含水率均出现最佳压实功，此时压实功与土的结构强度处于平衡状态，其强度值最大。超过最佳压实功后发生软弹，出现超压，土体内团粒集合体分散性增加，水的软化加强，土的干密度增加有限，强度反而降低很多。压实土的强度指标是高含水土密实度、含水率、结构、矿化成分的综合反映，单一压实度指标不可能全面代表土的强度。因此，压实土的稠度在 1.0～1.3，以最佳压实功法控制压实，经承载比、触变性，膨胀性、压缩性、弯沉、沉降试验测定，路基土的强度及稳定性最好，均能达到正常路基的要求。

按土的稠度选用能承受的最大压实机具，坚持分层压实，以碾压二到四遍达到超压为宜，即地表开始软弹或同光亮集水块状，这时路基在最佳压实功下得到最好的强度。

徐顺岭等对高含水率黏土路基的压实表明：高含水土的天然密实度低，按重型标准其密实度为 70%～80%，与同密实度的一般黏性土比较，承载能力较大。用 15t 三轮压路机做压实试验结果，碾二至六遍干密度没有增加，但含水率却有增加，碾压反复揉挤表层土使水分有所集中，当含水率蒸发由45.7%降低到33.6%后，干密度由1.18增加到1.37。碾压中没有陷碾或软弹现象，碾压二遍后土层出现剪切破坏；表层下3cm左右的土层推移成薄块状，反映了原状土的强度有足够的承载力，在开放交通后，反复荷载碾压会使原状土基出现软弹，土的结构强度降低。原路堤由履带碾压，含水率降低，干密度增加，再加填一层用15t三轮压路机碾压，在压至二遍开始有软弹，压到六遍其干密度没有增加而土的强度降低。表面高含水土当饱和度在85%以上，增加压实功是不可能提高密实度，只会破坏土的结构，因此填方路基应根据含水率大小采用不同压实功及不同吨位的压路机或履带车分层压实。

徐顺岭等对某工程填方路基压实度实测检验结果，分别按轻型、重型压实度和土基含水率与最佳含水率比值关系整理，发现重型压实标准的压实度小于85%，其w与w_{op}比值一般大于1.25；轻型压实标准的压实度大于95%，其w与w_{op}比值一般小于1.05。说明土的含水率与最佳含水率的比值决定了压实度的大小。把最小压实度确定为重型标准的90%，对高含水土是很难达到的。

9.过湿土填筑后水分的转移及固结沉降过程

对土体进行压实，除将土体中的空气排挤出来(降低空隙率)能增加压实度外，将土体中的水分压挤出来或由于气候条件蒸发出来，也能提高密实度，也即土体发生固结过程。

然而要使土体中的多余水分挤压出来需要时间，取决于土的渗透性、渗透距离，排水条件及土层上所受的压力。由于土(特别是黏性土)的渗透系数很小，要使土体中的水分挤压出来，需要一个相当长的时间，这种挤压作用还需要有一定的压力，主要是路面和路基的自重压力，这种渗透主要发生在高路堤的下部，对于轻亚黏土这种固结约需要2～4年，重亚黏土约3～6年以上，黏土则需要4～8年以上，才能使路基沉降稳定下来，而且挤出多余的水分必须使其有一个流出的通道。一般均要设置粒料吸水层，沿路堤高度在可能发生固结的层次内每隔1.7～2.0m铺设一道吸水层，用以吸收排出土体中的水分，并使其排出路堤外。这种方法就相当于盲沟的作用，一般在低等级路或者旧路改建中使用较多。

水分的蒸发程度与当地的气候条件有关，在北方路堤内部土的水分蒸发较快，而在南方气候潮湿地区则蒸发较慢，随着水分的蒸发土体的密实度逐渐增加，路堤逐渐产生沉降。沉陷量见表7-11。

过湿土路基的沉陷量(单位：m)　　表7-11

过湿系数	1.2				1.4					1.5				
路堤高度(m)	6	8	10	12	4	6	8	10	12	4	6	8	10	12
轻亚黏土 $I_P=7\sim12$	1	1.2	1.5	2	1	1.5	2	3	3.5	1	2	3	3.5	4
重亚黏土 $I_P=12\sim7$ 黏土 $I_P>17$		1	1.5	2		1	2	3	4	1	2	3	3	5
过湿系数＝土体的含水率/该土体的最佳含水率														

综合以上研究，过湿土直接填筑路基应采取如下措施：

(1)过湿细粒土路基的压实控制可以采用空气率进行控制，不能出现过碾、弹簧土现象；

(2)碾压设备应采用轻型碾压设备，最好是静碾，以轮胎碾为好；

(3)碾压层厚应为薄层，一般在15～20cm；

(4)当出现粘碾、陷车等现象时，可以采用掺砂、垫砂进行处治。

四、采用过湿土填筑路堤的加速固结方法

对于采用过湿土填筑的路基，为了加快过湿土的固结，可以采取如下方法。

1. 设排水砂层加速过湿土填筑路基固结的方法

在过湿土路基中设置排水砂层，可缩短路基中水的渗出路径，减小水的渗流阻力，加快水的排出。排水砂层排出过湿土中的固结水，使孔隙水压降低，加快路基的固结密实，增加路基的稳定。排水砂层还可供施工车辆通行，铺筑时也不需要专用机械。

土黏性过高，碾压困难时，可在过湿土上铺排水砂层，再用普通压实机械对其进行初步碾压，见图 7-17，此方案在徐怀公路宿迁饶城段 B 标和独联体国家采用过，较为成功。

排水砂层采用渗透系数大于 0.5m/d 的砂土或粗粒亚砂土，排水砂层厚度与过湿土层厚度、砂土的天然含水率、最终含水率等有关。路堤顶部及其冻结范围必须用非黏性、冻胀小的土填筑。

土黏性过高，碾压困难时，可在过湿土上铺排水砂层，再用普通压实机械对其进行初次碾压。这种碾压用大尺寸充气轮胎半挂式压路机最合适。

排水砂层吸收、排出水量与黏土层厚度、排水砂层厚度、黏土的天然含水率、最终含水率有关。排水砂层厚度 h 可按下式确定：

$$h = 1.06H\frac{\rho(w_e - w_k)}{\rho_1(w'_k - w'_e)} \tag{7-15}$$

式中：H——过湿黏土层厚度，cm；

ρ,ρ_1——分别为过湿土、砂土的密度，g/cm^3；

w_e、w'_e——分别为过湿土、砂土的天然含水率，%；

w_k、w'_k——分别为过湿土、砂土的最终含水率，%；

1.06——砂土层孔隙率体积系数。

据测量设水平排水砂层的过湿土路堤，完成沉降所需时间比未设排水层的少 2/3～4/5。其平均时间为：轻亚黏土 4～6 个月，重亚黏土和黏土 5～8 个月。根据姜东亚的试验，在徐淮公路宿迁绕城段 B 标工程的施工试验，需要 6～7 个月完成沉降过程。

这种路堤结构使过湿土的固结过程加快，路堤发生的主要变形实际上与施工过程同步进行，这就保证路堤有足够的稳定性，给下个施工阶段铺高级路面创造了条件。

在排水砂层的设置时，应把砂层及其砂层底面必须设有横坡，横坡坡度除了能够保证排水的坡度以外，还要考虑路基发生沉降以后还能具有排水所需要的横坡。一般来说，路基高度越大，沉降就越大，横坡就应该越大，大多数情况下横坡坡度应不小于 4%。

2. 设排水砂井加速过湿土填筑路基固结的方法

排水砂井能在路基中形成相应的空隙水梯度，加速水的排出，加快路基土的固结。布置形式为：在下部排水砂层上铺过湿土，分层填筑，每层填土厚度为 0.3m 左右，用推土机推平，在其上用细砂铺上部排水层，用简易钻孔设备在砂层上钻孔。钻孔直径一般为 ϕ0.4～0.5m。以交错三角形布置，孔距 2m，向孔内灌细砂，最后铺碎石、砾石层，结构型式见图 7-18。

在排水砂层的设置时，砂层应设有横坡，横坡坡度除了能够保证排水的坡度以外，还要考虑路基发生沉降以后还能具有排水所需要的横坡。一般来说，路基高度越大，沉降就越大，横坡就应该越大，大多数情况下横坡坡度应不小于 4%。

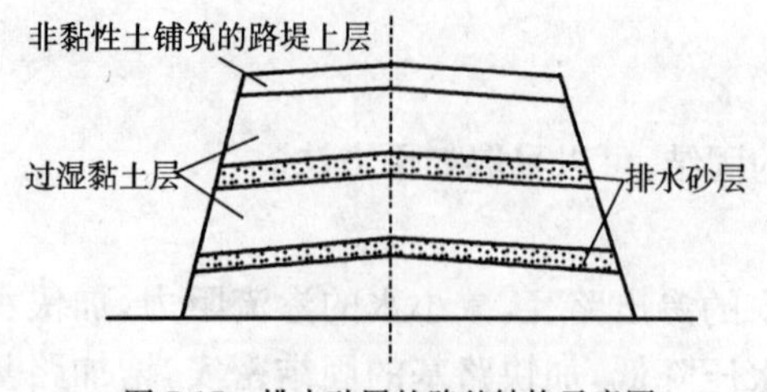

图 7-17　排水砂层的路基结构示意图

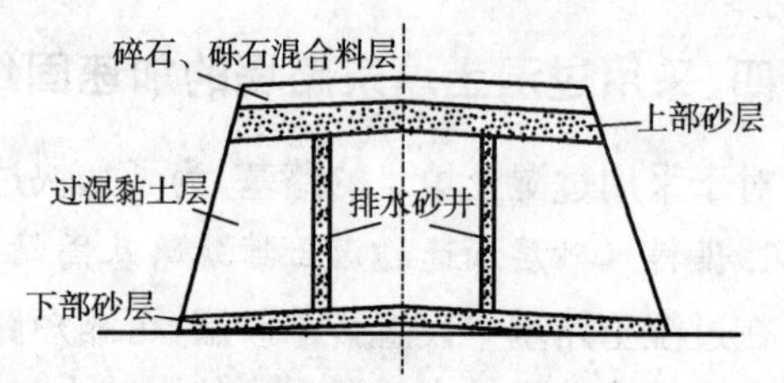

图 7-18　排水砂井的路基结构示意图

路基中设排水砂井的施工方法如下：在下部排水砂层上铺过湿土，分层填筑，每层填土厚度为 0.3～0.5m，用推土机推平，推土机在同一轮迹上行走碾压 4～6 次。在其上用细砂铺上部排水层，用钻孔设备在砂层上钻井。

设垂直排水砂井的过湿土路堤，如夏季施工，当冬季来临之时，土的含水率和压实情况均有较大改善，第二年夏天路堤土含水率可达到最佳，在沉降和防冻胀方面，效果也较好。但是，设置排水砂井施工麻烦，而且产生不均匀沉降较水平排水层大，因此宜优先考虑设置水平排水层。

3. 其他过湿土填筑路基的加速固结方法

除了以上采用设置排水砂层和排水砂井的过湿土路基填筑施工方法外，还可以采用以下方法对过湿土填筑路基进行处理。

(1)排水板法，先在过湿土路基填筑的底层设置排水层，排水层可以采用砂、石填筑，然后在砂、石排水层之上直接填筑过湿土，当过湿土路基填筑到规定的路基高度以后，从路基顶上打设垂直塑料排水板，塑料排水板一直打到排水砂、石层，见图 7-19。这样可以利用塑料排水板和排水砂、石层的垂直和水平向组合排水结构，加快过湿土路基的排水固结，减小路基的工后沉降，提高路基的强度。

(2)真空预压法，先在过湿土路基填筑的底层设置排水层，排水层可以采用砂、石填筑，然后在砂、石排水层之上直接填筑过湿土，当过湿土路基填筑到规定的路基高度以后，从路基顶部打设垂直塑料排水板或排水砂井，塑料排水板(或排水砂井)一直打到下部排水砂、石层。这样可以利用塑料排水板(或排水砂井)和排水砂、石层的垂直和水平向组合排水结构，等路基填筑完成以后，用塑料薄膜覆盖整个路基形成空气隔离层，最后采用真空泵对路基进行真空排水固结(见图 7-20)。加速过湿土路基的排水沉降固结。

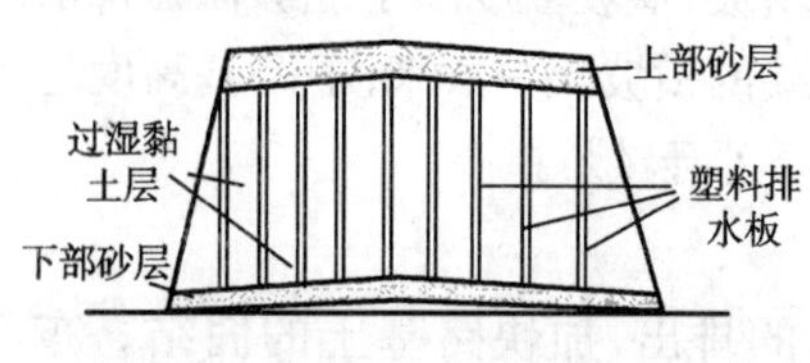

图 7-19　塑料排水的路基结构示意图

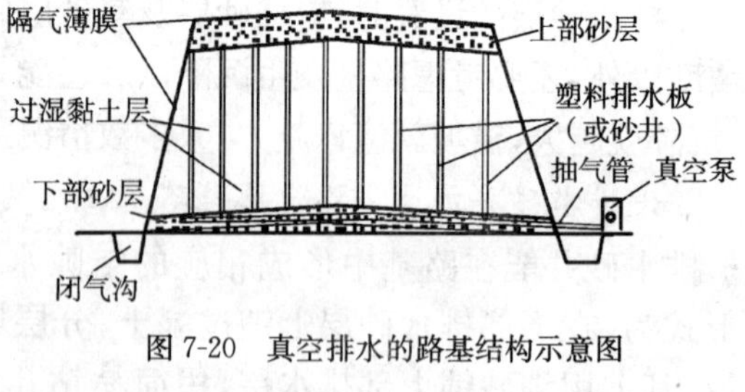

图 7-20　真空排水的路基结构示意图

(3)电渗排水法

采用电渗法降低路基含水率，加速路基的排水固结沉降，在施工过程中，先在路基底部沿路线纵向每隔 1～1.5m，布置一根铁管作为阴极，阴极管的长度与路基底宽基木相同，然后填筑过湿土路堤，过湿土路基的填筑标准按空隙率法控制。当过湿土路堤快填筑到路堤顶部时，在路基顶部沿路线纵向每隔 1～1.5m，布置一根钢筋作为阳极，在阳极上部还可以布置

0.5～1m的路基填土，阳极采用 ϕ16mm 左右的钢筋施作。当路基填筑完成后，路面铺筑之前接通直流电源的阴极和阳极，见图 7-21，进行电渗排水降低路基的含水率，加速路基的固结沉降。

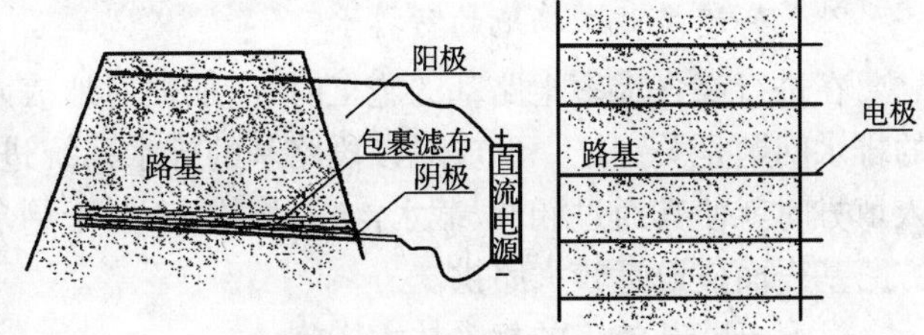

图 7-21　电渗法降低路基土料含水率的示意图

阳极除采用 Φ16mm 左右的钢筋外还可以采用铁丝网制作。为了施工安全，工作电压控制在 60V 以内，电渗时堆料中通电的电流密度宜为 0.5～1.0A/m²。因为施工电源一般为交流电，应采用整流器把交流电变为直流电。在实际施工中可以把直流电焊机作为整流器使用，把交流电变为直流电。在使用直流电焊机作为整流器时，可以转动电流控制开关来控制输出电流的大小，调整电渗速率控制排水固结速度。

把阳极放置在路基顶部，阴极放置在路基底部的好处是在电渗的同时，可以利用重力渗流排水。但是由于电渗过程中，路基中的水是往阴极渗流的，阴极附近的填土含水率较其他部位的填土含水率高，因此可以在阴极管的上下铺厚 30cm 左右的砂垫层，加速排水速度，也可以避免路基填土含水率高以后导致路基底部强度低，产生不必要的变形和破坏。

(4)简易排水法

对于路基填筑中已设有透水层，如果透水层为水平填筑(如沪杭高速公路 HH03 标的宕渣层)，当路基发生沉降时路基中央沉降大，从上部路基下渗的雨水会汇集在路基中央，采用在路基中部每隔一段距离开挖一个深井(井深 3.0～4.0m)，采用小型水泵降水抽排出来，在沪杭高速公路 HH03 标路堤预压土卸载前曾经使用过，开始排水速度较快，以后逐步变慢，排水困难，故效果不是很明显。

针对沪杭高速公路 HH03 标简易排水存在的问题，可以进行如下改进：在使用路堤填筑间隔设置排水层时，水平排水层底部设置有一定的横坡，让从路基上部下渗的雨水能够沿横坡排出路基范围，路拱的坡度不小于 4%。并在透水层下部设置防渗土工布，截流从排水层中排出的水，防渗土工布的横向坡度不小于 4%，避免从上部下渗的固结水继续下渗，对水平排水层之下的路基造成危害。同时，此防渗土工布可以起隔离作用，防止排水砂层与下面的土料混合，减小砂层的有效厚度降低砂层的排水效果，见图 7-22。

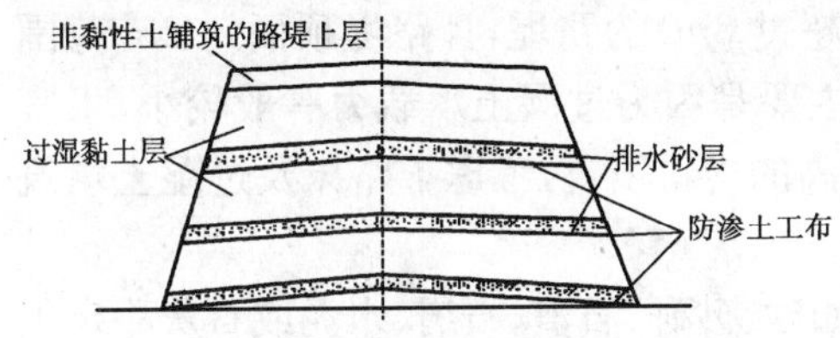

图 7-22　在排水砂层之下设置防渗土工布

五、多雨潮湿地区过湿土路基填筑施工应采取的措施

在多雨潮湿地区，不得不使用高含水率土填筑路基时，应尽可能不扰动原状土，以保持其结构的稳定性。因为原状土具有较高的承载力。

高含水率土主要源于潮湿多雨地区，在只能用高含水率土填筑路堤的情况下，必须采取一系列措施，具体如下。

1.料场的防排水

首先要防止取土坑土的含水率增加，并采取措施使土料的含水率减小；还应防止施工时进一步增加土料的含水率，要严禁边下雨边填筑路堤；同时应将土进行反复翻拌、晾晒后再进行碾压，每层填土都应有较大并整齐的路拱，以便迅速排除雨水。

2. 做好填筑施工场地的防排水

在进行高含水率土路基的施工时，应加强对地表水的“堵截和疏导”。解决好路基填方土的排水问题是关键之一。应对该段路基的排水系统进行综合设计，对绝大部分水流在其未进入填方时就使其通过涵洞、截水沟、边沟排走，对于剩余部分则通过急流槽等疏导出路基，高填方路基表面应设置较大路拱。

过湿土路基施工的相关技术措施：

(1)降雨前后的措施

抓好降雨前填筑工作面的有序控制，能有效避免因雨水浸入填筑面使填筑土料的含水率增高。

当发现雨来前，赶快通知拉土车辆停止拉土上路，利用推土机整平虚土，整平时有意做成鱼背状或一边高另一边低，即在直线段，道路轴线位置高、两侧稍低；在弯道段，形成道路一边高另一边低。压路机初压，至少一遍。这样雨来后，一方面填筑面因有坡度可排水，另一方面即使水排不走，也不至于雨水大量地渗入填土中，可有效地降低土体的含水率。缩短复工的时间，雨停后填筑面稍干仍有局部低洼地段有积水，采用人工清理的方式，用铁锹配合手推车、塑料桶等将积水部位清理干净，太阳暴晒一个下午的时间后，检测合格，填筑面可以上土。

(2)尽量降低上路土料的含水率

在地下水位高，雨量大且频繁地区，应做好料场的排水系统，可有效降低土料的含水率。具体方法是依照所选土料场的实际情况，在低洼地带、料场周边挖排水沟，将雨水及积水排走，以免土料遭到浸泡。

(3)做好防雨措施

在雨来临前，用彩条防雨布将作业面覆盖，雨停后取走；有条件时，也可将料场目前取土的位置加盖彩条布，这样可有效防止雨水对填筑面及料场的含水率的干扰，对有效控制含水率，加快工程进度，有很大的好处。

3. 搞好填筑施工控制

(1)最大干密度小的过湿土用于填土高度小(不超过 8m)的路堤，且路堤顶面约 2m 范围内用承载力较高(CBR 宜不小于 15%)的土填筑，这主要是因为过湿土承载力一般较小，不宜作高路堤填方，路堤顶面约 2m 范围填方用承载力较高的材料填筑，考虑了路床及过湿土填筑的路堤上作约 50cm 厚的封层，起承重密水作用。

如果土路基的强度不足，应该选用合适的材料，如砂、砂砾、石渣、石屑、水泥或石灰稳定土等铺筑路基改善层，改善层的厚度与土的含水率有关，一般为 30～50cm 以上。近几年来，在一些国家都试用活性添加剂使高含水率土变干或稳定，常用无机结合料如水泥、石灰、磷酸盐，也有用沥青乳液的，但使用最普遍的是生石灰。掺灰可起到如下作用：①在土中增加干的分散性材料，渗透性增强，使含水率减少；②掺灰发生水化作用，消耗掉一部分水分；③水化过程中放出热量，使一部分水分蒸发出来；④改善土料的性质。由于掺灰后以上的物理化学反应，路基土的含水率降低很多，而路基的强度将得到很大提高。我国 1996 年 9 月中建成和试运营的沪宁高速公路江苏段全长 248km，在国内率先用石灰处理高含水率土填筑路堤，取得了良好的技术经济效益。

(2)有条件的地方，过湿土与非过湿土尽量混合使用，从而提高土的承载能力，缩短晾晒时间，达到加快进度的目的；

(3)过湿土应安排在温度较高的旱季利用；

(4)上、下层应连续施工，下层压实符合规定要求后紧接着应进行上层填土，避免暴晒失水开裂；

(5)施工场地要尽可能大，并至少有两个以上施工场地，这样交替作业能加快施工进度；

(6)在填筑过程中要形成4%左右的横坡，以利降落到施工面上的雨水能够横向排出；

(7)在施工场地要备有足够的防雨布，在降雨前及时用防雨布把正在施工的路基和未达到规定高度的路基遮盖，避免雨水增加填料和路基的含水率；

(8)对于来不及遮盖防雨布，但已经摊铺填料的路基，应尽量碾压一遍，避免雨水直接降落到路基填料上，增加路基填料的含水率。

4.过湿土路基施工的注意事项

(1)碾压好后的路基杜绝重型机械在其上通过，避免出现“软弹”；

(2)层与层之间的填土要连续进行，否则经过暴晒失水会出现严重开裂；

(3)选择施工机械时，利用铲运机填土要比推土机好，或采用其他机械和运输工具以运送大体积的高含水率土。

(4)施工时，应尽量减少轮胎机械对路基的重复作用，否则必须采取措施进行处理。

(5)在路堑段，如路床本身含水率偏大，可以人为地把原地面开挖排水沟形成“井”字形，以降低该路段的地下水位，土渠的布置可根据含水率和透水性决定。

(6)每段路基筑成后，如不能立即铺筑路面，在无需维持通车的情况下，可在土基上覆盖一层土，并进行适当的碾压，以保护土基免受雨水浸淋，实际上就是将路堤筑成超过设计高度的15～20cm。在铺筑路面前，再将该层多余的土铲除。在铺筑路面前，应重新整型和压实土基上层。也可以在路基表面铺一层封闭层(如沥青薄膜、塑料薄膜、土工布，并在上铺筑一层厚5～8cm的砂)，以防止雨水浸入土基。

(7)用高含水率土填筑的路堤，经过固结后路堤会产生沉陷。因此，在路堤设计时，应预留一沉陷量，此沉陷量应通过土的固结试验确定。通常，应在固结形变完成后，再铺筑高级路面。

(8)为了增加路堤的稳定性，还应将边坡放大。在高含水率土路堤和路堑的上部应设置一过渡层，用非粉性的砂土和亚砂土填筑过渡层，层厚1.2～1.5m。

(9)在季节冻融区，沿路堤高度，在可能产生固结的土层内每隔1.5～2.0m铺筑一粒料吸收层，以排除多余水分减轻冻胀。

(10)过湿土填筑路堤完成后应立即在其上填筑约50cm厚的承载力较高(CBR值不宜小于15%)的非过湿土层，该层次路基的横坡应大于5%，以防雨水大量下渗，同时便于重型机械通过而不影响其他工程施工。

实例1：在钦州至防城港高速公路K80～K85路段路基过湿土的施工，该路段的路基经过雨季及通行重型机械的考验，路基稳定，未见异常情况出现，说明过湿土经过适当处理完全可用来作高等级公路的路基填料。

实例2：2000年8月内蒙古公路工程局中标承建了内蒙古自治区重点工程建设项目之一内蒙古通辽市304国道舍—霍公路的路基路面改建工程。该工程所在地区地下水位高、土质差(多为黏性土)，毛细水发育，在春季施工工期内冻融翻浆严重，沿线取土坑及取土场所取土均为含水率在20%以上的中液限黏性土。按照招标合同文件规定，填方路基强度的E_0值不小于23.8 MPa，挖方路基不小于14.6MPa。填方路基土的塑性指数不得大于20，压实度要求符合部颁《质量检验评定标准》。路基顶部80cm以内为93%，80cm以上为90%，路堤基底压实度不应小于85%。

显然，当地的土质条件，要达到规定的压实标准，可以说是绝对不可能的。再加上紧迫的施工工期和恶劣的气候条件，翻晒的可能性不大。因此，根据土的实际含水率和试验结果，在5.8%的空气率的情况下，压实度可达到91.2%，以此作为标准，得到的挖方路基强度的E_0值为14.7MPa。当无法满足时，则在表层换填了砂砾材料30～40cm，以确保土基的强度。

从表7-12中的1、2、3号土样中可看出，塑性指数I_P愈大，最大干密度ρ_{dm}愈小，最佳含水率w_{op}愈大。作为1个特例，则是2号土6+200处的过湿土（$w_L=51\%$，$w_p=27.5\%$，$I_p=23.5$，$\rho_{dm}=1.61g/cm^3$，$w_{op}=23.2\%$），天然孔隙率、饱和度和黏粒含量均高，施工难度表现为：

塑性指数 I_P 与最大干密度 ρ_{dm} 的关系 表7-12

编号	土样桩号	I_P (%)	ρ_{dm} (g/cm³)	ω_{op} (%)	编号	土样桩号	I_P (%)	ρ_{dm} (g/cm³)	ω_{op} (%)
1	6+200	23.5	1.61	23.2	3	7+740	8.5	1.74	19.3
2	4+500	14.6	1.66	19.4					

①晒不干，天然含水率$w>35\%$，路堑边坡外露几个月后，仍见潮湿痕迹，车轮经过可见明显车辙；

②破不碎，采用过湿土填筑路堤，需开挖晾晒后分层碾压处理，但泥团呈块状，用推土机和旋耕机很难破碎；

③难压实，大型振动压路机在大于最佳含水率情况下碾压，很难达到要求的压实度，曾出现过弹簧现象；

④易干缩，路基碾压成型搁置时间太久，路床出现网裂（裂缝宽达2cm以上），雨水很容易渗入成型路床。

施工中采用如下对策，合理利用过湿土作为填料：

一是提高路基高度。本地气候属南亚热带，高温多雨，雨季集中在每年的4～9月，强热带风暴侵袭明显，路基两侧常为水网地区，将路基提高至地下水位1.0 m以上，防止毛细水上升使路基处于干燥状态。

二是掺入部分石渣、砖渣或石粉，有条件的地方可掺入粉煤灰，以降低土的塑性指数I_P。石粉微颗粒大，凝聚力大，可降低土的含水率。

采用以上措施后，收到了预期的效果，路床弯沉、压实度均达到要求，通车两年来，该段路况良好。

5.做好路基填筑施工规划

过湿土路基施工组织的总原则为：充分利用旱季，特别是工程量大而集中，遇水易造成危害的工点，应优先安排在旱季施工，并在雨季到来之前做好防护；雨季施工要速战速决，打短、平、快，开工一段，成型一段，防护一段。

划区填筑交叉作业。路基施工作业面可将其分成若干区、块施工，轮流作业，达到车辆、机械既不能停，又能满足自检、抽检的要求。这样即使在某一区抽检不合格，不能继续上土时，车辆、机械可以进行其他区域的填筑，同时调部分机械对不合格区域进行返工，通过自检、抽检合格后继续施工。填筑区域之间的接缝处理，相接斜面采用台阶连接，且必须利用人工将该处的未压实土清除。

在路基填筑时，分块碾压，不宜把填筑碾压施工的摊子铺得太大，减小接受雨水的面积，避免雨水浸泡。合理安排施工工艺包括优化压实—填筑穿插组合与优化填筑工艺两方面。

(1)优化压实—填筑穿插组合

压实与填筑是路堤工程中的关键工序，二者应合理安排、穿插进行，以保证有足够的时间进行土方含水率的调整。以填筑、运输土方（上土）不间断、碾压设备停机等待作业时间最短为原则，以提高机械利用率，加快工程进度为目的。因此，碾压机械可比土方运输机械晚入施工现场3～6d。土方运输、路基上土一直不间断并备足碾压作业面3～6d的施工长度，碾压随后进行，按A—B—A方式分段分层进行施工。即路堤分段分层上土并调整土方含水率，含水率适宜时，进行碾压。一般每层每200m为一碾压作业段A，该段完成后进入同一水平层工段B进行碾压，B工段碾压的同时对A工段进行压实度检测，若检测合格，则即对A工段上第二层路堤土方并进行含水率调整；若检测不合格，则对A工段进行处理（一般用翻晾土方的方法进行土方含水率调整）。B工段碾压完毕后视A工段土方含水率调整情况决定是否返还A工段重新碾压。若此时A工段含水率不合适，则转入同一水平层的C工段进行碾压，直至A工段含水率合适时返回A工段重新碾压至压实度合格后转入第一层其余工段进行碾压。碾压的同时对A工段上第二层土并进行含水率调整，含水率合适时，碾压设备返回A工段进行第二层土的碾压。如此循环，直至各工段填土碾压至路堤顶标高。

碾压—填筑穿插组合中，填筑一直不停顿，在保证同一水平层路堤有碾压作业面的前提下，对同一水平层已碾压合格路段及时上第二层土。碾压机械以分段分层碾压为原则，压完同一水平层工段后应及时返回其紧前工段上层土进行碾压，以使路堤分段成型，为路堤紧后工序尤其是基层的施工提供作业面。碾压中注意同一水平层两碾压工段搭接部分应重叠碾压20m，以保证路堤整体强度。

(2)优化填筑工艺

优化填筑工艺一方面需与压实穿插组合、紧密衔接，另一方面必须准备足够的土方运输车辆。路堤土方含水率经土场内处理后，运至施工现场已较易控制与调整。运土车辆在施工现场卸土时，应边走边卸，避免成堆堆卸。

路堤填筑时根据土质情况和施工时气候状况，各施工层做好2%～4%的排水横坡，土方含水率越大，排水横坡相应增大。此外还应做好原地面临时排水设施，以保证及时排除地表水。

6.作好临时排水和永久性排水

对于多雨地区，一般路基无论地面坡度大小，均应全部清除地表植被，压实地表松土后再填筑；陡坡路堤应根据施工能力自下而上挖宽度不小于1m的台阶，应注意，台阶不可暴露过久，雨季应随挖随填筑路基。

路基边坡应及时采取措施防止被冲刷。路基边坡防冲刷的重要措施是挡护，挡护工程应早作、快作、使之尽早起作用，特别是在雨季，路基填筑和开挖后，挡护工程必须紧跟，坚持开工一段、成型一段，防护一段的路基边坡防护原则。

多雨地区路基边坡骨架式防护是个好方法，采用骨架做边坡防护时，则宜加大一次性投入，一次作好截水型人字形骨架或拱型骨架，以利于排水和防止冲刷；路肩、坡顶要夯压密实、平整，防止雨水汇集形成水流。

在多雨地区排水系统完善的标准是：水要有出路并能保证不渗入或冲刷路基及边坡；天沟、吊沟、侧沟、排水沟、盲沟连成网络，能将水顺利排往涵洞、沟渠和河道中。在施工中，应特别注意以下几点：

(1)在山坡上修建路基时，首先要观察山坡有无地下水渗出，如有，可用盲沟引出，同时在靠山侧设截水沟，通过吊沟和排水沟将水排走。

(2)坡度较陡的吊沟底面应作成台阶形，以利消能，延长使用寿命，严禁出现“断头沟”。

路基施工前应先做好截水沟、排水沟等排水防渗设施，特别是多雨地区及雨季施工更应加强这方面的工作。排水沟出口通至桥涵进出口处。路基施工中应校核全线排水系统的设计是否完备和妥善。必要时予以补充和修改，使全线的沟渠、管道、桥涵构成完整的排水体系。

路基施工中，必须按设计要求首先做好排水工程以及施工场地的临时排水设施，然后再做主体工程。在无条件时，排水工程可与路基同步施工，并使其随施工进度逐步成型。在路基施工期间，及时维护和修理各类排水设施，使水流畅通不产生冲刷和淤塞。

在多雨地区，弃土周围应作适当防护(干砌或浆砌片石)，既可以防止水土流失，又能增大弃土量。

7. 对路基局部过湿土的处理

路床的强度低不一定是路床本身的问题，而是下部路堤局部比较软弱，因此必须对深层进行处理，但不宜进行大开挖翻晒，为加快施工进度和节约施工费用，可采用深层换填的方法，通过振动碾压发现有弹簧土的路段或区段，用液压反铲开挖，将路槽面以下 1.0～1.5m 含水率较高的土换出，填入翻晒的干土，其含水率一般低于最佳含水率 1%～2%。经过压入干土，使区域内路基整体含水率有所下降。如果无干土换填，可以采用打石灰桩的方法，石灰桩采用梅花形布置。在孔内放入生石灰块，通过石灰块水化吸水，降低路基含水率。通过沪杭高速公路 HH03 标的使用，效果很好。

换填施工时采用反铲将软弱段挖开并运出场地，如天气晴朗，则可以对开挖后的基层晾晒 1～2d，如天气不够晴朗，也可以撒布一些磨细生石灰粉，以降低下层土的含水率。对于回填颗粒较细，含水率在最佳含水率以下 1%～2%的土，回填应采用与路基填筑的方法相仿，分层回填，分层碾压密实。回填至路槽下 30cm 位置，上部 30cm 再采用石灰土更换或宕渣换填。

石灰桩施工时，在定好桩位以后，成孔采用 Φ150～160mm 的钢管，长度为 1.5～2.0m，底部带有尖头。用反铲臂将钢管压入土层，在孔中放入石灰块，顶面 20～30cm 用黏土封口。整个区段完成后用压路机碾压一遍。由于生石灰水化需吸收大量的水，同时体积也会膨胀，整个路基顶面被抬高，路基也会被挤密，在这期间每天用压路机振动碾压，持续 4d，在路基顶面基本不再抬高、碾压无明显轮迹后，可对面层进行石灰土处理。如果在这期间下雨，特别是石灰桩打入 1～2d 内下雨，效果会受到影响，因此应加强在此期间的防雨。可以在表面和坡面上设置铺设防雨布，避免降雨增加路堤的含水率，影响石灰桩处理路堤的效果。

六、高液限黏土路基的压实方法

根据高液限黏土具有孔隙率大，亲水性强，胀缩率高，水稳性差等特征。所以在用其填筑路堤时，应该考虑如何使这类土在一个温湿循环周期内保持含水率的稳定，使土体保持原来的压实含水率，保持结构完好，土体就不会产生变形，承载力就不会降低。基于上述原理，采用高液限黏土填筑路基应采取如下措施：

1. 高液限黏土要有条件地使用

在受水浸泡或有地下水影响的部位，不能用这类土作路堤填料。因为高液限黏土长期受水浸泡，土体处于饱和含水率状态，就会产生膨胀变软失去稳定，丧失承载能力，在上层填土的恒载和行车作用下产生沉陷变形，导致路面破坏。

高液限黏土一般情况下不能直接用于土基（路基）顶面各层，以二级公路为例，只能直接用于下路床及上路堤，路基填筑较高的路段，可以用在下路堤。做出这样的限制是为了保证路基顶面的水稳定性。同时隔绝雨水及地下水的渗透通道，保持下层高液限填土的含水率稳定。

2. 保持含水率的稳定

保持高液限黏土在填筑过程中及工程完工后的含水率稳定，是保证高液限黏土土基不出现破坏的主要手段。高液限黏土在其含水率较小时会产生很强的板体性，但是在其含水率逐渐增大后，强度迅速降低。从路面结构角度出发，这种板体性是不可靠的，更重要的是应该保证高液限黏土在施工过程中及工后的含水率不发生显著变化，从而也就避免了在强度和稳定性上发生不利变化。

保持含水率稳定的主要方法是完善防水、排水设施。完善防水措施主要是切断外界水分进入高液限黏土填筑路堤的通道，可用包边法将高液限黏土包在工程性质较稳定的黏土层内。要注意路堤边坡的防护，在工程完工后及时在边坡上植草，保持边坡稳定。完善排水措施主要是为了防止水分的累积、加速水分的排除过程。可在挖方边沟下设渗沟切断路基范围外水源。在填方路段则要保护路堤不受到水流的冲刷，并且隔断路堤附近水源对路堤的影响。保持含水率的另一个重要方面是保证施工期间内的含水率稳定，因为高液限黏土的水稳定性差，干缩大，所以有必要在压实完成后，保证其含水率不发生显著变化，必要时可用洒水、覆盖等方法。

用高液限黏土填筑路堤，要有一个好的封闭覆盖。高液限黏土具有吸水膨胀，脱水收缩的特征，因此，防止地表水和大气湿气的侵入，以保持黏性土结构稳定不变形，不降低承载力，这就需要有个封闭性能好的防水层。柳州至王灵高速公路施工中有 30 多公里上下路堤均为高液限黏土，按重型压实标准填筑，上路床（含挖方）因找不到合格的低塑指土作顶面覆盖层，掺石灰或 NCS 固化剂后养生 7d 浸水 96h 的 CBR 值变化情况见表 7-13。

掺无机结合料前后强度的对比 表 7-13

取土地点	原状土强度（CBR 值）	掺石灰或固化剂量	养生 6d 浸水 4d 后强度（CBR 值）	原土 I_P 值
K87+800	3.7	掺 5%石灰	12.7	42.4
K99+600	2.8	掺 3%NCS	12.0	27.4
K99+600	2.8	掺 5%石灰	16.5	24.0
K99+650	4.1	掺 4%石灰	13.0	23.2
K99+650	4.1	掺 6%石灰	19.3	22.9
K215+000	4.5	掺 5%石灰	11.6	17.2
K220+850	6.0	掺 4%NCS	21.0	27.1
K220+850	6.0	掺 5%石灰	8.0	27.1

铺底基层前（完工后 1 个月左右）实测弯沉情况见表 7-14，路基完成后至今已经历 5 个温湿周期，通车近 3 年，未发现有不均匀沉降变异情况。

柳王高速公路上路床顶实测回弹弯沉情况表　　表 7-14

项目序号	起止桩号	设计允许弯沉 (0.01m)	测点数 n	平均弯沉 X (0.01mm)	均方差 (0.01mm)	代表弯沉 (0.01mm)	顶面回弹模量 E_0(MPa)
No. 1	K83+000-K88+850	205～279	820	46.30	19.78	90	77
No. 2	K88+850-K98+550	221～279	1180	48.4	32.5	119.2	60
No. 18	K208+290-K213+400	235.5	1448	58	29.67	123.2	58
No. 20-2	K218+780-K219+240	275	276	64.25	34.07	139	52
No. 21	K219+240-K222+200	235.5	604	51.7	21.77	100	70

3. 对填筑的路堤高度做出限制

因为高液限黏土水稳定性差，在道路施工完成后，会受外界环境的影响使含水率产生变化，这种变化对高液限黏土填筑路堤的强度和稳定性都有较大影响，为了保证路堤的稳定性，有必要对高液限黏土填筑路堤的高度做出限制，按以往研究资料，一般将其高度限制在 5m 以内。

4. 高液限黏土的改善

高液限黏土的改善是指通过添加其他种类的材料来改善高液限黏土的水稳定性和施工特性，从而将高液限黏土的工程性质改变到适合工程需要的标准。外掺的材料主要以两种方式发挥作用，一是掺加石灰等无机结合料，二是改变其粒度组成。

加入石灰后，由于石灰水化产生大量的钙离子，与高液限土中的蒙脱石、伊利石等矿物层起吸附水作用。同时也把大量钙离子和溶液中析出的 $Ca(OH)_2$ 粒子吸附到其颗粒周围，这些作用形成石灰的水化物在矿物颗粒表面聚集，经硬化结晶形成一种防止颗粒内水外散和外水内侵的固化层，其结果是减弱了其亲水性，增加了稳定性。掺入石灰对降低天然含水率也有益处。高液限土往往天然含水率偏大，不能压实成型，而石灰的掺入能在很大程度上改善这一状态，较大地降低土体的天然含水率。主要是通过以下几种途径来实现：

(1)生石灰消解可吸收土体内的水分；

(2)石灰的水化作用需要水的参与，同时会消耗一部分水分；

(3)石灰发生反应过程中产生的热量有助于排除水分。

所以，掺加一定剂量的生石灰(5%左右)对改善高液限黏土的性质，提高其水稳定性、板体性都有很好的效果。特别是在晾晒难以降低其天然含水率时更适宜采用。

改变高液限黏土的粒度组成也能起到改善其工程性质的作用。掺加的材料以非黏粒为主，如：碎石石屑、含砂土等。根据已有研究成果，掺加这些材料的总量较大，如含砂土一般掺加超过 30%后才会明显改变高液限黏土的塑性指数。这种方法可从经济上与掺加石灰等外掺方法作比较，以选择合适的处治措施。

顺安至凤凰旅游公路安徽省铜陵市段，地处长江南岸的丘陵地区，高液限黏土分布较广，按照上述方法，通过对高液限黏土加以技术处治，进行了合理应用，节约了工程造价，取得了良好的经济和社会效果。

5. 压实含水率的控制

高液限黏土因小于 0.075mm 的细粒含量较多，在压实时容易产生起皮等现象，按规范方法确定的最佳含水率不易压实。根据以往工程实践和研究成果，一般可相对于最佳含水率提高一两个百分点进行压实。在压实时要试验压实功率、行进速度、碾压遍数与压实效果之间的关系，从而找到合适的压实方法。

6.高液限黏土的压实

土体通过碾压而排除孔隙中的空气，使土体颗粒靠近而达到密实。试验证明，碾压不能将水挤出，采用不同击实功进行击实试验时，虽然得到的最佳含水率和最大干密度不相同，但在最大干密度时土中的空气体积率都几乎是相同的，黏性土一般在4%左右，即使在高含水率的情况下土中仍保持2%左右的空气体积。因此，特高含水率土很难压实。试图通过增加碾压遍数来提高密度，结果是导致剪切破坏的"弹簧"现象越来越严重，这种特高含水率土不能直接用于路堤填筑。

(1)高含水率土与压实度是相对的

高含水率土(过湿土)是相应于规定压实度而言的。也就是说，当土的含水率超过某一容许值后就不可能压实到规定的压实度。含水率大于此容许值的土称之谓高含水率土(过湿土)，土的最大容许含水率可按式(1.1)计算出：

实例：柳王高速公路K96＋000风化残积土按重型压实标准最大干密度为1.642g/cm³，最佳含水率22.8%，土粒的密度为2.72g/cm³，它在不同压实度下的最大容许含水率(取V_a=3%)计算见表7-15。

各种压实度容许的最大含水率　表7-15

压实度(%)	相应的最大含水率(%)
85	32.70(1.43W_{oP})
90	28.88(1.27W_{oP})
93	26.76(1.18W_{oP})
95	25.42(1.11W_{oP})
98	23.53(1.03W_{oP})

因此，对这类土来说，如规定的压实度为93%则当土的含水率超过26.76%时，该土就属于高含水率土，如该土不采取任何降低含水率措施的情况下，可能达到的压实度就只有93%。

(2)高含水率土(过湿土)的压实

土在碾压过程中，除了使土块相互靠近，同时，还使土中的空气率逐渐减少而达到密实，但要想通过增加碾压遍数将土中的空气完全挤出是不可能的。相反，过碾会使土中孔隙空气不能及时排出，空气受到压缩，使土中的内压应力增加导致产生很多裂缝，破坏了土的结构，出现"弹簧"现象，降低了承载力。稠度为1.0～1.1的潮湿黏土，如采用重型击实标准压实很易形成"弹簧土"。根据交通部科学研究所研究的资料表明，这类土即使晒干，按重型击实标准压实后，本身极不稳定，当外来水或湿气浸入后，土的含水率很快增加，密实度和强度也随之降低，待稠度达到1.0～1.1的范围时，土体的含水率才趋于稳定，从而形成一个稳定的结构层。故这类土采用重型击实标准是无益的，而用轻型击实标准较适宜。对高含水率黏性土不符合在最佳含水率情况下，压实设备工作质量越大越好的规律。压实功过大会导致土体内部产生剪切破坏。因此，宜将压实层减薄，如每层压实厚度15～20cm，这也有利于对高含水率土的翻晒和碾压，压实机具以轮胎压路机效果最好。

七、高含水率粉土的压实

以温建祥等人对济德高速公路低液限粉土的施工研究成果作为过湿粉土压实的方法进行介绍。

1. 施工机械的选择

根据此类土质的特点及平原地区施工的具体情况决定了选用机械的以下几个原则。

(1)为适应土场含水率高及取土深度深的特点，选用长臂履带式反铲挖掘机辅以一部分正铲装载机。长臂是为了一次挖土到位，正铲装载机是为了土晾晒后二次装土。

(2)适应平原地区农村道路情况及填土分层厚度的限制，宜选用中型运输设备。受取土深度及含水率的限制，铲运机对于此类土质是不适用的。

(3)土方摊平可选用普通推土机做粗平，但精平必须选用质量好的平地机。

(4)适应粉土的特点及压实度要求，应配以不同自重的静压及振压设备。

2. 取土场天然含水率较高的处理

土场天然含水率较高给土方带来的难题：一是由于粉土液限较低造成土在运输过程中发生液化，致使粉土无法运输；二是由于天然含水率与最佳含水率相差太大，造成每层路基晾晒时间过长，制约工期且增加成本。主要采取以下三个办法解决：

(1)取土场开挖 5～6m 深“井”字形水沟，并于取土场四角处挖集水坑，然后排水以达到降低土场天然含水率的目的。

(2)土场天然含水率较大时，水沟无法开挖，此时必须采用土场备土的方法降低含水率。即使用挖掘机将土一次挖到位并堆放在土场中沥水晾晒，待含水率合适时再运至路基上。此法虽增加一些成本，但比大量机械闲置、窝工更节省费用。

(3)土运到路基上后，及时摊平并使用农用铧犁翻晒，以达到降低含水率的目的。此法天气好时每日可降低 3～5 个百分点。

3. 粉土路基难压实问题的处理

高速公路路基压实度分三档要求：路床(零填及挖方路基)、上下路堤，具体施工时应在施工开始时试铺试验段来决定合适的碾压设备及合适的碾压遍数。

(1)下路堤使用轻型振动压路机振压(如 CA25)和重型压路机静压即可。

(2)上路堤及路床(零填及挖方路基)必须先使用轻型压路机静压，然后使用重型压路机振压，最后再使用重型压路机静压。

(3)粉土的黏聚性不好，只有借助于土壤中孔隙水的润滑作用，才能达到排除空气压实的目的，另外粉性土保水性不好，必须在含水率高于最佳含水率 3%～5%时开始碾压，且开始碾压后中途不可停顿，否则会因含水率低于最佳含水率造成最后难以压实，此时只有再重新翻土、洒水后重压方可再次达到压实密度要求。

(4)每层路基的平整度对于路基是否压实均匀有极大影响，为获得均匀的压实度，在静压之后振压之前须使用平地机进行精平，使平整度达到使用 3m 直尺测量，偏差在 5cm 之内。

4. 不同土质、不同含水率土料混采、混填的填筑施工方法

当取土场中均含有不同土质、不同含水率的土料时，给碾压和压实度检测造成了一定的困难，同一段同一层路基中，会发生有的检测点压实度不够而有的点压实度却超密的现象。使用农村中耕地用的旋耕犁配圆盘耙将夹杂的黏土块打碎，并使不同土质、不同含水率的土料拌匀，然后取拌匀后的土做击实试验，以击实试验结果作为依据检测压实度。

5. 粉土路基的雨季防护

粉土路基由于黏聚性差的特点在雨季中边坡易被冲毁，粉土流失严重，发生边坡冲淘，对于粉土路基施工来说雨季防护是个大问题。可以选择在路肩做路埂挡水，配以边坡上制作临

时水簸箕排水方案。具体做法是使用平地机在精平作业时于路肩处留出约 0.3m 高、0.3m 宽的路埂后，使用人工拍实并在两侧边坡上每隔 25m 做临时水簸箕一道，临时水簸箕使用石灰土制成，但为保万无一失，下雨时仍须派人上路看护，及时疏导积水以免前功尽弃。

八、按照周围环境进行路堤填筑的方法

由于粗粒土路基的水稳性较好，细粒土路基的水稳性较差，为此，本节只讨论过湿细粒土路基的对策。

在多雨潮湿地区，路基填料有可能超过最佳含水率很多，为了避免按照现有规范进行路堤填筑，其密实度大于路堤自然含水率对应的临界密实度，而造成路堤填土强度降低，稳定性变差，变形增大的问题的出现。合理的路堤填筑方法应是：①按照路堤周围气候环境和地下水条件下路堤含水率对应的临界密实度控制进行路堤填筑；②按照规范规定的最佳含水率对应的施工控制密实度填筑路堤后采取保湿的方法使路堤填料含水率保持不变，或路堤填料含水率不增加，以保证路堤填料强度；③当路堤强度不能保证路面对路堤的强度要求，可采取路基的增强措施或增加路面的刚度和强度。具体方法如下。

1. 按照周围环境条件下路堤含水率对应的临界密实度进行路堤填筑

如果在路堤所处地段，路堤的含水率可能会超过最佳含水率。在路堤填筑施工之前，需要了解或测试当地环境条件下路堤填土的天然含水率 w_t，然后按照路堤填筑将要采用的填土和对应的天然含水率 w_t，进行不同密实度对应的强度（变形模量和强度值）试验，并绘制密度与强度的关系（ρ_d—E（CBR 等））图。然后从密度与强度的关系图上确定强度峰值点或能满足强度要求对应的临界密度 ρ_{dl}。最后就按照此天然含水率 w_t 对应的临界密度 ρ_{dl} 作为控制密度填筑路堤。

但是按照此天然含水率 w_t 对应的临界密度 ρ_{dl} 控制填筑的路堤，其强度和变形模量可能比最佳含水率对应的最大干密度条件下的强度和变形模量低。如果按照天然含水率 w_t 对应的临界密度 ρ_{dl} 填筑路堤的强度低于路基路面要求的强度值，必须在路堤结构和路面结构上采取措施，具体有：

(1)由于路堤强度低，其稳定性也就低，因此就要降低路堤边坡的坡度。路堤边坡的坡度应按照天然含水率 w_t 与临界密度 ρ_{dl} 对应的峰值强度，以及考虑路堤设计的路堤高度和路堤边坡的安全系数后，计算其可以接受的路堤边坡坡度。

(2)由于路堤的变形模量低，路堤结构的变形值也就大，即弯沉值大。为此，路面的结构尺寸和强度需要按照路堤填料的天然含水率 w_t 与临界密度 ρ_{dl} 对应的变形模量，以及考虑路面结构设计的储备后，设计其可以接受的路面结构尺寸和强度。

也可以在路基顶面设置增强层，使路床的弯沉值减小，强度增大，以满足路面结构对路基的要求。

(3)在采取以上措施以后，不应按规范要求的最佳含水率对应的施工控制干密度填筑路堤，而应按照路堤填料的天然含水率 w_t 对应的临界密度 ρ_{dl} 控制填筑路堤。

2. 对上下路床进行加固处治

当采用过湿土填筑路基达到预定高度，路槽开挖后，采用石灰土处治、NCS 固化剂处治、宕渣换填和深层换土处治。

路床处治可以采用如下方法：即掺入磨细生石灰或 NCS 固化剂，对原填筑土进行改性，形成稳定复合土以达到路面铺筑前的弯沉值要求；其二，可通过换填天然弱风化的碎（砾）石，以达到路面铺筑前的弯沉值要求。

(1)外掺灰改性处治

由于磨细生石灰、NCS与过湿土拌和，可以吸收过湿土的水分，降低土壤含水率，且结晶后可改善土体的某些性质，提高土体的可压实性。并形成表面致密层，使黏土颗粒间自行增密和土颗粒间的连接加强，使湿黏土在压实后获得较高的强度和稳定性。从而形成由上部致密层到下部土体强度的过渡层，将路面的荷载向路基逐步扩散。

处治深度30cm，处治范围为车道部位，中央分隔带和路肩部位不进行处治。

(2)砂砾石换填

由于砂、砾石具有一定的强度和足够的水稳性，可以隔断毛细水，因此，可以大大提高上路床的整体强度。而且具有压实方便，施工周期短的优点。在路床部位采用强度较高的砂、砾石换填，可以满足路面铺筑前的弯沉值要求。如在沪杭高速公路HH03标上路床含水率比较大，采用挖除部分过湿土，换填宕渣。宕渣的换填厚度为30～60cm，处治范围为车道部位，中央分隔带和路肩部位不进行处治。在路肩每隔20.0m在路肩设置断面为100cm×30cm的碎石盲沟，盲沟的进出口采用反滤土工布包裹，防止路基内泥土析出产生渗透变形破坏。

由于路槽面不但要有强度的要求，还有变形的要求。因此，宕渣表面要采用颗粒细一些的，含泥量大一些的，使之能形成一个板块，起到很好的稳定作用。

路床采用粗粒的填筑土料可以承受路面结构的渗水影响和路面及车辆静载、动载的影响，如张罗公路采用石灰岩矿渣、成雅高速公路采用页岩土作为路床的填筑材料，由于粗颗粒填料具有透水性强、承载力较高、填筑施工气候影响小等特点，可以满足路面的承载力要求，而且还能排出路面结构中的雨水。

3. 加筋处治过湿土

根据汤秀英的研究，加筋对提高过湿土路基的回弹模量是有利的，在上路堤底部加筋后，上路堤顶部的回弹值为69.23MPa，未加筋的为53.79MPa，回弹模量明显提高了28.7%。在上路堤底部加筋比在下路床底部加筋效果好，这可能是由于在上路堤底部加筋，提高了上路堤的强度，进而改善了路床的强度，使路床的强度提高所至，因此加筋的位置越低，加筋效果越好。

九、利用过湿土填筑路堤的沉降计算方法

路基承受荷载后发生的位移(变形)有竖直位移(沉降、深陷)及水平位移(非滑动)。从位移过程来看，路基最终沉降量可由瞬时沉降、主固结沉降和次固结沉降三部分组成。在相同的含水率下，干密度小，沉降量大，反之沉降量小。浸水后压缩的沉降量比不浸水的沉降量大，当干密度逐渐增大，浸水后的沉降量与未浸水的沉降量逐渐接近，以至相同。

砂土在静荷载作用下沉降完成得很快，而且其值甚小；黏性土在同样外荷载作用下比砂土的沉降大得多，并完成得缓慢，往往要经过长时间变形才能稳定。路堤渗水后，路基的沉降往往在一二个月以至几个月甚至几年才能完成。从而说明作用于路基上的压力，并不是一开始就全部作用于土粒上，而是部分力由孔隙水来承担。只有当孔隙中的水逐渐排出(实际上主要往路基深处渗透)，孔隙压力逐渐减小，直至稳定为止。

刘银生等通过路基弹性模量、变形模量对沉降变形的影响计算和影响弹性模量、变形模量的因素分析得到如下结论：

(1)路基不均匀沉降而导致的系列问题已经给国家财产带来很大损失。因而关于填土路基不均匀沉降，诸如：路基不均匀固结沉陷导致路面局部沉陷和面板错台；路基不均匀固结沉陷导致路面产生纵向裂缝；地基处理不好导致路面产生纵向裂缝；构造物两头路基沉陷导致

“桥头跳车”;高含水率土由于水分的渗出或蒸发而导致路堤沉陷和产生横向收缩裂缝等问题的研究,对保证道路的建设及正常运营具有重大意义。

(2)路堤在不受水浸润的情况下,在上覆土层和路面自重作用下,路堤将产生固结沉降。不均匀沉降与以下因素有关:① 填土愈高,沉降愈大;② 压缩模量愈小,沉降愈大。如果初始密实度不够,土质含水率大,必导致变形模量愈小,从而必导致不均匀沉降的产生;③当孔隙比较大,压缩系数较大时,则路基均匀沉降减少。如砂性土和透水性材料所筑路堤有利于减少路基不均匀沉降。

(3)雨季水分从上面侵入路基,或水分因地下水位上升由下面侵入路基或由于排水不畅路基遭水淹等、都会使土的状态发生变化。当初始压实度很低时,浸水饱水时达到稳定密实度时,所吸收的水量较大,产生的沉降也将很大,因此,为了避免土在饱水时发生沉陷,土的密实度尽量接近其稳定密实度。在这种情况下,可以保证只有很小的沉降变化。

(4)由于含水率增加而产生的膨胀变形,土颗粒与水间的物理化学相互作用力,水在土体内移动水分子力图均匀地分布在被其浸润的土颗粒表面。因此,在土颗粒很接近之处发生颗粒分开现象,导致土体膨胀。黏粒含量增加时,相对膨胀也增加,含水率小则相对膨胀增加得更多,土中的粉粒对土的膨胀量无明显影响。因而,要控制膨胀变形必须控制黏粒含量和含水率。

1.含水率变化对非饱和土变形影响的计算

地下水位以上的土是固体颗粒、孔隙水和孔隙气的三相混合物,理论上属于非饱和土范畴。工程上遇到的岩土工程问题严格说来大多属于非饱和土问题,建立在完全饱和假设之上的一般土力学理论应用于非饱和土必然存在误差,甚至导致严重错误。当地下水位上升或地面遭水浸润时,非饱和土将产生变形。一方面,由于含水率增加,土的重度将增大,因此上覆压力将增大,从而引起压缩变形;另一方面,含水率的增加将引起基质吸力的下降,从而引起土变形的回弹。由于含水率变化引起的非饱和土的最终变形表现为“膨胀”还是“沉降”取决于上述两种变形的综合效应。

(1)非饱和土的应力状态

非饱和土由固体(矿物颗粒)、气体和液体(通常是水)三相组成,而实际上土中水与气体的分界面即收缩膜的性质既不同于水,也不同于气体,有人认为应将其按第四相独立地考虑。其实正是由于收缩膜的存在导致了表面张力的存在,从而产生毛细现象和基质吸力。其中土骨架和收缩膜二相在力学作用下发生变形;而气体和水二相在应力梯度下发生流动。

对于完全饱和土,根据 Terzaghi 有效应力原理,土的变形和强度取决于有效应力状态变量 $\sigma'_{ij}=\sigma_{ij}-\delta_{ij}u_w$,其中,$\delta_{ij}$是 Kronecker 符号;$u_w$ 为孔隙水压力。而非饱和土的变形与强度特性更为复杂,目前对于非饱和土所建议的应力状态变量已有 10 余种形式,其中 Bishop 所建议的形式得到了比较一致的认同与广泛应用。Fredlund 应用多相连续力学原理进行了分析,指出当认为土颗粒不可压缩时,非饱和土的全面应力状态可以用 3 个应力状态变量即$(\sigma-u_a)$、(u_a-u_w)和 u_a 中 2 个,如$(\sigma-u_a)$和(u_a-u_w)来表示,其中,u_a 为孔隙气压力;(u_a-u_w)为基质吸力;$(\sigma-u_a)$为净法向应力,如图 7-23所示。双应力状态变量$(\sigma-u_a)$与(u_a-u_w)以矩阵

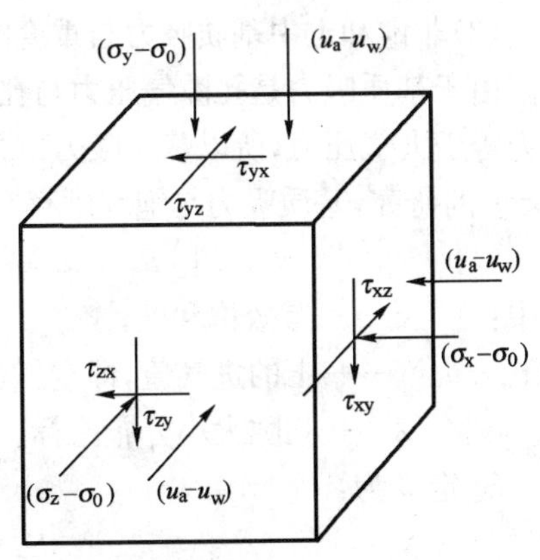

图 7-23 非饱和土的应力状态变量

形式表示为：

$$(\sigma-u_a)_{ij}=\sigma_{ij}-u_a\delta_{ij},(u_a-u_w)_{ij}=(u_a-u_w)\delta_{ij} \tag{7-16}$$

(2)非饱和土 K_0 加荷时的本构方程

无论是自由场还是有上覆荷载的地基，由地下水位上升或遇水浸润引起的地面变形问题均是一维问题。在饱和土力学中，根据广义 Hook 定律，对于满足各向同性和线弹性的土结构，法向应变为：

$$\begin{cases}\varepsilon_x=\dfrac{(\sigma_x-u_w)}{E}-\dfrac{\mu}{E}(\sigma_y+\sigma_z-2u_w)\\ \varepsilon_y=\dfrac{(\sigma_y-u_w)}{E}-\dfrac{\mu}{E}(\sigma_z+\sigma_x-2u_w)\\ \varepsilon_z=\dfrac{(\sigma_z-u_w)}{E}-\dfrac{\mu}{E}(\sigma_x+\sigma_y-2u_w)\end{cases} \tag{7-17}$$

相对于饱和土而言，非饱和土中的应力除了粒间应力和孔隙水压力之外还有孔隙气压力。Fredlund 认为对于各向同性和线弹性的非饱和土，主应变可由饱和土扩展而来，即：

$$\begin{cases}\varepsilon_x=\dfrac{(\sigma_x-u_a)}{E}-\dfrac{\mu}{E}(\sigma_y+\sigma_z-2u_a)+\dfrac{(u_a-u_w)}{H}\\ \varepsilon_y=\dfrac{(\sigma_y-u_a)}{E}-\dfrac{\mu}{E}(\sigma_z+\sigma_x-2u_a)+\dfrac{(u_a-u_w)}{H}\\ \varepsilon_z=\dfrac{(\sigma_z-u_a)}{E}-\dfrac{\mu}{E}(\sigma_x+\sigma_y-2u_a)+\dfrac{(u_a-u_w)}{H}\end{cases} \tag{7-18}$$

式中，H 是与 (u_a-u_w) 有关的弹性常数。当吸力为 0 即对于饱和土体有 $u_a=u_w$，此时式(7-18)退化为式(7-17)。无论是饱和土还是非饱和土，应力—应变曲线的非线性都是显著的，因此在实际应用中为了满足精度要求，一般用增量形式表示应力—应变关系，即：

$$\begin{cases}d\varepsilon_x=\dfrac{d(\sigma_x-u_w)}{E}-\dfrac{\mu}{E}d(\sigma_y+\sigma_z-2u_w)+\dfrac{d(u_a-u_w)}{H}\\ d\varepsilon_y=\dfrac{d(\sigma_y-u_w)}{E}-\dfrac{\mu}{E}d(\sigma_z+\sigma_x-2u_w)+\dfrac{d(u_a-u_w)}{H}\\ d\varepsilon_z=\dfrac{d(\sigma_z-u_w)}{E}-\dfrac{\mu}{E}d(\sigma_x+\sigma_y-2u_w)+\dfrac{d(u_a-u_w)}{H}\end{cases} \tag{7-19}$$

为了简化计算，假设路基也是只产生沉降的一维变形，在 K_0 条件下存在 $d\varepsilon_x=d\varepsilon_y=0$，代人式(7-19)并简化可得：

$$d\varepsilon_z=\frac{(1+\mu)(1-2\mu)}{E(1-\mu)}d(\sigma_z-u_a)+\frac{(1+\mu)}{H(1-\mu)}d(u_a-u_w) \tag{7-20}$$

(3)非饱和土中基质吸力与重度的增量关系

由于基质吸力是孔隙气压力与孔隙水压力之差，在自然条件下，孔隙与大气相连，孔隙气压力等于大气压力，所以基质吸力由孔隙水压力决定，并最终由含水率决定。根据 Brooks 和 Corey 的研究，基质吸力与饱和度存在下列关系式：

$$s_e=[(u_a-u_w)_b/(u_a-u_w)]^{\lambda}(u_a-u_w)>(u_a-u_w)_b \tag{7-21}$$

式中：s_e——有效饱和度；

$(u_a-u_w)_b$——土的进气值，即空气进入土孔隙时必须达到的最小基质吸力值；

λ——孔隙大小分布指标。

S_e 定义为：

$$S_e=(S-S_r)/(1-S_r) \tag{7-22}$$

式中：S——通常所说的饱和度；

S_r——剩余饱和度，定义为基质吸力的增加并不引起饱和度显著变化时的饱和度，如图7-24和图7-25所示。

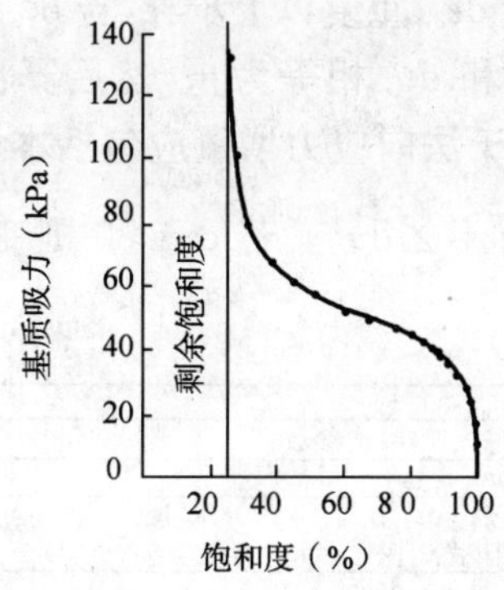

图7-24 基质吸力与饱和度

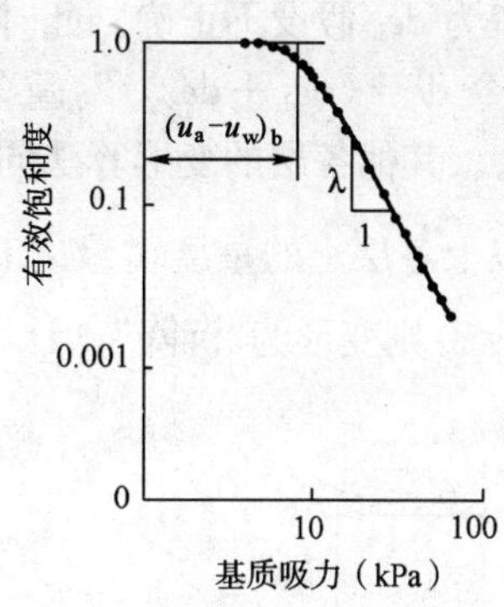

图7-25 基质吸力与有效饱和度

由土的三相关系得：

$$\rho=(G_S+S_e)\rho_w/(1+e)$$

$$\gamma=\frac{G_s+s_e}{1+e}g\rho_w \tag{7-23}$$

式中：ρ——土的密度；

γ——土的重度；

G_S——土粒比重；

ρ_w——水的密度；

g——重力加速度。

将(7-21)代人式(7-23)关系曲线饱和度关系曲线得：

$$\gamma=\frac{G_s+\left\{\left[\frac{(u_a-u_w)_b}{(u_a-u_w)}\right]^{\lambda}(1-s_r)+s_r\right\}e}{1+e}g\rho_w \tag{7-24}$$

根据孔隙比的定义有 $e=V_V/V_S$，微分后可以得到：

$$de=d(V_V/V_S)=(1+e)d\varepsilon_V=(1+e)d\varepsilon_z \tag{7-25}$$

式中：V_V——孔隙体积；

V_S——土粒体积。

当基质吸力变化时，重度 γ 的增量形式是：

$$d\gamma=g\rho_w\left[\frac{s-G_s}{1+e}d\varepsilon_z-\frac{e}{1+e}\lambda(s-s_r)\frac{1}{(u_a-u_w)}d(u_a-u_w)\right]$$

$$s_e=\left[\frac{(u_a-u_w)_b}{(u_a-u_w)}\right]^{\lambda}\qquad s=s_e(1-s_r)+s_r \tag{7-26}$$

利用式(7-20)和式(7-26)联立可以计算当基质吸力变化时非饱和土的变形问题。

(4)计算方法和计算过程

当地下水位上升或地面遇水浸润时，非饱和土内部将发生复杂的变化。

利用式(7-20)和式(7-26)可以确定最终变形是“膨胀”还是“沉降”。将路基土从上至下分层，如图7-26所示，各层土厚 h_i，划分原则除土厚大致相等外，还应注意每层的吸力分布和土的性质应基本一致，计算时从上至下进行。第1层土体水位上升或地表遭水浸润后基质吸力经测量为(u_a-u_w)。假设此时引起一较小的平均孔隙比增量 de_1，则可以根据式(7-23)求出竖

向应变 de_a，根据式(7-26)可以求出 $d\gamma$。由于是非饱和土，故 $d(u_z-u_w)=h_1 d\gamma$。所以根据式(7-20)可以确定另一竖向应变 $d\varepsilon_b$。由于 $d\varepsilon_a$ 和 $d\varepsilon_b$ 均是第 1 层竖向应变增量，故二者应相等，否则应理解为 de_1 假设不正确。此时给定另一较大的增量 de_2，重复以上步骤，若 $d\varepsilon_a$ 和 $d\varepsilon_b$ 仍不相等，则令 $de=(de_1+de_2)/2$，重复以上过程直到 $d\varepsilon_a$ 和 $d\varepsilon_b$ 相等为止，然后算出变形量 $dw_1=h_1 d\varepsilon_a$。其他各层的变形算法同第 1 层，不同之处在于法向应力增量应包括本层土的重度增量和以上各层土的重度增量之和。最后总变形量 $dw=\sum_{i=1}^{n} dw_i$。若 $dw>0$ 则变形为"膨胀"；若 $dw<0$ 则变形为"沉降"。计算过程见图 7-27。

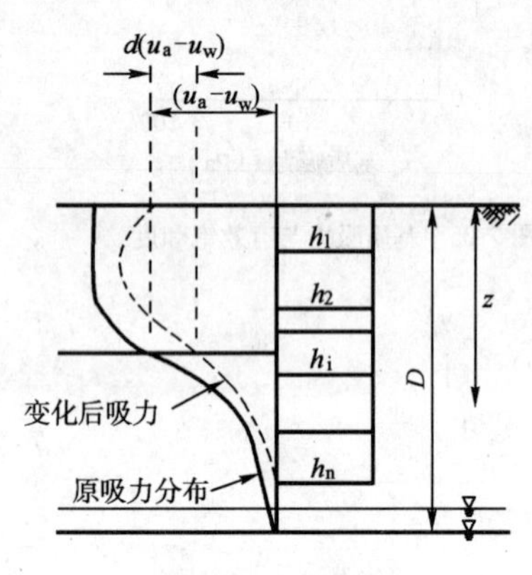

图 7-26　计算模型

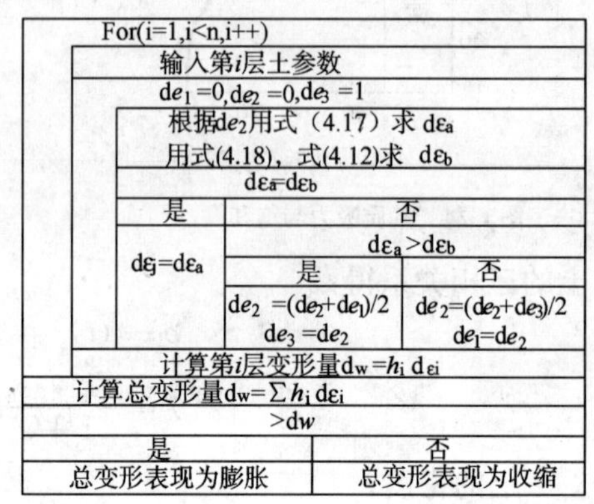

图 7-27　算法程序框图

利用这一模型可以计算非饱和土在遭受地面浸润、地下水位上升或下降以及过量蒸发等条件下非饱和土的变形问题。研究表明：

(1)变形特性取决于土中吸力变化前后的分布，同一种土在地下水位上升时表现为"膨胀"，而在遭受地面浸润时可能表现为沉降，原因是这 2 个过程中基质吸力的分布规律不同。

(2)变形特性还取决于所考虑土层的厚度，即使土的性质沿深度方向相同，下层土可能表现为收缩，而上层则可能表现为"膨胀"。

采用本节方法计算路堤遇水后沉降或膨胀上升时，是假设在 K_0 的情况下，由于路堤受路堤边坡的影响，整体上很难满足 K_0 的条件，但作为计算最大沉降量或最大上升量(如路堤中央部位)时是可以作这样假设的，在路堤坡面附近，由于受坡面影响可以水平向伸缩，不满足 K_0 的条件，从理论上讲，实际沉降可能比计算值大一些，而实际上升量应比计算值应小一些。

2. 利用孔隙比变化计算路基的沉降变形

过湿土路堤的沉降量可按下式计算：

$$S_t=\frac{e_0-e_t}{1+e_0}H \tag{7-27}$$

式中：　S_t——堤体在 t 时刻的沉降量；

H——路堤填筑竣工时的断面高度；

e_0——过湿土路堤施工竣工时路堤体平均孔隙比，$e_0=G_s/\rho_0-1$；

e_t——路堤在 t 时刻的孔隙比，$e_t=G_s/\rho_t-1$；

G_s——土料比重；

ρ_0、ρ_t——分别为路堤竣工时及竣工后 t 时刻实测干密度均值。

固结度按下式计算：

$$U_t=S_t/S \tag{7-28}$$

式中：　　　　　U_t——路堤在t时刻的固结度；

$S=(e_0-e_{min})H/(1+e_0)$——堤体的最终沉降量；

$$e_{min}=G_s/(0.97\rho_{dmax})-1$$

式中：ρ_{dmax}——最大干密度；

0.97——土料干密度设计系数。

实例：辽河三角洲开发水利工程规划修建防潮堤101.3km，围垦高程1.0～2.4m，堤高3.90～4.74m。防潮堤建筑在深厚第四纪冲积的粉砂、淤泥亚黏土的潮间区带，地基及筑堤土料含水率大部分为饱和状态。利用过湿土填筑防潮堤，防潮堤冬季成型后进行了4次现场勘探取样及室内外土工试验分析，干密度值变化情况分析列于表7-16。由表7-16可以看出防潮堤从整体上看冬季筑堤一次成型后，经过10个月达到了设计干密度值≥1.50g/cm³，66个月(5年半)才基本固结完成。

干密度随时间变化情况　　表7-16

检测时间		冬季筑堤(1989.3)	1989.9	1990.10	1991.10	1994.8
干密度(g/cm³)	最大值	1.46	1.55	1.69	1.71	1.75
	最小值	1.20	1.41	1.42	1.40	1.42
	平均值	1.33	1.48	1.50	1.52	1.58

沉降分析计算结果见表7-17。显然表7-17是针对没有滑坡、裂缝等情况发生而使土堤产生过大沉降的情况，计算结果与堤顶实测的沉降量均值是比较接近的。

防潮堤堤体沉降量及固结度结果　　表7-17

实测时间	干密度(g/cm³)	土粒比重	孔隙比 e_0	e_0-e_t	S_t(cm)	U_t(%)
冬季竣工时1989.3.1	1.33	2.71	1.0376	0	0	0
冻土全部融化1989.6.30	1.40	2.71	0.9357	0.1019	23.0	29.6
第一次质检1989.9	1.48	2.71	0.8311	0.2065	46.62	60.1
第二次质检1990.10	1.50	2.71	0.8067	0.2309	52.13	67.2
第三次质检1991.9	1.52	2.71	0.7829	0.2547	57.50	74.1
第四次抽检1994.8	1.58	2.71	0.7152	0.3224	72.78	93.8
防潮堤最终可能达到ρ_d	1.60	2.71	0.6938	0.3438	77.61	100

第五节　多雨潮湿地区路基的防护技术

一、填料含水率对路基路面的影响

水对路基的影响基本上有如下两个方面：

(1)路基设计最基本的要求是路基在荷载作用下应具有足够的强度和稳定性，且不产生有害变形。影响路基强度和稳定性的因素很多，其中的关键因素是水。路基水毁、坍方、沉陷、翻浆等病害的发生，均与地面水和地下水的活动有关。湿陷性黄土地区地基的病害更与水有关，防止水渗入路基是确保路基强度和稳定性的关键。

(2)雨水是影响高路堤的主要因素，主要的渗入部位是路基坡面和路肩，垫层又因是渗水性良好的砂或砂砾材料，路肩在未设置盲沟时，水只能往路基深处渗透，随着降水量的增加，路基含水率增大，沉降量或上升量增大，路基强度和稳定性降低，导致路面破坏。水未渗入路基前，路基沉降量均匀，且很小。当水不均匀渗入后，局部沉降量或上升量增大，导致局部路面的不均匀变形。

1. 路基回弹模量对路面基层厚度的影响

过去，在道路工程施工过程中对路基强度的控制，一般只要满足压实度要求就可以了。1985 年，《公路工程质量检验评定标准》颁布后，对路面增加了弯沉值控制指标。众所周知，路面弯沉值的大小除取决于路面自身的强度外，路基强度状况也起着重要的作用。路基压实度越高，其强度越高。然而，路基强度对路面弯沉值的影响程度和含水率对路基强度的影响程度，一般只有理论上的认识，而缺少量的概念。在施工中虽经努力，但因措施不当，导致施工验收时的路面弯沉值不够理想。

某公路结构由于路基土含水率变化后的路面基层厚度计算结果，见表 7-18。由表 7-18 可以清楚地看出，当路基土含水率减少 2.1% 时(即含水率减少到最佳含水率)，路面厚度减小 21% (7.57 cm)仍能满足设计弯沉值的要求。路面厚度的减薄会取得很大的经济效益。因此，减少路基的含水率也就可以取得很大的经济效益。

2. 路基土含水率对路面弯沉值和使用寿命的影响

当按有关规定受路面最小厚度限制，原路面厚度不能再减薄时，路基强度提高以后则可以延长路面使用寿命。一种路面结构，在不同的路基回弹模量(E_0)值条件下，计算的路面弯沉值，见表 7-19。原设计路基回弹模量为 $E_0=21$MPa，相对应的含水率为 16.5%。当路基土的含水率为 14.4%时，回弹模量上升为 $E_0=36$MPa，弯沉值则因含水率减小 2.1%，从 0.069cm 降低到 0.058 6cm，较原设计值小 15%。

E_0 对基层厚度 H 的影响汇总表　表 7-18

含水率 w (%)	回弹模量 E_0(MPa)	基层厚度 H(cm)	基层厚度增减率(%)
16.5	21	36.21	0
14.4	36	28.76	−12
17.29	14	40.47	+12
8	64	22.37	−38

E_0 对路面弯沉值 L_n 的影响　表 7-19

含水率 w(%)	回弹模量 E_0(MPa)	基层厚度 H(cm)	弯沉 L_n(cm)	弯沉变化率(%)
16.5	21	36.21	0.069	0(设计)
14.4	36	36.21	0.058 6	−15
8.0	64	36.21	0.035 5	−48
17.29	14	36.21	0.078 0	+13

在考虑车载轴次和交通量增长的情况下，计算得到的路面使用年限增长见表 7-20。由表 7-20 可以看出，路基含水率由 14.4%降到 8%时，路基压实度仍为 95%，路面使用寿命却延长了 125%；反之，含水率增加到 17.29%，压实度不变，路面使用寿命缩短了 54%。

含水率 w 对车载轴次 N_e 和使用年限 t 的影响　表 7-20

点	含水率 w(%)	路面弯沉 L_n(cm)	N_e(次)	t(年)	使用期增减率(%)
O	14.4	0.058 6	3 627 996	24	—
A	8	0.035 5	42 895 758	54	+125
B	17.3	0.078 0	898 367	11	−54

路基含水率对路面使用寿命的影响是很大的，在满足路基压实度要求的前提下，减小路基含水率可以大大延长路面使用期限。由此可知，严格控制路基施工期间和运行期间的含水率带来的经济效益是很显著的。

二、防止雨水及地下水对路基影响的方法

在按照规范规定的最佳含水率对应的密实度填筑路堤后，如果不保持最佳含水率，强度就会变高和变低，当含水率小于最佳含水率时，其强度(变形模量和强度值)就会升高；当含水率大于最佳含水率时，其强度(变形模量和强度值)就会降低。为了避免路堤强度(变形模量和强度值)降低，就得采取措施避免路堤填料含水率的增加或者保持路堤填料的含水率不增加。在多雨潮湿地区和低洼地区(地段)路堤含水率可能增高的情况下，降低路堤土料含水率是不太现实的，保持路堤填料含水率不增加是可行的方法，具体可以采取如下方法。

1.路堤保持含水率稳定的措施

(1)降低路堤基底的地下水位及截断流向路基的地下水和地表水，如果在路堤建成之后不进行地表水和地下水的防排处理，地表水和地下水也会对路堤及其基底产生软化等不良影响。因此，应在路堤填筑前考虑路堤建成之后道路运行期间的地表水和地下水防排处理，防排水处理可以有如下方法：①在路堤两侧设置挡水结构(如挡水埂)；②在路堤两侧设置排水沟；③在基底范围或(和)基底两侧修建排水渗沟。

路堤两侧的挡水结构和排水沟可以利用基底处理和路堤填筑施工期间修建的挡排水结构，或者在施工期间修建的挡排水结构基础上加固、修整作为永久性的挡水结构，以截、排路界范围内的地表水和流入路界范围内的地表水，见图7-28。

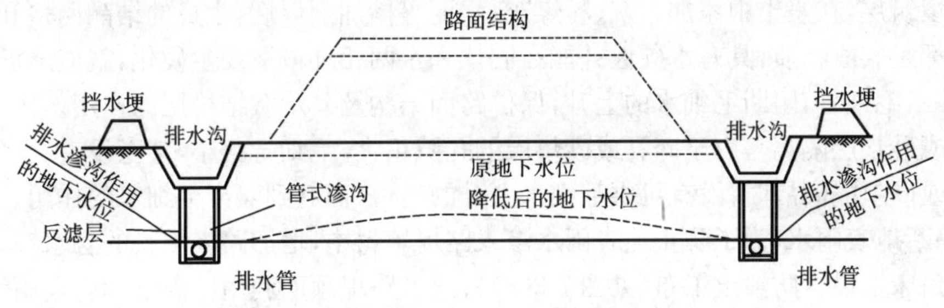

图7-28 降低路堤基底地下水位的综合措施

当路堤基底的地下水位较高，或者路基基底的地下水位将会升高，影响路堤及其基底的含水率，而产生软化等不良影响时，就应对地下水位进行降低处理，并对流入路堤基底的地下水进行截排处理。其处理方法可以是：除了上述截排路界范围内的雨(积)水和流入路界范围内的地表水外，还应在路堤两侧修建渗沟降低地下水位，渗沟可以修建在排水边沟之下，以节约渗沟开挖工程量，见图7-28。渗沟可以采用碎石渗沟和管式渗沟，渗沟宽度为0.4～0.6m，深度视地下水位、渗沟两侧土料的渗透特性以及路基的要求确定，反滤可以采用反滤土工布或集料。渗沟沟底应尽量埋入不透水层，或采用浆砌片石或水泥混凝土预制块铺砌沟底。渗沟沟底最小纵坡0.5%，以利于流畅排水。

当路堤两侧的排水渗沟不能满足降低基底范围内的地下水位和路基、基底的含水率时，还可以在基底中间增加纵向渗沟和横向渗沟。

渗沟的施工可以在基底处理时修建的排地表水和疏干地下水的沟渠、井点完善而成，也可以单独另外修建。

(2)隔断毛细水的上升，隔断地下毛细水上升的方法有：在路堤底部设置防渗土工布(见图7-29a))、掺灰填筑层(见图7-29b))、碎石或砂垫层等隔离层。在隔离层顶、底部应形成4%的横向坡，以利于渗透到隔离层的雨水可以侧向排出路堤，见图7-29(图中掺灰填筑层可以用土

工布、碎石或砂垫层替代)。

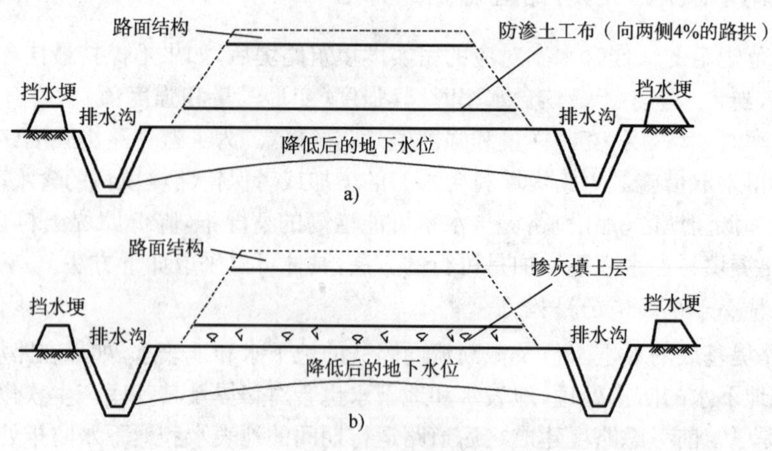

图 7-29 毛细水隔断措施

a)毛细水隔离土工布布置示意图;b)毛细水掺灰隔离示意图

由于防渗土工布的渗透性很低,当毛细水通过毛细管上升到防渗土工布位置时,在渗透性很低的防渗土工布的截断作用下,毛细水就不能上升,以保证路堤不受毛细水的影响,含水率就不会因此增加。

掺灰填筑层,在素土中添加石灰、粉煤灰、水泥等掺加剂以后,生成的结晶网格和含水碳酸钙结晶等都是胶凝物质,具有水硬性并能在固体和水两相环境下发生硬化,就能降低土的渗透性,起到截断毛细管,阻断毛细水的上升,保护路面结构及其承载结构层的作用。

碎石或砂垫层隔离是由于碎石或砂垫层的孔隙很大,毛细管很小,甚至没有。当毛细水上升到碎石或砂垫隔离层时,没有可供毛细水上升的通道,而起到隔离毛细水的作用。

(3)隔断地表雨水,为了防止地表雨水渗入路堤填料中,增加路堤填料的含水率,在路面结构之下的路床上设置防渗土工布(见图 7-30a));或者路堤顶面利用路面结构防止雨水渗入,只在路肩上设置防渗土工布(见图 7-30b)、c))防止雨水渗入;路堤坡面的防雨水可按如下方法进行:①为防止地表雨水渗入路堤土中,路堤边坡采用 0.5~1.0m 厚的黏土封层护坡,并把黏土封层夯拍密实,见图 7-30a)、b),或采用防渗薄膜或土工布铺满路堤坡面,为了防止薄膜或土工布的老化,在薄膜的外面再铺筑一层土料,但要避免土料填筑时刺破薄膜或采用土工布防渗层,见图 7-30c)。②采用浆砌石护坡防止雨水渗入路堤,浆砌石铺砌路堤坡面后从路堤坡面底部开始,在路堤坡面底部每 1.5~2.0m 纵向长度,设置一排水孔,排水孔向外倾斜,倾斜度为 10%,见图 7-31。

(4)增加路堤的高度,使路面和行车荷载的有效作用范围不受毛细水的影响,路堤高度应大于毛细水上升高度+行车荷载的有效影响深度-路面厚度。

2.路堑及半挖半填路基保持含水率稳定的措施

如果在路堑和半挖半填路基建成之后不进行地表水和地下水的防排处理,地表水和地下水也会对路基基底、路基和路面产生软化、腐蚀等物理化学的不良作用。因此,应考虑路堑和半挖半填路基建成之后道路运行期间的地表水和地下水的防排处理,防排处理可以有如下方法:①在路堑两侧(一侧)设置挡水结构(如挡水埂);②在路堑两侧(一侧)设置截排水沟;③在路面(路基)基底范围或(和)两侧(一侧)修建排水渗沟。如果是路堑,根据地表水是否往路堑中流淌,一般都要在两侧修挡水埂或截水沟;半挖半填路基一般在挖方侧修建挡水埂或截水沟。

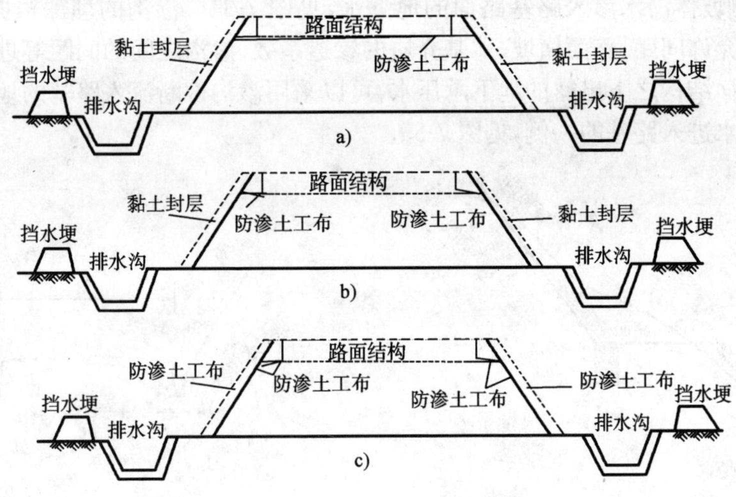

图 7-30　路堤坡面封层防雨水措施

a)在路床和路肩设置防渗土工布；b)在路肩设置防渗土工布；c)在路堤坡面和路肩设置防渗土工布

(1)地表截排水处理

对于地表水，由于在多雨潮湿地区降雨量比较大，地表水的径流量也就比较大，地表积水的可能性和雨水入渗进入路基、路面的量也较大，对路基、路面的冲刷和软化等不良影响也就比较严重，加强对地表水的截排也就显得特别重要。因此，有必要在路基的开挖坡顶设置截水沟，在坡面台阶上设置排水沟，在路面边缘设置边沟，见图 7-32。

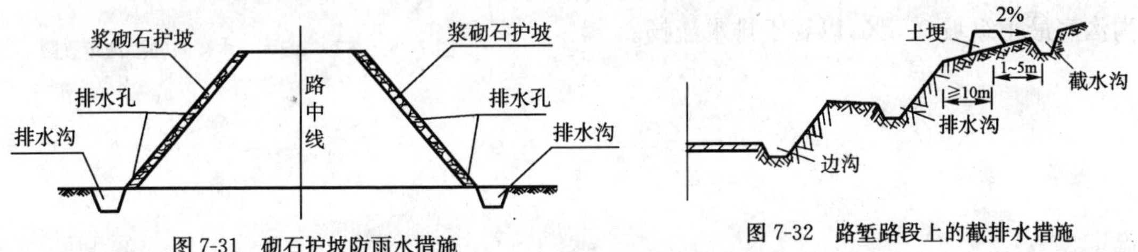

图 7-31　砌石护坡防雨水措施

图 7-32　路堑路段上的截排水措施

边沟设置在挖方路基的路肩外侧，如果是路堑，在两侧路肩的外侧都要修建边沟，如果是半挖半填路基，在靠挖方一侧的坡脚应设置不透水的边沟，边沟走向与路中线平行。边沟不宜过长，尽量使沟内水流就近排到路旁自然水沟或低洼地带，必要时增设涵洞，将边沟水引向路基另一侧排出路界。边沟的纵坡(出水口附近除外)一般与路线纵坡一致。边沟出水口附近，以及排水困难路段(如回头曲线和路基超高较大的平曲线等处)，边沟应进行特殊设计。

截水沟一般设置在路堑路基边坡坡顶以外，或深路堑高边坡分台碎落台上(此时也可以称为碎落台排水沟)，截水沟走向与路中线基本平行，用以拦截并排除路基上方流向路基的地面径流，保证挖方边坡不受水流冲刷和地表水下渗软化路基和路面。若降水量较大，山坡汇水面积较大，且暴雨频率较高，山坡覆盖层较松软，水土流失比较严重的地段，必要时可设置两道或多道截水沟。截水沟下方一侧，可堆置挖沟的土方作成顶部向沟倾斜 2%的土台(简称为挡水埂)。

(2)地下截排水处理

对于潜水，如果只是半挖半填路基，只要在开挖边坡的一侧坡脚下设置渗沟，即可截断对路基路面产生影响的地下水，见图 7-33；对于路堑地段，应采取在公路两侧的坡脚下设置渗沟，以截断两侧坡体潜水渗入路基路面的地下水，见图 7-34。渗沟的埋深根据路床顶面到地下水位之间的允许间距、路面横坡、地基介质的渗透系数、渗沟之间的间距等进行计算设计。

对于在路面结构之下出露的地下承压水，可以采用渗沟截断流入路基的地下水，渗沟的位置布置在地下水进入路基的一侧，见图 7-35。

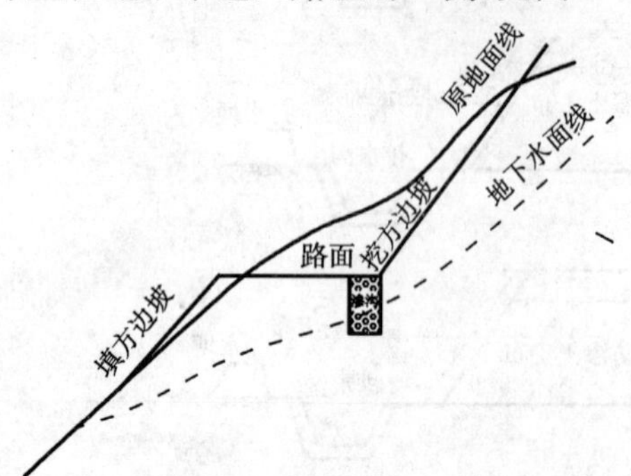

图 7-33　挖方一侧路基潜水排除的渗沟布置图

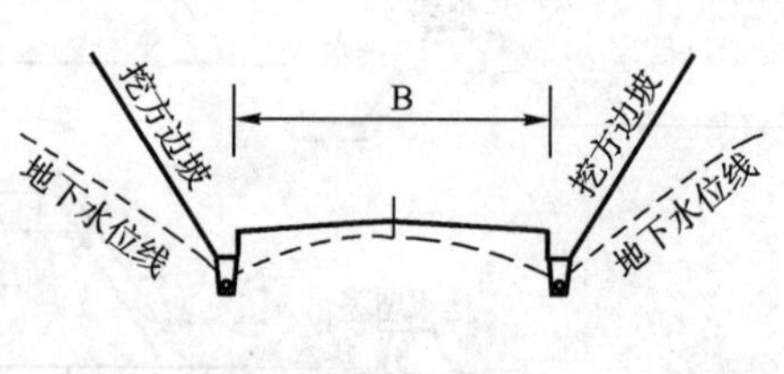

图 7-34　路基两侧潜水排除的渗沟布置图

渗沟一般应修建在边沟之下，以节约渗沟开挖工程量，见图 7-34。渗沟可以采用碎石渗沟和管式渗沟，渗沟宽度为 0.4～0.6m，深度视地下水位和渗沟两侧土料的渗透特性确定，反滤可以采用反滤土工布或集料。渗沟沟底应尽量埋入不透水层，或采用浆砌片石或水泥混凝土预制块铺砌沟底。渗沟沟底最小纵坡 0.5%，以利于排水流畅。

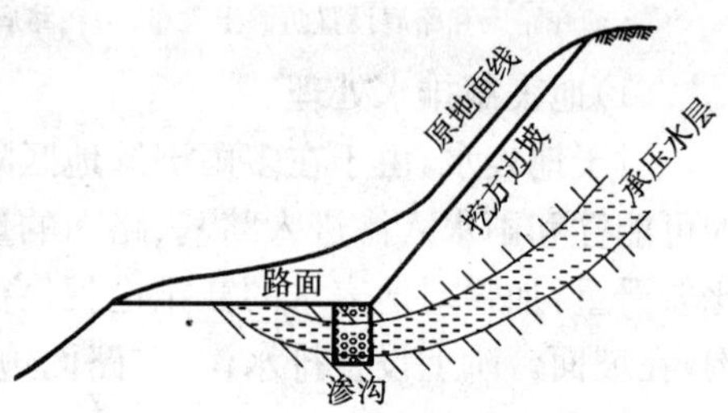

图 7-35　路基一侧承压水排除的渗沟布置图

第八章　路基碾压设备的选择与使用

现代压路机的结构型式、技术性能、规格参数及其辅助功能等都具有很大的选择余地，这也给正确合理地选购和使用压路机带来了一定难度。应该说，凡是压路机都可以起压实作用，但要在一定条件下选用或选购哪一种型号的压路机更经济合理，并不是一件简单的事。选购、选用压路机应考虑诸多因素。

第一节　压路机的选型依据

1. 填筑材料的类别

工程材料及其含水率的不同，将因其孔隙率大小与力学特性的不同而影响压实效果。而机械对材料实施压实的方法，以及施加能量的大小，也使压实效果大不相同。根据填筑材料的不同，可以按表 8-1 的内容粗略选择压路机。

各种土质适宜的碾压机械　　表 8-1

土的类别 / 机械名称	细粒土	砂类土	砾石土	巨粒土	备　注
6～8t 两轮光轮压路机	A	A	A	A	用于预压整平
12～18t 三轮光轮压路机	A	A	A	B	最常使用
25～50t 轮胎压路机	A	A	A	A	最常使用
羊足碾	A	C 或 B	C	C	粉、黏土质砂可用
振动压路机	B	A	A	A	最常使用
凸块式振动压路机	A	A	A	A	最宜使用于含水率较高的细粒土
手扶式振动压路机	B	A	A	C	用于狭窄地点
振动平板夯	B	A	A	B 或 C	用于狭窄地点，机械质量 800kg 的可用于巨粒土
手扶式振动夯	A	A	A	B	用于狭窄地点
夯锤(板)	A	A	A	A	夯击影响深度最大
推土机、铲运机	A	A	A	A	仅用于摊平土层和预压

注：①表中符号：A 代表使用；B 代表无适当的机械时可用；C 代表不适用。

②土的类别按(公路土工试验规程)的规定划分。

③对特殊土和黄土(CLY)、膨胀土(CHE)、盐渍土等的压实机械选择可按细粒土考虑。

④自行式压路机宜用于一般路堤、路堑基底的换填等的压实，宜采用直线式进退运行。

⑤羊足碾(包括凸块式碾、条式碾)，应有光轮压路机配合使用。

(1)砂土和粉土黏结性较差，水易侵入，不易被压实。此类土必须掺入黏土或其他材料进行改良处理，并选用压实功率大的静压式压路机压实。此类改良土铺筑路基，不宜采用振动压路机和凸块式碾滚压路机进行碾压。

(2)对于黏土，由于黏土黏结性能较好，内摩阻力较大，含水率较多，压实时需要提供较大的作用力和较长的有效作用时间，以利排除空气和多余水分，增大密实度。一般选用凸块压路机和轮胎式压路机压实黏性土铺筑的路基，可获得较好的压实效果。

如果铺筑层较薄，则可选用超重型静压式光轮压路机以较低的速度碾压，效果更佳。黏性土路基一般不采用振动压实，因为振动压路机易使土中水分析出，形成"弹簧"土，难以彻底压实。

(3)介于砂土和黏土之间的各种砂性土、混合土，有较好的压实特性，采用各种压路机进行压实均能获得理想的压实效果。选用振动压路机碾压这类混合土则具有更强的压实功能和更高的作业效率。

(4)对于碎石，砾石级配的铺筑层，选用振动压路机碾压，可使石料和粒料之间更好的嵌紧，形成稳定性较好的整体。

(5)对沥青混合料，由于沥青有一定的润滑作用，且铺筑层一般较薄，可选用中、重型静力压路机，也可选振动压路机压实，以便大小颗粒掺和均匀，提高压实质量，为了提高沥青路面的平整度，应选用光面碾滚压路机碾压。

(6)在选用压路机时，还应考虑被压材料的抗压强度。终压时，如果被压材料所承受的压力为抗压强度的80%～90%，则可获得最佳压实效果。如果终压时接触应力大于被压材料的抗压强度极限时，上层将出现松散现象，骨料将进一步被压碎，铺筑层的级配反而被破坏。如果受机型的限制，压路机的单位压力过大或过小，则应合理控制碾压遍数，以免影响压实效果。

(7)对岩石填方的压实，应选用大吨位的压路机进行碾压，以使大型块料产生位移，并使中小型石料嵌紧在其间。

压路机对材料施加最大能量的限制在于骨料的许用单位线压力，见表8-2。

各种石料在滚压时的许用线载荷 表8-2

石料性质	石料名称	强度极限 MPa	许用线载荷(N/cm)
软石料	石灰石，砂岩石	30～60	600～700
中硬石料	石灰石，砂岩石，粗粒花岗岩	60～100	700～800
坚硬石料	细粒花岗岩，闪长岩石	100～200	800～1 000
极坚硬石料	辉绿岩石，玄武岩石，闪长岩石	>200	1 000～1 250

2. 根据铺筑层的含水率选型

(1)被压材料的含水率是影响压路机压实效果的重要因素。被压层只有在最佳含水率状态下，才能得到最佳的压实效果，在同一含水率条件下压实功能越大则密实度越高，如图8-1所示。

若含水率过大，压实到一定程度时，水分将聚集在土体固体颗粒的空隙内，吸收和消耗大部分碾压能，衰减了碾压作用力的传递，即使增加压实重量和碾压遍数也不可能将土壤压实，反而会使被压层出现反弹现象，成为压实的顽症。若含水率过小，土颗粒之间的润滑作用减小，其内摩阻力将随之增大，可选用重型压路机进行压实。

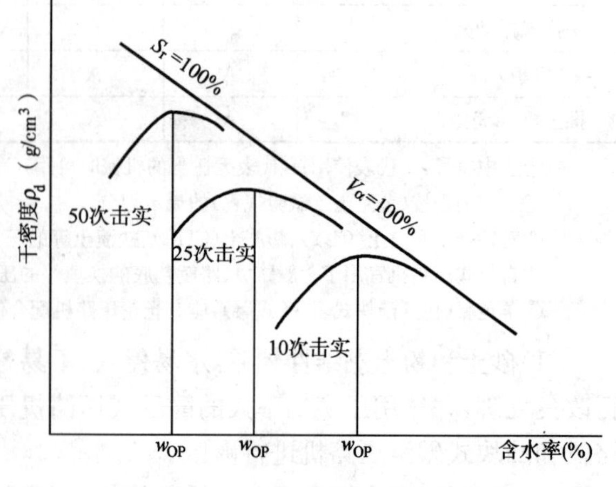

图8-1 最佳含水率示意图

(2)含水率过高可采用翻晒措施，使其含水率降低，一般当实际含水率比最佳含水率高，就不易选用振动压路机进行压实。

(3)当土壤或被压材料的实际含水率低于最佳含水率3%～5%以上时应该在现场补水，若现场难以补水，则可选用超重型静压式压路机或重型压路机增大碾压遍数来实现。如果填筑土料含水率高于最佳含水率3%以上，则必须采取措施降低含水率，如使用静作用羊足碾进行翻晾。

3. 工程的内容与机械化程度

工程压实的内容基本上确定了铺筑层的材料、填土规模、机器施力情况及牵引条件等对压路机选型的限制。对于一般的土石填方，可选用重型以上的各种压路机。填土坡面应选用拖式振动压路机或专用的斜坡压路机。狭窄道路需选用小型自行式振动压路机压实，管道、电缆埋设构槽可使用构槽压路机或手扶式振动压路机压实。港口码头的深层填土应选用重型振动压路机或冲击式压路机进行反复碾压。可按表8-3所提供的内容进行压路机选型。

按作业内容选定压实机械 表8-3

作业内容	使用机械	摘要
道路填土，江河筑堤，填筑堤坝等的压实	轮胎压路机 凸块压路机 轮胎驱动振动压路机	适用于大面积而较厚的填土层的压实，振动压路机在砂质成分多的地方使用效果特别好；凸块压路机适用于黏性土质多的地方
填土坡面的压实	夯实机，振捣棒，拖式振动压路机，专用斜坡压路机	沿着坡面进行压实时使用，规模小的时候使用夯实机或振捣棒等，规模大的时候用拖式振动压路机
桥、涵的埋填侧沟等基础的压实	夯实机，振捣棒	在面积受到限制的地方用来压实
沥青路表层的压实	静碾两轮压路机 轮胎压路机 双钢轮振动压路机	大规模铺路工程，先用轮胎压路机进行初压，然后用光轮压路机进行碾压，最后用轮胎压路机封层。简易铺路等小规模工程时，只用振动压路机来进行碾压
道路基层与稳定土	振动压路机，三轮压路机，轮胎压路机	大规模铺路工程应使用振动压路机和轮胎压路机联合作业，小型工程可用静碾三轮压路机分层压实
港口、码头及深层填方	拖式振动压路机，冲击式压路机	填土层深，含水率大，有开阔的作业面积，用履带式牵引车配合施工
人行道，园林小道，边角及小面积修补	冲击夯，振动平板夯，小型振动压路机	小规模压实作业

(1)一般来说，路基和底基层压实都选用压实功率大的重型和超重型静压式压路机、振动压路机和凸块压式压路机。这类重型压实设备的压实效果能有效排除铺筑层中的空气和多余的水分，将被压层的固体颗粒嵌合楔紧，形成坚固稳定的整体，为上层打下高强度的基础。

(2)进行路面压实作业时，则多选用中型静压式或振动式压路机。对于二灰碎石混合料的基层，可以在终压时采用气压式轮胎压路机，气压轮胎压路机碾压的揉搓作用对封闭和消除表面的细小裂缝非常有效。

(3)路肩桥涵填方、人行道、园林道路压实作业和小面积路面修补时则应选用轻型或小型振动压路机,以防路缘崩塌,毁坏构筑物。

工程的施工机械化程度也影响着压路机的选型。一般而言,机械化程度高时,应选择压实能力大、作业效率高的压路机;机械化程度较低时,可选用比较经济的压路机,以免浪费压路机的压实功能;静碾压路机通常用在机械化程度很低的小型压实工程中。

4. 压实厚度与配套设备

正确配套和合理选择压路机,可更好地发挥施工设备的整体能力。与压路机配套施工的运输、拌和及布料设备在很大程度上决定了填方铺层的厚度。用推土机布料时,岩石填方的铺层厚度为0.5~2m,而对土壤铺层一般在0.3~1.2m之间。若用铲运机搬运,可铺成0.15~0.4m厚,然后用平地机刮平。对于大铺层厚度的填方,应使用振动轮分配重10t以上的自行式或拖式振动压路机压实。

以摊铺机或特殊集料撒布机进行基础层和底基层材料的布料,用振动轮分配重5t的振动压路机,通常能把铺层300mm的混合料压实到规定的压实度。

5. 工程质量与进度要求

对于高等级公路,除了应保证路基与路面的刚度、强度和稳定性之外,还要有好的平整度、抗滑和抗渗透性能。使用全驱动重型振动压路机压实,能给定一个平坦而坚实的路面基础。用串联振动压路机压实路面及用轮胎压路机封层,可获得平整而稳定性好的路面结构。

为了提高路面的压实质量,除了选择合适吨位的全驱动压路机之外,还应选择较大的滚轮直径,以控制其接触压应力不大于许用值,见表8-4。

最佳含水率时几种土壤终压的抗压强度极限 表8-4

土壤种类	抗压强度极限(MPa)		建议选用的压路机线载荷(N/cm)
	采用静光轮碾压	采用轮胎轮碾压	
低黏性土(砂土、亚砂土、粉土)	0.3~0.6	0.3~0.4	70~260
中等黏性土(亚黏土)	0.6~1	0.4~0.6	200~500
高黏性土(重亚黏土)	1~1.5	0.6~0.8	360~820
极黏性土(黏土)	1.5~1.8	0.8~1	820~1 200

压路机在各段填方工程中所必需的压实生产率决定了工程进度。压路机的生产率有面积生产率与体积生产率两种计算方法,决定压路机生产率的主要因素是压实厚度、压实宽度、压实速度、压实遍数和效率因数。

面积生产率是单位时间内获得达到压实标准的铺层面积(m^2/h),一般用作核算压路机的台班及根据布料能力计算所需压路机的台数。

体积生产率是单位时间内获得达到压实标准的填方体积(m^3/h),通常用以评价各种不同型号压路机的作业能力和能耗量对比;或根据填土设备的生产能力计算所需压路机的台数。

6. 机械的适应性与工艺要求

光面的静态压路机,碾轮与土的接触面大,单位压力小,压实度要小,但适合压实各种土。重型静碾光轮压路机常用于路基垫层和路基的施工之中,而中型的多用于路面,轻型的仅用在小型工程及路面养护施工。静碾光轮压路机对黏性薄层土壤的压实尚为有效,但对含水率高的黏土或粒度均匀的砂土压实效果不佳。

羊足碾或凸轮面的压路机特点是单位压力大,压实深度和压实效果都比同重的光面静态压路机要高。凸块式压路机常用来作路基或基坑回填土的底层补压工作，特别是对含水率较大、粒度大小不等的黏性土及其结块、爆破岩石填方压实效果较好，而对表层及砂土的压实则完全不适用。凸块式振动轮还能够轧碎冰冻团块，特别是碾压粒状土层能取得良好压实效果。但压实表面层松散，不适合碾压砂性土。

胶轮压路机由于冲气轮胎的悬接装置，在垂直方向上可相对移动，因而它不致因地面不平，高处引起个别轮胎超载，而低处碾压不到。另外它可增加附加荷载调节静重，所以压实度可以增大，也适合压实各种土。特别是能使铺筑层获得均匀的压实度，并且用于压实沥青混凝土路面效果最好。

振动压路机因设有调频装置，可以调节成静碾压、弱振碾压、强振碾压。它质量轻、体积小、速度快、效率高、操纵灵活，压实度也可增大。振动压路机能适应各种工况的压实，特别是对砂质土壤压实效果最好。但不适合碾压高液限黏土。大型振动压路机对深层的压实效果是其他机型无可比拟的。小型振动压路机和夯实机械适用于小规模工程和狭窄场合的压实，对构筑物的回填土压实效果也比较好。

路基基底第一层土不应上过重的压路机，宜使用光面静态压路机，压实遍数也不应过多。随后进入其上各层施工时，整个土基的承载力已提高，就可以使用重型压实机械，如振动压路机或胶轮压路机。

对于重大工程的施工，正确地拟定压实工艺和配备适宜的压路机，往往是保证压实质量与节省开支的关键。冬季施工应加大铺层厚度与摊铺、压实速度，用大吨位的自行式振动压路机进行快速碾压。寒冷季节施工应选用带风冷发动机的压路机，高原地区施工的压路机应选用带增压器的风冷发动机，沙漠地区施工应选用全轮驱动和具备防滑转功能的压路机。

7. 企业技术进步的需要

有远见的工程施工企业都会注意使自己的施工设备保持必要的技术储备，以保持自己公司的技术领先地位。而液压传动、全轮驱动、铰接转向及随机检测是现代化压路机的四大标志。液压传动能够实现无级调速以优化生产率要素，并且为自动报警和自动控制创造了条件。液压传动还使压路机行走与振动起步平稳，减少了给土壤和机器本身带来的冲击，从而提高了压实质量和机器寿命。

全轮驱动压路机克服了被动轮产生弓坡与裂纹的缺点，提高了压实质量与铺装层的稳定性。由于驱动能力大，还提高了压路机在坡道上和松土里的行走性能。铰接转向减小了压路机的最小转弯半径，使串联压路机弯道压实的前后轮迹重合，使三轮压路机和轮胎压路机弯道压实的前后轮搭接重合而不致留下空白，并且还减少了弯道压实时材料被搓起的程度。

一些振动压路机驾驶室内设置了频率仪、振幅计及压实度计等。操作人员可随时测定压实效果及压实遍数，从而提高了作业效率与压实质量。

8. 可维修性与技术支持

用户应尽量选用、选购标准设备与系列设备，这样做的好处是易于熟悉设备，便于维修服务与备件储备，可以很明显地降低压路机使用成本。

系列压路机的发动机、机械传动系统、液压元件与油管、操纵机构及轮胎等，都具有很高的通用化程度，大大减少了备件库存，其操作、保养和维修方法也有着极大的相似性，司机和维修工在熟悉一种规格的压路机之后，就可以很容易地掌握其他规格的同系列压路机。另外，压路机本身的结构工艺性也很重要，这要通过分析其具体结构得出结论。

选购某一型号的压路机，应正确地评价压路机本身及其制造厂商的技术支持条件。这些技术支持条件应该包括有关技术指导性文件齐全,有必要的维修和备件服务网络,以及制造厂商本部的技术实力等。

第二节 压路机压实作业参数的合理选择

1. 含水率

在施工过程中,要及时地测定被压材料的含水率。当实际含水率低于施工控制含水率时,应用洒水车进行补充洒水;当含水率超过施工控制含水率时,应采用晾晒或掺灰处理。一般情况下,当含水率比施工控制含水率低3%~5%,而施工中又不易补充水分时,可选用重型振动式压路机;当含水率比施工控制含水率高时,不宜采用振动式压路机,否则被压材料易产生"弹簧土"现象。偏高含水率的填料可以采用凸块碾碾压或重锤夯实的方法压实或夯实。

2. 单位线压力

压路机在碾压路基土壤或路面铺砌时,一般分3个阶段:初压、复压和终压。初压时,由于被压材料处于松散状态,压路机与被压材料的接地面积比较大,单位压力比较小;复压时,随着碾压遍数的增加和压实功的增大,被压材料的密实度将逐渐提高,接地面积逐渐减小,单位压力逐渐增大;当接近复压终了时,接地面积接近线接触,单位压力最大。因此,所谓单位线压力P是指接近复压终了时压路机所能达到的碾压荷载,与接地面积S的比值,即:

$$P = F/S(\text{Pa}) \tag{8-1}$$

压路机压实单位线压力与压路机所能达到的碾压载荷有关,对静力式压路机而言为机器的质量,对振动式压路机而言为激振力。在选定压路机机型时。其单位线压力P不应超过被压材料的极限强度,否则将引起土质基础的龟裂和石质基础石料的破碎。土壤的极限强度见表8-5。一般石料强度和压路机单位线压力的关系见表8-6。

碾压与夯实时土壤的极限强度 表8-5

土壤种类	土壤的极限强度 kPa		
	光轮碾	轮胎碾	夯板(直径70~100cm)
黏性土(砂土、低液限黏土、粉土)	294~588	294~392	294~686
中等黏性土(粉质中液限黏土、中液限黏土)	588~980	392~588	686~1 176
高黏性土(高液限黏土)	980~1 470	588~784	1 176~1 960
极黏性土(很高液限黏土)	1 470~1 764	784~980	1 960~2 254
注:表中列值均指最佳含水率下的土壤。			

石料强度和压路机单位线压力的关系 表8-6

石料性质	软	中等	硬	极硬
石料名称	石灰岩、砂岩	石灰岩、砂岩、粗粒花岗岩	细粒花岗岩、正长岩、闪绿岩	辉绿岩、玄武岩、闪长岩、辉长岩
极限强度(MPa)	29.4~58.5	39.2~98.0	98.0~196.0	>196.0
压路机单位线压力(kPa)	5 880~6 860	6 860~7 800	7 800~9 800	9 800~12 250

3. 碾压速度

不管用哪种形式或质量的压路机进行碾压，其碾压速度对路基所能达到的密实度有明显影响，如果碾压速度过快，还容易导致被压层的平整度较差现象。现以振动压路机为例说明如下。

碾压速度影响振动轮对单位面积内土方的压实时间。碾压速度低时，单位面积内振动次数比碾压速度高许多，因而作用在被压材料上的能量，前者多于后者。实际上，传递到被压土层内的能量与碾压速度成反比。假定使碾压土层达到规定密实度所需的压实能量不变，则碾压速度加倍时，碾压次数大致也要加倍。

虽然高碾压速度要比采用低速度的压实生产率高而且比较经济，但速度过快，容易导致路基表面不平整(形成小波浪)。因此应根据具体碾压的土层和所用的压路机，通过试验路段选择合适的碾压速度。一般情况下，碾压层厚和难以压实的土质，应采用较低的碾压速度。

压路机碾压速度的选择，与土壤或被压材料的压实特性、压实层厚度、压路机的压实功、施工技术要求以及作业效率等因素有关。对黏性土壤，因变形滞后现象明显，碾压速度不宜过高；对铺层初压时，由于铺层变形大，压路机滚动阻力大，碾压速度也不宜过快；复压、终压时，被压材料已基本密实，为提高作业效率和表面平整度，碾压速度可适当提高。各种压路机碾压速度的选择见表 8-7。

压路机碾压速度的选择 表 8-7

压路机类型	碾压速度(km/h)		
	初　压	复　压	终　压
静力式光轮压路机	1.5～2.0	2.0～3.0	3.0～4.0
轮胎式压路机	2.5～3.0	3.0～4.0	4.0～5.0
振动式压路机	3.0～4.0	3.0～5.0	5.0～6.0

4. 碾压方式

路基施工技术规范要求碾压时必须“先轻后重”，即先用振动压路机或吨位较小光轮压路机静压一遍后，静压速度要慢，要均匀，然后采用振动压路机轻振 2 遍，先慢后快，再挂重振由慢到快压实 1～2 遍。振压后改用较大吨位静光轮压路机匀速碾压、赶光，碾压 2～3 遍。直到达到设计或规范要求的压实标准为止。这种合适的碾压方式既有利于提高压实度，又有利于提高平整度。

碾压速度高，作业效率高，但压实质量差；碾压速度低，力作用时间长，影响深度大，压实质量好，但作业效率低。

5. 碾压遍数

所谓碾压遍数是指相邻碾压轮迹的重叠量为 0.2～0.3m，依次将铺层的全宽压完一遍时，在同一地点往复碾压的次数。

碾压遍数与土质、含水率、铺层厚度、机种以及压实功等因素有关，为确定最佳机种、铺层厚度和碾压遍数，在施工前必须进行碾压试验。试验时，选用与施工时用的相同的堆填材料，堆宽为 5.0m、长度不小于 100m 的试验区段，就其 15cm、20cm、25cm、30cm 等几种铺层厚度进行各种压实机械的压实试验，在不同的压实遍数(如 1、2、3、5、10 和 15 次)，测量铺层的压实度和含水率，从而确定各机种的最佳碾压遍数。一般情况下，压实路基土壤和路面基层时，需要碾压 6～8 遍；压实石料铺筑层时，需要碾压 6～10 遍。采用振动式压路机时，碾压遍数可适当地减少。

用同一压路机对同一种材料进行碾压时,最初的若干遍碾压,对增高材料的干密度影响很大;碾压遍数继续增加,干密度的增长率就逐渐减小;碾压遍数超过一定遍数后,干密度就不再增加了。各种类的土碾压遍数是不同的,所以在分项工程开工前要通过试验路段来确定。压实度 k 和碾压遍数 n 的关系如图 8-2 所示。由图 8-2 知,当碾压遍数 $n=a$ 时,压实度 K 趋近最大值,因此 a 为最佳碾压遍数。不同机种在不同土质和含水率时,a 值是不相同的。显然,小于 a 的碾压遍数达不到压实度的要求,大于 a 的碾压遍数则效果甚微,应适当控制。对含水率高的黏性土,若碾压遍数过多,将出现弹性变形,强度反而会降低。

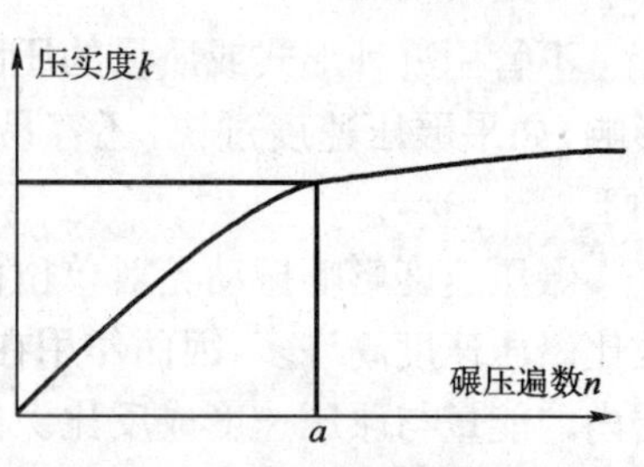

图 8-2　压实度 k 与碾压遍数 n 的关系

6. 压实厚度

根据压路机作用力的最佳作用深度,各种类型压路机均规定有适宜的压实厚度。压实厚度小,施工效率低,压实层表面易产生裂纹;压实厚度大,则铺层深部不易被压实。压实厚度是以铺筑层松铺厚度 h_s 来保证的,它们之间的关系为:

$$h_s = k_s \times h \tag{8-2}$$

式中:k_s——松铺系数,它是指压实干密度与松铺干密度的比值,需要通过试验的方法来确定。根据施工作业方式和土壤特性,土壤的松铺系数一般为 1.3～1.6。

7. 振动压路机施工参数的合理选择

使用轻型压路机只能得到较小的密实度,使用重型压路机可以得到较大的密实度。振动压路机比相同质量的普通光面钢轮压路机的压实效果好得多,不单密实度大,而且有效的压实深度也大(含水率大的黏土除外)。由于通常在施工中主要采取振动压路机,在这里特别对振动压路机进行阐述。

(1)振动压路机的特点和类型

振动压路机的压实功能很高,振动压路机一般都设有调频调幅装置,可以根据需要调成不振、弱振或强振的不同强度。因而,它兼作轻型、中型、重型压路机使用。它兼有质量轻、体积小、速度快、效率高、操纵灵活等优点。现代压路机的特点是质量轻、激振力大,采用液压传动和铰接式转向,轮胎驱动或串联式,并且发展了全轮驱动和全振动。

目前有两种主要类型的振动压路机,即光轮振动压路机和捣实式(凸块式和羊足式)振动压路机。振动压路机按行走方式分手扶式和自行式两种。自行式振动压路机有铰接式轮胎驱动、串联式、双轮摆振式和组合式等。组合式压路机是将轮胎压路机与振动压路机组合在一起,它兼有两种压路机的特点。

用振动压路机压实非黏性土,土的含水率为 1.1～1.2w_{op}(最佳含水率)时,能得到较好的压实效果。但应注意将振出的自由水及时排出路外。

各种不同类型的振动压路机虽然也可以用于压实黏土,但其有效压实深度比碾压其他塑性指数较小的土和砂砾类料等要小得多。

(2)压路机自重的选择

与其他压路机相同,影响压实效果的主要因素首先是振动压路机自身的净质量和线压力。在其他参数不变的情况下,施加于被压材料层的静态和动态压力都与静质量成正比。试验表明,振动压路机的压实影响深度大致与振动轮的质量成正比。通常静线压力增加一倍,压实影响深度可以增加一倍。

(3)在施工中压路机频率和振幅的控制

振动压路机通过连续高速冲击地面施加压力达到压实土壤的目的。振动使土颗粒向其他颗粒之间的空隙移动,使土颗粒达到最紧密排列。土壤达到最佳含水率时,用静作用压路机或轮胎压路机也能压实到最大密实度,但是所需时间长、铺层薄、费用高。振动压路机能较好地压实多种类型的土,而且铺层厚、压实快、更经济。填土路基的振动压实应作好以下几项参数的选择。

振幅和振频是振动压路机压实作业中的重要性能参数。振频,是指振动轮单位时间内振动的次数,单位为 Hz。振幅是指振动时振动轮离开地面的高度,单位为 mm。振幅参数一般是指标称振幅,即假设在完全弹性的表面上振动,振动轮完全自由地悬离地面的高度。机器在振动压实时,其实际振幅稍大于标称振幅。

一般情况下,振频高,被压层的表面平整度好;振幅大,作用在压实层上的激振力大。因此,应根据作业对象的不同,合理地选择振频与振幅,二者协调一致才能获得较理想的压实效果。

瑞典 Dynapac 公司根据试验得到黏聚力不大、颗粒间能有相对运动的土的压实效果和振动频率和振幅之间的关系曲线,见图 8-3。用振动压路机碾压土时,土的干密度与振动频率的关系表示见图 8-4。

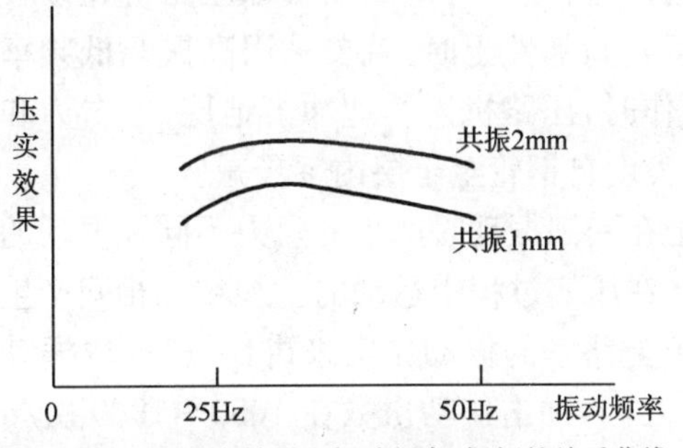

图 8-3　土的压实效果和振动频率、振幅的关系曲线

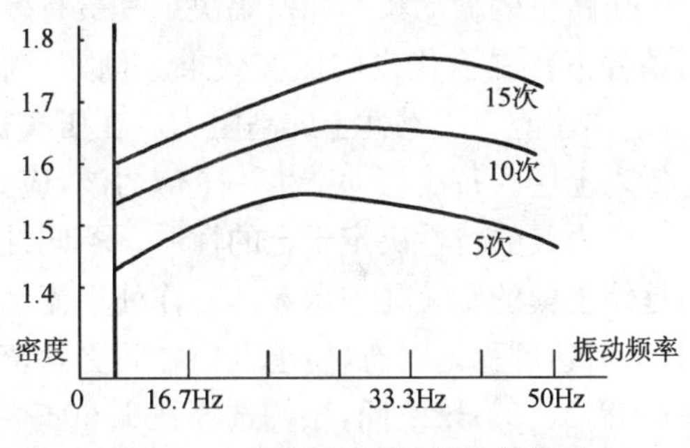

图 8-4　土的干密度和振动频率的关系

由图 8-3 和图 8-4 可以看到:

a)振动频率为 30～45Hz 压实效果最好;

b)在整个频率范围内,增大振幅可以明显增加压实效果;

c)振动频率过高反而会降低压实效果。其原因是振动轮在过大振动强度作用下脱离了地面,使表层受到严重不规则的冲击和过度碾压。

各种土质的合适频率要通过试验确定。碾压砂质混合料的合适振动频率为 45Hz 左右,它大于碾压土和其他材料的合适振动频率。在施工时,当压实度将要达到标准压实时采用高频率振动可能会导致表面松散。

振幅越大,使被压土或材料参加振动的质量越多,从而增加压实影响深度或压实厚度。如果要求的压实深度不大,就无需使用大振幅的压实机械。因为过高的压实能量不仅不会被碾压层的土或材料吸收,反而会使已压实的薄层产生松散现象。对于较厚的碾压层来说,虽然其上层已经压实到一定程度,在继续碾压过程中,未达到完全压实以前,其上层仍然会产生再松散现象。为了避免这种现象,对于厚碾压层,开始时振幅要大,之后随压实度增加应逐渐减小振幅。以下分别讨论振动频率和振动幅度的确定。

①土的自振频率与振动压实频率的确定

近年来，振动压实技术的开发使振动压路机具有可变频率机构设置，司机在判明土壤已处于最佳含水率时在驾驶室内的控制盘上便可方便地调节压路机振动频率，使其与土的自振频率相符合，以在施压时达到共振效应，取得最经济、最好的压实效果。大部分土的自振频率及压实时需压路机达到的每分钟冲击作功次数见表 8-8。

各类土的自振频率与压路机冲击作功次数选择表 表 8-8

土的类型	土的自振频率(Hz)	压路机冲击作功次数(次/min)	土的类型	土的自振频率(Hz)	压路机冲击作功次数(次/min)
级配均匀的砂	约 33	1 980	与砾石混合的干黏土	约 18.5	1 110
湿砂	约 24	1 440	含砂砾石	25～29	1 500～1 740
干海岸砂	约 22	1 320	密实粉砂	25～29	1 500～1 740
黏土	约 20	1 200	松散粉砂	21～33	1 260～1 980

压路机振动频率，由振动偏心轴旋转速度确定。为了达到较高压实效率，每台压路机都设计有一个或几个振动频率。频率范围分为低频(500～1 000 次/min)，中频(1 000～3 000 次/min)和高频(3 000～5 000 次/min)。

②压路机振幅冲击作功次数对压实效果的影响

压路机的振动频率和振幅决定其最有效的应用范围，频率可调的双振幅压路机在多种应用条件下都具有优良的压实效果。例如，当需要压实高弹性土时，就要采用高振幅低频率振动，这样才能克服黏性土的高阻力。在压实机械工作时，压路机连续地冲击地层，冲击力和压力传入土层。每次振动产生一个应力波，应力波的强度自钢轮至土层内逐步减弱。

应力波的特性决定于土的性质。不同性质的土在受到振动时产生的阻力不同。振动的目的是使土壤的颗粒几乎像液体一样处于流动状态。在压实过程中运动的土颗粒互相间产生滑动，最后达到稳定状态，使土颗粒之间更紧密。对于土路基的振动压实来讲，一般选取振动频率在 18.3～33Hz 之间，振幅选择在 1.60～2.0mm 之间，冲击作功次数在 1050～1980 次/min 之间，碾压时速选择在 3.25～4.85km/h 之间。

一般在压实厚层路基时，应选择低振频(25～30Hz)、高振幅(1.5～2.0mm)，以期获得较大的激振力和压实作用深度，提高作业效率；压实薄层路面时，应选择高振频(33～50Hz)、低振幅(0.4～0.8mm)，以期获得单位面积内有较多的冲击次数，提高路面的质量。

用振动压路机碾压路基土时，其振幅为 0.7～1.8mm，振幅 1.0～1.8 mm 属于大振幅，适宜于压实厚层黏土或具有大粒径的材料。振幅 0.7～1.0mm 属于小振幅，适用于压实厚度较小的非黏性材料。

参考文献

[1] 杨荫华.土石料压实和质量控制.北京:水利电力出版社,1984.

[2] 中华人民共和国行业标准.公路土工试验规程,JTG E40—2007.北京:人民交通出版社,1993.

[3] 中华人民共和国行业标准.公路路基设计规范,JTJ 013—95.北京:人民交通出版社,1996.

[4] 中华人民共和国行业标准.公路路基施工技术规范,JTG F10—2006.北京:人民交通出版社,2006.

[5] 刘连喜,廖建生.利用土的物理指标确定土的抗剪强度.城市勘测,2003(3).

[6] 艾军,张锦生,龚丽,范友.大兴安岭地区风化砂砾土物理力学性质的研究.森林采运科学,1993(1).

[7] 党进廉.非饱和黄土的结构强度及其作用.西北农业大学学报,1998(5).

[8] 杨庆,贺洁,栾茂田.非饱和红黏土和膨胀土抗剪强度的比较研究.岩土力学,2003(1).

[9] 毕庆涛,姜国萍,丁树云.含水率对红黏土抗剪强度的影响.地球与环境,2005(3).

[10] 李保雄,苗天德.黄土抗剪强度的水敏感性特征研究.岩石力学与工程学报,2006(5).

[11] 胡展飞,傅艳蓉.基于不同初始含水率的软黏土抗剪强度的试验研究.上海地质,2001(1).

[12] 王军,何淼,汪中卫.膨胀砂岩的抗剪强度与含水率的关系.土木工程学报,2006(1).

[13] 时卫民,郑宏录,刘文平,郑颖人.三峡库区碎石土抗剪强度指标的试验研究.重庆建筑,2005(1).

[14] 周勤,赵发章,张洪亮.压实度和含水率对于压实黄土力学特性的影响.公路,2006(1).

[15] 唐红.铁路路基填料施工含水率的确定.铁道建筑,2004(1).

[16] 向贵府,任光明,聂德新,王毅.昔格达土混合填料最优含水率研究.中国地质灾害与防治学报,2004(2).

[17] 周雪铭.路基含水率对弯沉值的影响.中南公路工程,2003(1).

[18] 王卫华.路基填料含水率与K30值之间关系的研究.铁道建筑,2004(5).

[19] 沙庆林.公路压实与压实标准.北京:人民交通出版社,1999.

[20] 王保存,赵维钧.路基填土压实特性的分析.石家庄铁道学院学报,1992(2).

[21] 时为民,郑颖人.碎石土压实性能试验研究.岩土工程技术,2005(6).

[22] 陈辉,雷胜友.土的击实试验影响因素.建筑科学与工程学报,2005(2).

[23] 吴中伟,杨世华,崔江利,刘军.小浪底工程击实试验结果的可靠性研究.华北水利水电学院学报,2001(4).

[24] 陈信翠,郑克恒.黏性土塑限含水率的工程性质.四川水利,1989(6).

[25] 方焘,郑明新,郭建湖.软岩填筑路基的压实特性研究.路基工程,2006(1).

[26] 郭建华,李晓武,刘多文.含水率对泥质岩风化料击实的影响.湖南地质,2002(4).

[27] 冯忠居,张永清.粗粒土路基的压实试验.长安大学学报(自然科学版),2004(3).

[28] 钟海辉,全凯,王技.天然砂砾石基层的击实特性研究.重庆交通学院学报,2005(3).

[29] 刘宏,韩文喜,张倬元.砂砾石土料的压实特性.三峡大学学报(自然科学版),2002(4).

[30] 于涛,陈亭,孟玉平.碎石垫层处置过湿土地基的设计与施工.湖南交通科技,2003(3).

[31] 何建平,张伟,姜兵.用 Matlab 实现击实试验数据处理.山西建筑,2006(8).
[32] 丁百湛,王美芹,霍飞,陈海新.利用回归和数值分析求取击实试验极值的方法探讨.交通科技,2006(1).
[33] 许超林.填筑土最优含水率和最大干密度的曲线拟合解.广东水利水电,2005(6).
[34] Ramakrishnan D, Tiwari K C. Caleretie and ferrieretie durierusts of the Thar Desert. India: their geotechnical appraisal as a road paving aggregate. Engineering Geology, 1999, 53:13-22.
[35] 宫凤强,李夕兵,邓建.填土最大干密度的拟合正交多项式法推断.金属矿山,2005(10).
[36] 吕鹏,邓海,张昀青.填料最大干密度的曲线拟合解.岩土工程技术,2003(3).
[37] 彭玲,章劲松,孙东根.用数值分析方法求解材料的最大干密度和最佳含水率.安徽建筑工业学院学报(自然科学版),2004(3).
[38] 卿启湘,王永和,李光耀.标准击实试验的一种数据处理方法.湖南大学学报,2004(2).
[39] 王永良.曲线拟合法在土工数据处理中的应用.西部探矿工程,2004(4).
[40] 黄英,符必昌.确定土的最大干密度和最优含水率的数解法.岩土工程学报,2002(4).
[41] 冯忠居,谢永利.标准击实试验最大干密度和最优含水率的理论计算.长安大学学报,2002(2).
[42] 郑忠勤,胡汉忠.对公路填土路堤施工控制含水率范围的探讨.路基工程,2000(3).
[43] 尹华.对机械压实施工控制含水率测定的探讨.铁道建筑技术,1999(4).
[44] 唐沛,富志根,张贵珍.土壤压实控制含水率现场试验研究.路基工程,2001(6).
[45] 何志勇.独联体国家的过湿黏土路堤.国外公路,1996(1).
[46] 刘勇,李青山.对路基填料含水率控制范围调整的探讨.公路与汽运,2004(4).
[47] 李清波,汪建鸽.南方地区路基压实初探.长沙交通学院学报,1997(3).
[48] 交通部第一公路工程总公司.公路路基施工技术规范,JTJ 033—95.北京:人民交通出版社,1995.
[49] 谭军华.浅析基层施工中含水率的控制.现代交通技术,2005(4).
[50] 徐逢麟,雷军旗,袁海龙.重型击实标准在西三公路中的应用.中国公路学报,1993(2).
[51] 余概宁,张志强.公路土质路基压实探讨.中外公路,2004(4).
[52] 何广龙.含水率测定方法综述.山西交通科技,2004(6).
[53] 郭秀芹,李鹏.公路工程现场测试.北京:人民交通出版社,2005.
[54] 刁开旺,倪颖毅.生石灰粉与 NCS 处治过湿土的对比试验研究.北方交通,2006(4).
[55] 康拥正,窦惠娟,赵惠丽.高速公路路基过湿土处理的探讨.路基工程,2006(1).
[56] 吴福保,吴陆军.过湿土掺灰填料在随岳高速公路南段的应用.土工基础,2004(6).
[57] 金光辉.沪杭高速公路 HH03 标路床过湿土处理.港工技术与管理,2001(1).
[58] 贾江立.利用粉煤灰处理过湿土的可行性试验.山西建筑,2004(22).
[59] 李俊,叶国弘.生石灰粉处理过湿土的掺量计算.华东公路,2001(4).
[60] 汤秀英.挖方路基过湿土处治技术的试验研究.重庆交通学院学报,2000(3).
[61] 丁军华,陈景雅.沂怀江高速公路路基过湿土的处理.江苏省交通规划设计院 2001 年学术论文交流会论文集.
[62] 申红平,张奎鸿,熊安华.采用外掺剂处理上海地区过湿土路基的应用研究.沪杭高速公路(上海段)学术论文集.

[63] 刘福春.京沪高速铁路填料改良试验方法及效果.铁道技术监督,2001(3).
[64] 杨世基,吴立坚.NCS固化材料加固湿软地基与过湿土路基《高速公路软弱地基处理理论与实践》.上海:上海大学出版社,2005.
[65] 杨世基.NCS稳定过湿土路基应用研究.华东公路,1994(2).
[66] 王保田,雷秋生等,石灰稳定法处理过湿土路基试验研究,大坝观测与土工测试,1998(6).
[67] 阎谨涛,施建平.成都北编组场成都黏土改良试验.路基工程,2004(5).
[68] 庄少勤,谢华昌,凌建明.水泥—石灰土的路用性能研究.建筑材料学报,2001(2).
[69] 扬世基,戴丽莱.NCS固化材料稳定湿黏土的应用.中国公路学报,1991(2).
[70] 刘玮,匡希龙,文彬栋,徐晓宇.锡太一级公路淤泥质土二次掺灰压实度试验及其处治方法.辽宁交通科技,2005(10).
[71] 刘新胜.用生石灰粉处理大邮公路软土路基.铁道建筑技术,2000(2).
[72] 林目明.用石灰处理高含水填土.河海大学学报,1990(4).
[73] 薛政群,陈永平.江苏沿江地区石灰处治(或稳定)土路基介绍.中外公路,2004(3).
[74] 王希玲.灰土击实试验及其应用.西北建筑工程学院学报(自然科学版),2002(3).
[75] 王义安.粉煤灰加固土的力学特性研究.水道港口,1999(4).
[76] 郑俊杰.地基处理技术.武汉:华中科技大学出版社,2004.
[77] 陈仕奇,李时亮.粉煤灰用作填料的含水率控制范围试验研究.岩土工程技术,2003(2).
[78] 马易鲁,尧莉萍.粉煤灰作铁路路堤填料的研究.铁道标准设计,2002(9).
[79] 孙淑勤,李雯,张佩旭.中日公路土质路基压实控制方法比较.国外公路,2001(2).
[80] 胡海英,王钊,杨志强.中美路堤压实设计与施工控制标准的比较分析.公路,2004(9).
[81] David J White, Kennneth L. Bergeson. Empirical Performance Classification for Cohesive Embankment Soils[J]. Getechnical Testing Journal,2002.
[82] David J White, Kenneth L Bergeson,Charles T Jahren,Matt Wermager. Embankment Quality Phase Ⅱ Final Report[R]. Center for Transportation Research and Education Iowa State University,1999.
[83] 孙丽杰.高等级公路高含水率低液限粉土路基施工.铁道标准设计,2000(6).
[84] 阎志珍,赵会明.天荒坪抽水蓄能电站上水库坝体高含水率土料填筑施工.水利水电施工,1999(1).
[85] 李彦杰,谭宝龙.注浆法加固处理路基沉陷的应用.路基工程,1998(6).
[86] 陈惠民.过湿黏土施工技术的探讨.华东公路,1997(1).
[87] 杨平.浅析高液限黏土在路基施工中的应用.山西建筑,2004(21).
[88] 冯大齐.省道5113线阳春南段软湿土地基处治.广东公路交通,2004(2).
[89] 王殿武,姜晓刚.辽河三角洲沿海滩涂高含水率土壤冬季筑堤技术研究.岩土工程学报,1997(3).
[90] 李顺群,朱怀庆.含水率变化时非饱和土的变形研究.武汉理工大学学报,2005(2).
[91] Defay R,Prigogine I. Surface Tension and Adsorption[M]. London:Longman,1966.
[92] Bishop W. The Principle of Effective Stress[J]. Teknisk Ukeblad,1959,106(39):859-863.
[93] Brooks H,Corey A T. Properties of Porous Media Affecting Fluid Flow[J]. Irrigation

and Drainage Diversion,/KSCE IR2,1966.(92):61—88.
[94] 范林眼,牛蒙弟,邹培林.高含水率黏性土路基压实的控制方法.内蒙古公路与运输,2003(1).
[95] 迟银波.高含量土的工程问题.交通科技与经济,2002(2).
[96] 马希勇,刘芳侠,耿娟.谈高含水率土的压实问题.西北公路,2001(2).
[97] 张林洪,吴华金.公路排水设施施工手册.北京:人民交通出版社,2005.
[98] 崔长发,任洪程,岳军合.填土路基的振动压实与相关参数的选择.建筑机械,2000(9).
[99] 徐永杰,王秀明.压路机压实作业参数的合理选择.使用·保养,2003(5).
[100] 程纪敏.影响压实的因素及施工控制.黑龙江交通科技,2006(1).
[101] 尹继瑶.压路机的选型依据.建筑机械化,2004(8).
[102] 肖泽玉.浅析施工作业中压实机械的选型.黑龙江交通科技,2005(3).